手把手教您学修车丛书

手把手教您学修混合动力汽车
第 2 版

王 军 李 伟 主编

机械工业出版社

本书按照当前混合动力汽车的主流设计理念，系统地阐述了混合动力汽车技术和原理知识，涉及混合动力汽车的驱动系统、辅助系统、控制系统等。全书从实际出发，全面地介绍了混合动力汽车的分类、混合动力系统的组成、电机和高压电池的工作原理等，并以丰田卡罗拉、丰田雷凌双擎、宝马F49（X1）、本田CRV、本田思铂睿、荣威ei6/e950、奥迪Q5等车为例，介绍混合动力系统的结构原理与维修。

本书内容全面、翔实具体、操作性强、浅显易懂，适合从事新能源汽车维修的技术人员阅读，也可供汽车维修、汽车检测及相关专业的师生参考阅读。

图书在版编目（CIP）数据

手把手教您学修混合动力汽车/王军，李伟主编. —2版. —北京：机械工业出版社，2020.7

（手把手教您学修车丛书）

ISBN 978-7-111-65485-8

Ⅰ.①手… Ⅱ.①王… ②李… Ⅲ.①混合动力汽车-车辆修理 Ⅳ.①U469.7

中国版本图书馆CIP数据核字（2020）第069164号

机械工业出版社（北京市百万庄大街22号 邮政编码100037）
策划编辑：连景岩 责任编辑：连景岩 张亚秋
责任校对：潘 蕊 责任印制：常天培
北京虎彩文化传播有限公司印刷
2020年9月第2版第1次印刷
184mm×260mm·25印张·616千字
0001—1500册
标准书号：ISBN 978-7-111-65485-8
定价：69.90元

电话服务　　　　　　　　　　网络服务
客服电话：010-88361066　　　机 工 官 网：www.cmpbook.com
　　　　　010-88379833　　　机 工 官 博：weibo.com/cmp1952
　　　　　010-68326294　　　金 书 网：www.golden-book.com
封底无防伪标均为盗版　　机工教育服务网：www.cmpedu.com

前言
PREFACE

当前，我国正大力发展节能的混合动力汽车，并且在"三纵三横"的技术创新战略指导下，经过多年的技术更新，取得了重大技术突破。混合动力汽车是"三纵"中的一纵，得到了长足的发展和推广。

为了更好地满足社会对混合动力汽车相关人才的需求，本书全面落实"以服务为宗旨，以就业为导向"的指导思想，以"应用"为主旨和特色构建了本书的内容体系。

本书以油电混合动力车型为例，主要讲述与传统燃油汽车不同的系统的构造、功能、原理、拆装及相关故障维修检测。本书内容主要包括混合动力汽车概述，以市面主流油电混合动力车型丰田卡罗拉、丰田雷凌双擎、宝马 F49（X1）、本田 CRV、本田思铂睿、荣威 ei6e、荣威 950、奥迪 Q5 等为例，依次讲述了混合动力汽车的定义与分类、电源系统、电机系统、变电系统、控制系统、传动系统、再生制动系统、电路图、端子定义、数据流，以及电动空调的构造与原理、检测及故障诊断等内容。

本书共分七章，第一章至第四章由王军编写，本书第五章至第七章由李伟编写。参加本书编写的人员还有李春山、李微、马珍、刘强、吕春影，在此深表感谢。在编写过程中，参考了大量国内外相关文献和资料，在此，谨向原创者们表示由衷的感谢！由于编者水平有限，书中难免有不足之处，恳请广大读者批评指正。

编　者

目 录 CONTENTS

前言

第一章 混合动力汽车概述 ... 1
第一节 混合动力汽车概念与分类 ... 2
一、混合动力汽车概念 ... 2
二、混合动力汽车分类 ... 2
第二节 混合动力汽车基本结构及工作过程 ... 5
一、混联式混合动力系统结构 ... 5
二、并联式插电混合动力汽车结构 ... 6
三、串联式混合动力汽车结构 ... 6
四、混合动力汽车工作过程 ... 7
第三节 高压安全操作 ... 9
一、高压操作安全知识 ... 9
二、专业作业流程 ... 12

第二章 混合动力汽车储能装置与电机 ... 14
第一节 混合动力汽车动力蓄电池 ... 15
一、镍基蓄电池 ... 15
二、锂电池 ... 17
三、氢燃料电池 ... 21
第二节 混合动力汽车电池内部结构 ... 25
一、电芯模块、电池模组及模组布置 ... 25
二、电池模组高压串联回路的连接方式 ... 26
第三节 混合动力汽车蓄电池管理系统 ... 27
一、动力电池组管理系统简介 ... 27
二、动力电池组管理系统功能 ... 30
三、蓄电池的放电管理 ... 31
第四节 混合动力汽车电机结构 ... 32
一、直流电动机 ... 32
二、交流电动机 ... 35
三、永磁式电动机 ... 37
四、开关磁阻型电动机（SRD） ... 41
五、驱动电机旋变器 ... 44
六、电机控制系统 ... 47
第五节 变频器 ... 48

一、变频器的功能、特点 …… 48
二、变频器的种类 …… 50

第三章 丰田卡罗拉、雷凌混合动力汽车　54

第一节 丰田卡罗拉、雷凌混合动力汽车结构 …… 55
一、卡罗拉、雷凌混合动力系统布置及性能参数 …… 55
二、卡罗拉、雷凌混合动力汽车发动机 …… 57
三、卡罗拉、雷凌混合动力汽车辅助电池、动力电池 …… 59
四、卡罗拉、雷凌混合动力传动桥结构 …… 63

第二节 丰田卡罗拉、雷凌混合动力汽车控制技术 …… 68
一、卡罗拉、雷凌不同工况下混合动力系统工作状况 …… 68
二、混合动力系统控制 …… 77
三、卡罗拉、雷凌再生制动与液压制动协调控制 …… 82
四、卡罗拉、雷凌 HV ECU 控制功能 …… 82

第三节 混合动力汽车 THS-II 主要部件功能及车辆工作原理 …… 86
一、混合动力系统的主要部件功能、系统控制 …… 86
二、系统部件控制 …… 90
三、THS-II 车辆工作原理 …… 102

第四节 混合动力汽车 THS-II 主要部件的构造 …… 107
一、带变换器的逆变器结构 …… 107
二、逆变器水泵结构 …… 109
三、电源电缆（线束组） …… 110
四、HV 蓄电池接线盒 …… 111
五、电子变速杆 …… 111

第五节 丰田卡罗拉、雷凌混合动力汽车检修 …… 113
一、卡罗拉、雷凌混合动力控制系统故障症状 …… 113
二、混合动力控制系统数据流 …… 115
三、混合动力控制系统故障码 …… 122
四、电动机发电机控制系统车辆数据流 …… 131
五、HV 蓄电池充电 …… 139
六、HV 继电器总成检查 …… 141
七、组合开关检查 …… 143
八、带变换器的逆变器总成拆装 …… 144
九、检查混合动力车辆传动桥总成（电动机 MG2） …… 144
十、检查混合动力车辆传动桥总成（电动机电缆连接情况） …… 145
十一、检查线束和插接器（带变换器的逆变器总成—发电机解析器） …… 145
十二、检查混合动力车辆控制 ECU 电压 …… 147
十三、检查线束和插接器（混合动力车辆控制 ECU—带变换器的逆变器总成） …… 148
十四、检查带变换器的逆变器总成 …… 149
十五、检查熔丝 PCU …… 149
十六、检查 HV 地板底部线束 …… 149

第六节 丰田卡罗拉、雷凌混合动力汽车车辆控制单元端子及控制电路 …… 151

V

一、混合动力车辆控制 ECU 端子及定义 ·················· 151
　　二、蓄电池电压传感器端子及端子定义 ·················· 155
　　三、电动机发电机控制系统 ECU 端子及端子定义 ·················· 156
　　四、混合动力系统电路图 ·················· 157
　　五、卡罗拉、雷凌混合动力汽车继电器、熔丝位置图 ·················· 161
　　六、卡罗拉、雷凌混合动力汽车仪表端子及定义 ·················· 163

第四章　本田 CRV、思铂睿混合动力汽车　　167

第一节　本田 CRV、思铂睿混合动力汽车电力电子系统 ·················· 168
　　一、本田 CRV、思铂睿混合动力汽车主要部件安装位置 ·················· 168
　　二、电子动力系统说明 ·················· 168
　　三、电子动力系统的驱动模式 ·················· 169
　　四、电机控制系统说明 ·················· 174
　　五、智能动力单元（IPU）部件说明 ·················· 177
　　六、电子动力控制系统信息显示 ·················· 183
第二节　本田 CRV 混合动力汽车空调系统 ·················· 186
　　一、空调系统说明 ·················· 186
　　二、空调控制 ·················· 187
　　三、空调系统部件 ·················· 188
第三节　本田 CRV 混合动力汽车制动系统 ·················· 192
　　一、电动伺服制动系统的结构 ·················· 192
　　二、电动伺服制动系统控制 ·················· 193
第四节　本田 CRV、思铂睿混合动力汽车故障排除 ·················· 197
　　一、电动动力系统故障码 ·················· 197
　　二、本田 CRV 混合动力汽车动力系统故障排除 ·················· 204
第五节　本田 CRV 混合动力汽车熔丝/继电器、电路原理图 ·················· 208
　　一、本田 CRV 混合动力汽车熔丝位置 ·················· 208
　　二、本田 CRV 混合动力汽车继电器位置 ·················· 213
　　三、控制单元插接器及定义 ·················· 214
　　四、电子动力系统电路图 ·················· 220
　　五、PCM 输入和输出插接器 ·················· 231

第五章　奥迪 Q5 混合动力汽车　　236

第一节　新款奥迪 Q5 混合动力汽车的识别、基本工作原理 ·················· 237
　　一、识别标记 ·················· 237
　　二、奥迪混合动力系统的工作原理 ·················· 237
第二节　奥迪 Q5 混合动力发动机、底盘 ·················· 240
　　一、2.0L TFSI 发动机的变化 ·················· 240
　　二、底盘 ·················· 243
第三节　电气系统 ·················· 244
　　一、混合动力蓄电池单元 AX1 ·················· 244
　　二、蓄电池调节控制单元 J840 ·················· 245

三、安全理念 …………………………………………………………………… 248
　　四、蓄电池冷却 ………………………………………………………………… 252
第四节　电驱动装置的功率和控制电子系统 …………………………………………… 253
　　一、组成 ………………………………………………………………………… 253
　　二、安装位置、结构原理 ……………………………………………………… 254
　　三、驱动电机 V141 …………………………………………………………… 255
第五节　空调装置 ………………………………………………………………………… 258
　　一、结构 ………………………………………………………………………… 258
　　二、制冷原理 …………………………………………………………………… 258
　　三、安装位置 …………………………………………………………………… 259
第六节　高压系统 ………………………………………………………………………… 260
　　一、高压线、高压插头 ………………………………………………………… 260
　　二、功率控制电子装置的连接 ………………………………………………… 261
第七节　12V 车载供电网 ………………………………………………………………… 263
　　一、蓄电池安装位置及电路图 ………………………………………………… 263
　　二、12V 辅助起动机、跨接起动螺栓 ………………………………………… 264
　　三、电子点火开关 ……………………………………………………………… 265
第八节　系统管理 ………………………………………………………………………… 266
　　一、系统功能 …………………………………………………………………… 266
　　二、混合动力模式时的显示和操纵单元 ……………………………………… 267
第九节　混合动力检测适配接头、术语 ………………………………………………… 271
　　一、混合动力检测适配接头 VAS 6558/1A …………………………………… 271
　　二、术语 ………………………………………………………………………… 272
第十节　奥迪高压组件拆装 ……………………………………………………………… 273
　　一、高压组件安装位置 ………………………………………………………… 273
　　二、高压蓄电池拆装 …………………………………………………………… 274
　　三、拆卸和安装电驱动模式的功率和控制电子装置 ………………………… 277
　　四、拆卸和安装驱动电机 ……………………………………………………… 280
　　五、拆卸和安装高压蓄电池的高压导线套件 ………………………………… 283

第六章　宝马 F49PHEV 混合动力汽车　　285

第一节　宝马 F49 车辆识别 ……………………………………………………………… 286
　　一、外识别标志 ………………………………………………………………… 286
　　二、内部标志 …………………………………………………………………… 286
第二节　宝马 F49 混合动力系统驱动部件 ……………………………………………… 287
　　一、驱动组件位置 ……………………………………………………………… 287
　　二、驱动电机 …………………………………………………………………… 288
第三节　高压起动电机 …………………………………………………………………… 299
　　一、高压起动电机的功能 ……………………………………………………… 299
　　二、高压起动电机的结构 ……………………………………………………… 300
第四节　高压蓄电池 ……………………………………………………………………… 301
　　一、高压蓄电池安装位置和特征 ……………………………………………… 301

二、高压蓄电池系统电路图 302
　　三、高压蓄电池外部特征 303
　　四、高压蓄电池冷却系统 307
　　五、系统组件 310
　　六、电气和电子组件 311
　　七、高压系统 318
　第五节　便捷充电电子装置 323
　　一、接口 323
　　二、车上的充电插座 324
　第六节　电气驾驶模式 327
　　一、显示控制 327
　　二、组合仪表显示功能 329

第七章　上汽荣威 ei6/e950PHEV 混合动力汽车　333

　第一节　上汽荣威 ei6/e950 动力及控制系统 334
　　一、高压电池包及其充电系统 334
　　二、高压电池包、充电器功能运作 336
　　三、元件针脚信息 336
　　四、高压电池包子系统 338
　第二节　整车控制系统 341
　　一、混动控制单元布置 341
　　二、HCU 线束端插接器端 342
　第三节　电子电力箱（PEB） 344
　　一、PEB 安装位置及系统控制图 344
　　二、PEB 功能组成及功能 345
　　三、PEB 端子定义 345
　第四节　电驱动变速器（EDU） 347
　　一、EDU 结构 347
　　二、系统控制 348
　　三、系统概述 348
　　四、EDU 工作模式 354
　　五、元件针脚详细信息 354
　第五节　高压配电系统 356
　　一、系统布置 356
　　二、系统作用 357
　第六节　冷却系统 358
　　一、冷却系统布置 358
　　二、系统控制 358
　　三、冷却系统概述 360
　　四、冷却系统运行原理 362
　第七节　故障诊断与排除 364
　　一、高压电池包及其充电系统故障检查与确认 364

二、常见故障诊断 …………………………………………………………………… 364
第八节　高压蓄电池拆卸 …………………………………………………………………… 379
　　一、动力电池安全信息 ……………………………………………………………… 379
　　二、动力电池拆解信息 ……………………………………………………………… 380
　　三、动力电池拆卸 …………………………………………………………………… 380
第九节　荣威混合动力电路原理图 ………………………………………………………… 382

第一章
混合动力汽车概述

第一节 混合动力汽车概念与分类

一、混合动力汽车概念

混合动力系统是指两种不同形式的动力组合在一起，共同作为驱动汽车前进的动力系统，其动力形式主要有燃油发动机、燃气发动机、电机等。但通常所称的混合动力汽车，是指采用燃油发动机与电机两种动力组合的汽车，简称"油电混合"。采用外接电源充电的混合动力汽车，被称为"插电式混合动力汽车"。

二、混合动力汽车分类

目前大家对混合动力技术的理解是一个内燃机和一个电机的组合。电机可以用作产生电能的发电机、驱动车辆的电动机或内燃机的起动机。

混合动力分类的方式有三种。一种是根据有无外接充电电源区分；另一种是根据结构特点区分，分为串联式混合动力（又叫增程式电动）、并联式混合动力、混联式混合动力；还有一种是根据混合度的不同分为微混合动力系统、中度混合动力系统、全混合动力系统。

1. 按混合度不同分类

（1）微混合动力系统　在这种动力方案中，电气组件（起动机/发电机）仅用于起动停止功能，如图1-1所示。在制动时，部分动能可以转化为电能以重新利用（能量再生）；车辆无法通过纯电力驱动行驶。因发动机需要频繁起动，故对12V玻璃纤维蓄电池进行了改装。

（2）中度混合动力系统　电力驱动用来辅助内燃机驱动车辆。机与发动机共同驱动车轮，在汽车需要更大动力时帮助"推"一下汽车，从而提高整车的起步和加速性能。这种混合动力系统中的电机一般设置在发动机与变速器之间，而不是独立设置。车辆无法通过纯电力驱动行驶。利用中度混合动力系统，可以在制动时回收更多的动能，并以电能的形式储存在高压蓄电池中。高压蓄电池及电气组件的额定电压和额定功率更高。由于电机的辅助，内燃机可以在最佳的效率范围内起动。这被称为负载点推移。

代表车型：奥迪Q5Hybrid、奔驰S400h、大众途锐Hybrid等，分别如图1-2、图1-3、图1-4所示。

（3）全混合动力系统　这种系统将功率更强的电机和内燃机相结合，可以实现纯电力驱动，如图1-5所示。一旦达到规定条件，电机即可辅助内燃机的运行。低速行驶时，完全由电力驱动。内燃机具备起动停止功能。回收的制动能量可为高压蓄电池充电。内燃机和电机之间的离合器，可以断开这两个系统之间的连接。内燃机仅在需要时介入。

2. 按结构特点分类

全混合动力系统又分并联式混合动力系统（PHEV）、混联式混合动力系统（PSHEV）、串联式混合动力系统（SHEV）、分支式串联混合动力系统。

第一章 混合动力汽车概述

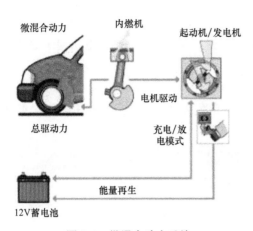

图 1-1 微混合动力系统

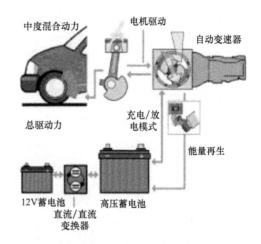

图 1-2 中度混合系统

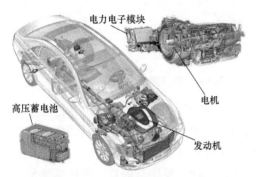

图 1-3 奔驰 S400 混合动力汽车

图 1-4 大众途锐混合动力汽车

（1）并联式混合动力系统　并联式设计的特点是结构简单，如图 1-6 所示。这种技术通常用于对已有车辆进行"混合动力化"。内燃机、电机和变速器安装在一根轴上。并联式混合动力系统通常配有一台电机。内燃机和电机各自输出功率的总和等于总输出功率。这种方案可以保留车辆上大部分的原有零部件。在四轮驱动车辆的并联混合动力设计中，四个车轮的驱动力由托森差速器和分动器传送。

（2）混联式混合动力系统　混联式混合动力系统除配有内燃机外还配有一台电机，二

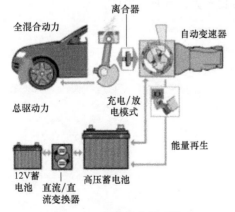

图 1-5 全混合动力系统

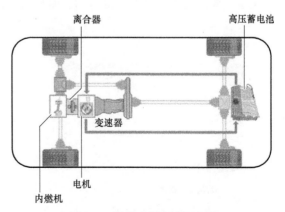

图 1-6 并联式混合动力系统

者均安装于前桥上,如图1-7所示。

驱动力由内燃机和电机共同提供,通过行星齿轮组传递给变速器。与并联式混合动力系统设计不同,两种形式的动力输出并不能全部传递给车轮。其中一部分动力输出用于驱动车辆,而另一部分则以电能的形式储存在高压蓄电池中。

(3) 串联式混合动力系统　车辆只通过电机来驱动,内燃机与驱动轴是没有机械连接的,如图1-8所示。内燃机带动一个发电机,该发电机在车辆行驶时为电机供电或者给高压蓄电池充电。

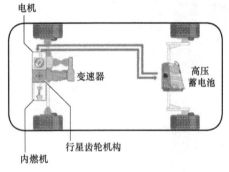

图1-7　混联式混合动力系统

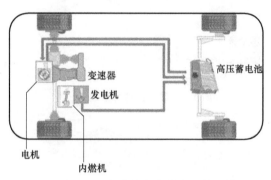

图1-8　串联式混合动力系统

(4) 分支式串联混合动力系统　分支式串联混合动力系统,就是把分支式混合动力系统和串联混合动力系统综合在一起了。该系统有一个内燃机和两个电机,内燃机和电机1装在前桥上,电机2装在后桥上,如图1-9所示。这种结构用于四轮驱动车。

内燃机和电机1可以通过行星齿轮机构来驱动车辆变速器。要注意的是,在这里也是不能就将内燃机和电机各自的功率加起来传递到车轮上。后桥上的电机2在需要时才会工作。因结构所限,高压蓄电池布置在前、后桥之间了。

3. 按有无外接充电电源分类

插电式混合动力(Plug-in Hybrid)是指可以外接充电的混合动力车,以降低发动机的使用率,进一步实现节能目的。插电式混合动力车可以是串联、并联或者混联式中的任何一种。

插电式混合动力汽车(Plug-in Hybrid Vehicle,PHV),简单说就是介于电动车与燃油车两者之间的一种车,既有传统汽车的发动机、变速器、传动系统、油路、油箱,也有电动车的电池、电机、控制电路,如图1-10所示。而且电池容量比较大,有充电接口。

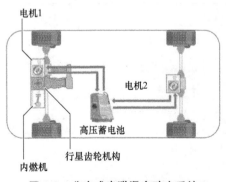

图1-9　分支式串联混合动力系统

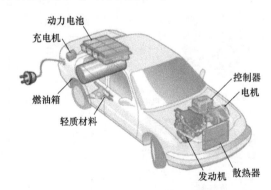

图1-10　插电式混合动力汽车构造

与雷克萨斯 RX450h 这种非插电式的混合动力汽车相比，插电式混合动力汽车电池容量更大，可以支持行驶的里程更长。如果每次都是短途行驶，有较好的充电条件，插电式混合动力汽车电池可以不用加油，当作纯电动车使用，具有电动车的优点。

与特斯拉 Model S 这种纯电动车相比，插电式混合动力汽车电池容量要小很多，但是带有传统燃油车的发动机、变速器、传动系统、油路、油箱。在无法充电的时候，只要有加油站就可以一直行驶下去，续驶里程不受充电条件的制约，又具有燃油车的优势。

但是，因为一辆车内要集成电动车、燃油车两套完整的动力系统，插电式混合动力汽车的成本较高，结构复杂，重量也比较大，相对于单纯的燃油车和电动车又有劣势。不过，在充电站大面积普及、充电时间大幅提高之前，插电式混合动力汽车作为燃油车与电动车之间的过渡产品将长期存在下去。

其实还有一种普通混合动力汽车，它的动力电池容量很小，如雷克萨斯 CT200h 的动力电池容量为 6.5A·h，相当于一些强力探照灯的蓄电池而已，它在纯电模式下最远行驶距离仅为 3km。因此，混动时一般通过制动时回收动能为动力电池充电，或者利用车辆在行驶时发动机的多余功率驱动发电机充电，完全不存在纯电动汽车到处找"插座"的困扰。

插电式混合动力汽车比起普通混合动力汽车，说简单了就是多个插电口，能够外接充电。电机功率要足够大，确保汽车能够以比较高的速度行驶，电池容量也要比非插电式混动大很多，足以在纯电模式下跑几十千米，插混的续驶里程较长（一般 50km 以上）。插混的百公里综合油耗比混动更低，如普锐斯插电版在纯电模式可以行驶 30km，使得百公里油耗低至 2L，比混动版节油约 3L（普锐斯混动版和凯美瑞混动版油耗相当）。而且充电时间也不长，一般数小时即可充满。如果能够保持良好的充电习惯，用车费用直追纯电动汽车，并且无需担心任何续驶里程问题。但是插混由于动力电池的容量更大，电池组的增大也进一步提高了售价，而部分地区不对插混进行补贴，如北京就只补贴纯电，不补贴插混。

第二节　混合动力汽车基本结构及工作过程

一、混联式混合动力系统结构

混联式有两个电机，如图 1-11 所示。一个电机仅用于直接驱动车轮，还有一个电机具有双重角色：当需要极限性能的时候，充当电动机直接驱动车轮，整车功率就是发动机、两个电机的功率之和；当电力不足的时候，就充当发电机，给电池充电。

混联方式也称为串并联方式，它结合了串联和并联两种混合动力的优点。它的结构复杂程度超过前两种混合动力系统，但是技术优势十分明显。同时，也是目前市场上最

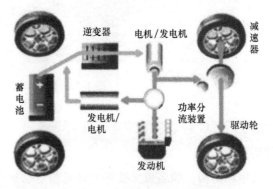

图 1-11　混联式混合动力汽车

成功的混合动力系统,丰田和雷克萨斯的混合动力系统就是混联式的。

一、并联式插电混合动力汽车结构

并联式插电混合动力车内有两套驱动系统,大多是在传统燃油车的基础上增加电机、电池、电控而成,电机与发动机共同驱动车轮。车内只有一台电机,驱动车轮的时候充当驱动电机,不驱动车轮给电池充电的时候充当发电机,如图1-12所示。

并联式插电混合动力的优势在于:电机、发动机共同驱动车轮,没有功率浪费的问题,譬如电机50kW,发动机100kW,只要传动系统能承受,整车功率就是150kW。

在纯电模式下,同样有电动车安静、使用成本低的优点。而在混合动力模式下,有非常好的起步转矩,加速性能出色。

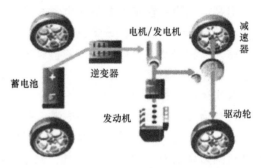

图1-12 并联式插电混合动力结构

因为只是在变速器上(分变速器输入端和输出端两种增加方法)增加了一台电动机,在传统燃油车基础上改动较小,成本也比较低。

这种模式的缺点是,在混合动力模式下,发动机不能保证一直在最佳转速下工作,油耗比较高。只有在堵车时因为可以自带发动机起停功能油耗才会低。

因为只有一台电机,不能同时发电和驱动车轮,所以发动机与电机共同驱动车轮的工况不能持久。持续加速时,电池的能量会很快耗尽,转成发动机单独驱动模式。

这一类的代表车型包括比亚迪秦、奔驰S500插电版(百公里油耗2.8L,图1-13)。

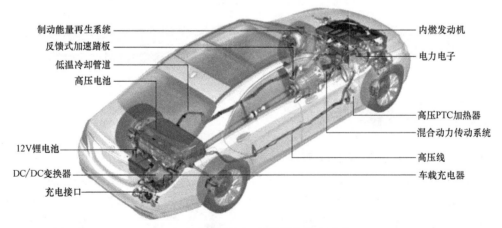

图1-13 奔驰S500并联插电混合动力

二、串联式混合动力汽车结构

串联结构,顾名思义就是发动机和电动机"串"在一条动力传输路径上,如图1-14所示。串联结构最大的特点就是发动机在任何情况下都不参与驱动汽车的工作,它只能通过带

第一章 混合动力汽车概述

动发电机为电机提供电能。串联结构的动力来源于电动机，发动机只能驱动发电机发电，并不能直接驱动车辆行驶。因此，串联结构中电机功率一般要大于发动机功率。

代表车型：雪佛兰沃蓝达、宝马 i3 增程式混合动力车型（图 1-15）、传祺 GA5 增程式混合动力车型串联结构特点是结构简单、使用方便。

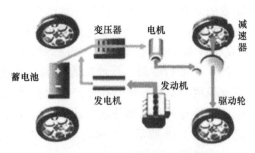

图 1-14 串联式混合动力结构图

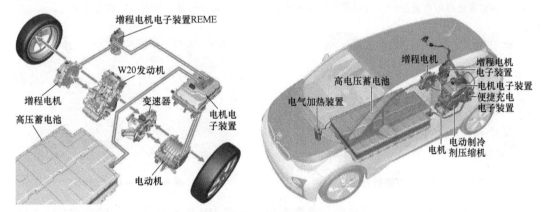

图 1-15 宝马 i3 增程式汽车

四 混合动力汽车工作过程

（1）起步、起动时 起步时中有电机参与工作，发动机不起动。因为发动不能在低转速时输出较大转矩，而电机可以低速时输出较大的转矩，保证车辆平顺起步。

充分利用电机起动时的低速转矩。当汽车起动时，TOYOTA 油电混合动力系统仅使用由 HV 蓄电池提供能量的电机的动力起动，这时发动机并不运转，如图 1-16 所示。

因为发动机不能在低旋转带输出大转矩，而电机可以灵敏、顺畅、高效地进行起动。

注：点火起动时，发动机将进行运转，直至充分预热。

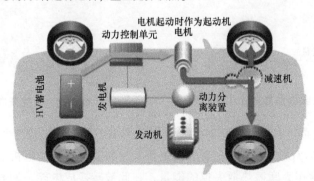

图 1-16 丰田普锐斯起动时

（2）低速—中速行驶时 由高效利用能量的电机驱动行驶对于发动机而言，在低速—

7

中速带的效率并不理想,而另一面,电机在低速—中速带性能优越。因此,在用低速—中速行驶时,油电混合动力系统使用 HV 蓄电池的电力,驱动电机行驶,如图 1-17 所示。

注:HV 蓄电池的电量少时,利用发动机来带动发电机发电,为电机提供动力。

(3)一般行驶时　低油耗的驾驶,使用发动机作为主要动力源。TOYOTA 油电混合动力系统采用发动机,使它在能产生最高效功率的速度带驱动。由发动机产生的动力直接驱动车轮,依照驾驶状况部分动力被分配给发电机;由发电机产生的动力用来驱动电机和辅助发动机,如图 1-18 所示。利用发动机和电机这一双重传动系统,发动机产生的动力以最小消耗被传向地面。

注:HV 蓄电池的电量少时,发动机输出功率会被提高以加大发电量,来给 HV 蓄电池充电。

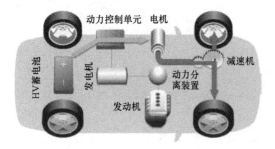

图 1-17　低速—中速行驶时

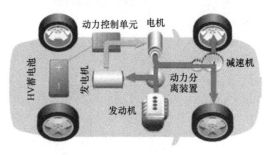

图 1-18　一般行驶时

(4)一般行驶时/剩余能量充电　将剩余能量用于 HV 蓄电池充电。TOYOTA 油电混合动力系统在高速运转时是采用发动机来驱动,而发动机有时会产生多余的能量。这时多余的能量由发电机转换成电力,用于储存在 HV 蓄电池中,如图 1-19 所示。

(5)全速开进(行驶)时　利用双动力来获得更高一级的加速,在需要强劲加速力(如爬陡坡及超车)时,HV 蓄电池也提供电力,来加大电机的驱动力。通过发动机和电机双动力的结合使用,TOYOTA 油电混合动力系统得以实现与高一级发动机同等水平的强劲而流畅的加速性能,如图 1-20 所示。

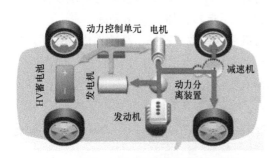

图 1-19　一般行驶时/剩余能量充电(混联式)

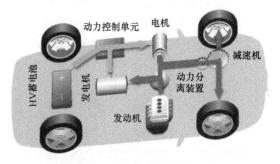

图 1-20　全速开进(行驶)时

(6)减速/能量再生时　将减速时的能量回收到 HV 蓄电池中用于再利用。在踩制动器和松加速踏板时,TOYOTA 油电混合动力系统使车轮的旋转力带动电机运转,将其作为发电机使用。减速时通常作为摩擦热散失掉的能量,在此被转换成电能,回收到 HV 蓄电池中进行再利用,如图 1-21 所示。

(7)停车时　停车时动力系统全部停止。在停车时,发动机、电机、发电机全部自动停止运转,如图1-22所示。不会因怠速而浪费能量。

注:当HV蓄电池的充电量较低时,发动机将继续运转,以给HV蓄电池充电。另外有时因与空调开关连动,发动机会仍保持运转。

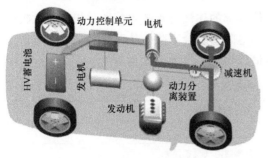

图1-21　减速/能量再生时

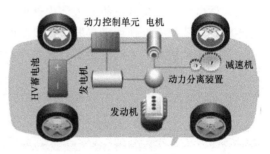

图1-22　停车时

第三节　高压安全操作

一、高压操作安全知识

（1）电击与人体反应　电流流经人体时会发生电击。电击现象受下列四项影响,与电压大小没有直接关系。

1）电流大小:流经人体电流的大小。

2）载流时间:电流流经人体的时间。

3）电流通路:电流流经人体的部位,例如手→心脏→脚→地面。当电流流经心脏时尤其危险。

4）电源种类:100V交流电,其实际交流波形的峰值电压为141V,较100V直流电的电压高。当频率为40-150Hz时有引发心室颤动的危险。

（2）电击对人体的影响　发生电击时,根据电流大小以及载流时间,人体的反应及对人体的危害见表1-1。

表1-1　发生电击时电流对人体的危害性

载流时间 \ 载流电流	0.1~0.5mA	0.5~2mA	2~8mA	8~15mA	15~200mA	200~500mA	500mA~
10~100ms	无反应	略微感觉	可以忍受的痛感	可以忍受的痛感	可以忍受的痛感	肌肉收缩、呼吸困难	有可能引发心室颤动
100~500ms	无反应	略微感觉	可以忍受的痛感	可以忍受的痛感	肌肉收缩、呼吸困难	肌肉收缩、呼吸困难	有可能引发心室颤动
500~2000ms	无反应	略微感觉	可以忍受的痛感	肌肉收缩、呼吸困难	肌肉收缩、呼吸困难	肌肉收缩、呼吸困难	可能引发心室颤动
2000ms~	无反应	略微感觉	可以忍受的痛感	肌肉收缩、呼吸困难	有可能引发心室颤动	有可能引发心室颤动	可能引发心室颤动

(3) 人体电阻 电击的危险度由电流决定。在人体电阻相同的情况下，电压越高电流会越大，危险性也会增大。因此，各国均各自规定了不对人体造成影响的安全电压，如德国、英国 24V，荷兰 50V。

人体电阻分为皮肤电阻和人体内部电阻。人体内部的体液与食盐水的性质相近，比较容易导电。因此如有外伤或者皮肤被水浸湿时人体的电阻值将会下降，从而更容易受到电击。

根据接触状态的不同规定了容许电压的电压值作为容许接触电压见表 1-2。

表 1-2 容许电压的电压值

容许接触电压	与人体的接触状态
2.5V	人体的大部分浸在水中
25V	人体有明显的浸湿部分或者人体的一部分与金属制电气设备接触
50V	通常状态

(4) 漏电 绝缘能力较差部分与地面间形成电力潮流的现象称为漏电。对于汽车而言不仅仅指地面，普通电路以外形成电力潮流的情况均称为漏电。

一旦人体与漏电处接触，电流将通过人体流向地面，引起电击危险。

为了防止混动系统的高电压电路发生漏电，系统拥有一套区别于普通 12V 电路的独立电路，该电路称为浮动方式电路，如图 1-23 所示。

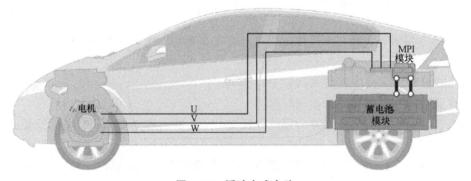

图 1-23 浮动方式电路

(5) 绝缘 确保电路以外的部分不发生漏电对安全作业极为重要。

进行分解组装作业及诊断作业时，务必在手脚佩戴用绝缘物制作的保护器具或者用防护用具对高电压部分进行绝缘操作，如图 1-24 所示。

(6) 高电压作业时的注意事项

1) 进行危险作业的事前通知（作业类别、场所、时间、注意事项、作业人员）。

2) 对车辆及零部件进行危险操作时设置警示标志（注意事项、作业人员名称），如图 1-25 所示。

3) IG SW 与关键管理（作业人员进行的关键管理）。

4) 检查保护器具及绝缘工具等是否齐备。

5) 对高电压部分进行预估与确认后进行相关作业。

6) IG SW ON 之前进行安全确认。

7) 撤去警示标志并进行作业结束报告。

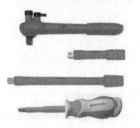

图 1-24 绝缘用具

图 1-25 设置警示标志

（7）发生电击时的急救 如果贸然接触受电击倒地的人员，可能造成二次电击，因此应使用安全保护器具之后再行施救，如图 1-26 所示。

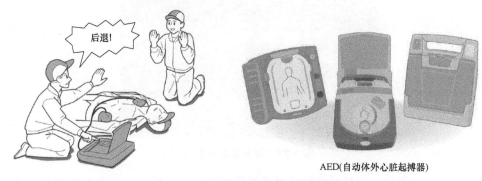

图 1-26 发生电击时使用安全保护器

根据现场情况，灵活掌握人工呼吸、心脏按压、AED（自动体外心脏起搏器）的急救顺序。

此外，虽然本人已掌握急救知识，但如果自己成为受害者时也无法发挥作用。因此有必要组织广大员工学习急救知识。

二 专业作业流程

1. 高压系统维修标准操作

1) 切断车辆电源（点火开关 OFF 档），等待 5min。
2) 戴好绝缘手套及绝缘鞋、护目镜等。
3) 拔下高压维修开关并存放在规定的地方。
4) 对高压系统进行检查并记录相关数据，在车辆上电时应该通知正在检查、维修高压系统的人员，在检修时做好高压系统的绝缘防护处理。
5) 使用万用表测量高压时，需注意选择正确量程，检测用万用表精度不低于 0.5 级，要求具有直流电压测量档位，量程范围不小于或等于 500V，并遵守"单手操作"原则。
6) 调试高压必须在低压调试好的前提下，便于判断动力电池包是否有漏电的情况，如有漏电情况应及时检查，不能进行高压调试。
7) 拆装动力电池包总成时，首先把高压配电箱连接高压线束插接件用绝缘胶带缠好，拆装过程不要损坏线束，以免发生触电危险。
8) 检修或更换高压线束、油管等经过车身钣金孔的部件时，需注意检查与车身钣金的防护是否正常，避免线束、油管磨损。
9) 高压系统检修后一定要对拆卸或更换过的零部件进行检查，避免因检修后忘记恢复造成其他影响。
10) 整车橙色线束均为高压线整车橙色线束、动力电池包、高压配电箱、车载充电器、离合器耦合式电机、电动压缩机总成等部件。

2. 断电安全作业流程

(1) 蓄电池断电　低压系统由两块蓄电池供电，作业时两块蓄电池的负极同时拆下，如图 1-27 所示。

图 1-27　断开蓄电池负极

(2) 动力电池断电　高压系统维修时必须断电后作业，断电方法是拆解高压维修开关，如图 1-28 所示。

注：高压维修开关采用双重保险卡扣控制需要两次按下才能完成打开。

3. 验电

完成前面两步操作后，在对高压系统维修时还要进行验电作业，如图 1-29 所示。

注：拆开逆变器端盖，使用万用表测量相电压确认低于 60V，才可进行高压系统维修作业。

第一章 混合动力汽车概述

图 1-28 断开维修开关

图 1-29 验电

13

第二章
混合动力汽车储能装置与电机

第一节　混合动力汽车动力蓄电池

一、镍基蓄电池

镍基蓄电池是指用氢氧化亚镍作为正极活性物质的碱性蓄电池。所谓碱性蓄电池，是指以氢氧化钾（KOH）、氢氧化钠（NaOH）水溶液作为电解质的蓄电池。碱性蓄电池有镍铁、镍镉、镍氢等。碱性蓄电池的优点有能量密度高、自放电小储存性能较好、可制作成密闭蓄电池、易于实现小型化等。目前在电动汽车上使用的镍基蓄电池主要有镍镉（Ni-Cd）蓄电池、镍锌（Ni-Zn）蓄电池和镍氢（Ni-MH）蓄电池等。镍镉蓄电池和铅酸蓄电池相比，比能量能够达到 55W·h/kg，比功率能够达到 200W/kg，循环寿命可达到 2000 次，而且可以快速充电。虽说其价格为铅酸蓄电池的 4~5 倍，但由于它在比能量和使用寿命方面的优势，长期的实际使用成本并不高。问题是由于其含有重金属镉，在使用中不注意回收的话，就会造成环境污染，目前许多发达国家都已限制发展和使用镍镉蓄电池。而镍氢蓄电池则是一种"绿色"镍金属电池，它的正负极分别为镍氢氧化物和储氢合金材料，不存在重金属污染问题，且其在工作过程中不会出现电解液增减现象，蓄电池可以实现密封设计。镍氢蓄电池在比能量、比功率及循环寿命等方面都比镍镉蓄电池有所提高，使用镍氢蓄电池的电动汽车一次充电后的续驶里程曾经达到过 600km，目前在欧美已实现了批量生产和使用。就其工作原理和特点而言镍氢蓄电池是适合电动汽车使用的，已被列为近期和中期电动汽车用首选动力电池，但它还存在价格太高、均匀性较差（特别是在高速率、深放电下蓄电池之间的容量和电压差较大）、自放电率较高、性能水平与现实要求还有差距等问题，这些问题都影响着镍氢蓄电池在电动汽车上的广泛使用。

镍氢（Ni-MH）蓄电池是镍镉（Ni-Cd）蓄电池的新发展，是目前人们看好的第二代蓄电池之一，是取代镍镉蓄电池的产品，当然也是取代铅酸蓄电池的产品。镍氢动力蓄电池刚刚进入成熟期，是目前电动汽车所用动力电池体系中唯一被实际验证并被商业化、规模化的动力电池体系，全球已经批量生产的混合动力汽车一般采用镍氢动力电池体系。

(1) 镍氢（Ni-MH）蓄电池的结构和类型　镍氢（Ni-MH）蓄电池可以分为图 2-1、图 2-2 所示两种类型。镍氢蓄电池主要由正极（+）、负极（-）、正极板、负极板、隔板、电解液等组成。隔板采用多孔维尼纶无纺布或尼龙无纺布等。为了防止充电过程后期蓄电池内压过高，蓄电池中装有防爆装置。

(2) 镍氢（Ni-MH）蓄电池工作原理　镍氢蓄电池正极活性物质采用氢氧化亚镍，负极活性物质为储氢合金，电解液为氢氧化钾溶液，电池充电时，正极的氢进入负极储氢合金中，放电时过程正好相反。充电时，负极析出氢气，储存在容器中，正极由氢氧化亚镍变成羟基氧化镍（NiOOH）和 H_2O；放电时氢气在负极上被消耗掉，正极由羟基氧化镍变成氢氧化亚镍。

蓄电池过量充电时，正极板析出氧气，负极板析出氢气。有催化剂的氢电极面积大，而且氢气能够随时扩散到氢电极表面，因此，氢气和氧气能够很容易在蓄电池内部再化合生成

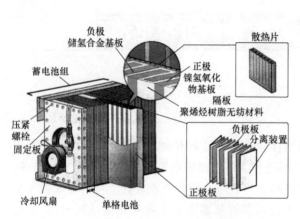

图 2-1 方形镍氢（Ni-MH）蓄电池及其结构

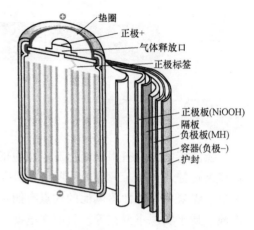

图 2-2 圆形镍氢（Ni-MH）蓄电池及其结构

水，使容器内的气体压力保持不变，这种再化合的速率很快，可以有效控制蓄电池内部氧气的浓度。

镍氢蓄电池的反应与镍镉蓄电池相似，只是负极充放电过程中生成物不同，镍氢蓄电池也可以做成密封型结构。镍氢蓄电池的电解液多采用 KOH 水溶液，并加入少量的 LIOH。镍氢（Ni-MH）蓄电池化学反应式：

$$\overset{\text{正极}}{2NiOOH}+\overset{\text{负极}}{KOH}+H_2 \underset{\text{充电}}{\overset{\text{放电}}{\rightleftharpoons}} \overset{\text{正极}}{Ni(OH)_2}+KOH+\overset{\text{负极}}{Ni(OH)_2}$$

（3）镍氢（Ni-MH）蓄电池的失效模式

1）正极衰退。镍氢（Ni-MH）蓄电池正极一般是氢氧化亚镍。正极失效（变形、老化和膨胀）的原因一般认为是过充电时形成 γ-NiOOH 造成的。研究表明，电极的变形、老化、膨胀都与 γ-NiOOH 的形成密切相关。氢氧化亚镍电极除了自身的膨胀引起失效外，负极的腐蚀对正极也造成一定的影响。MH 电极中一些活泼元素在碱性电解液中发生腐蚀反应，其中 Mn、Al 最易发生腐蚀，特别是 Al 被腐蚀后，通过隔膜沉积在正极中，形成 α-Ni(OH)$_2$，从而降低了正极的放电容量。Mn、Co 腐蚀后沉积在隔膜上形成"Co 桥"、"Mn 桥"，造成蓄电池短路失效。

2）负极衰退。MH 电极衰退机理比较复杂，一般认为是负极活性物质的粉化和氧化。LaNi$_5$ 衰退在于 LaNi$_5$ 与电解质接触时表面生成了 1∶5 摩尔量的 La(OH)$_3$ 和 Ni(OH)$_2$ 氧化膜，吸氢后体积膨胀，使表面氧化膜破裂，即氧化—破裂机理；LaNi$_5$ 电极在循环充放电过程中不断地粉化，因此，电极不断地遭受氧化，最终失效，即粉化—氧化机理。

3）内压升高。Ni-MH 蓄电池极板衰退伴随着蓄电池内压升高，内阻增大。蓄电池充放电时内压升高的根本原因在于正极连续析氧反应未能及时消除，此时负极亦将出现析氢过程。

4）阻抗升高。蓄电池阻抗包括溶液电阻、反应阻抗、扩散阻抗与界面容抗。MH 电极的衰退是由于接触电阻（电极活性物质与集流体之间、活性物质颗粒之间）和电化学反应阻抗增加。接触电阻的增加可通过对材料进行表面包覆而得到抑制。Ni-MH 蓄电池失效分两步，首先是由于隔膜中电解液变干，溶液电阻增加，从而使蓄电池性能下降。这种早期衰退变化是能够通过重新注碱而得到恢复。其次，电极表面失活使反应阻抗增加，从而引起电压特性和容量下降。这种衰退变化是不可逆的。研究中发现大部分蓄电池的早期失效都是由于电解液干涸而引起的。电解液干涸的原因有三：由于材料粉化，电极膨胀，而使电解液重新分配，导致隔膜变干；由于材料氧化消耗一部分电解液；由于蓄电池内压过高，使安全阀打开，电解液泄漏。总之，Ni-MH 蓄电池内压升高，电阻增大都是由于电极退化造成的。

二 锂电池

1. 概念

锂电池是指电化学体系中含有锂（包括金属锂、锂合金和锂离子、锂聚合物）的电池。无论是方形电池还是圆柱形锂离子电池基本都由正极、负极、电解液及隔膜组成，另外加上正负极引线、安全阀、PTC（正温度控制端子）和电池壳等。

正极：采用锂化合物 Li_xCoO_2（钴酸锂）、Li_xNiO_2（镍酸锂）、$LiFePO_4$（磷酸铁锂）和 Li_xMnO_2（锰酸锂）以及三元材料镍、钴、锰酸锂。

负极：采用锂-碳层间化合物 Li_xC6。

电解质：一般采用溶解有锂盐的有机制剂，根据所用电解质的状态可分为液态锂离子电池、聚合物锂离子电池、全固态锂离子电池。

隔膜只允许锂离子 Li+ 往返通过，阻止电子 e- 通过，在正负极之间起到绝缘作用。

三元锂电池是指正极材料使用镍钴锰酸锂 Li（NiCoMn）O_2 的锂电池，是以镍盐、钴盐、锰盐为原料，里面镍钴锰的比例可以根据实际需要调整。由此可以看出我们是以锂离子电池的正极对其进行更细的分类与命名。

2. 锂离子电池的结构

如图 2-3 所示，锂离子电池主要由正极、负极、电解质、隔膜、正极引线、负极引线、中心端子、绝缘材料、安全阀、密封圈、PTC（正温度控制端子）和蓄电池壳（或盖板）组成。负极与蓄电池壳接触，并且将负极镍带焊在蓄电池壳内壁上；隔膜处于正极和负极之间，起隔离作用；正极片被包在内层，正极极耳将正极与蓄电池壳连为一体，正极极耳缠有高温胶纸；电解质分布于极片、隔膜纸及蓄电池内部，电芯底部缠有普通胶纸。

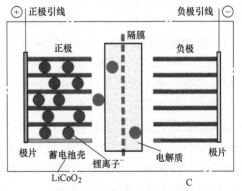

图 2-3 锂离子电池的结构

3. 锂离子电池的工作原理

如图 2-4 所示，充电时，正电极（阴极）发生氧化反应，向外电路释放出电子和向内电路释放出锂离子。电子经过外电路和充电机被输送到负电极，与此同时，锂离子则经过内电路中的电解质和穿过隔膜纸，进入负电极的晶体结构。因此，正极中的锂离子数量逐渐减少。但是，电解质中的锂离子数量没有改变。隔膜纸是电子的绝缘体，离子的透明体。负电极（阳极）发生还原反应，同时吸收电子和锂离子。电子和锂离子在负电极的晶体结构中形成电池中性。

如图 2-5 所示，放电时正电极（阴极）发生还原反应，从外电路获得电子和从内电路吸取锂离子。电子经过外电路和用电器被输送到正电极，与此同时，锂离子则经过内电路中的电解液和穿过隔膜纸，回到正电极的晶体结构。因此，负电极中的锂离子数量逐渐减少，而正电极中的锂离子数量逐渐增多。但是，电解液中的锂离子数量没有改变。负电极（阳极）发生氧化反应，同时释放出电子和锂离子。电子和锂离子经过内外电路，回到正电极的晶体结构中形成电池中性。

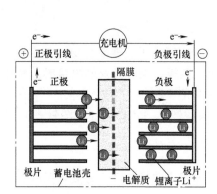

图 2-4 充电时锂离子电池工作示意图

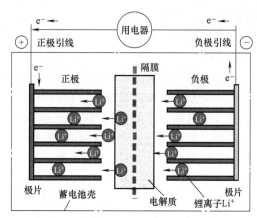

图 2-5 放电时锂离子电池工作示意图

4. 磷酸铁锂电池

磷酸铁锂电池是指用磷酸铁锂作为正极材料的锂离子电池，电池负极是石墨，中间是聚乙烯或聚丙烯材料制成的隔膜板，电池中部的上下端间装有有机电解质，锂离子的电解质是由有机溶剂和锂盐组成，对人体组织具有腐蚀性，并且可燃外壳由金属材料密封。

（1）外部结构　磷酸铁锂电池的外部特征是高电压导线或高电压接口和 12V 车载网络接口，布置在整车地板下面，电量为 47.5kW·h。

动力电池组的密封盖一般通过几十个螺栓加密封胶以机械方式与托盘连接在一起。在动力电池组上密封盖上一般粘贴有几个提示牌，如一个型号铭牌和两个警告提示牌。型号铭牌提供逻辑信息（例如电池参数标签和电池编号）和最重要的技术数据（例如额定电压）。两个警告提示牌提醒注意动力电池组采用锂离子技术且电压较高以及可能存在的相关危险。图 2-6 为动力电池组上提示牌的安装位置、检验报告和托盘螺栓固定力矩。

在动力电池组上带有一个 2 芯高电压接口，动力电池组通过该接口与高电压车载网络连接，如图 2-7 所示。围绕高电压导线的两个电气触点还各有一个屏蔽触点。这样可使高压电缆屏蔽层（每根导线各有一个屏蔽层）一直持续到动力电池组密封盖内，从而有助于确保电磁兼容性 EMV。

新能源汽车基本都会在整车的关键连接部件上都使用低压互锁电路，图 2-8 所示为磷酸铁锂电池主要部件内的互锁电路。互锁电路是一种低压电路，在被断路时向控制模块发出信号，或者当动力电池组的维修开关被部分或完全拆下时主动断开电路。然而，维修开关上的互锁电路通常并不是汽车上唯一的互锁电路，比如说在高压电缆连接插头处或保护盖上也有互锁电路。这样做的目的是确保在高压系统某部分被断接或暴露的情况下，车辆高压系统能

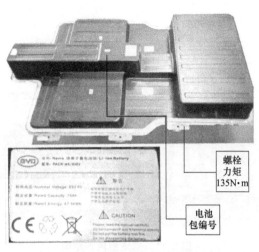

图2-6 动力电池组密封盖上的提示牌

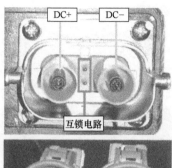

图2-7 动力电池组高电压接口

够立刻断开（READY为OFF）。有些车辆还会采用这样的设计：只有互锁电路断开，同时车辆以小于每小时几英里的速度行驶或者停车时，汽车才会断电。

12V车载网络接口为集成式控制单元提供电压、总线信号、传感器信号和监控信号，如图2-9所示。

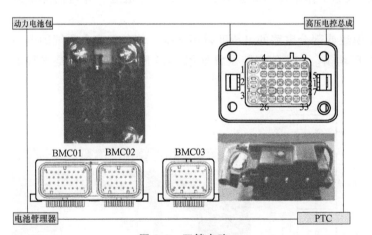

图2-8 互锁电路

图2-9 动力电池组低电压接口

直流高压电缆组件由两根绝缘的高压电缆组成，用来连接混合动力汽车或纯电动汽车的动力电池组和汽车的变频器。大部分高压电缆都位于汽车底盘下（夹在动力电池组和底盘之间），因此它能受到很好的保护，避免碰撞到路面带来的损坏。而纯电动汽车和一些插电式车辆安装的电池组要大得多，往往要延长到几乎车辆前部的位置，因此其高压电缆通常也会相对混合动力汽车中的短一些。比亚迪e5电池高压电缆从电池端输出，高压电控总成端输入，如图2-10所示。

（2）内部结构 磷酸铁锂电池组由电池模组、动力连接片、连接电缆、电池采集器、采样线、电池组固定压条，密封条等组成，如图2-11所示。

磷酸铁锂电池的单体电池标称电压是3.2V，充电终止时的最高电压为3.6V，最大放电

图 2-10 比亚迪 e5 电池高压电缆

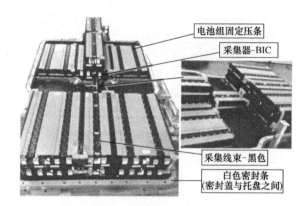

图 2-11 电池组内部结构

的电压为 2.0V。如图 2-12 所示,电池由 13 个模组串联组成,总电压为 633.6V,容量为 75A·h;电池组高压接口在 1 号电池模组负极、13 号电池模组正极。13 号模组在 1 号的上层,12 号模组在 11 号的上层,6、7、8 号模组分别在 5、4、9 号的上层。

电池信息采集器 BIC 监控电池组传感器测量的数据和电池性能。通常情况下,数据被报告给电池管理器 BMS,然后 BMS 根据工作条件和驾驶员的需求命令电池进行相应的充电或放电。

如果出现了单体电池、电池模组或部分电路的电压变得不平衡,部分带充电系统的电动还可以用 BIC 来帮助进行电池电压均衡。BIC 的安装位置如图 2-13 所示,其主要是进行电压、温度和通信信号的采集。

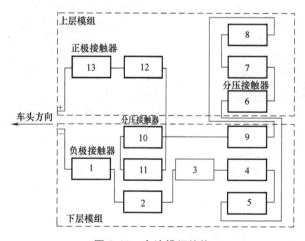

图 2-12 电池模组结构

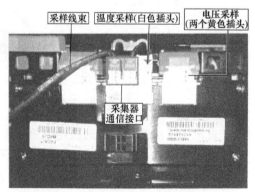

图 2-13 比亚迪 e5 电池模组 BIC

动力电池组内部含有四个接触器(影响电池组是否可以串联)和两个熔丝:两个分压接触器和熔丝(6 号和 10 号模组内部各一个),一个正极接触器(13 号模组内部),一个负极接触器(1 号模组内部),如图 2-14 所示。分压接触器在电池模组内部,无法单独拆卸。只可以通过插头施加电压进行间接判断。

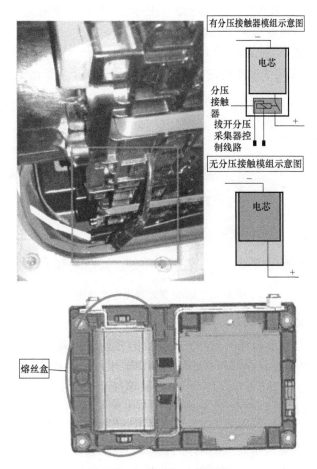

图 2-14　比亚迪 e5 接触器

三　氢燃料电池

氢燃料电池车更像是一种增程式电动车。也许有些人会认为氢燃料电池车是以燃烧氢原料作为动力的，其实不然，氢燃料电池指的是氢通过与氧的化学反应而产生电能的装置（单纯依靠燃烧氢来驱动的"氢内燃机车"也曾出现过，比如宝马的氢能 7 系）。氢燃料电池车的驱动力来自于车上的电动机，就像纯电动车一样，因此，氢燃料电池车可以理解为一辆"自带氢燃料发电机的电动车"，其理念与增程式电动车相类似，只不过电能的来源由一台内燃机变成了氢燃料动力单元。

（1）氢燃料电池车的基本结构　到目前为止，各个车企的氢燃料电池车的基本原理较为一致，只是细节设计上有所区别。下面仅以丰田汽车公司的氢燃料电池车 Mirai 为例来说明氢燃料电池车结构和工作原理。

如图 2-15 所示，Mirai 氢燃料电池车主要由高压储氢罐、氢燃料电池堆栈、燃料电池升压器、动力蓄电池组、驱动电机和动力控制单元等组成。高压储氢罐内存储燃料用氢气，压力大约为 70MPa；氢燃料电池堆栈为丰田汽车公司第一个量产的燃料电池，体积能量密度为

3.1kW/L，输出功率为114kW；氢燃料电池升压器采用紧凑高效的大容量升压器，能够将电压升高到650V；动力蓄电池组采用镍锰蓄电池，用以回收制动能量，在加速时辅助燃料电池供电；驱动电机由燃料电池和动力蓄电池组供电，最大功率为113kW，最大转矩为335N·m；动力控制单元用于在不同的行驶工况下分别控制动力蓄电池组的充放电策略。

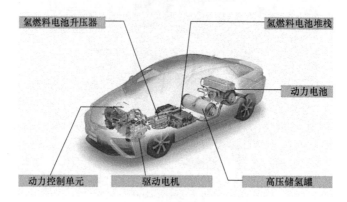

图2-15　Mirai氢燃料电池车结构

Mirai车的动力系统被称作TFSC，即丰田燃料电池堆栈，是以燃料电池堆栈为核心组件的混合动力系统。TFSC没有传统的汽油发动机，也没有变速器，发动机舱内部是电动机和电动机的控制单元。在驾驶舱底部布置着的燃料电池堆栈是整套系统的核心；在车身后桥部分放置着一个镍氢动力电池组和前后两个高压储氢罐，没有油箱和大面积的锂离子电池，Mirai车唯一需要消耗的"燃料"就是氢气，不用加油也不用充电，加满5kg氢气可行驶640km。

直接驱动Mirai车车轮的电动机功率为113kW，峰值转矩为335N·m，基本相当于一辆2.0L自然吸气发动机的动力水平。除燃料电池堆栈发电之外，Mirai车后轴上方布置了一个1.6kW·h的镍氢电池组，充当动力电池+储能电池的作用。该电池组基本上跟凯美瑞混合动力车的电池一样，在整车负载低时可单独用其供电带动车辆前进，与此同时燃料电池堆栈发出来的电可以给电池组充电，用镍氢电池充当一个"缓存"。当车辆有更大的动力需求时，镍氢电池组的电会很快耗光，此时燃料电池堆栈就直接向电动机输电，与镍氢电池组实现双重供电以满足车辆需求；当车辆减速行驶时，电动机转化为发电机来回收动能，电量直接输送到镍氢电池组内储存起来。Mirai氢燃料电池车的工作原理如图2-16所示。

（2）燃料电池堆栈的构成和工作原理　丰田Mirai车搭载的燃料电池堆栈（图2-17）是由370片薄片燃料电池组成的，因此被称为"堆栈"，一共可以输出114kW的发电功率。虽然氢燃料电池名字里面有"燃料"字样，同时氢气也能够跟氧气在一起剧烈燃烧，但氢燃料电池却不是利用燃烧来获取能量的，而是利用氢与氧气化学反应过程中的电荷转移来形成电流的，这一过程最关键的技术就是利用特殊的"质子交换薄膜"将氢气拆分，质子交换薄膜也是燃料电池领域最难被攻克的技术壁垒。如图2-18所示，在燃料电池堆栈里，进行着氢与氧相结合的反应，这个过程中存在电荷转移，从而产生电流。与此同时，氢与氧化学反应后正好生成H_2O，即水。

燃料电池堆栈作为一个化学反应池，其最为关键的技术核心在于"质子交换薄膜"。在这层薄膜的两侧紧贴着催化剂层，将氢气分解为带电离子状态，因为氢分子体积小，携带电

第二章 混合动力汽车储能装置与电机

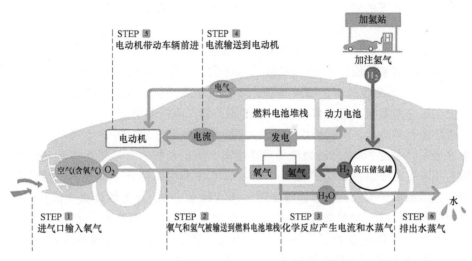

图 2-16 Mirai 氢燃料电池车的工作原理

图 2-17 氢燃料电池堆栈的构成

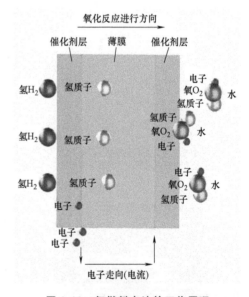

图 2-18 氢燃料电池的工作原理

子的氢可以透过薄膜的微小孔洞游离到对面去，但是在携带电子的氢穿越这层薄膜孔洞的过程中，电子被从分子上剥离，只留下带正电的氢质子通过薄膜到达另一端。氢质子被吸引到薄膜另一侧的电极与氧分子结合。薄膜两侧的电极板将氢气拆分成氢离子（正电）和电子、将氧气拆分成氧原子以捕获电子变为氧离子（负电），电子在电极板之间形成电流，两个氢离子和一个氧离子结合成为水，水成为该反应过程中的唯一"废料"。从本质来讲，整个运行过程就是发电过程。随着氧化反应的进行，电子不断发生转移，就形成了驱动汽车所需的电流。

如果说，氢燃料电池车的技术突破是在发明一种汽车，倒不如说是在发明一种全新的"发电机"，然后整合进一辆车里。在燃料电池堆栈中，排布了诸多薄膜，可以产生大量的电子转移，形成供车辆行驶所需的电流。因此 Mirai 车是纯电动车，燃料电池堆栈代替的就

23

是厚重且充电效率低下的锂离子电池组。一般情况下，燃料电池堆栈所产生的整体电压为300V左右，不足以带动一台车用大功率电动机，因此，Mirai氢燃料电池车还装备了燃料电池升压器，将电压升至600V以上，从而顺利驱动电动机。

丰田的燃料电池堆栈经历了10多年的技术优化，形成了自己的特色结构。丰田汽车公司2008年采用的燃料电池技术，如图2-19所示。由于通路宽度过大，氢氧化学反应产生的副产品水会在通路内堆积，阻碍氧气向催化剂层扩散，降低发电效率。Mirai氢燃料电池车采用新型高性能燃料电池，阴极采用了3D立体精微流道技术，如图2-20所示。氢氧化学反应中产生的水可以通过3D立体精微流道迅速排出，防止堆积的水对氧气的进一步进入产生阻碍，使空气可以充分通过微流道流动与催化剂层（采用铂钴合金催化剂，活性提升1.8倍）接触。正极的质子交换薄膜被做得更薄（厚度减小1/3，导电性提高3倍），气体在扩散层（采用低密度材料）的扩散性得到提升，催化剂层处于"超激活"状态，显著提升了电极的响应性能，有效地改善了发电效率。因此，整个燃料电池堆栈的发电效率达到了3.1kW/L，是2008年丰田燃料电池技术的2.2倍，如图2-21所示。

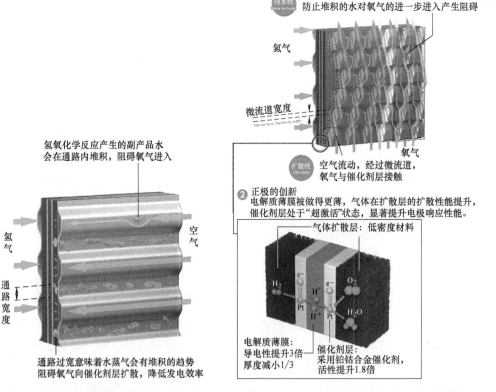

图2-19 丰田汽车公司2008年采用的燃料电池技术

图2-20 Mirai氢燃料电池车采用的燃料电池技术

（3）高压储气罐 了解氢气物理特性的人都知道，氢气和汽油不同，常温下氢气是气体，密度非常低，并且非常难液化，常温下更是无法液化。因此，氢气要安全储藏和运输并不容易，氢气无法像汽油那样直接注入普通油箱里。丰田设计了一大一小两个储氢罐，通过高压的方式尽可能多地充入氢气。以目前的主流储存技术，丰田选用了70MPa的高压储气

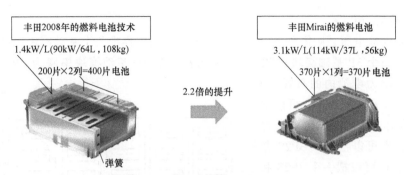

图 2-21 新旧丰田燃料电池技术

罐,如图 2-22 所示。两个储氢罐总的容量是 122.4L,采用 70MPa,也只能容纳约 5kg 的氢气,因此实际上燃料的质量并不大,反而储氢罐特别笨重。

为了在承受 70MPa 的前提下仍旧保持行驶安全性,储氢罐被设计成四层结构,铝合金的罐体内部衬有塑料密封内衬,外面包裹一层碳纤维强化塑料(CFRP)抗压层,抗压层外侧再增加一层玻璃纤维强化塑料外壳,起到减振保护作用,并实现外壳的轻量化,并且每一层的纤维纹路都根据所处罐身位置不同而做了额外的优化,使纤维顺着压力分布的方向,提升保护层的效果。多重纤维材料的组合应用及不同的纤维编制形式,能够有效发挥各种纤维的物理特性,适应不同的罐体区域的受力情况,可以减少 40% 的纤维用量。

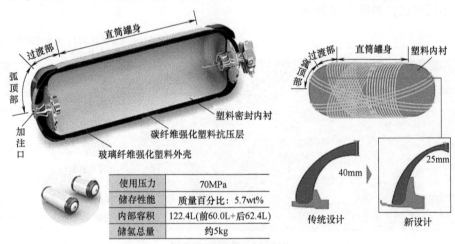

图 2-22 高压储气罐

第二节 混合动力汽车电池内部结构

一、电芯模块、电池模组及模组布置

为了提升电池容量,需要把单个电芯进行并联,通常把几个容量、性能参数一致的电芯用激光焊接并联组成基础模块,例如三个软包电芯并联(3P),当然也可以更多的电芯并

联，如 5P，甚至 16P 等。

为了提升电池电压，则需要把电芯再进行串联，因此再把几个基础模块用激光焊接串联成模块，例如两个 3P 基础模块串联为 3P2S 或者三个 3P 基础模块串联为 3P3S 电池模块。

同时，为了在动力电池内的布置方便，模块的组合方式有多种选择：可以单用一个 3P2S 模块，电池上面可以布置其他电器元件；也可以把两个 3P2S 叠放串联成 3P4S；还可以把一个 3P2S 和一个 3P3S 叠放组成 3P5S。多种组合方式错落有致的固定在动力电池底板上，方便了总体布局。

1P100S：100 块电池单体串联，共分为 9 个模组如图 2-23 所示。

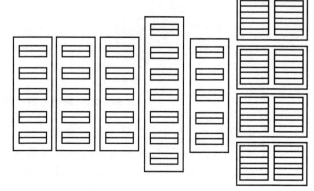

图 2-23　电池内部布置

3P91S：3 个单体并联组成一个模块，再由 91 个模块组成若干个模组串联成动力电池总成。

例如：特斯拉 Roadster 纯电动汽车的电池组由 6831 节 18650 型（直径 18mm，高 65mm，0 表示圆柱形）锂离子电池组成，其中每 69 节并联为一组，再将 9 组串联为一层，最后串联堆叠 11 层构成，如图 2-24 所示。

每个 18650 锂电池都有导热的管路，并且管路都采用绝缘带进行包裹。以防电池与外壳发生短路。

图 2-24　特斯拉电池组

名词解释：

电池单体——构成动力电池模块的最小单元。

电池模块——一组并联的电池单体的组合。

模组——由多个电池模块或电池单体串联组成的一个组合体。

动力电池总成——把每个模组串联起来形成动力电池总成。

一　电池模组高压串联回路的连接方式

动力电池通常由 90~100 个电池串联组成，电压高达直流 380V（有些车达到 600V）。

第二章 混合动力汽车储能装置与电机

对外供电安全的措施必须可靠。电池模组用多层铜皮制成的成型母线带,通过螺栓可靠连接。母线带柔软,避免因车辆振动导致母线与螺栓连接根部产生裂纹。母线带外部用绝缘材料做了耐压绝缘处理。通常在串联的高压回路中,设置维修开关、正负母线继电器、预充继电器、预充电阻和熔断器如图 2-25 所示。维修开关设置在串联回路的中间,同时维修开关内部还有一个熔断器(图 2-26),假如回路电流过大,熔断器断开,当维修开关拔出时,高压回路呈开路状态。正极和负极母线对外部负载输出端分别接了继电器,只有正负极母线继电器都接通,才能对外供电或对电池充电。高压母线还设置了电流检测器件,目前有串联在母线上的无感分流器方式和套装在母线外部的霍尔传感器方式,如图 2-27 所示。两种传感器都是把检测到的母线电流送到主控盒,用于控制母线输出不能过流,充电和能量回收时电流不能过大。

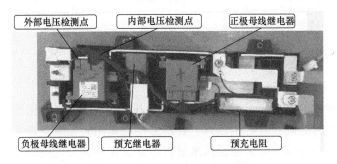

图 2-25 高压控制箱内的继电器

图 2-26 维修开关内的熔断器

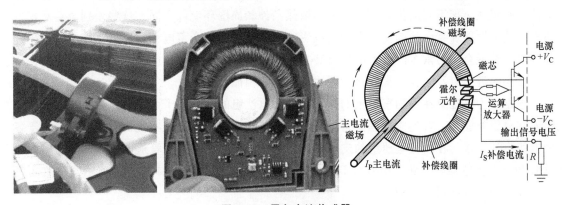

图 2-27 霍尔电流传感器

第三节 混合动力汽车蓄电池管理系统

一、动力电池组管理系统简介

混合动力汽车的整车性能很大程度上依赖于动力蓄电池,高性能、高可靠性的电池管理系统能使电池在各种工作条件下获得最佳的性能,通过蓄电池管理系统(BMS)来实时监

测电池状态，如电池电压、充放电电流等，预测电池最大允许充放电电流，以提升电池性能和寿命，提高混合动力汽车的可靠性和安全性。

根据电动车辆所采用的电池的类型和动力电池组的组合方法，电池组管理系统主要包括热（温度）管理子系统、电池组管理子系统、线路管理子系统，如图2-28所示。

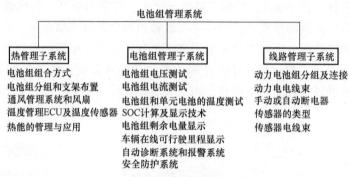

图 2-28　电池组管理系统

1. 热管理子系统

温度是直接影响电池性能和寿命的关键性因素，混合动力汽车上使用的动力电池组在工作时都会有发热现象。不同的蓄电池的发热程度各不相同，有的蓄电池采用自然通风即可满足电池组的散热要求，但有的蓄电池则必须采取强制通风来进行冷却，才能保证电池组正常工作并延长蓄电池的寿命。另外，在混合动力汽车上由于动力电池组的各个蓄电池或各个分电池组布置在车架不同的位置上，各处的散热条件和周围环境都不同，这些差别也会对蓄电池充、放电性能和蓄电池的使用寿命造成影响。为了保证每个蓄电池都能有良好的散热条件和环境，将混合动力汽车的动力电池组装在一个强制冷却系统中，使各个蓄电池的温度保持一致或相接近，以及使各个蓄电池的周边环境条件相似。

根据动力电池组在电动车辆上的布置，动力电池组的热管理子系统中，为便于动力电池组或其分组的安装，首先应合理安排动力电池组的支架，要求能够实现机械化装卸，便于各种电线束的连接。在动力电池组的支架位置和形状确定后设计通风管道、风扇、动力电池组ECU和温度传感器等，混合动力汽车上水平布置的温度管理系统如图2-29所示，垂直布置的温度管理系统如图2-30所示。

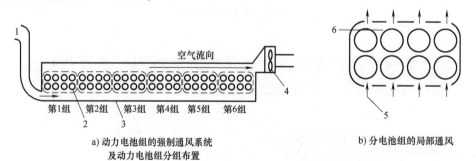

a) 动力电池组的强制通风系统及动力电池组分组布置　　b) 分电池组的局部通风

图 2-29　动力电池组水平布置的温度管理系统
1—空气吸入管道　2—分电池组　3—动力电池组密封支架
4—冷却风扇　5—分电池组冷却气流　6—温度传感器

在某些蓄电池工作时，会产生较高的温度，这时，可以充分利用其产生的热量用于取暖和给风窗玻璃除霜等，使热量得到管理与应用。

2. 电池组管理子系统

电池组管理子系统的作用是对电池的组合、安装、充电、放电、电池组中各个电池的不均衡性、电池的热管理和电池的维护等进行监管，使电池组能够提高工作效率，保证正常运转并达到最佳状态，避免发生电池的过充电和过放电，可以有效延长电池的寿命，以及对动力电池组的安全管理和保洁等。电池管理系统主要包括以下几个方面。

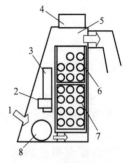

图 2-30　动力电池组垂直布置的温度管理系统

1—冷却空气吸入管道　2—温度传感器
3—电池组管理 ECU　4—充电器
5—电池组通风箱　6—单元电池
7—分电池组　8—风扇

（1）电池的技术性能　不同类型和不同型号、不同使用程度的电池都具有不同的性能，包括电池的容量、工作电压、终止电压、质量、外形尺寸和电池特性（包括记忆特性）等，因此，要对动力电池组建立技术档案。实际上即使是同一型号、同一批量的电池，由于制造原因、电解质的浓度差异和使用情况的不同，性能也不尽相同。如果将性能差异较大的电池组合在一起，会给整个动力电池组的性能带来影响。因此，在安装电池组之前，应对每个电池进行认真检测，将性能差异不大的电池组成动力电池组。

（2）电池状态的管理　混合动力汽车的动力电池组由多个单节电池组成，其基本状态包括在充电和放电时双向作业时的电压、电流、温度、SOC 的比例等。在正常情况下动力电池组的电压、电流、温度、SOC 的比例等应能够进行双向计算和显示。

由于多种原因在动力电池组中个别电池会出现性能的改变，使得动力电池组在充电时不能充足，而在放电时很快将电能放尽，这就要求电池管理系统应能够及时自动检测各个单节电池的状态，当检测出某节电池出现损坏状态时，及时报警，以便将"坏"电池剔出、更换。

（3）动力电池组的安全管理　动力电池组的总电压可以达到 90~400V，如此高的电压对人体会造成危害，应采取有效的隔离措施，一般是将动力电池组与车辆的乘坐区分离，将动力电池组装在地板下面或车架的两侧。在正常的情况下，车辆停止使用时，通常会自动切断电源；只有在混合动力汽车起动时才接通电源；当混合动力汽车发生碰撞或倾覆时，电池管理系统应能立即切断电源，防止高压电引起的人身事故和火灾，并防止电解液造成的伤害，以保证人身安全。

3. 线路管理子系统

动力电池组是很多节单节电池串联组成的，如果是铅酸电池需要 8~32 节 12V 的单节电池串联起来，其他电池需要用更多单节电池串联而成，为了能够分别安装在混合动力汽车的不同位置处，通常动力电池组上分为多个小的电池组分散进行布置。这样有利于电池组的机械化安装，拆卸和检修。

线路管理子系统管理电池与电池、电池组与电池组之间的线路。当动力电池组的总电压较高时，导线的截面积比较小，有利于电线束的连接和固定，但高电压要求有更可靠的防护，当动力电池组的总电压较低时，电流比较大，线路损耗也很大，需要的导线截面积也比较大，安装较不方便。在各个电池组之间还需要安装连接导线将各个电池组串联起来，一般在电池组与电池组之间，装有手动或自动断电器，以便在安装、拆卸和检修时切断电流。另外，在电池管理系统中还有各种传感器线路等，因此在混合动力汽车上有尺寸很长的各种各样的电线束，要求电线之间有可靠的绝缘，并能快速连接。

二、动力电池组管理系统功能

1. 动力管理系统功能

动力电池组管理系统承担着动力电池组的全面管理，一方面要保证动力电池组的正常运作，显示动力电池组的动态响应并及时报警，以便使驾驶人随时都能掌握动力电池组的情况；另一方面要对人身和车辆进行安全保护，避免因电池引起的各种事故。

(1) 动力电池组管理系统的基本功能　动力电池组管理系统采用先进的微处理器进行控制，通过标准通信接口和控制模块对动力电池组进行管理，一般有以下几个方面。

1) 动力电池组管理。监视动力电池组的双向总电压和电流、动力电池组的温升，并通过液晶屏幕动态地显示出总电压、电流、温升的变化，避免动力电池组过充电或过放电，使动力电池组不会受到人为的损坏。

2) 单节电池管理。对动力电池组中的单节电池的管理，可以监测单节电池的电状态，对单节电池动态电压和温度的变化进行实时监测，以便及时发现单节电池存在的问题，并采取有效的预防措施。

3) 荷电状态的估计和故障诊断。动力电池组管理系统应具有对荷电状态的估计和故障诊断的功能，能够有效地反映和显示荷电状态 SOC。目前对荷电状态的估计误差一般控制在 10% 左右，配备故障诊断专家系统，可以早期预报动力电池组的故障和隐患。

(2) 动力电池组管理系统组成　综合动力电池组管理系统的各种功能，动力电池组管理系统的基本组成如图 2-31 所示。带有温度测量装置的动力电池组管理系统的基本组成如图 2-32 所示，是利用损坏的电池在充电过程中电池的温度高于正常电池温度的原理，用温度传感器来测定和监控每一个电池在充电过程中的温度是否在允许的范围内。如果发现某个电池的温度处于异常状态，荷电状态 SOC 显示也不正常时，即刻向动力电池组管理系统反馈某个电池在线的响应信息，并由故障诊断系统预报动力电池组的故障。

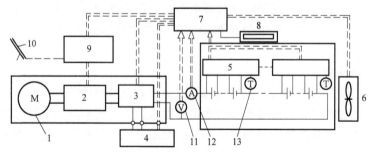

图 2-31　动力电池组管理系统的基本组成

1—电动机　2—逆变器　3—继电器箱　4—充电器　5—动力电池组（由多个分电池组组成）
6—冷却风扇　7—动力电池组管理系统　8—荷电状态 SOC 显示器　9—车辆中央控制器
10—驾驶人控制信号输入　11—电压表　12—电流表　13—温度测量计

第二章 混合动力汽车储能装置与电机

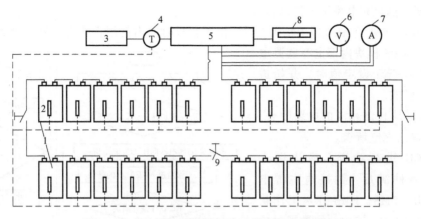

图 2-32 带有温度测量装置的动力电池组管理系统

1—电池组 2—温度传感器 3—故障诊断器 4—温度 5—动力电池组管理系统
6—电压表 7—电流表 8—荷电状态 SOC 显示 9—断路器

三 蓄电池的放电管理

（1）蓄电池放电过程中的硫化现象 蓄电池在放电过程中，两极活性物质均转化为硫酸铅。充电不足或者充足电量的蓄电池因过量放电，譬如在 ACC 状态下长时间使用音响设备等，使电解液中存在大量的硫酸铅，如果车辆长期放置不用，硫酸铅就会从电解液中析出，极板上会逐渐生成一层白色的粗晶粒的硫酸铅，这种物质很难在正常充电时溶解还原成活性物质（称为硫酸铅硬化）。同时这种物质会堵塞极板的孔隙，阻碍电解液的渗入，导致容量下降，内电阻增大，起动和充电性能明显下降。充电时，充电电压和电解液温度会异常升高，并过早发生气泡；放电时，电压下降很快，严重影响蓄电池的寿命。

（2）ACC/ON 电源状态下的自充电方法 传统汽车在 ACC/ON 电源状态下，如果长时间的使用音响等电器，由于发动机没有工作，因此交流发电机无法给蓄电池及时充电，很容易使蓄电池过度放电，如果车辆再长时间停放，蓄电池就会出现极板硫化的现象，影响蓄电池的使用。

在混合动力车型中，由于采用了智能起动系统，通过 PS 模块（或者 HCU）实时检测蓄电池的电压，当蓄电池电压下降到所允许的下限值时自动起动充电系统，就可以达到防止蓄电池出现过度放电的现象，从而避免蓄电池出现极板硫化的问题。

图 2-33 所示是某混合动力车型蓄电池自充电系统拓扑图，该系统主要由无钥匙起动系统 (PS)、整车控制器 (HCU) 以及电池管理系统 (BMS) 和电机控制器 (PEU) 组成 (PEU 内含 DC/DC 功能)，可以将直流 288V 的动力电源转换成低压直流电源给 12V 蓄电池充电。

图 2-33 12V 蓄电池自充电系统

(3) 蓄电池自充电系统工作过程

1) 整车电源处于 ACC 或 ON 状态时，由于较长时间内使用音响等电器，使蓄电池电压有所降低，当 PS 模块内部电源监测电路检测到电压低于设定值时，开始进入自行充电模式。

2) PS 模块控制相应的电路闭合，并向 HCU 提出充电请求。

3) HCU 进行诊断，确认进入 READY 的条件满足，则接通主继电器，使 PEU、BMS、EMS 进入工作状态，并起动 DC/DC 转化，如果同时检测到动力电池 SOC 值低于设定值时，起动发动机充电。

4) 动力电池的 SOC 值充电到设定值时，停止发动机充电，保持 READY 状态，以备随时行车需要。

5) 如不需使用电器，可按 PS 模块上的 POWER 开关退出，使电源回到 OFF 状态。根据上面所述的工作过程，将其转化成图 2-34 所示的蓄电池自充电流程图。

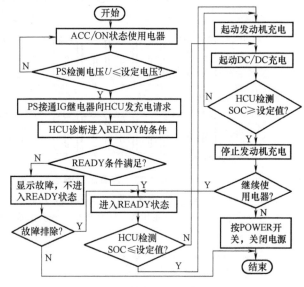

图 2-34 蓄电池自充电流程图

第四节 混合动力汽车电机结构

在早期开发的混合动力汽车上多采用直流电动机，即使到现在，还有一些混合动力汽车上仍然使用了直流电动机来驱动，但在新研制的混合动力汽车上已基本不再采用直流电动机。直流电动机的优点是具有优良的电磁转矩控制特性，调速比较方便，控制装置简单、价廉；缺点是效率较低、质量大、体积大、价格贵。

一、直流电动机

(1) 直流电动机的控制系统　直流电动机在电源电路上，可以采用较少的控制元件，一般用斩波器来控制，最常采用的有 IGBT 电子功率开关的斩波器作为控制装置，IGBT 斩波器是在直流电源与直流电动机之间的一个周期性的通断开关装置，斩波器根据直流电动机输出转矩的需要，脉冲输出和变换直流电动机所需电压从 0 到最高电压，与直流电动机输出的功率相匹配，来驱动和控制直流电动机运转，IGBT 斩波器已经商品化，可供用户选用。

直流斩波控制方式由于体积小、质量轻、效率高、可控制性好。而且根据所选的加速度，能平稳加速到理想的速度，因此该控制方式在电力驱动领域得到了广泛应用。图 2-35 所示为用于直流电机速度控制的一象限直流斩波器。四象限运行是指用 x 轴表示电机转速，y 轴表示电流，第一象限就是电动状态。四象限是指正向电动、正向发电、反向电动、反向发电。

一象限直流斩波控制的工作原理是电流经蓄电池正极输出，经绝缘栅极双极型晶体管 IGBT（Insulated Gate Bipolar Transistor）的集电极 C 和发射极 E，再经电刷进入电机 M 的转子，电机的定子 S，可以是线圈也可能是永磁体。驾驶员踏下加速踏板时，实际上就是电路在控制 IGBT 管的门极 G 的 PWM 波

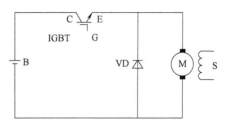

图 2-35 一象限直流斩波控制

占空比加大，汽车减速时，若定子 S 为永磁，则电动机转为发电机发电，但发出的电流无法经 IGBT 将电流充入蓄电池。D 是在 IGBT 关闭时给转子提供的放电回路。要想在第二象限工作。则可在 IGBT 的 GE 间反加一个大功率二极管，这时电机再生制动的能量就可以返回蓄电池了。

（2）IGBT 结构原理与检测

1）IGBT 结构。IGBT 是 MOSFET（场效应晶体管）与 GTR（功率晶体管）的复合器件。它既有 MOSFET 易驱动的特点，又具有功率晶体管电压、电流容量大等优点。其频率特性介于 MOSFET 与功率晶体管之间，可正常工作于几十 kHz 频率范围内，故在较高频率的大、中功率应用中占据了主导地位。

如图 2-36 所示，GTR 是 N^+、P、N^-、N^+ 四层半导体组成，无 SiO_2 绝缘层；MOSFET 是 N^+、P、N^-、N^+ 四层半导体组成，但有 SiO_2 绝缘层；IGBT 是 N^+、P、N^-、N^+、P^+ 五层半导体组成，有 SiO_2 绝缘层；图中黑色箭头代表正电子；白箭头代表负电子，仅有电子流动的为单极性管，有正负电子流动的为双极性管。

2）IGBT 工作原理。GTR 是集电极 C、基极 B、发射极 E 三个电极，当

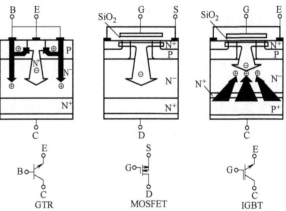

图 2-36 IGBT 等电子元件结构比较

B、E 间通过一个小电流。则在 C、E 间有大电流流过，是电流放大电流的器件。MOSFET 是漏极 D、栅极 G、源极 S 三个极，当 G、S 间施加一个电压，则在 G、S 间有大电流流过，是电压放大电流的器件；IGBT 是集电极 C、栅极 G、发射极 E 三个极，当 G、E 间施加一个电压，则在 C、E 间有大电流流过，是电压放大电流的器件。

IGBT 通过栅极驱动电压来控制的开关晶体管，工作原理同 MOSFET 相似，区别在于 IGBT 是电导调制来降低通态损耗。GTR 电力晶体管饱和压降低，载流密度大，但驱动电流也较大。MOSFET 驱动功率很小，开关速度快，但导通压降大，载流密度小。IGBT 综合了两种器件的优点。驱动功率小而饱和压降低。图 2-37 所示为两

图 2-37 两单元 IGBT 功率模块

单元 IGBT 功率模块。

3) IGBT 使用注意事项。由于 IGBT 模块为 MOSFET 结构，IGBT 的栅极通过一层氧化膜与发射极实现电隔离。因为此氧化膜很薄，其击穿电压一般仅能承受到 20~30V，所以因静电而导致栅极击穿是 IGBT 失效的常见原因之一。因此，使用中要注意以下几点：

① 在使用模块时，尽量不要用手触摸驱动端子部分，当必须触摸模块端子时，要先将人体或衣服上的静电用大电阻接地进行放电后再触摸；在用导电材料连接模块驱动端子时，在配线未接好之前请先不要接上模块，应在良好接地的情况下操作。在应用中有时虽然保证了栅极驱动电压没有超过栅极最大额定电压，但栅极连线的寄生电感和栅极与集电极间的电容耦合，也会产生使氧化层损坏的振荡电压。为此，通常采用双绞线来传送驱动信号，以减少寄生电感。在栅极连线中串联小电阻也可以抑制振荡电压。

② 在栅极-发射极间开路时，若在集电极与发射极间加上电压，则随着集电极电位的变化，由于集电极有漏电流流过，栅极电位升高，集电极则有电流流过。这时，如果集电极与发射极间存在高电压，则有可能使 IGBT 发热及至损坏。

③ 在使用 IGBT 的场合，当栅极回路不正常或栅极回路损坏时（栅极处于开路状态），若在主回路上加上电压，则 IGBT 就会损坏。为防止此类故障，应在栅极与发射极之间串接一只 10kΩ 左右的电阻。

④ 在安装或更换 IGBT 模块时，应十分重视 IGBT 模块与散热片的接触面状态和拧紧程度。为了减少接触热阻，最好在散热器与 IGBT 模块间涂抹导热硅脂，安装时应受力均匀，避免用力过度而损坏。

⑤ 一般散热片底部安装有散热风扇，当散热风扇损坏散热片散热不良时将导致 IGBT 模块发热，从而发生故障。因此对散热风扇应定期进行检查，一般在散热片上靠近 IGBT 模块的地方安装有温度感应器，当温度过高时报警或停止 IGBT 模块工作。

4) IGBT 管极性测量。判断极性首先将万用表拨在 R×1k 档，用万用表测量时，若某一极与其他两极阻值为无穷大，调换表笔后该极与其他两极的阻值仍为无穷大，则判断此极为栅极 G。其余两极再用万用表测量，若测得阻值为无穷大，调换表笔后测量阻值较小，则在测量阻值较小的一次中，红表笔接的为集电极 C，黑表笔接的为发射极 E。

5) 如何检测判断 IGBT 管的好坏。IGBI 管的好坏可用指针式万用表的 R×1k 档来检测，或用数字万用表的"二极管"档来测量 PN 结正向压降进行判断。检测前先将 IGBT 管三只引脚短路放电，避免影响检测的准确度；然后用指针万用表的两支表笔正反测 G、E 两极及 G、C 两极的电阻。正常 G、C 两极与 G、E 两极间的正反向电阻均为无穷大；内含阻尼二极管的 IGBT 管正常时，E、C 极间均有 4kΩ 正向电阻。

最后用指针万用表的红笔接 C 极，黑笔接 E 极，若所测值在 3.5kΩ 左右，则所测管为含阻尼二极管的 IGBT 管；若所测值在 50kΩ 左右，则所测 IGBT 管内不含阻尼二极管。对于数字万用表，正常情况下 IGBT 管的 C、E 极间正向压降约为 0.5V。

综上所述，内含阻尼二极管的 IGBT 管检测，除红黑表笔连接 C、E 阻值较大，反接阻值较小外，其他连接检测的读数均为无穷大。测得 IGBT 管三个引脚间电阻均很小，则说明该管已击穿损坏；维修中 IGBT 管多为击穿损坏。若测得 IGBT 管三个引脚间电阻均为无穷大，说明该管已开路损坏。

一、交流电动机

1. 三相异步感应电动机

（1）三相异步感应电机结机　三相异步感应电动机有笼型异步感应电动机（简称感应电动机）和绕线转子异步感应电动机两种。笼型感应电动机是应用最广泛的电动机，如图2-38所示。

三相异步感应电动机的定子和转子由层叠、压紧和硅钢片组成，两端采用铝盖封装，在转子和定子之间没有相互接触的部件，结构简单，运行可靠，经久耐用，价格低廉，被众多电动汽车所采用。

（2）三相异步感应电动机的控制系统　在混合动力汽车上，一般采用发电机或动力电池组作为电源，三相异步感应电动机不能直接使用直流电源，另外，三相异步感应电动机具有非线性输出特性，因此，在采用三相异步感应电动机时，需要由逆变器中的功率半导体变换器件，将直流电变换为频率和幅值都可以调节的交流电，来实现对三相异步感应电动机的控制。在混合动力汽车上，根据混合动力汽车的模型结构不同，通常功率电路有交—直—交变频器系统、交—交变频器系统、直—交逆变器系统。

在装有交流发电机的混合动力汽车上，根据动力系统结构模型的要求，可采用前两种变频器系统。第三种普遍应用在电动汽车上，如图2-39所示为三种功率电路基本形式。

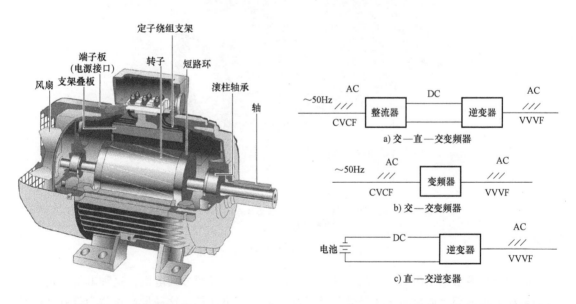

图2-38　三相异步感应电动机　　图2-39　交流电动机调速系统功率电路的基本形式

2. 三相电流同步电机结构

三相电流同步电机是一种电动机械式变换器，可作为由三相电流驱动的电机或产生三相电流的发电机使用。在发电站中同步电机主要作为可以产生电能的发电机使用。在车辆中同步电机也可作为发电机为电子用电器提供电能和为蓄电池充电。如今在中等功率范围内很少

35

使用同步电机，但是这一现象即将改变，因为将会在混合动力车辆上大量使用同步电机，如图 2-40、图 2-41 所示。

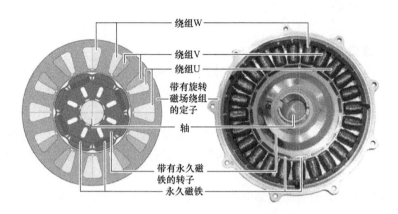

图 2-40 三相电流同步电机内部结构

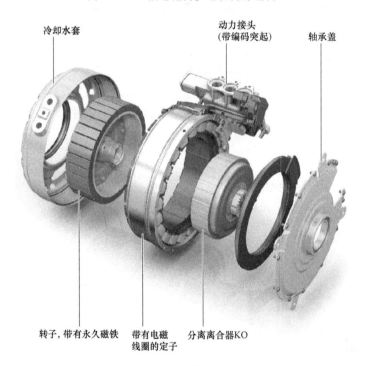

图 2-41 奥迪 Q5 三相电流同步电机结构

同步电机通常采用内极电机的设计。此外还有另外一种型号的电机，这种电机的定子绕组安装在电机内部，而带有永久磁铁的转子则安装在电机外部。这种设计被称为带有外部转子的电机。

同步电机的工作原理：如果在定子的绕组上施加一个三相电流，就会产生相应的旋转磁场。转子的磁极随着该旋转磁场的方向进行相应的转动。这样就可以使转子转动。转子转动的速度与旋转磁场的转速相同。该转速也被称为同步转速。同步电机也因此得名。通过三相电流的频率和极点数量精确的规定了同步电机的转速。

三、永磁式电动机

1. 永磁电动机的种类

按永久磁铁在永磁电动机上布置,可以将永磁电动机分为内部永磁型 IPM、表面永磁型 SPM 和镶嵌式(混合式)永磁型 ISPM 几种结构形式,将永磁磁极按 N 极和 S 级顺序排列组成永磁电动机的磁性转子。

(1) 磁性转子的结构

1) 内部永磁型磁性转子。内部永磁型磁性转子的磁路结构可分为径向型磁路结构、切向型磁路结构和混合型磁路结构。

图 2-42 中 1~5 所示为径向型内部永磁转子的结构,径向型磁路磁性转子漏磁小,而且不需要隔离环,但它的每个磁极的有效面积约为切向型内部永磁转子的一半,为了提高径向型内部永磁转子的有效面积,多采用图中 5 所示的截面形状。图 2-42 中 6~8 所示为切向型内部永磁转子结构磁转子的结构,切向型内部永磁转子会因为 q 轴电枢反应较强,从而减少了有效转矩,可以采用图中 8 所示的形式,在转子上开闭口空气槽,可以改善对其转矩的影响。图 2-42 中 9 所示为混合型内部永磁转子结构。

图 2-42 永久磁铁的磁路结构形式

1~5—径向型内部永磁转子结构 6~8—切向型内部永磁转子结构
9—混合型内部永磁转子结构 10~12—表面永磁型转子结构

2) 表面永磁型磁性转子 图 2-42 中 10、11、12 所示为表面永磁型转子结构,表面永磁型转子的应用正在逐渐增多。图 2-43 所示为表面永磁型转子永磁电动机的横截面图。

3) 混合式永磁型磁性转子。图 2-44 所示为一种混合式永磁型磁性转子,这种混合式永磁型磁性转子可以用嵌入永久磁铁中的励磁绕组来对磁通量进行控制,从而改变永磁电动机的机械特性。

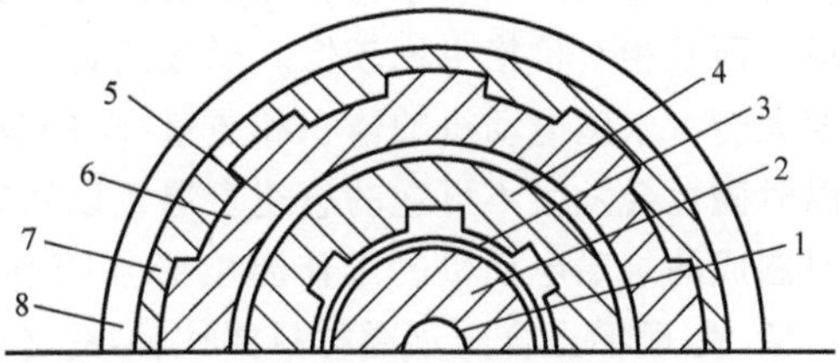

图 2-43 表面永磁型转子永磁电动机的横截面图

1—电动机轴 2—转子 3—转子磁体固定环
4—钕-铁-硼永磁体 5—钕-铁-硼永磁体卡环
6—定子绕组 7—定子铁心 8—电动机冷却水套

2. 磁极的数量

一般感应电动机的磁极数量增多以后,电动机在同样的转速下,工作频率随之增加,定子的铜损和铁损也相应增加,将导致功率因数急剧下降。磁阻电动机的磁极数量增多以后,会使电动机输出的最大转矩与最小转矩之间的差值很大，对磁阻电动机的性能影响较大，独立励磁电动机的磁极数量增多以后，将无法达到额定的转矩。而永磁电动机的磁极增加一定数量以后，不仅对电动机的性能没有明显的影响，还可以有效地减小永磁电动机的尺寸和重量。永磁电动机的气隙直径和有效长度，取决于电动机的额定转矩、气隙磁通密度、定子绕组的线电流密度等参数变化的影响。气隙磁通密度主要受磁性材料磁性的限制，因此需要采用磁能密度高的磁性材料。另外，在气隙磁通密度相同的条件下，增加磁极的数量，就可以减小电动机磁极的横截面面积，从而减小电动机转子铁心的直径。图 2-45 所示为四极永磁转子铁心与十六极永磁转子铁心的尺寸比较，后者的截面面积要小于前者，可以减小电动机的质量，减弱电枢反应和提高电动机的转速。增加磁通密度、改进磁路结构是提高永磁电动机性能和效率的主要途径。

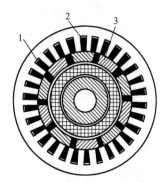

图 2-44　混合式永磁型磁性转子
1—定子绕组　2—励磁绕组　3—永久磁铁

 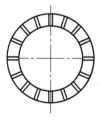

a) 四级永磁转子铁心　　　　b) 十六级永磁转子铁心

图 2-45　四极永磁转子铁心与十六极永磁转子铁心的尺寸比较

3. 永磁材料

永磁电动机的永磁材料种类很多，如 KS-磁钢、铁氧体、锰铝碳、铝镍钴和稀土合金等，铁氧体价格低廉，而且去磁特性接近一条直线，但铁氧体的磁能很低，使得永磁电动机的体积增大，结构很笨重。现代主要采用了稀土合金永磁材料来制造永磁电动机的磁极，它的能量密度远远超过其他永磁材料制成的磁极。钕-铁-硼（Nd-Fe-B）稀土合金的磁能积最高，有最高的剩磁和矫顽力，加工性能好，资源广泛，应用发展最快，是目前最理想的永磁材料，而且相对价格也比较低。磁极的磁性材料不同，电动机的磁通量密度也不同，磁通量密度大时，永磁电动机的体积和质量都将减小。采用钕-铁-硼稀土合金永磁材料时，因其在高温时磁性会发生不可逆的急速衰退，以致完全失去磁性，因此，用钕-铁-硼稀土合金永磁材料制成的永磁电动机的工作温度必须控制在 150℃ 以下，一般在电动机上要采取强制冷却。钕-铁-硼稀土合金永磁材料要比钐-钴（Sm-Co）稀土合金具有更好的力学性能，价格也比较便宜，稀土合金永磁材料在制造中都必须进行适当加固，否则不能承受高速运转时的作用力。

4. 永磁无刷直流电动机

（1）永磁无刷直流电动机的结构　永磁无刷电动机的结构如图 2-46 所示。

（2）永磁无刷直流电动机的控制系统　永磁无刷直流电动机具有很高的功率密度和宽广的调速范围。永磁无刷直流电动机的控制系统较为复杂，有多种控制策略，采用方波电流（实际上方波为顶宽不小于 120°的矩形波）的永磁无刷直流电动机的控制比较容易，驱动效

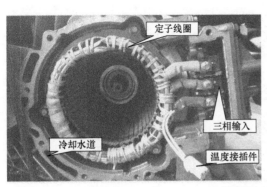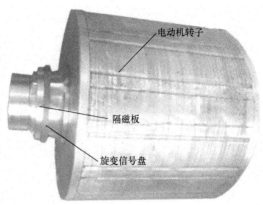

图 2-46 永磁无刷直流电动机

率也最高。其他参数相同时方波电动机可以比正弦波电动机产生大 15% 左右的电功率。由于磁饱和等因素的影响,三相合成产生的恒定电磁转矩是一种脉动电磁转矩。永磁无刷直流电动机实际上是一种隐极式同步电动机,在正常运行时电枢电流磁动势与永磁磁极的磁动势在空间位置相差 90°电角度。在高速运行时通过"弱磁调速"的技术来提速。

永磁无刷直流电动机的基本控制系统,由直流电源、电容器、三相绝缘栅双极晶体管(IGBT)逆变器、永磁无刷直流电动机(PMBDC)、电动机转子位置检测器(PS)、逻辑控制单元、120°导通型脉宽调制(PWM)信号发生器驱动电路和其他一些电子器件共同组成。

转轴位置检测器检测转轴位置的信号,并经过位置信号处理,将信号输送到逻辑控制单元,码盘检测电动机的转速,经过速度反馈单元、速度调节器,对电动机的运行状态进行判别,将信号输送到逻辑控制单元,经过逻辑控制单元计算后,将控制信号传送到 PWM 信号发生器。

电流检测器按照闭环控制方式,将反馈电流进行综合,经过电流调节器调控,也将电流信号输入 PWM 信号发生器。

由转轴位置检测器根据转角 θ 和速度调节器,对电动机的运行状态进行判别,共同发出转子位置的信号 DA、DB、DC,以及电流检测器对电流的调控信号,共同输入 PWM 信号发生器后,产生脉宽调制的信号,自动换流来改变定子绕组的供电频率和电流的大小,控制逆变器的功率开关元件的导通规律。如图 2-47 所示,逆变器的功率开关由上半桥开关元件 $S_1 \sim S_3$ 和下半桥开关元件 $S_4 \sim S_6$ 组成,在同一时刻只有处于不同桥臂上的一只开关元件 IGBT 被导通(例如 S_1 和 S_6),电动机的电磁转矩 T 与开关元件导的电流成正比。

5. 永磁磁阻同步电动机

(1)永磁磁阻同步电动机的结构 永磁磁阻同步电动机是将永久磁铁取代他励同步电动机的转子励磁绕组,将磁铁插入转子内部,形成同步旋转的磁极。电动机的定子和转子与普通同步电动机两层六极永磁磁阻同步电动机的定子和转子一样,如图 2-49 所示,转子上不再用励磁绕组、集电环和电刷等来为转子输入励磁电流,输入定子的是三相正弦波电流,这种电动机称为永磁磁阻同步电动机。

永磁磁阻同步电动机具有高效率(达 97%)和高比功率(远远超过 1kW/kg)的优点。输出转矩与转动惯量比都大于相类似的三相感应电动机。在高速转动时有良好的可靠性,平

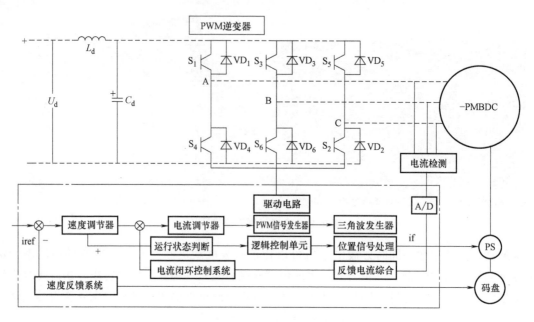

图 2-47 永磁无刷直流电动机控制策略

稳工作时电流损耗小,永磁磁阻电动机在材料的电磁性能、磁极数量、磁场衰退等多方面的性能都优于其他种类的电动机,工作噪声也低。

在同步电动机的轴上装有转子位置传感器和速度传感器,它们产生的信号是驱动控制器的输入信号。永磁磁阻同步电动机具有功率密度高、调速范围宽、效率高、性能更加可靠、结构更加简单、体积小的优点。与相同功率的其他类型的电动机相比较,更加适合作为 EV、FCEV 和混合动力汽车的驱动电机。

永磁磁阻电动机为了增加电动机的转矩,采用增加 q 轴磁阻 (L_q) 与 d 轴磁阻 (L_d) 之差,来获得更大的磁阻转矩,因此采用多层的转子结构如图 2-48 所示,有单层、双层、3 层和 10 层等,用于优化转子结构。转子的层数增加,L_q-L_d 也增大,但增加层数超过 3 层,L_q-L_d 变化不大,因此一般为 2~3 层。

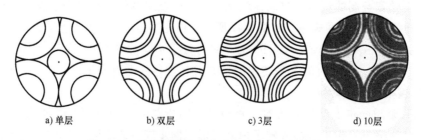

a) 单层　　b) 双层　　c) 3层　　d) 10层

图 2-48 不同层数的永磁磁阻同步电动机的转子

(2) 永磁磁阻同步电动机的控制系统　永磁磁阻同步电动机采用了带有矢量变换电路的逆变器系统来控制,其控制系统由直流电源、电容器、三相绝缘栅双极晶体管 (IGBT) 逆变器、永磁同步电动机 (PSM)、电动机转子位置检测器 (PS)、速度传感器、电流检测器、驱动电路和其他一些元件等共同组成。微处理器控制模块中包括乘法器、矢量变换电路、弱磁控制器、转子位置检测系统、速度调节系统、电流控制系统、PWM 信号发生器等主要电子器件，PWM 逆变器的作用是将直流电经过脉宽调制变为频率及电压可变的交流电，电压波形有正弦波或方波。

1) 转子位置检测器根据检测转子磁极的位置信号和矢量变换电路发出的控制信号，共同通过电流分配信号发生器来对转子位置信号进行调节，产生电流分配信号，将信号分别输入 A、B 乘法器中。

2) 速度传感器、速度变换电路和速度调节器对电动机的运行状态进行判别和处理，将电动机的运行状态信号分别输入 A、B 乘法器中。

3) 控制驱动器采用不同的控制方法，由电流分配信号发生器和速度调节器对系统提供信号，经过乘法器逻辑控制单元的计算后产生控制信号，并与电流传感器输入的电流信号，共同保持转子磁链与定子电流之间的确定关系，将电流频率和相位变换信号分别输入各自独立的电流调节器中，然后输出到 PWM 发生器中，控制逆变器换流 IGBT 开关元件的通断，完成脉宽调制，为永磁同步电动机提供正弦波形的三相交流电，同时控制定子绕组的供电频率、电压和电流的大小，使永磁同步电动机产生恒定的转矩和对永磁同步电动机进行调速控制。

4) 系统的给定量是转子转速的大小，系统可以根据不同的给定速度运行，调速范围宽，调速精度也较高。根据电动机转子位置检测器测得的转子的正方向转角 θ 位置的信号 DA、DB、DC，使分别属于上桥臂和下桥臂的两只开关元件导通，而且只有在下桥臂的开关元件受控于 PWM 状态时，电动机处于电动状态运转。

根据电动机转轴位置检测器得到的转子反方向转动的信号 DA′、DB′、DC′时，分别属于上桥臂和下桥臂的六只开关元件按周期规律交替导通，在每个周期中每只开关元件轮流导通工作 60°电角度，PWM 处于脉宽调制状态时，电动机处于发电状态运转。永磁磁阻同步电动机的控制系统如图 2-49 所示。

(3) 永磁磁阻同步电动机的机械特性　永磁磁阻同步电动机在牵引控制中采用矢量控制方法，在额定转速以下恒转矩运转时，使定子电流相位领先一个 β 角。这样，一方面可增加电动机的转矩，另一方面由于 β 角领先产生的弱薄作用，使电动机额定转速点增高，从而增大了电动机在恒转矩运转时的调速范围。若 β 角继续增加，电动机将运行在恒功率状态。永磁磁阻同步电动机能够实现反馈制动。如图 2-50 所示为永磁磁阻同步电动机的机械特性曲线。

四 开关磁阻型电动机（SRD）

1. 开关磁阻电动机的性能

开关磁阻电动机是一种新型调速电动机，调速系统兼具直流、交流两类调速系统的优点，是继变频调速系统、无刷直流电动机调速系统之后的最新一代无级调速系统。它的结构简单，在电动机的转子上，没有集电环、绕组等转子导体和永久磁铁等如图 2-51 所示。开关磁阻电动机的定子和转子都是凸极结构，只在电动机的定子上安装有简单的集中励磁绕组，励磁绕组的端部较短，没有相间跨接线，磁通量集中于磁极区，通过定子电流来励磁。各组磁路的磁阻随转子位置不同而变化，转子的运转是依靠磁引力来运行，转速可以达到

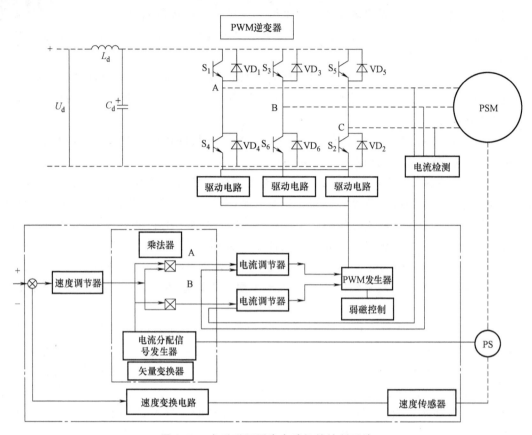

图 2-49　永磁磁阻同步电动机的控制系统

15000r/min，在较宽的转速范围和较宽的转矩范围内效率可以达到 85%～93%，比三相感应电动机要高，其转矩—转速特性好。在较宽的转速范围内，转矩、转速可灵活控制，调速控制较简单，并可实现四象限运行。开关磁阻电动机有较高的起动转矩和较低的起动功率，功率密度高，结构简单坚固，可靠性好；但转矩脉动大，控制系统较复杂，工作噪声大，体积比同样功率的感应式电动机要大一些。

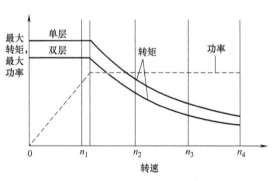

图 2-50　永磁磁阻同步电动机机械特性曲线

现如今，开关磁阻电动机的应用和发展取得了明显的进步，已成功地应用于电动车驱动、通用工业、家用电器和纺织机械等各个领域，功率范围从 10W 到 5MW，最大速度高达 100000r/min。

2. 开关磁阻电动机的结构

开关磁阻电动机的定子和转子采用凸极结构，定子和转子都是由硅钢片叠片组成的。开关磁阻电动机的定子和转子极数不同，有多种组合方式，最常见的有四相 8/6 结构和三相 6/4 结构。其中，三相开关磁阻电动机的定子上有 6 个凸极，转子上有 4 个凸极，这就是三

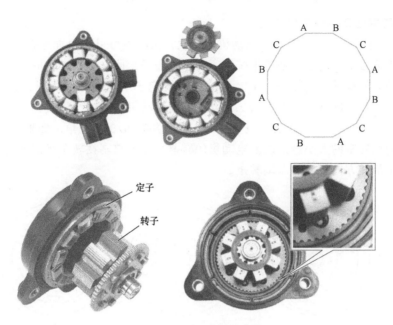

图 2-51 开关磁阻电动机

相 6/4 结构；四相开关磁阻电动机的定子上有 8 个凸极，转子上有 6 个凸极，即四相 8/6 结构。在定子相对称的两个凸极上的集中绕组互相串联，构成一相，但在转子上没有任何绕组。因此，定子上有 6 个凸极的为三相开关磁阻电动机，定子上有 8 个凸极的为四相开关磁阻电动机，如此类推，由于开关磁阻电动机的定子凸极数量不同，形成不同极数的开关磁阻电动机。开关磁阻电动机的结构方案见表 2-1。

表 2-1 开关阻磁电动机的结构方案

相 数	3	4	5	6	7	8	9
定子极数 N_s	6	8	10	12	14	16	19
转子极数 N_r	4	6	8	10	12	14	16
步进角	30°	15°	9°	6°	4.28°	3.21°	2.5°

图 2-52a 所示为三相 6/4 凸极单绕组结构的开关磁阻电动机的定子和转子结构剖面示意图，图 2-52b 所示为三相 12/8 凸极双绕组结构的开关磁阻电动机的定子和转子结构剖面示意图，图 2-52c 所示为四相 8/6 凸极结构的开关磁阻电动机的定子和转子结构剖面示意。

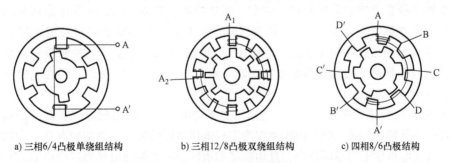

a) 三相6/4凸极单绕组结构　　b) 三相12/8凸极双绕组结构　　c) 四相8/6凸极结构

图 2-52 不同的凸极开关磁阻电动机的结构

3. 开关磁阻电动机的工作原理

如图 2-53 所示是三相开关磁阻电动机的剖面，从图中可以看出如果按 A、B、C 的顺序向定子绕组轮流通电时，定子便产生按顺序变换的磁场，此时，电动机的转子就会连续不断逆时针地转动。如果反过来按 A′、C′、B′、C′改变定子绕组通电顺序时，开关磁阻电动机转子就可以改变转动的方向。图中的三相开关磁阻电动机定子的凸极数为 6 个，转子的凸极数为 4 个，当 A、B、C 三相轮流通电一次时，转子共转 π/2 步进角。如果改变电流的大小，则可改变电动机转矩的大小进而改变电动机的转速。如果控制在转子极离开定子极通电，即可产生与转子旋转方向相反的制动转矩。

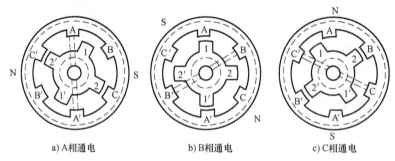

a) A 相通电　　b) B 相通电　　c) C 相通电

图 2-53　三相开关磁阻电动机的工作原理

五　驱动电机旋变器

驱动电机现多为永磁同步电动机，这其中"位置传感器"的作用重大，通常用于检测转子旋转的瞬间准确位置，涉及驱动电机的供电系统。电动车上只有直流电源驱动电机，使用的却是三相交流电，中间需要用一个"变频器"将动力电池的高压直流电转变成三相交流电向同步电机供电，以适应车辆驱动的不同需要。

其中变频器是由车辆驱动系统的 ECU 控制的，通过 6 个 IGBT 场效应晶体管的门控驱动电路控制三相交流电的频率及次序来改变驱动电机的转速和转向，因此变频器的门控电路是变频器的核心。其中输入 ECU 的多种信号中，负责精准检测驱动电机转子的旋转位置的信号十分重要，而在当前的驱动电机中，常采用"磁阻式旋转变压器"作为位置传感器。电动车上的驱动控制电路如图 2-54 所示。

1. 磁阻式旋转变压器的结构与原理

电机转子位置传感器常被称作旋转变压器或同步分解器，它是一种电磁式传感器，汽修行业里的人常常称它为"旋变"。旋转变压器实际上是一种特殊的小型交流电机，可用来精确检测电机转子的角位移和角速度。它由定子和转子组成，定子由高性能硅钢片叠成，其上有绕组作为变压器的原边接受励磁电压，转子绕组作为变压器的副边，通过电磁耦合在副边线圈上产生感应电压。

(1) 磁阻式旋转变压器的特点　电动车的驱动电机上多使用磁阻式旋转变压器，它是旋转变压器的一种特殊形式，利用磁阻原理来实现电信号间的转换。它的特点是一次侧与二次侧的绕组都放在电机定子的不同槽内，且均固定不旋转。一次侧绕组属励磁绕组通入正弦形的激磁电流，而二次侧是由两相线圈产生输出信号，磁阻式旋转变压器示意图如图 2-55 所示。

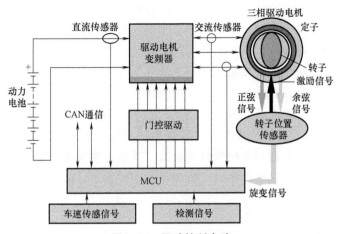

图 2-54 驱动控制电路

旋变定子和转子的铁由铁镍软磁合金或冲有槽孔的硅钢片叠成。转子不用永磁材料制成，它是由驱动同步电机的永磁转子同轴带动旋转的。转子在旋转时通过磁阻原理在二次侧的两相绕组上分别感应出正弦及余弦电压信号，故称为正弦绕组和余弦绕组，产生彼此相差 90°的电角度信号。

磁阻式旋转变压器的转子采取多极形状，如图 2-56 所示。磁极的外形应符合能感应正弦信号的特殊要求，因此磁场气隙应近似于正弦波的形状。利用气隙和磁阻的变化使输出绕组的感应电压会随机械转角作相应正弦或余弦的变化，同时转子必须满足多磁极的要求，旋转变压器的定子与转子的磁极数是不相同的，定子磁极数比转子的多。

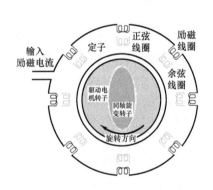

图 2-55 磁阻式旋转变压器示意图

图 2-56 旋变转子磁极

（2）磁阻式旋转变压器的三个绕组 磁阻式旋转变压器有三个绕组，包括有一个励磁绕组、两个正交的感应绕组，对外共有六条引线。励磁绕组接受输入的正弦型激励电流，激磁频率通常有 400Hz、3000Hz 及 5000Hz 等多种。正交的两个感应绕组，依据旋变的转子、定子的相互位置关系，调制出具有正弦和余弦包络的检测信号。如果激励信号是 $\sin\omega t$，转子与定子间的角度为 θ，则正弦信号为 $\sin\omega t\sin\theta$，而余弦信号则为 $\sin\omega t\cos\theta$。根据正弦、余弦信号和原始的激励信号，通过必要的检测和比较电路即可高分辨率地检测出转子位置。

（3）磁阻式旋转变压器的原理 磁阻式旋变的三个绕组如图 2-57 所示，其中转子齿为 4 个，定子齿画出 5 个。励磁绕组、正弦绕组和余弦绕组均安置在定子槽内，输入的励磁绕组 1-1 是逐个磁极反向串接，而正弦绕组 2-2 及余弦绕组 3-3，则是以两个磁极为间隔、反向串接的输出绕组。当转子相对定子旋转时，定子、转子间气隙的磁导发生变化，每转过一个转子齿距，气隙的磁导变化一个周期。当转子转过一圈时，则变化出与转子齿相同的数个周期。气隙磁导的变化导致输入和输出绕组之间互感的变化，输出绕组感应的电势也随之发生变化。输出绕组按正弦及余弦规律变化来判断转子的瞬间位置以及旋转的方向。

磁阻式旋转变压器结构简单、占用空间尺寸极小，励磁绕组、正弦绕组和余弦绕组均固装在定子上，图 2-58 所示为正弦绕组与余弦绕组的接线示意图。它还采取无刷式结构，大大提高了系统的可靠性，其检测角位移精度极高，甚至可精确到"秒"，此外磁阻式旋转变压器的抗干扰能力较好，更适合车辆对电机驱动的多种要求。

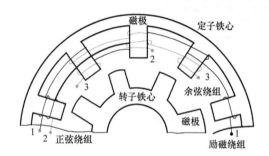

图 2-57　磁阻式旋变的三个绕组

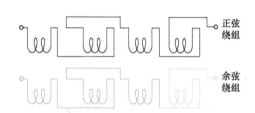

图 2-58　正弦绕组和余弦绕组的接线

2. 旋转变压器精细检测电机转子位置详解

（1）转子正上方位置时的感应电压　当励磁绕组输入有正弦激磁电流，若转子位于正上位，转子还处于相对静止时，正弦绕组有感应电压但余弦绕组无感应电压输出。图 2-59 所示为三个线圈上的电压信号波形。

这时由于转子正对上方位置，与之最近的是定子上的正弦绕组，于是正弦绕组上感应有相位相反的正弦波电压，而余弦绕组位置与转子相差最远，故此时不产生感应电压。

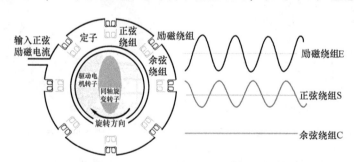

图 2-59　旋转转子正上位时的感应电压及电压信号波形

（2）旋变转子顺转时的感应电压　由于转子旋转离开正上方位置后与正弦绕组的位置逐渐离开，其正弦感应电压下降，而余弦绕组中产生感应电压则逐步变大，但相位与正弦绕组的电压相反，与励磁绕组的相位相同。转子顺转时的感应电压如图 2-60 所示，若旋转变压器的转子继续旋转到正对余弦绕组的磁极时。

（3）旋变转子逆转时的感应电压　由于旋转变压器的转子逆转离开正上方的正弦绕组磁极，反方向会逐步接近余弦绕组的磁极。此时正弦电压下降，而余弦电压逐渐增大，相位

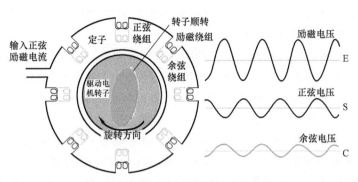

图 2-60　旋变转子顺转时的感应电压

与励磁绕组的相反，也与顺转时转子的余弦电压相反，故可以借此来检测转子旋转的方向。图 2-61 所示为旋变转子逆转时的感应电压。

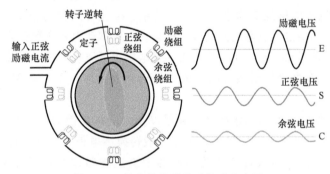

图 2-61　旋变转子逆转时的感应电压

六　电机控制系统

在混合动力汽车上对电机控制系统的终极目的，是保证车辆的安全、节能、环保以及舒适和通信等方面，对混合动力汽车的动力系统、车身、底盘和车载电子、电气设备进行全方位的自动控制。因此对混合动力汽车智能化控制与智能汽车控制系统结构基本相同。车身、底盘、电子、电气设备绝大部分可以与智能汽车通用，但混合动力汽车的特点，就在于动力系统与内燃机汽车动力系统有本质的区别。在混合动力汽车上是采用电源—电源变换器—驱动电机的动力系统，是属于电力驱动技术范畴，因此，对混合动力汽车驱动电机的控制和智能控制的研究，是混合动力汽车的关键技术。

电动汽车的电机有多种控制模式。传统的线性控制，如 PID，不能满足高性能电机驱动的苛刻要求。传统的变频变压（VWF）控制技术，不能使电机满足所要求的驱动性能。异步电动机多采用矢量控制（FOC），是较好的控制方法。近几年，许多先进的控制策略。包括自适应控制、变结构控制、模糊控制和神经网络控制等适用于电机驱动。

自适应控制包括自调节控制（STC）和模型参考自适应控制（MRAC）。运用 STC，控制器的参数可以根据系统参数的变化进行自动调整。关键是用一个识别模块来跟踪系统参数的变化，通过控制器的自调整模块更新控制器的参数，以获得理想的闭环控制性能。运用 MRAC，输出模型的响应跟踪参考模型的响应，基于利用参考模型和系统输出差别的自适应算法，控制器的参数不断加以调整，从而得到理想的闭环控制性能。现在，MRAC 和 STC 都用于电动汽车无换向电机驱动系统中。

变结构控制（VSC）已应用到电机驱动中，与自适应控制进行竞争。运用 VSC，系统提供不敏感的参数特性，规定误差动态并简化所执行的操作。根据开关控制理论，系统必须按预定的轨道在相应平面内运行，而不管系统参数如何变化。模糊逻辑（FUZZY）和神经网络（Neural Networks）等技术也被引入电机控制领域。

模糊控制是一种语言过程，它基于人类使用的先前经验和试探法则。神经网络控制（NNC），控制器有可能解释系统的动态行为，然后自学并进行自我调整。这种控制策略能结合其他控制策略形成新的控制模式，如自适应模糊控制，模糊 NNC 和模糊 VSC 等。不久的将来，利用人工智能（AI）的控制器不需人的干预就能进行系统诊断和错误修正。各种大功率电子器件，如 MOSFET、IGBT、COMFET、MCT 和 STT 等的使用，还有微机处理器 DSP 等硬件的应用，为电动汽车的电机控制方法和智能控制提供重要保证。

(1) 混合动力汽车电机控制系统　动力电池组、电流变换器（逆变器）、发动机—发电机组和驱动电机以及一些电气线路共同组成了混合动力汽车动力系统和驱动力控制系统，因此混合动力汽车的关键是对动力电池组、发动机—发电机组、驱动电机进行控制或智能控制。

(2) 混合动力汽车电机控制系统的组成　混合动力汽车上驱动电机的控制系统基本由以下四部分组成。

1）信号输入。驾驶人对加速踏板的位移量以及由电机反馈的信号和监测装置反馈的信号等是混合动力汽车的主要输入信号，该信号一般转换为电信号，经过接口输入计算机中。

2）信号处理和输出。车载计算机为核心的中央控制器作为信号处理和指令输出的核心，在中央控制器中装有测量元件、乘法器、比较元件、逻辑控制单元、数据库和各种传感器等电子器件，对输入控制信号的输入量进行快速、精确的运算，并产生相应的偏差信号，将运算得出的微弱偏差信号，经过放大元件进行放大或变换，使输出指令的偏差信号足够大，然后通过接口输送到各个控制模块中去。

3）执行元件。控制模块和各种执行机构是控制系统的执行元件，根据放大元件所放大或变换的偏差信号，控制模块和各种执行机构对被控制对象发出的控制指令，使被控制对象按照规定的指令（参数）运行。

4）信息反馈。电机运转监测装置上的传感器，对电机的运转进行监测，并将电机运转中的机械量和电量的变化及时反馈到中央控制器，中央控制器将反馈信息进行对比、运算后，对输出的指令进行调整和修改，使被控制对象的运行参数与输入信号的给定值趋向一致，并使被控制对象按照新的指令（参数）运行。

第五节　变　频　器

一、变频器的功能、特点

(1) 功能　在混合动力汽车上，采用动力电池组的直流电作为电源、采用三相交流电动机作为驱动电动机时，三相交流电动机不能直接使用直流电源。另外三相交流电动机具有非线性输出特性，需要应用变频器中的功率半导体变换器件，来实现直流电源与三相交流电动机之间电流的传输和变换，并要求能够实现频率调节。在所调节的频率范围内保持功率的连续输出，同时实现电压的调节。能够在恒定转矩范围内维持气隙磁通恒定。将直流电变换为频率和幅值可调且电压可调的交流电来驱动三相交流电动机。

（2）特点　用变频器对三相交流电动机进行调速控制的控制系统的特点如下：

1）实现了对三相交流电动机的调速控制，拓宽了交流电动机的转速范围，实现恒功率范围内的运转，可以对交流电动机进行高速驱动。

2）可以实现大范围内的高效率连续调速控制。进行高频率起动和停止运转，并进行电气制动，快速控制交流电动机的正、反转的切换。

3）所需要的电源容量较小，电源功率因数较大，可以用一台变频器对数台交流电动机进行控制，组成高性能的控制系统等。

（3）基本结构模型　变频器在混合动力汽车上应用十分普遍，变频器的基本功率电路有以下几种：

1）交—直—交逆变器系统。在有220/380V交流电源处，一般采用交—直—交逆变器系统，基本功率电路如图2-62所示。

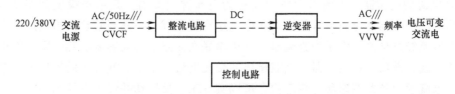

图2-62　交—直—交逆变器系统基本功率电路

2）交—交变频器系统。在有220/380V交流电源处，还可以采用交—交变频器系统，其基本功率电路如图2-63所示。

图2-63　交—交变频器系统基本功率电路

3）直—交逆变器系统。在混合动力汽车有直流动力电池组电源时，还可以采用直—交逆变器系统，其基本功率电路如图2-64所示。

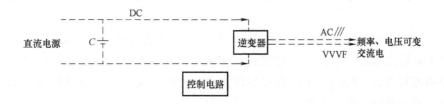

图2-64　直—交逆变器系统基本功率电路

一、变频器的种类

随着电气设备技术的发展，变频器和逆变器都是采用现代电子控制技术或智能控制，使它们在多种电动机的控制上得到广泛应用，变频器有多种结构模型和多种应用场合，可以用以下方法分类，使读者对变频器有一个较完整的了解。

1. 按主要功率电路分

（1）电压型变频器　电压型变频器又称为电压源逆变器，其主要功率电路结构模型如图 2-65 所示。最简单的电压型变频器由可控整流器和电压型逆变器组成，用晶闸管整流器调压、逆变器调频。电源电流经过整流器整流为直流电，经平滑大电容滤波，使得中间直流电源近似恒压源和低阻抗；经过逆变器输出的交流电压，具有电压源性质，不受负载性质的影响，适合于多电动机的驱动，但调速动态响应较慢。由于反馈能量传送到中间直流电环节并联的电容中，会导致直流电压上升，为防止换流器件被损坏，需要在功率电路配置专门的放电电路。

电压型变频器的三相逆变电路是由六个具有单向导电性的功率半导体电子开关所组成，每个电子开关上反并联一个续流二极管，六个电子开关每隔 60°电角度触发导通一次。

（2）电流型变频器　电流型变频器又称为电流源逆变器，其结构模型如图 2-66 所示。最简单的电流型变频器由晶闸管整流器和电流逆变器组成，用晶闸管整流器调压，逆变器调频。电源电流经过整流器整流为直流电，利用串联在回路中的大容量电感起限流作用，使得中间直流电波平滑输出；逆变器向负载输出的交流电流为不受负载影响的矩形波，具有电流源性质，电流型变频器调速动态响应快，可以实现正、反转动并便于反馈制动。

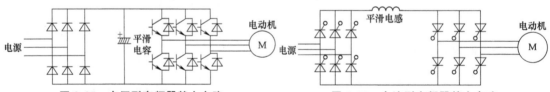

图 2-65　电压型变频器基本电路　　　　图 2-66　电流型变频器基本电路

在电动机制动时，可以通过中间直流电环节的电压反向的方式使整流电路变为逆变电路，将负载反馈的能量回馈给电源，而且在负载短路时比较容易处理，更适合于混合动力汽车应用。电流型变频器的三相逆变电路仍然是由六个具有单向导电性的功率半导体电子开关所组成，但在每个电子开关上没有反并联续流二极管。

2. 按开关方式分

一般变频器按开关方式分类时，是指按变频器中的逆变器开关方式分类，一般分为以下几种。

（1）PAM（Pulse Amplitude Modulation）控制　PAM 称为脉冲振幅调制，是指在变频器整流电路中对输出电压（电流）的幅值进行控制，以及在变频器逆变电路中对输出的频率进行控制的控制方式，PAM 控制时在逆变器换流器件的开关频率（载波频率）为变频器的输出频率，是一种同步调速方式。

PAM 控制载波频率比较低，在用 PAM 控制进行调速驱动时，电动机的运转效率高，噪声较低。但 PAM 控制必须对整流电路和逆变器电路同时进行控制,控制电路比较复杂,另外在电动机低速运转时波比较大,其基本电路如图 2-67 所示。

(2) PWM (Pulse Width Modulation) 控制 PWM 称为脉冲宽度调制,是在变频器的逆变电路中,同时对输出电压(电流)的幅值和频率进行控制的控制方式。在 PWM 控制时,比较高的频率对逆变电路的半导体开关元器件进行通断控制,通过改变输出脉冲的宽度来实现控制电压(电流)的目的。PWM 控制时变频器输出的频率不等于逆变电路换流器件的开关频率,属于异步调速方式。

PWM 控制方式可以减少高次谐波带来的各种不良影响,转矩波动小,控制电路简单,成本也较低。但当载波频率不合适时,电动机在运转时会产生较大的运转噪声,在系统中增加一个调整变频器载波频率的系统,即可降低电动机在运转时的运转噪声。

通常采用正弦波 PWM 控制,通过改变 PWM 输出的脉冲宽度,使电压的平均值近似于正弦波,可以使异步电动机在进行调速运转时能够更加平稳。电压型 PWM 控制基本电路如图 2-68 所示。

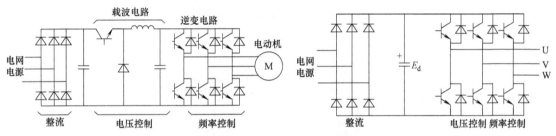

图 2-67 电压型 PAM 控制基本电路   图 2-68 电压型 PWM 控制基本电路

(3) 高载频 PWM 控制 高载频 PWM 称为高载脉冲宽度调制,是 PWM 控制方式的改进。在高载频 PWM 控制方式中,将载频的频率提高到人耳可以分辨的频率(10~20kHz)以上,从而降低电动机运转噪声。由于高载频 PWM 要求逆变器的换流器件的开关速度很快,只能采用 IGBT 和 MOSFET 等有较大容量的半导体元器件,但变频器的容量还是受到限制,高载频 PWM 控制时变频器输出的频率不等于逆变电路换流器件的开关频率,是属于异步调速方式,高载频 PWM 控制适用于低噪声型变频器。

3. 按工作原理分

(1) V/f 变频器 V/f(幅/频比)变频器在工作时对变频器的电压幅度和频率同时进行控制,使 V/f 保持一定,来获得电动机所需要的转矩。V/f 控制方式是一种比较简单的控制方式,多用于对精度要求不太高的通用变频器,控制电路的成本也比较低。

(2) 转差率控制变频器 转差率控制变频器是 V/f 变频器的改进,转差率控制变频器控制系统中,利用装在电动机上的速度传感器的速度闭环控制和变频器电脉冲控制,控制电动机的实际转速。变频器的输出频率则是由电动机的实际转速与所需要转差频率而自动设定的,从而达到在进行速度调控的同时控制电动机输出转矩的目的。这种变频器的优点是在负载发生较大变化时,仍然可以保持较高的速度精度和较好的转矩特性。

(3) 矢量控制变频器 矢量控制变频器的原理是将交流电动机定子电流进行矢量变换,按矢量变换规律由三相变为两相,将静止坐标转换为旋转坐标,把交流电动机定子电流矢量分为产生磁场的励磁电流分量和与其相垂直的产生转矩的转矩电流分量。在控制中同时对定子电流的幅值和相位进行控制，也就是对定子电流矢量的控制。

矢量控制方式可以对交流电动机进行高性能的控制，采用矢量控制方式不仅使交流电动机的调速范围可以达到直流电动机的水平，而且可以控制交流电动机产生的转矩。矢量控制方式一般需要准确地掌握所控制电动机的性能参数，因此需要变频器与专用电动机配套使用。新型矢量控制方式具有自调整功能，自调整矢量控制方式可以在电动机正常运转之前，自动对电动机的运转参数进行识别，并根据识别情况调整和控制计算中的有关参数，使得自调整矢量控制方式能够应用到普通交流电动机上。

4. 按用途分

(1) 通用变频器　通用变频器可以对普通交流电动机进行控制。分为简易型通用变频器和高性能通用变频器两种。简易型通用变频器，主要用于对调速性能要求不高的场合。高性能通用变频器在控制系统硬件和软件方面增加了相应的功能，用户可以根据电动机负载的特性选择算法和对变频器的参数进行设定，图2-69所示为通用变频器的内部结构，此类通用变频器具有以下功能。

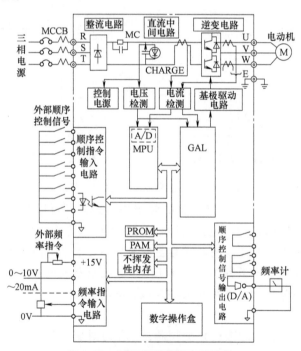

图2-69　通用变频器的内部结构

1) 对电动机具有全区域自动转矩补偿功能，防止失速功能和过转矩限定运行等。

2) 对带励磁释放型制动器电动机进行可靠的驱动和调速控制，并保证在带励磁释放型制动器电动机的制动器能够可靠释放。

3) 减少机械振动和降低冲击作用的功能。

4) 运转状态检测显示功能，根据设定机械运行的互锁，使操作人员及时了解和控制变频器的运行状态，对机械进行保护等。

(2) 高频变频器　在混合动力汽车上常采用高速电动机，用PAM控制方式控制的高速电动机用变频器输出的频率可达到3kHz，可以在驱动交流电动机时，最高转速可达到18000r/min。

(3) 高性能专用变频器 高性能专用变频器基本上都采用了矢量控制方式,并与专用电动机配套使用,在调速性能和对转矩的控制方面都超过了直流伺服系统,而且能够满足特定的电动机的需要,一般在混合动力汽车上都采用高性能专用变频器进行控制。

高性能专用变频器的主要功能如下:

1) 根据驾驶仪操纵装置输入的信号和各部分传感器的反馈信号自动调节与控制电动机的转速和转矩。

2) 在恒转矩范围和恒功率的大范围内对电动机的转速和转矩进行调节与控制。

3) 蓄电池过电压或不足电压的限制。

4) 制动能量的反馈回收。

5) 自动热控制、保护系统和安全系统。

6) 在显示屏上显示蓄电池、动力系统和车辆的动态信号等。

7) 各种不同控制方式变频器的特点。

各种控制方式变频器的应用范围和基本特性对比见表2-2。

表2-2 各种控制方式变频器的应用范围和基本特性对比

比较项目		控制方式			
		V/f 控制	转差频率控制	矢量控制 (无速度传感器)	矢量控制 (有速度传感器)
变频器形式	电压型变频器	适合	适合	不适合①	不适合①
	电流型变频器	适合	适合	适合	适合
	电压型PWM变频器	适合	适合	适合	适合
	速度传感器	不需要	需要	不需要	需要
速度控制	零速运行	不可	不可	不可	可
	极低速运行	不可	可	可	可
	速度控制范围	1:0~1:12	1:20~1:50	1:20~1:50	1:1000
	响应速度	慢	快于V/f控制	快	快(30~1000rad/s)
	定常精度	转差随负载转矩	模拟控制0.1% 数字控制0.1%	0.5%	模拟控制0.1% 数字控制0.01%
转矩控制	是否适合	不可	一般不用	适合	适合
	响应速度	慢	慢	快	快
	电路结构	最简单	简单	最复杂	复杂
特征	优点	①结构简单 ②容易调整 ③可以用于普通电动机	加减速和定常特性优于V/f控制	①可以进行转矩控制 ②不需要PG ③转矩响应速度快	①转矩性能控制好 ②转矩响应速度快 ③速度控制范围宽
	缺点	①低速时难以保证转矩 ②不能进行转矩控制 ③急加速和负载突增时将发生失速	①需要设定转差频率 ②需要高精度的PG	需要正确设定电动机参数	①需要正确设定电动机参数 ②需要高精度的PG

① 由于采用的是电压源,无法在逆变电路部分对瞬时电流进行控制。

第三章

丰田卡罗拉、雷凌混合动力汽车

第一节　丰田卡罗拉、雷凌混合动力汽车结构

一、卡罗拉、雷凌混合动力系统布置及性能参数

国产双擎卡罗拉、雷凌就是将燃油发动机和动力蓄电池供能的电动机产生的驱动力同时或者分别驱动车辆。丰田第二代混合动力系统 THS-Ⅱ，发动机节能技术以及发动机与电动机驱动力耦合技术。双擎卡罗拉、雷凌混合动力系统布置如图 3-1 所示。混合动力系统性能参数见表 3-1。发动机性能参数见表 3-2。

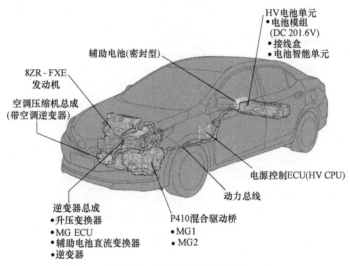

图 3-1　混合动力系统布置

表 3-1　混合动力性能参数

HV 蓄电池		
项　目		规　格
类型		镍氢（Ni-MH）蓄电池
单格数量		168 个单格（6 个单格×28 个模块）
公称电压	V	201.6
蓄电池容量（3HR）	A·h	6.5
电动机发电机		
项　目		规　格
		MG1	MG2
类型		永磁电动机	永磁电动机
功能		发电机、发动机起动机	发电、驱动车轮
系统最高电压	V	直流 650	直流 650
最大输出功率	kW（HP）	—	53（71）
最大转矩	N·m（ft·lbf）	—	207（153）
冷却系统		水冷型	风冷型

(续)

带变换器的逆变器总成			
项 目			规 格
增压变换器	额定电压(逆变器侧)	V	直流650
	额定电压(HV蓄电池侧)	V	直流201.6
DC/DC变换器	额定输出电压	V	直流13.5~15.0
	最大输出电流	A	100

项 目			规 格
传动桥类型			P410
档位			P/R/N/D/S
复合齿轮装置	动力分配行星齿轮机构	太阳齿轮齿数	30
		小齿轮齿数	23
		齿圈轮齿数	78
	电动机减速行星齿轮机构	太阳齿轮齿数	22
		小齿轮齿数	18
		齿圈轮齿数	58
中间轴齿轮		主动齿轮齿数	54
		从动齿轮齿数	55
最终齿轮		主动齿轮齿数	24
		从动齿轮齿数	77
总减速比			3.267
油液类型			丰田原厂 ATF WS
油液容量		L(US qts,Imp. qts)	3.4(3.6,3.0)
重量(参考)		kg(lb)	92(202.8)

表 3-2 发动机性能参数

发动机

发动机类型			8ZR-FXE
气缸数和排列形式			4缸、直列
气门机构			16气门 DOMC、链条传动 (带 VVT-i)
燃烧室			涡流式
进气流和排气流			涡流式
燃油系统			顺序多点燃油喷射(SFI)
点火系统			直接点火系统(DIS)
排量		cm^2(cu. in.)	1.798(109.7)
缸径×行程		mm(in.)	80.5×88.3(3.17×3.48)
压缩比			13.0∶1
最大输出功率(EEC)		kW@ r/min	73@ 5,200
最大转矩(EEC)		N*m@ r/min	142@ 2800~4400
气门正时	进气	打开	29°BTDC 至 12°ATDC
		关闭	61°ABDC 至 102°ABDC
	排气	打开	31°BBDC
		关闭	3°ATDC

(续)

发动机类型			8ZR-FXE
油液容量	净加注	L(US qts, Imp. qts)	4.7(5.0, 4.1)
	带机油滤清器	L(US qts, Imp. qts)	4.2(4.4, 3.7)
	不带机油滤清器	L(US qts, Imp. qts)	3.9(4.1, 3.4)
机油等级			API 级 SL"节能型"、SM"节能型"、SN"环保型"或 ILSAC 多级发动机机油
发动机冷却液	类型		丰田原厂超级长效冷却液或下列类型[①]
	容量	L(US qts, Imp. qts)	6.3(6.7, 5.5) 7.0(7.4, 6.2)[③]
火花塞	类型	电装公司制造	SC16MR11/SC20MR11(铱)
	火花塞间隙	mm(in.)	1.0~1.1(0.0394~0.0433)
点火顺序			1·3·4·2
研究法辛烷值			95 或更高
排放标准			欧 VI
发动机使用质量[②](参考)		kg(lb)	90(198)

① 类似的不含硅酸盐、胺、亚硝酸盐及硼酸盐,且采用长效复合有机酸技术制成的优质乙烯乙二醇基冷却液(采用复合有机酸技术制成的冷却液由低磷酸盐和有机酸混合而成)。
② 所示数值为注满冷却液和机油时的发动机质量。
③ 寒冷地区规格车型。

二、卡罗拉、雷凌混合动力汽车发动机

1. 阿特金森循环发动机概述

传统的汽车是由单一动力源驱动,所有动力均来自燃料发动机。这使得按最高车速、最大爬坡、极限加速性等动力性要求设计的发动机功率,与整车一般行驶工况下的功率需求之间存在较大差别,发动机大部分时间工作在轻载、低负荷工况,因此发动机效率低,排放性能差,造成整车燃油经济性和排放性的恶化。

混合动力汽车避开了发动机怠速和低负荷工况工作(用电力驱动),并且采用阿特金森循环汽油发动机。

阿特金森循环比奥托循环的热效率高,这是因为阿特金森循环的膨胀比大于压缩比。阿特金森循环发动机原理如图 3-2 所示。

在传统发动机(奥托循环发动机)中,压缩比和膨胀比是一样的。和传统发动机相比,除了进气、压缩、做功和排气之外,阿特金森循环发动机还有"回流",在压缩行程中,通过延迟关闭进气门,部分气缸内的空气燃油混合气被压回到进气歧管中。其最大特点就是做功行程比压缩行程长,也就是我们常说的膨胀比大于压缩比,更长的做功行程可以更有效地利用燃烧后废气残存的高压,因此燃油效率比传统发动机更高一些。

2. 阿特金森循环-运行方式

发动机部分负荷时,通过 VVT-i 控制实现进气门延迟关闭,使得有效压缩比变小,同时加大节气门开度,利用进气门开闭时刻来调节负荷,减少了进气过程的泵气损失。另外膨胀比大于压缩比这也使得膨胀压力下降后开始进行排气行程。能够更大程度地将热能转化为机

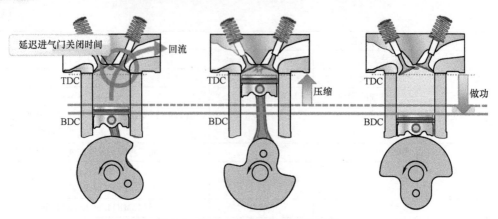

图 3-2 阿特金森循环发动机原理图

械能，提高发动机的热效率，降低燃油消耗率。因此阿特金森循环发动机在混合动力乘用车上得到广泛的应用。阿特金森循环发动机减少进排气损失原理如图 3-3 所示。

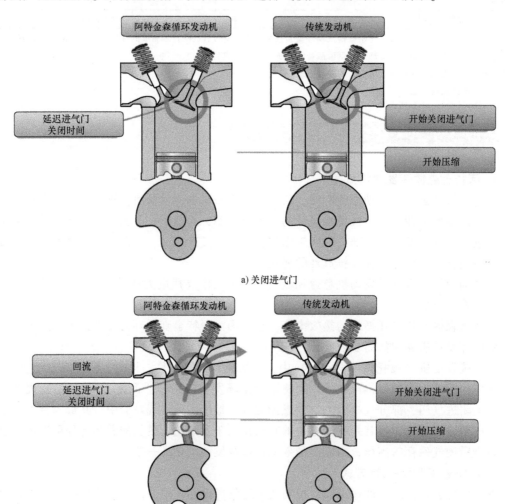

a) 关闭进气门

b) 准备压缩

图 3-3 阿特金森循环运行方式

第三章 丰田卡罗拉、雷凌混合动力汽车

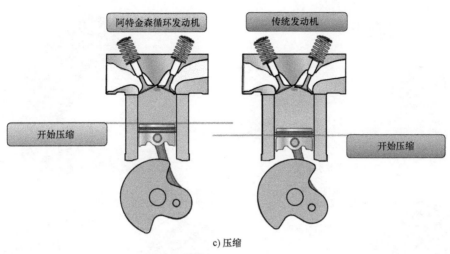

c) 压缩

图 3-3 阿特金森循环运行方式（续）

三　卡罗拉、雷凌混合动力汽车辅助电池、动力电池

双擎卡罗拉、雷凌的混合动力系统采用了两个蓄电池：混合动力蓄电池和辅助蓄电池，安装位置如图 3-4 所示。

1）辅助蓄电池（直流 12V 铅蓄电池）向电气部件（如前照灯、音响设备以及各 ECU）供电。

2）混合动力蓄电池（HV 蓄电池）的功能是存储电机 MG1 和电机 MG2 产生的电能。同时，当使用电动机驱动车辆时，HV 蓄电池向 MG1 和 MG2 供电。空调工作时，通过 DC/AC 电压转换，向压缩机供电。为控制车辆正常运行，HV 蓄电池和辅助蓄电池都需要正常工作。

HV 蓄电池采用镍氢（Ni-MH）蓄电池，单体数量 168 个，6 个单体组成 1 个模块，共 28 个模块如图 3-5 所示。

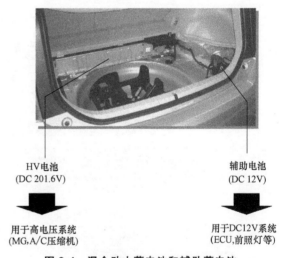

图 3-4　混合动力蓄电池和辅助蓄电池

3）在 HV 蓄电池模块电路中串联了维修塞把手，用于手动切断高压电路，这样确保维修期间的安全性。电路中还安装了可检测维修塞把手安装状态的互锁开关。把手解锁时，互锁开关关闭，动力管理控制 ECU（HV CPU）切断系统主继电器。因此，为确保操作安全，拆下维修塞把手前务必将电源开关置于 OFF 位置。高压电路的主熔丝（125A）位于维修塞把手内，如图 3-6 所示。

4）在 HV 蓄电池接线盒中安装了三个 SMR 继电器。SMR 是根据来自动力管理控制 ECU（HV CPU）的信号以连接和断开 HV 蓄电池和电源电缆的继电器。SMRB 位于 HV 蓄电池负极侧。SMRP 位于连接至预充电电阻器的蓄电池负极侧如图 3-7 所示。图 3-8 所示为

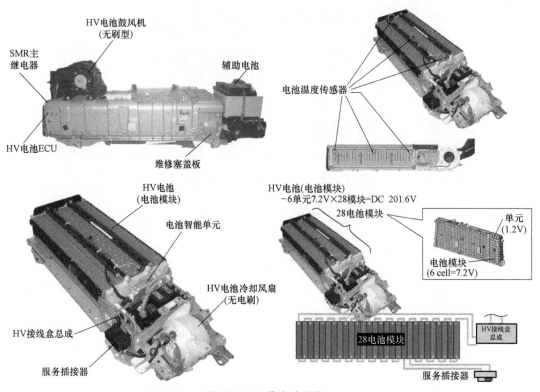

图 3-5 HV 蓄电池结构

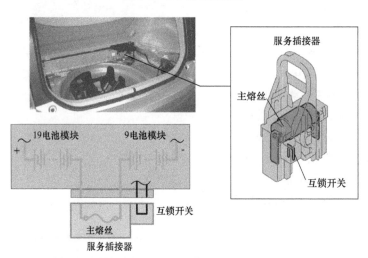

图 3-6 维修塞把手

SMR 继电器接通与断开工作顺序。

电源开关接通（READY ON SMR）时的工作情况：首先 SMRB 和 SMRP 依次接通，可使电流流经预充电电阻器。保护电路中的触点以防涌入电流造成损坏。SMRG 接通可使电流绕过预充电电阻器。然后 SMRP 断开。电源开关关闭（READY OFF）SMR 时的工作情况：首先 SMRG 断开。然后 SMRB 断开。

5）HV 蓄电池在充电和放电过程中会产生热量。如果蓄电池温度过度升高，则蓄电池

第三章 丰田卡罗拉、雷凌混合动力汽车

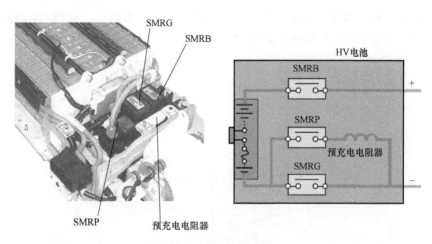

图 3-7 SMR 继电器

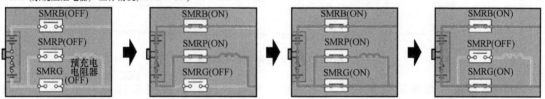

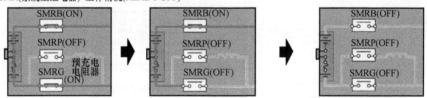

图 3-8 SMR 继电器工作顺序

性能将下降。HV 镍氢蓄电池工作温度在 10~40℃，能输出较大功率密度，HV 镍氢输出功率密度与温度关系如图 3-9 所示。

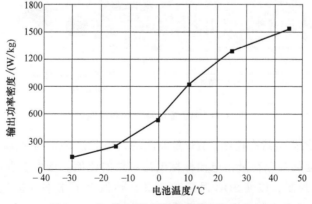

图 3-9 HV 镍氢输出功率密度与温度关系

61

HV蓄电池依靠冷却鼓风机从车厢吸入空气传送至HV蓄电池，以使HV蓄电池保持适当的工作温度，HV蓄电池冷却装置如图3-10所示。

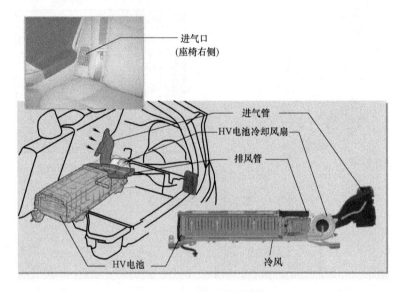

图3-10　HV蓄电池冷却装置

HV蓄电池冷却鼓风机采用无刷电动机。电动机控制器根据来自动力管理控制ECU（HV CPU）的信号控制鼓风机运转。HV蓄电池冷却鼓风机控制如图3-11所示。

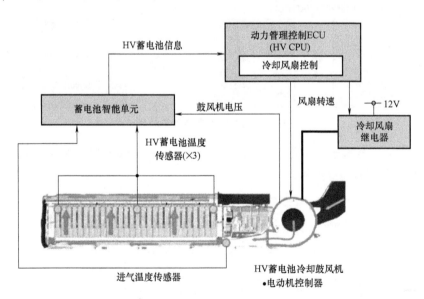

图3-11　HV蓄电池冷却鼓风机控制

6）HV蓄电池的荷电状态控制。HV蓄电池的荷电状态SOC是反映蓄电池的剩余容量，其数值上定义为电池剩余电荷量占电池标称电荷容量的比值。动力管理控制ECU（HVCPU）持续进行充电/放电控制，以使SOC保持在60%目标值上下水平（能量监控器的SOC显示约为6个格）。SOC目标控制如图3-12所示。

第三章 丰田卡罗拉、雷凌混合动力汽车

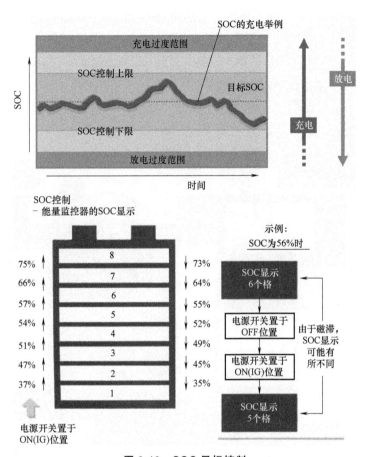

图 3-12 SOC 目标控制

四　卡罗拉、雷凌混合动力传动桥结构

双擎卡罗拉、雷凌采用了丰田混合动力车辆 P410 传动桥。P410 混合动力传动桥由电机（MG1、MG2）、复合齿轮装置、传动桥阻尼器、中间轴齿轮、减速齿轮、差速器齿轮机构和油泵组成，如图 3-13 所示。该传动桥改进了上一代四轴结构为三轴结构，复合齿轮装置、传动桥阻尼器、油泵、MG1 和 MG2 连接至输入轴。中间轴从动齿轮和减速主动齿轮连接至第二轴。减速从动齿轮和差速器齿轮机构连接至第三轴。传动桥使用丰田原厂 ATF WS 润滑油为润滑介质。

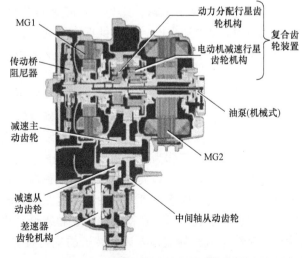

图 3-13 P410 混合动力传动桥组成

(1) MG1、MG2　内置于混合动力传动桥的 MG1 和 MG2 为紧凑、轻量且高效的永磁同步电机。MG1 和 MG2 由定子、定子线圈、转子、永久磁铁和解析器（转速传感器）组成，电机（MG1、MG2）结构如图 3-14 所示。

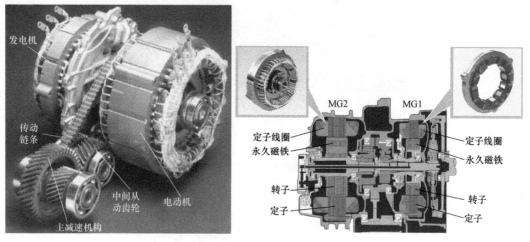

图 3-14　电机（MG1、MG2）结构

将永久磁铁（V形）置于电机转子内，通过一极下由两块混合充磁的永磁体共同作用实现励磁，可有效增加气隙磁通，减少漏磁（充磁更集中），以及利用转子的凸极效应与定子绕组所产生的磁阻转矩提高电机的输出转矩如图 3-15 所示。

MG1 主要用作发电机，为 MG2 驱动车辆提供电能并对 HV 蓄电池充电。此外，起动发动机时，MG1 用作起动机。MG1 定子采用集中型绕组，使电机端部绕组较短，铜耗量显著减少，结构更加紧凑。

MG2 主要作用是利用 MG1 和 HV 蓄电池提供的电能，以电动机模式运行驱动车辆，此外，在减速过程中 MG2 用作发电机对 HV 蓄电池充电，并提供再生制动能量。MG2 采用分布型绕组能使定子绕组产生理想的正弦波磁通势，降低高次谐波，使电机运转更加平稳。

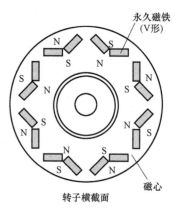

图 3-15　电机（MG1、MG2）转子永久磁铁布置

(2) 解析器（电机转速/位置传感器，图 3-16）　为了使电机能够从恒转矩到恒功率运行，采用磁场定向矢量控制方法，必须精确确定转子的磁极位置和转速，解析器承担了此项任务。解析器的结构是旋转变压器形式。由励磁绕组、检测绕组 S、检测绕组 C 和一个椭圆形的转子（与 MG 转子作为一个单元一起旋转）组成。检测线 S 的 +S 和 -S 相互偏离 90°。检测绕组 C 的 +C 和 -C 也以同样的方式相互偏离。绕组 S 和绕组 C 相互分离 45°。当恒频交流电输入励磁绕组，随着电机转子轴上旋转变压器的椭圆形转子的旋转，与旋转变压器定子之间的间隙发生变化，因此在检测绕组 S 和绕组 C 中互感出恒频的感应电动势。MG ECU 利用绕组 S 和绕组 C 的峰值差异计算转子的绝对位置。并且根据在指定时间内转子位置的变化量计算旋转速度。

第三章 丰田卡罗拉、雷凌混合动力汽车

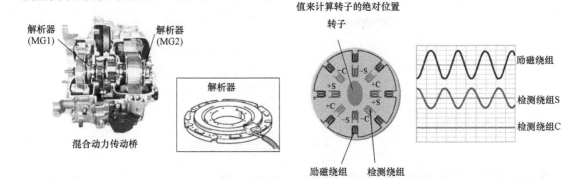

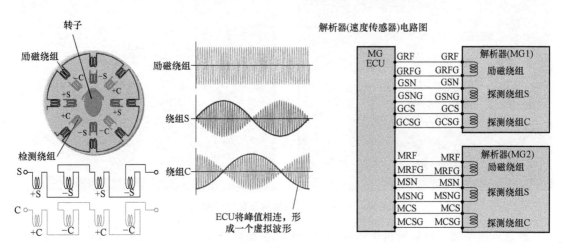

图 3-16 电机 MG 解析器构造及原理

（3）复合齿轮装置　复合齿轮装置由动力分配行星齿轮机构和电动机减速行星齿轮机构组成。动力分配行星齿轮机构的太阳轮齿数 30 齿、齿圈齿数 78 齿，减速行星齿轮机构的太阳轮齿数 22 齿、齿圈齿数 58 齿，如图 3-17 所示。

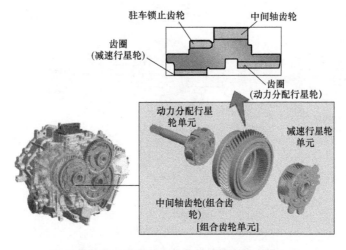

图 3-17 复合减速齿轮结构及齿轮齿数

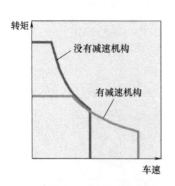
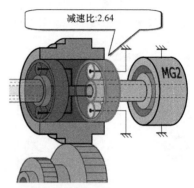
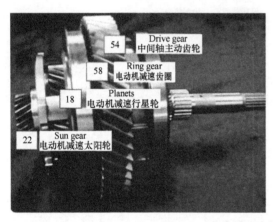
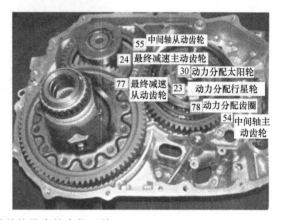

图 3-17　复合减速齿轮结构及齿轮齿数（续）

通过采用两套行星齿轮机构的齿圈和中间轴主动齿轮及驻车锁止齿轮做成一体的复合齿轮，使复合齿轮装置的结构更为紧凑和轻量化。动力分配行星齿轮机构的太阳轮连接至 MG1、行星轮支架连接至发动机、齿圈连接至复合齿轮（车轮）。减速行星齿轮机构的太阳轮连接至 MG2、齿圈连接至复合齿轮（车轮）。行星轮支架固定至传动桥外壳。两套行星齿轮机构的齿圈组合在一起如图 3-18 所示。

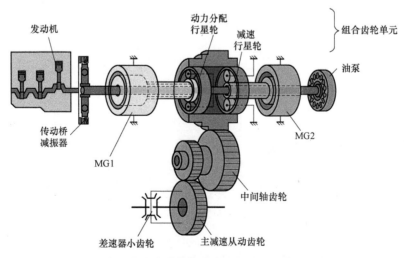

图 3-18　复合齿轮装置动力分配连接及传动过程

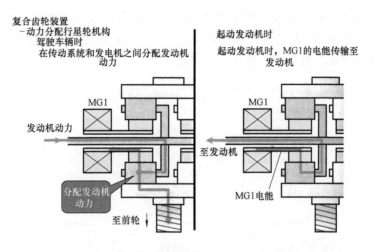

图 3-18　复合齿轮装置动力分配连接及传动过程（续）

与上一代丰田混合动力驱动电机 MG2 相比较，双擎卡罗拉、雷凌驱动电机 MG2 通过减速行星齿轮机构，降低了 MG2 的转速，从而使得紧凑、轻量的电动机产生较大的转矩。复合齿轮装置传动速度和转矩输出可以用行星齿轮传动列线图来表示，如图 3-19 所示。

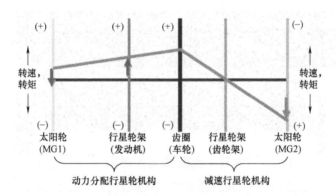

图 3-19　动力分配与减速行星轮减速机构传动比计算图

（4）传动阻尼器　卡罗拉、雷凌混合动力车辆在发动机运转停止或起动瞬间，会产生发动机扭转振动，而在传动装置结构上又取消了液力变矩器的液力减振作用，因此，在双擎卡罗拉、雷凌发动机与传动桥之间安装了传动阻尼器，如图 3-20 所示。

传动桥阻尼器减小了发动机传输动能时产生的扭转振动力矩。同时在车辆振动控制方面增加了发动机转矩脉冲补偿控制程序。降低发动机与传动桥减速机构耦合的共振影响如图 3-21 所示。

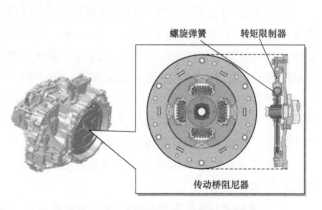

图 3-20　混合传动桥阻尼器结构安装位置

（5）传动桥油泵　机械油泵采用余摆线型油泵，内置于混合动力传动桥内，如图3-21所示。油泵由发动机驱动，压力润滑各部齿轮。另外传动桥还通过减速齿轮旋转，使机油箱内润滑油甩油润滑齿轮，减小机械油泵运转负载。

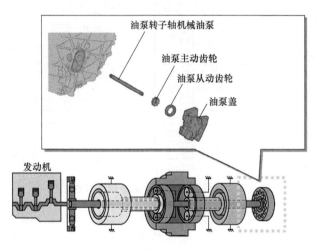

图3-21　传动桥油泵结构

第二节　丰田卡罗拉、雷凌混合动力汽车控制技术

一、卡罗拉、雷凌不同工况下混合动力系统工作状况

双擎卡罗拉、雷凌THS-Ⅱ系统属于混联式输入功率分流型混合动力系统。该系统采用了丰田汽车公司具有发明专利的双排行星轮机构的混合动力车辆传动桥，传动桥能实现电动无级变速功能（Continuous Variable Transmission，CVT），构型简图如图3-22所示。

从图3-22可以看出，发动机通过扭转减振阻尼器与前排行星架相连，前排太阳轮与电机MG1相连，后排太阳轮与电机MG2相连，后排行星架固定，因此电机MG2将动力以固定传动比传输给后排齿圈。而前排齿圈与后排齿圈相连为复合齿圈，动力在此处实现耦合，然后一起输出给中间轴减速齿轮组至车轮。图3-23为THS-Ⅱ双排行星轮杠杆模型。

这种传动桥在上一代THS传动桥的基础上增加了一个后排行星齿轮机构，由原来的四轴结构变为三轴结构，结构更加紧凑。MG2输出转矩通过后排行星齿轮机构减速增矩作用，显著提高了驱动电机的转矩输出能力。

传动桥复合齿轮机构的输出转速和转矩可以用列线图来表示，图3-24所示为传动桥行星齿轮机构列线图。

图3-24中K1表示动力分配行星齿轮机构的特征参数，K2表示电机MG2减速行星齿轮机构的特征参数。

通过列线图直观地反映行星齿轮机构的转速和转矩的矢量关系，从而可以判断电机MG1、

第三章 丰田卡罗拉、雷凌混合动力汽车

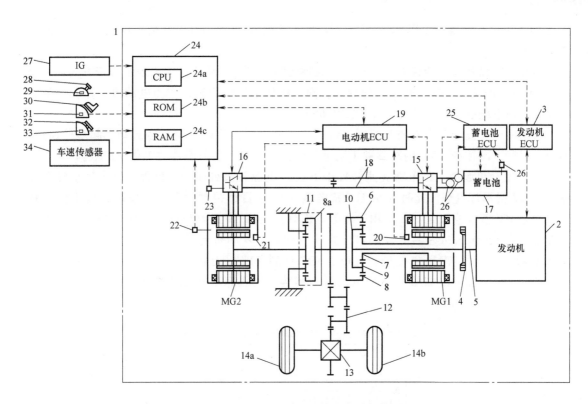

图3-22 THS-Ⅱ双排行星齿轮传动桥构型图

1—混合动力系统 2—发动机 3—发动机控制ECU 4—混合动力传动桥阻尼器 5—发动机曲轴 6—动力分配行星排 7—太阳轮 8、8a—复合齿圈 9—行星轮 10—行星架 11—MG2减速行星排 12—中间轴减速齿轮组 13—差速器 14a、14b—驱动轮 15、16—逆变器 17—HV蓄电池 18—动力高压电线 19—电动机ECU 20、21—电机转子位置传感器 22—电机转速传感器 23—电流传感器 24—混合动力管理ECU 25—HV蓄电池ECU 26—HV蓄电池温度传感器 27—电源开关 28—传动桥变速器操纵杆 29—传动桥变速器操纵杆位置传感器 30—加速踏板 31—加速踏板位置传感器 32—制动踏板 33—制动踏板位置传感器 34—车速传感器

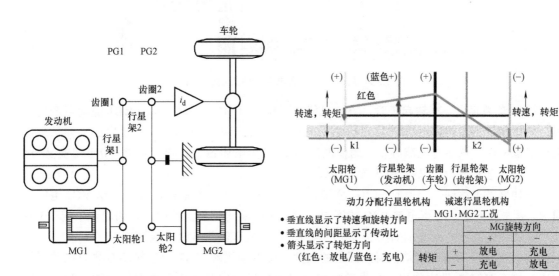

图3-23 THS-Ⅱ双排行星轮杠杆模型

图3-24 传动桥行星轮机构列线图

MG2 的工作状态（驾驶工况），并且根据故障发生时存储的 FFD（定格数据），分析在何种驾驶工况。

列线图的纵轴表示旋转方向和转速，纵轴的间距表示传动比。箭头表示转矩方向，如果 MG1 和 MG2 的旋转方向和转矩方向相同，则系统处于放电状态，作为电动机工作；如果方向相反，则系统处于充电状态，作为发电机工作。

为了便于对混合动力系统的控制策略进行研究分析，下面按照车辆起动、起步、加速、匀速、滑行、减速/制动和倒车驾驶工况进行试验，获得各动力部件的工作状况数据。

(1) 发动机起动　将车辆变速杆置于 P 位，电源开关处于 ON 位置，仪表显示屏上绿色 READY 指示灯点亮，此时如果 HV 蓄电池 SOC 在目标控制值范围，发动机处于停止状态。如果 HV 蓄电池放电（如使用空调等电负荷），SOC 降到 40% 以下，MG1 作为电动机拖动发动机到 1200r/min 左右，发动机开始喷油起动，发动机起动后，发动机动力用于驱动 MG1 运转发电，对 HV 蓄电池进行充电，SOC 达到 50% 以上状态，发动机停止工作。发动机起动充电动力流分配如图 3-25 所示，图 3-26 为发动机起动充电时的数据流。

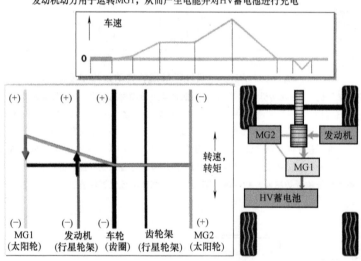

图 3-25　发动机起动充电工况动力流分配图

(2) 车辆起步　车辆起步时，发动机停止工作，由 MG2 拖动车辆，MG1 随动不产生转矩。电机零转矩控制如图 3-27 所示，由于电机 MG1 处于旋转状态，会产生电压，如果电压高于电源电压，从而有电流流动，为使电机 MG1 产生电压偏置，逆变器将 IGBT 切换至 ON 状态，防止电流流动，电机 MG1 无转矩输出。

当功率需求达到一定值时，MG1 立即拖动发动机起动。然后 MG1 发电供给 MG2 电能或向 HV 蓄电池充电。根据电池 SOC 的不同，发动机起动的时刻也不同。车辆起步工况，THS 处于串联模式。动力流分配如图 3-28 所示，图 3-29 是车辆起步时的数据流。

(3) 加速　随着加速踏板瞬间开度的加大，由发动机和 MG2 产生的动力共同拖动车辆加速。由于 MG2 的助力作用，在发动机转速突变的过程中基本不存在瞬态加浓过程，仍旧运行的最佳油耗线上，而 MG1 一直处于发电状态，增加 MG2 的转矩。车辆加速，THS 处于

第三章 丰田卡罗拉、雷凌混合动力汽车

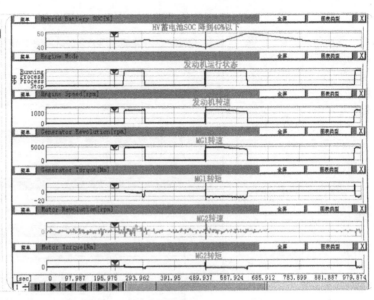

图 3-26 发动机起动充电工况的数据流

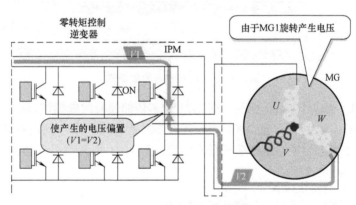

图 3-27 电机零转矩控制

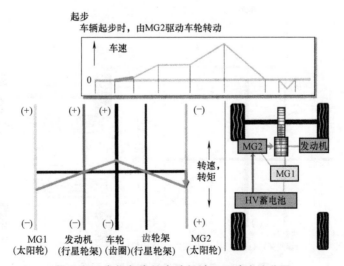

图 3-28 车辆起步纯电动行驶工况动力流分配

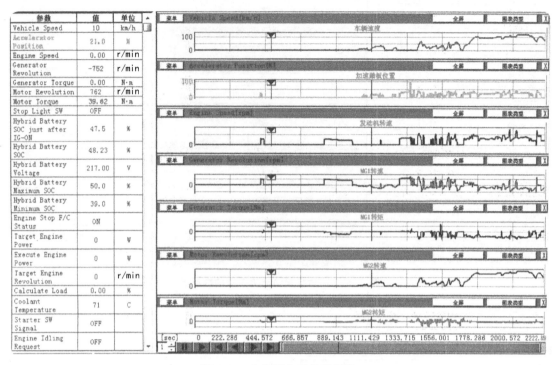

图 3-29　车辆起步时的数据流

并联模式。动力流分配如图 3-30 所示，图 3-31 是车辆加速时的数据流。

（4）匀速　图 3-32 所示车辆 100km/h 匀速工况数据流。由于此时的 HV 电池 SOC 为 61.56%，电池充电需求为零，车辆功率需求恒定。而 MG1 作为调速电动机调整发动机的工

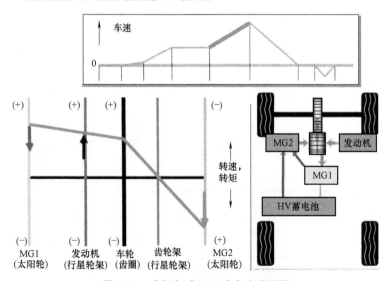

图 3-30　车辆加速工况动力流分配图

第三章 丰田卡罗拉、雷凌混合动力汽车

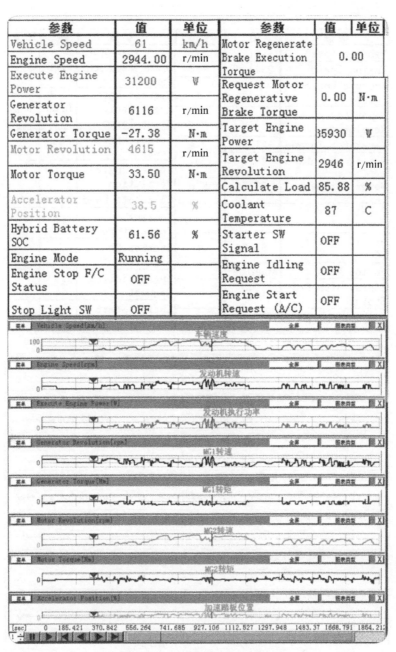

图 3-31 车辆加速时的数据流

况点和转矩分配。而 MG2 正向旋转为发电机,产生电能供给 MG1 运转。在车辆匀速行驶时,HV 电池是否充电首先取决于 SOC,另外与 MG2 转速和输出电压有关,这是 THS 的"特异模式"。车辆匀速工况动力流分配如图 3-33 所示。

(5)减速滑行与再生制动　图 3-34 为减速滑行工况数据流。松开加速踏板,车辆开始滑行,发动机逐渐断油熄火,并在 MG1 调速下转速降到零,减少滑行过程中的摩擦损失。此时 MG2 在车轮的反拖下,作为发电机进行能量回收。车辆滑行工况动力流分配如图 3-35 所示。车辆滑行中如果进行制动,HV ECU 会根据制动转矩需求进行液压制动和电机制动的

参数	值	单位	参数	值	单位
Vehicle Speed	61	km/h	Motor Regenerate Brake Execution Torque	0.00	
Engine Speed	2944.00	r/min			
Execute Engine Power	31200	W	Request Motor Regenerative Brake Torque	0.00	N·m
Generator Revolution	6116	r/min			
Generator Torque	-27.38	N·m	Target Engine Power	35930	W
Motor Revolution	4615	r/min	Target Engine Revolution	2946	r/min
Motor Torque	33.50	N·m	Calculate Load	85.88	%
Accelerator Position	38.5	%	Coolant Temperature	87	C
Hybrid Battery SOC	61.56	%	Starter SW Signal	OFF	
Engine Mode	Running		Engine Idling Request	OFF	
Engine Stop F/C Status	OFF		Engine Start Request (A/C)	OFF	
Stop Light SW	OFF				

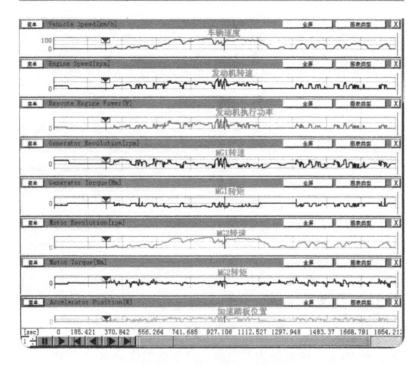

图 3-32 车辆匀速工况数据流

转矩分配，图 3-36 所示的数据流中显示了再生制动转矩。

（6）倒车 倒车工况是由 HV 蓄电池供电给 MG2 反向旋转，驱动车辆倒车。如果 HV 蓄电池低于 SOC 控制值，发动机起动，将 MG1 产生的电能提供给 MG2。倒车动力流分配如图 3-37 所示，图 3-38 为倒车时的数据流。

匀速
发动机驱动车轮，MG1作为调速电动机调整发动机转速
MG2作为发电机，产生的电能提供给MG1

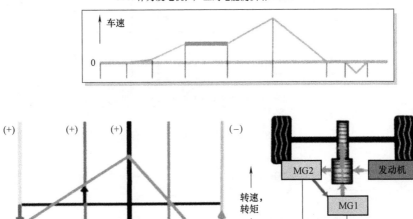

图 3-33 车辆匀速工况动力流分配图

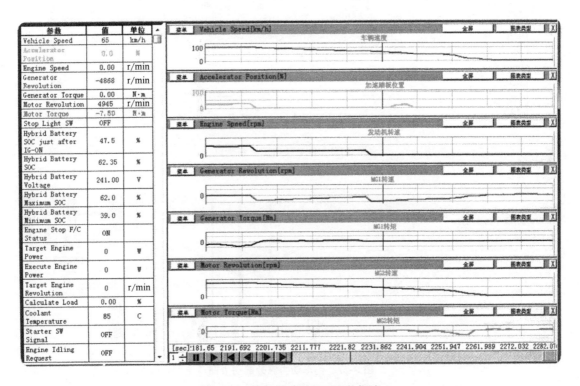

图 3-34 车辆减速滑行工况数据流

减速(选择D位时)
MG2由车轮驱动并作为发电机对HV蓄电池再充电

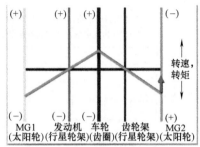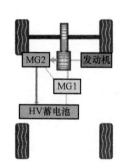

图 3-35 车辆滑行工况动力流分配

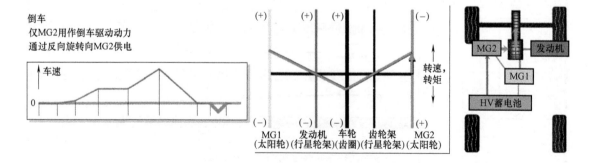

图 3-36 再生制动工况数据流

倒车
仅MG2用作倒车驱动动力
通过反向旋转向MG2供电

图 3-37 倒车动力流分配动力图

第三章 丰田卡罗拉、雷凌混合动力汽车

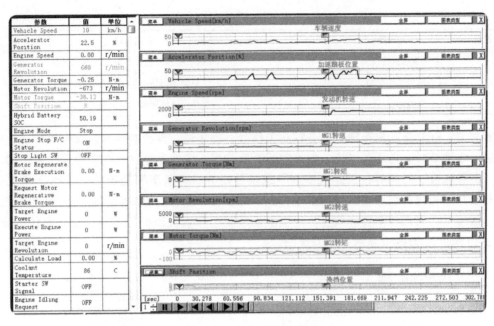

图 3-38 倒车时的数据流

一 混合动力系统控制

混合动力汽车具有两个能量动力来源，因此，最重要也是最具有挑战性的控制任务就是根据行驶状况、道路状况和天气情况，将汽车所需的来自发动机的驱动力和来自电动机的驱动力进行分配耦合，以获得最佳的燃油经济性、最少的废气排放和最大能量存储系统的使用寿命。表 3-3 所示为双动力卡罗拉、雷凌混合动力系统 THS-Ⅱ 控制范畴。

表 3-3 双动力卡罗拉、雷凌混合动力系统 THS-Ⅱ 控制

控制	项目	控制描述
HV 控制	HV 输出计算	根据驾驶条件计算发动机输出以及 MG1 和 MG2 转矩
	行驶模式控制	混合动力系统操作和输出特性根据行驶模式的不同而变化
	SMR 控制	控制 SMR（系统主继电器）的切换（接通和切断）
	逆变器控制	利用操作指令信号（PWM 信号）控制逆变器的工作输出
	增压变换器控制	控制高压增压
	DC/DC 变换器控制	控制用于对辅助蓄电池进行充电的电压和电流
	电动机牵引力控制	防止 MG2 过度旋转
	再生制动控制	在减速时，在防滑控制 ECU 协同作用下进行再生制动控制
蓄电池控制	SOC 控制	控制 HV 蓄电池的充电状态（SOC）
	HV 蓄电池冷却鼓风机控制	操作此项目以使 HV 蓄电池温度处于适当范围
	绝缘异常检测	检测高压电路的绝缘有无任何异常
发动机控制	发动机输出装置	控制发动机输出以响应动力管理控制 BCU（HV CPU）的请求
	发动机起停控制	必要时执行发动机起停操作

(续)

控制	项目	控制描述
	空调压缩机控制	根据目标压缩机转速控制空调逆变器
	电源输出限制控制	根据零部件温度限制电源输出
	失效保护	在发生故障期间提供有限的原动力

首先 HV ECU 要获取车辆上的各种相关信号,如车速、发动机转速、发电机转速、电动机转速、电池 SOC、电压、电流、加速踏板开度位置、变速器挡位、制动踏板位置、制动油压力、各种温度、时间等,根据这些信号或信号组合,判断车辆处于的工作状态和工作模式,然后按照相应的程序发出动作指令,实现对动力与能量流的高效控制,并且在监控到系统发生故障时,发出故障警告信息,采取限止系统运行或失效保护措施,保证系统的安全。如图 3-39 所示为 THS-Ⅱ 系统控制系统图。

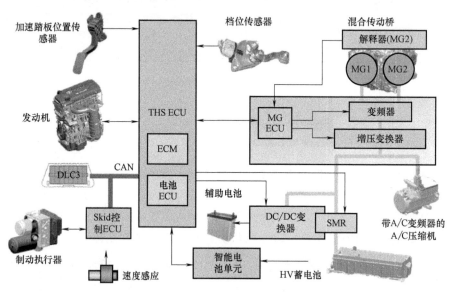

图 3-39 THS-Ⅱ 系统控制系统图

1. 驱动力控制

图 3-40 所示为驱动力控制原理概要。驱动力控制的输入信号有加速踏板位置、车速、HV 电池状态 SOC 等,控制输出信号包括发动机的要求动力、发电机 MG1 转矩以及电动机 MG2 转矩。

图 3-41 是从驾驶员请求操作转矩计算到发送至 MG1、MG2 和发动机的操作指令的控制流程,该流程图显示了 THS-Ⅱ 的特性,表示驱动功率的分配计算。

1)驾驶员请求转矩计算。根据加速踏板位置和车速计算目标轴驱动转矩。

2)驾驶员清请求输出功率计算。根据驾驶员请求转矩和车速计算目标功率输出,与(驾驶员请求转矩计算)的计算方法类似。

3)所需发动机输出功率计算。所需 HV 蓄电池充电功率与(驾驶员请求输出功率计算)计算所得的驾驶员请求输出功率相加即可确定所需发动机输出功率。

4)发动机起动判断。根据工作状况和所需发动机输出功率(所需发动机输出功率计

第三章 丰田卡罗拉、雷凌混合动力汽车

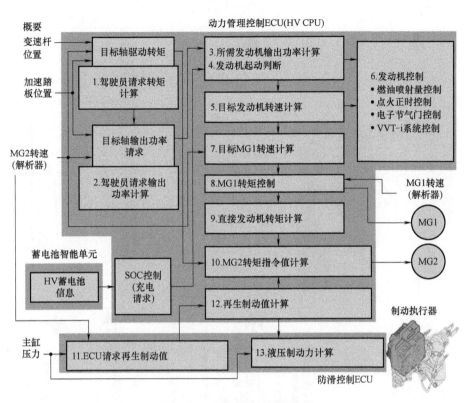

图 3-40 驱动力控制原理概要

算),判断是否需要起动发动机。

5) 目标发动机转速计算。THS-Ⅱ发动机以高效发动机工作线工作。发动机工作线与发动机输出功率(所需发动机输出功率)的交点为目标发动机转速。

6) 发动机控制。根据所需发动机输出功率和目标发动机转速的计算结果执行发动机喷油、点火、ETCS-i 和 VVT-i 控制等。

7) 目标 MG1 转速计算。根据 MG2 转速和目标发动机转速(5)计算目标 MG1 转速。

8) MG1 转矩控制。根据 MG1 转速传感器(解析器)信号,控制 MG1 转矩以达到 MG1 目标转速。

9) 直接发动机转矩计算。根据(MG1 转矩控制)计算所得的 MG1 转矩计算发动机输出的驱动转矩(根据列线表,基于 MG1 转矩可得知车桥处的直接发动机输出转矩)。

10) MG2 转矩指令值计算。根据驾驶员请求转矩和直接发动机输出转矩计算 MG2 转矩指令值。如果电动机的转矩大于车辆需要的驱动转矩,发动机就会停止工作,车辆仅靠 HV 蓄电池的能量输出完成行驶(EV 行驶模式),如果电动机转矩小于车辆需要的驱动转矩,发动机就会起动运转,独立驱动,或者在车辆需要更大转矩时,发动机与电动机并行运转驱动。

2. 发动机起停控制

丰田卡罗拉、雷凌混合动力系统对发动机进行起动/停止的切换控制,使发动机工作在最佳效率工况范围内,目的是改善燃油消耗,发动机起动运转条件见表 3-4。

但曲轴回转时,在特定的发动机转速区域内,发动机转矩脉冲与传动桥产生共振,导致

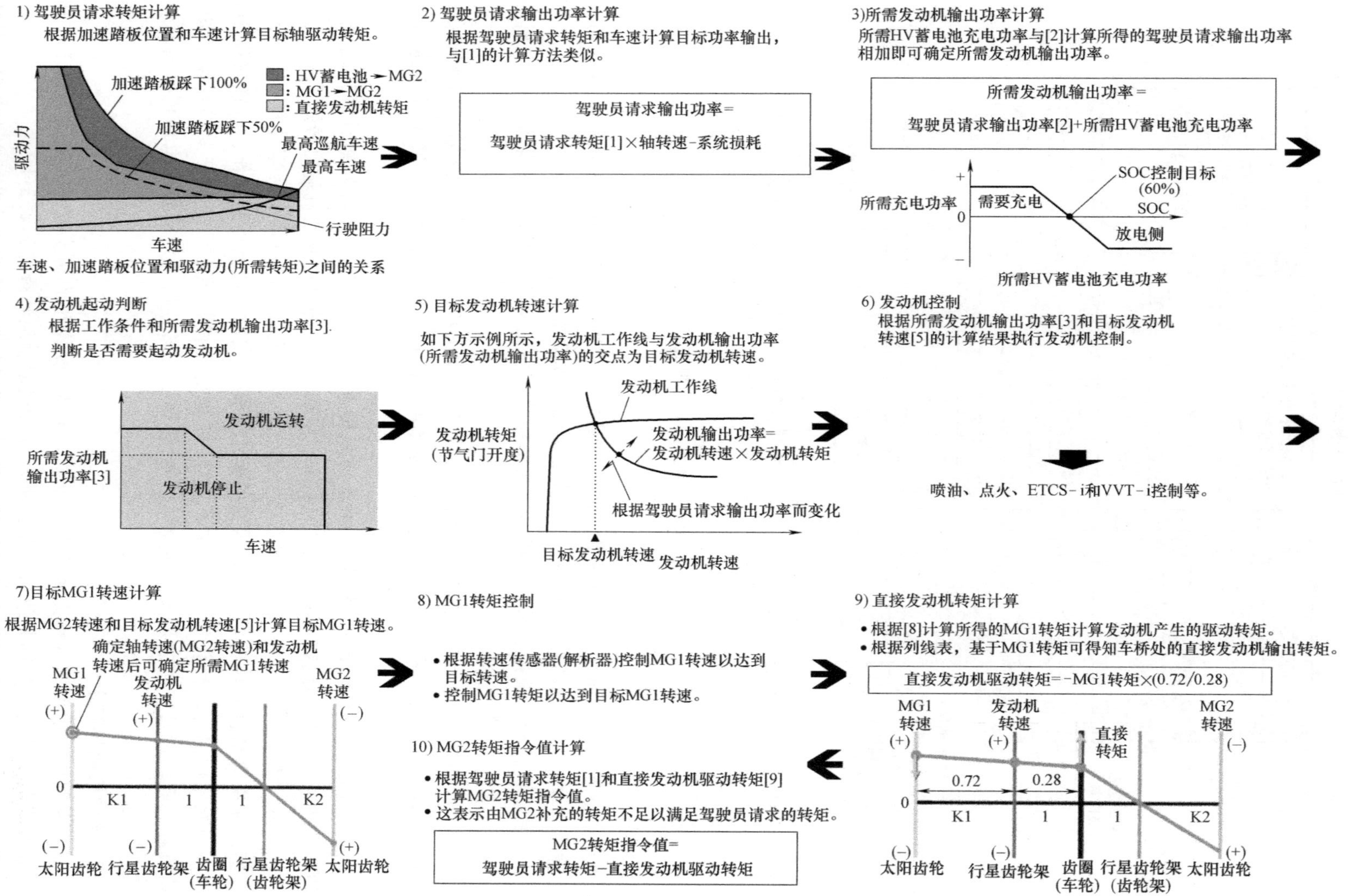
1) 驾驶员请求转矩计算
根据加速踏板位置和车速计算目标轴驱动转矩。
驱动力
加速踏板踩下100%
加速踏板踩下50%
: HV蓄电池→MG2
: MG1→MG2
: 直接发动机转矩
最高巡航车速
最高车速
行驶阻力
车速
车速、加速踏板位置和驱动力(所需转矩)之间的关系
2) 驾驶员请求输出功率计算
根据驾驶员请求转矩和车速计算目标功率输出，与[1]的计算方法类似。
驾驶员请求输出功率=
驾驶员请求转矩[1]×轴转速-系统损耗
3)所需发动机输出功率计算
所需HV蓄电池充电功率与[2]计算所得的驾驶员请求输出功率相加即可确定所需发动机输出功率。
所需发动机输出功率=
驾驶员请求输出功率[2]+所需HV蓄电池充电功率
所需充电功率
需要充电
SOC控制目标
(60%)
SOC
放电侧
所需HV蓄电池充电功率
4) 发动机起动判断
根据工作条件和所需发动机输出功率[3].
判断是否需要起动发动机。
所需发动机
输出功率[3]
发动机运转
发动机停止
车速
5) 目标发动机转速计算
如下方示例所示，发动机工作线与发动机输出功率(所需发动机输出功率)的交点为目标发动机转速。
发动机转矩
(节气门开度)
发动机工作线
发动机输出功率=
发动机转速×发动机转矩
根据驾驶员请求输出功率而变化
目标发动机转速
发动机转速
6) 发动机控制
根据所需发动机输出功率[3]和目标发动机转速[5]的计算结果执行发动机控制。
喷油、点火、ETCS-i和VVT-i控制等。
7)目标MG1转速计算
根据MG2转速和目标发动机转速[5]计算目标MG1转速。
确定轴转速(MG2转速)和发动机转速后可确定所需MG1转速
MG1
转速
发动机
转速
MG2
转速
K1
K2
太阳齿轮
行星齿轮架
齿圈
(车轮)
行星齿轮架
(齿轮架)
太阳齿轮
8) MG1转矩控制
• 根据转速传感器(解析器)控制MG1转速以达到目标转速。
• 控制MG1转矩以达到目标MG1转速。
9) 直接发动机转矩计算
• 根据[8]计算所得的MG1转矩计算发动机产生的驱动转矩。
• 根据列线表，基于MG1转矩可得知车桥处的直接发动机输出转矩。
直接发动机驱动转矩=-MG1转矩×(0.72/0.28)
直接
转矩
0.72
0.28
10) MG2转矩指令值计算
• 根据驾驶员请求转矩[1]和直接发动机驱动转矩[9]计算MG2转矩指令值。
• 这表示由MG2补充的转矩不足以满足驾驶员请求的转矩。
MG2转矩指令值=
驾驶员请求转矩-直接发动机驱动转矩

图 3-41 驱动力计算流程图

表 3-4 发动机运转条件

条　件	描　述
发动机暖机请求为 0	发动机需要暖机时
TWC 加热请求为 0	催化剂需要加热时
加热器请求为 0	保持加热性能
空调压缩机操作请求为 0	为操作空调压缩机
SOC 下降	操作 MG1 对 HV 蓄电池充电
HV 蓄电池温度低	HV 蓄电池输出不足以起动发动机时,发动机继续工作
ISC 学习未完成	ISC 学习(节气门开度学习)未完成(断开辅助蓄电池时,清除学习值)

车辆振动。通过下列控制措施可以减小发动机起停的振动问题。

1) 通过缩短动力重心与转动弹性轴之间的距离,增加扭振减振阻尼器等方法,改进发动机的悬置问题。

2) 采用电子控制技术,推迟点火提前角,延迟进气门关闭时间,控制燃油喷射量等措施来改善发动机的燃烧,从而降低振动和噪声。

3) 发动机转矩脉冲补偿控制。根据发动机的转矩脉冲,设计 MG1 电机和 HV 电池有足够的输出功率,短时间迅速拖动发动机起动(发动机转速被拖到 1000~1200r/min 时开始喷油起动)。

发动机在低速转动时的转矩脉冲中,与惯性力脉冲相比,压缩膨胀空气过程的脉冲起主要作用。因此只要在发动机熄火时,通过控制电机 MG1 的旋转角度,把活塞停止位置控制在进气门关闭的上止点曲柄转角位置,能较好地控制发动机起动时的振动。

4) 驱动系统扭转振动补偿。用速度传感器测得车轮转速,通过与传动桥的输出轴转速比较作差,反馈进行电动机 MG2 转矩控制从而抑制驱动系统的转矩振动。如图 3-42 所示混合动力车辆减振控制系统的整体构成。与普通控制器结合使用实现减振控制。从图 3-43 中

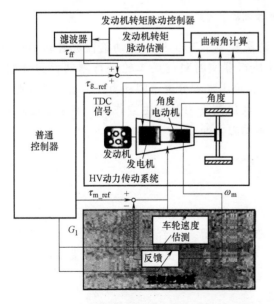

图 3-42　混合动力车辆减振控制系统的整体构成　　图 3-43　快速踩下加速踏板时驱动系统振动抑制效果

可以看得出混合动力车辆在纯电动行驶中，快速踩下加速踏板，发动机起动时，减振控制能很大程度地改善驱动系统振动的效果。

三、卡罗拉、雷凌再生制动与液压制动协调控制

再生制动是混合动力汽车的重要工作模式，它能在汽车减速或下坡时，根据加速踏板与制动踏板信号，保证车辆制动能性不变前提下，通过驱动电机当作发电机运行。再生制动的作用如下：

1) 将汽车的动能和位能变成电能回收到混合动力系统的储能装置中。

2) 利用驱动电机当作发电机运行时产生的电磁阻力用来制动减速，起到减少制动摩擦片的磨损和节能的效果，双动力卡罗拉、雷凌可以回收大约30%的再生制动能量。图3-44所示为再生制动系统控制。

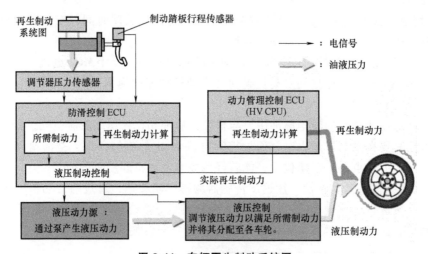

图3-44 车辆再生制动系统图

当驾驶员踩制动踏板，希望减速时，制动防滑控制ECU，根据制动踏板位置和踏板力的大小（制动主缸油压的大小）指令液压制动执行器实时对前后车轮进行制动力的分配，使车辆减速。紧接着再生制动系统进入工作状态，输出大部分再生制动力矩，当车辆减速到要停止时，再生制动力矩下降到接近零，此时，液压制动力又起主要作用，使车辆停止行驶。图3-45所示为液压制动和再生制动之间的制动力分配。

四、卡罗拉、雷凌 HV ECU 控制功能

双动力卡罗拉、雷凌混合动力系统的电子控制单元ECU构成如图3-46所示。

HV ECU 的功能包括驱动力指令、诊断、安全警示等。混合动力控制系统是一套线控（By Wire）系统。当构成的零部件发生故障时，为了防止驾驶员的意愿与车辆发生冲突，需要及时、准确的安全警示。具体要求如下：

1) 系统的构成要充分考虑安全警示的功能。

2) 检测异常情况的功能。

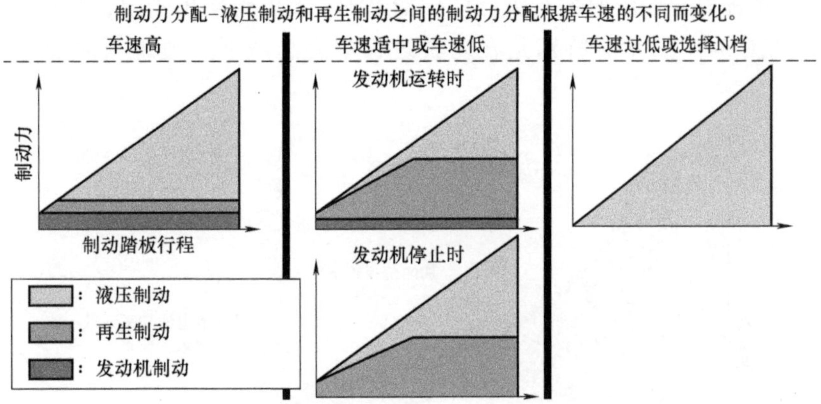

第三章 丰田卡罗拉、雷凌混合动力汽车

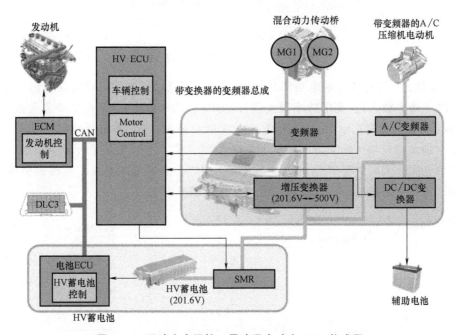

图 3-45 车辆液压制动和再生制动之间的制动力分配

图 3-46 双动力卡罗拉、雷凌混合动力 ECU 构成图

3）发生异常情况时系统限制输出或停止运行。

1. 输出限制控制

HV ECU 限制输出项目见表 3-5。

表 3-5 HV ECU 限制输出项目

项 目		描 述
HV 蓄电池	SOC 低	SOC 低于规定值时，逐步降低（功率输出）（Wattageout，WOUT）= 放电功率最大值
	温度低	由于温度低而使蓄电池的活性低时，蓄电池输出至 MG1 或 MG2 的功率受到限制
	温度高	由于反复以大电流充电和放电而导致蓄电池产生大热量时
带变换器的逆变器总成	逆变器温度高	由于高负载行驶而导致逆变器的温度超过规定值时
	增压变换器温度高	由于高负载行驶而导致增压变换器温度超过规定值时
MG1 和 MG2	温度高	由于高负载行驶而导致 MG1 或 MG2 的温度超过规定值时

83

(1) HV 蓄电池输出受限时的行驶性能　如果 HV 蓄电池输出受限，则行驶性能明显低于正常水平，如图 3-47 所示。特别是在驾驶过程中完全踩下加速踏板时会感到行驶性能下降。

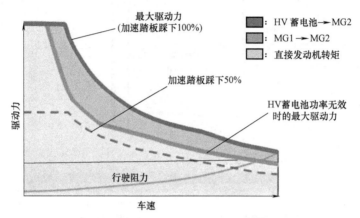

图 3-47　限制驱动力输出示意图

1) SOC 低时，WOUT（放电功率最大值）将会降低以限制 HV 蓄电池输出，如图 3-48 所示。WIN（功率输入）：充电功率最大值；WOUT（功率输出）：放电功率最大值。

2) HV 蓄电池温度高或低。HV 蓄电池温度低或高时，HV 蓄电池输出受到限制，如图 3-49 所示。高负载行驶可能会导致 HV 蓄电池温度升高，但这并不表示故障。发动机冷机时，将车辆电源开关刚置于 READY-ON 状态后，HV 蓄电池温度变低，其输出将降低。HV 蓄电池温度过高可能是冷却风扇故障或冷气进气口阻塞所致。

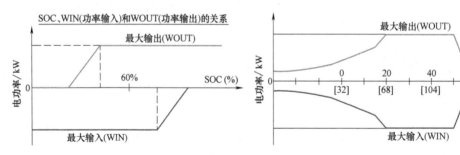

图 3-48　蓄电池 SOC 低值时限制驱动力输出示意图　　图 3-49　蓄电池温度过高或低限制驱动力输出示意图

(2) 逆变器、增压变换器、MG1 或 MG2 温度高　逆变器、增压变换器、MG1 或 MG2 的温度超过规定值时，HV 蓄电池输出或电机输出转矩受到限制，如图 3-50 所示。增压变换器温度高时，HV 蓄电池输出受到限制。逆变器、MG1 或 MG2 温度高时，电机输出转矩受到限制。输出受限期间，多信息显示屏上显示"HYBRID SYSTEM OVERHEAT"（混合动力系统过热）以告知驾驶员由于高温而使输出受到限制。

导致高温的可能原因：低速爬坡或操作加速踏板以使车辆在斜坡上停止；极陡峭的上坡路或车速骤变；冷却系统故障（带电动机的 HV 水泵故障、冷却液泄漏、堵塞等）。

2. 失效保护控制

HV ECU 根据混合动力系统发生的故障，执行以下失效保护驱动模式。

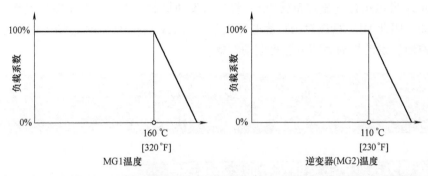

图 3-50 逆变器、增压变换器、MG1 或 MG2 温度过高限制驱动力输出示意图

1）MG1 故障，依靠 MG2 驱动，如图 3-51 所示。如果 MG1 不能工作，则发动机无法起动。在这种情况下，可通过 MG2 驱动车辆。如果发动机起动后，MG1 发生故障，则无法将来自发动机的动力传输至车轮（因为要将发动机的动力传输至轮胎，需要向 MG1 施加负转矩），导致发动机不能驱动车辆。

2）MG2 故障，依靠发动机驱动，如图 3-52 所示。MG2 无法工作时，可使用发动机驱

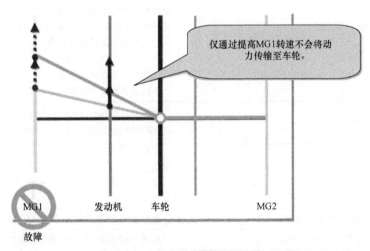

图 3-51 MG1 故障失效保护

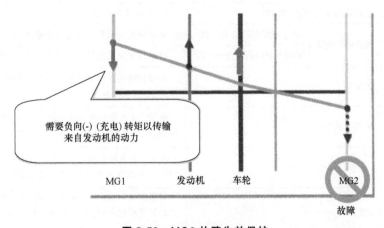

图 3-52 MG2 故障失效保护

动车辆，MG1 发电运行（施加负转矩），将来自发动机的动力传输至车轮。但是，由于 MG2 不消耗电能，因此 MG1 持续对 HV 蓄电池充电。当 HV 蓄电池 SOC 达到上限值后，MG1 进入零转矩控制，发动机动力不可能再驱动车辆。

第三节　混合动力汽车 THS-Ⅱ 主要部件功能及车辆工作原理

一、混合动力系统的主要部件功能、系统控制

混合动力系统的主要零部件功能和系统控制原理见表 3-6、表 3-7。

表 3-6　混合动力系统的主要功能

混合动力车辆控制 ECU 总成		对混合动力系统进行综合控制。 ·接收来自各种传感器和 ECU（ECM、MG ECU、蓄电池智能单元(蓄电池电压传感器)和防滑控制 ECU）的信息，并据此计算所需转矩及输出功率。混合动力车辆控制 ECU 总成将计算结果传输至 ECM、MG ECU 和防滑控制 ECU ·监视 HV 蓄电池的 SOC ·控制 DC/DC 变换器 ·控制逆变器水泵总成 ·控制蓄电池冷却鼓风机总成
混合动力车辆传动桥总成	MG1	由发动机驱动的 MG1 产生高压电，以驱动 MG2 并为 HV 蓄电池充电，同时，它还可作为起动机以起动发动机
	MG2	·MG2 由 MG1 和 HV 蓄电池的电能驱动，产生驱动轮原动力 ·制动期间或未踩下加速踏板时，产生高压电为 HV 蓄电池再充电
	发电机解析器(MG1)	检测 MG1 的转子位置、转速和旋转方向
	电动机解析器(MG2)	检测 MG2 的转子位置、转速和旋转方向
	发电机温度传感器(MG1)	检测 MG1 的温度
	电动机温度传感器(MG2)	检测 MG2 的温度
	复合齿轮装置　动力分配行星齿轮机构	合理分配发动机原动力以直接驱动车辆及 MG1
	电动机减速行星齿轮机构	根据行星齿轮的特点降低 MG2 的转速，以增大转矩
带变换器的逆变器总成	逆变器	将增压变换器的直流转换为用于 MG1 和 MG2 的交流，反之亦然（从交流至直流）
	增压变换器	将 HV 蓄电池公称电压直流 201.6V 增至最高电压直流 650V，反之亦然（将直流 650V 逐步降至直流 201.6V）
	DC/DC 变换器	将 HV 蓄电池公称电压直流 201.6V 逐步降至约直流 14V，以为电气部件供电，并为辅助蓄电池再充电
	MG ECU	根据接收自混合动力车辆控制 ECU 总成的信号控制逆变器和增压变换器，从而将 MG1 和 MG2 作为发电机或电动机运行

(续)

带变换器的逆变器总成	大气压力传感器	检测大气压力
	带变换器的逆变器总成的温度传感器	检测带变换器的逆变器总成零件内的温度及 HV 冷却液温度
	逆变器电流传感器	检测 MG1 和 MG2 的电流
HV 蓄电池总成	HV 蓄电池（蓄电池模块）	·根据车辆行驶状态，向 MG1 和 MG2 供电 ·根据 SOC 和车辆行驶状态，由 MG1 和 MG2 对其再充电
	HV 蓄电池温度传感器	检测 HV 蓄电池零件内的温度
	HV 蓄电池进气温度传感器	检测蓄电池冷却鼓风机总成的进气温度
混合动力蓄电池接线盒总成	系统主继电器	利用混合动力车辆控制 ECU 总成的信号，连接和断开 HV 蓄电池和带变换器的逆变器总成之间的高压电路
	蓄电池电流传感器	检测 HV 蓄电池的输入和输出电流
蓄电池智能单元（蓄电池电压传感器）		·监视 HV 蓄电池的状态（如电压、电流和温度）并将该信息传输至混合动力车辆控制 ECU 总成 ·监视高压系统的绝缘故障
维修塞把手		拆下维修塞把手进行车辆检查或保养时，切断 HV 蓄电池的高压电路
互锁开关（维修塞把手/电源电缆插接器）		确认已安装维修塞把手和逆变器电源电缆插接器
电源电缆（线束组）		连接 HV 蓄电池、带变换器的逆变器总成、混合动力车辆传动桥总成和带电动机的压缩机总成
逆变器水泵总成		在混合动力车辆控制 ECU 总成的控制下运行，以冷却带变换器的逆变器总成，MG1 和 MG2
蓄电池冷却鼓风机总成		在混合动力车辆控制 ECU 总成的控制下运行，以冷却 HV 蓄电池
辅助蓄电池		为电气部件供电
辅助蓄电池温度传感器（热敏电阻总成）		检测辅助蓄电池的温度
电源开关		启动和停止混合动力系统
加速踏板传感器总成		将加速踏板位置转化为电信号并将其发送至混合动力车辆控制 ECU 总成
换档锁止控制单元总成	变速杆位置传感器	将变速杆位置（横向移动和纵向移动）转换为电信号，并将其发送至混合动力车辆控制 ECU 总成
p 位置开关（变速器换档主开关）		驾驶员操作 p 位置开关时，将 p 位置开关信号输出至混合动力车辆控制 ECU 总成
制动灯开关		检测踩下制动踏板
组合开关总成	EV 行驶模式开关	驾驶员操作 EV 行驶模式开关时，将 EV 行驶模式开关信号发送至混合动力车辆控制 ECU 总成
	动力模式开关	驾驶员操作动力模式开关时，通过 ECM 将动力模式开关信号发送至混合动力车辆控制 ECU 总成
	环保模式开关	驾驶员操作环保模式开关时，通过空调放大器总成将环保模式开关信号发送至混合动力车辆控制 ECU 总成
ECM		·根据接收自混合动力车辆控制 ECU 总成的目标发动机转速和所需发动机原动力对发动机进行控制 ·将各种发动机工作状态信号传输至混合动力车辆控制 ECU 总成

(续)

防滑控制ECU（带主缸的制动助力器总成）		·制动期间，其计算所需再生制动动力并将其传输至混合动力车辆控制ECU总成 ·TRC或VSC运行期间，将请求传输至混合动力车辆控制ECU总成以限制原动力
空调放大器总成		将各种空调状态信号传输至混合动力车辆控制ECU总成
空气囊传感器总成		碰撞过程中，将空气囊展开信号传输至混合动力车辆控制ECU总成
组合仪表总成	混合动力系统指示仪	显示混合动力系统的系统动力输出和再生充电
	READY指示灯	告知驾驶员车辆可以行驶
	主警告灯	根据多信息显示屏上显示的信息点亮或闪烁，且蜂鸣器可能鸣响
	EV行驶指示灯	EV行驶期间点亮
	EV模式指示灯	告知驾驶员已选择EV行驶模式
	动力模式指示灯	告知驾驶员已选择动力模式
	环保模式指示灯	告知驾驶员已选择环保模式
	故障指示灯（MIL）	混合动力控制系统和发动机控制系统出现故障时点亮
导航接收器总成[1]		显示能量监视器
收音机和显示屏接收器总成[2]		

[1] 带导航系统的车型。
[2] 带屏显音响系统的车型。

表3-7 混合动力系统控制原理

控制系统	控制原理
混合动力车辆控制	·混合动力车辆控制ECU总成根据变速杆位置传感器、加速踏板踩下的角度和车速计算目标原动力。通过将MG1、MG2和发动机进行最佳组合，执行控制以产生目标原动力 ·混合动力车辆控制ECU总成根据目标原动力计算发动机原动力，而目标原动力是根据驾驶员的需要和车辆行驶状况计算的。为产生此原动力，混合动力车辆控制ECU总成将信号传输至ECM ·混合动力车辆控制ECU总成监视HV蓄电池的SOC及HV蓄电池、MG1和MG2的温度，以对这些项目进行最佳控制
SOC控制	·混合动力车辆控制ECU总成通过估算HV蓄电池的充电和放电安培数计算SOC ·混合动力车辆控制ECU总成根据计算出的SOC持续执行充电/放电控制，以将SOC保持在目标范围内
发动机控制	ECM接收混合动力车辆控制ECU总成发出的目标发动机转速和所需的发动机原动力，并控制ETCS-i、燃油喷射量、点火正时、VVT-i和EGR
MG1和MG2主控制	·由发动机驱动的MG1产生高压电，以驱动MG2并为HV蓄电池充电。同时，它还可作为起动机以起动发动机 ·MG2由MG1和HV蓄电池的电能驱动，产生驱动轮原动力 ·制动期间（再生制动协同控制）或未踩下加速踏板时（能量再生），MG2产生高压电为HV蓄电池充电 ·选择空档（N）时，MG1和MG2基本关闭，为停止提供原动力，需要停止驱动MG1和MG2，因为MG1和MG2与驱动轮是机械连接的

(续)

控制系统	控制原理
逆变器控制	·根据混合动力车辆控制ECU总成通过MG ECU提供的信号,逆变器将HV蓄电池的直流转换为用于MG1和MG2的交流,反之亦然。此外,逆变器用于将电能从MG1传送至MG2 ·如果通过MG ECU接收到来自逆变器的过热、过电流或电压异常信号,则混合动力车辆控制ECU总成会切断逆变器
增压变换器控制	·根据混合动力车辆控制ECU总成通过MG ECU提供的信号,增压变换器将HV蓄电池的公称电压直流201.6V升至最高电压直流650V ·逆变器将MG1或MG2产生的交流转换为直流。根据混合动力车辆控制ECU总成通过MG ECU提供的信号,增压变换器将产生的电压从直流650V(最高电压)逐步降至约直流201.6V
DC/DC变换器控制	DC/DC变换器将HV蓄电池的公称电压直流201.6V逐步降至约直流14V,以为电气部件供电,并为辅助蓄电池再充电
系统主继电器控制	为确保能够可靠地连接和断开高压电路,混合动力车辆控制ECU总成控制3个系统主继电器连接和断开来自HV蓄电池的高压电路。混合动力车辆控制ECU总成还利用3个系统主继电器的工作正时监视继电器触点的工作情况
带变换器的逆变器总成的冷却系统控制	为了冷却带变换器的逆变器总成、MG1和MG2,混合动力车辆控制ECU总成根据来自带变换器的逆变器总成温度传感器、MG1温度传感器和MG2温度传感器的信号调节逆变器水泵总成
HV蓄电池冷却系统控制	为了使HV蓄电池的温度保持在最佳水平,混合动力车辆控制ECU总成根据来自HV蓄电池温度传感器和HV蓄电池进气温度传感器的信号调节蓄电池冷却鼓风机总成
再生制动协同控制	制动期间,防滑控制ECU计算所需再生制动力并将其传输至混合动力车辆控制ECU总成。混合动力车辆控制ECU总成接收到此信号后,将实际再生制动控制值传输至防滑控制ECU。根据此结果,防滑控制ECU计算并执行所需液压制动力
TRC/VSC协同控制	TRC或VSC工作时,防滑控制ECU将请求传输至混合动力车辆控制ECU总成以限制原动力,混合动力车辆控制ECU总成根据当前行驶状态控制发动机和MG2以限制原动力
碰撞时的控制	碰撞期间,如果混合动力车辆控制ECU总成接收到来自空气囊传感器总成的空气囊展开信号,将断开系统主继电器以切断HV蓄电池的高压
巡航控制系统运行控制①	混合动力车辆控制ECU总成接收到巡航控制开关信号时,将发动机和MG2的原动力控制为最佳组合以获得驾驶员所需的目标车速
换档控制	混合动力车辆控制ECU总成根据变速杆位置传感器和p位置开关提供的信号检测驾驶员所需档位(P、R、N、D或S),根据这些输入和车辆工作状态,混合动力车辆控制ECU总成控制MG1、MG2和发动机以符合所选档位
EV行驶模式控制	驾驶员操作EV行驶模式开关(组合开关总成)时,如果满足操作条件,则混合动力车辆控制ECU总成将仅使用MG2来驱动车辆
动力模式控制	驾驶员操作动力模式开关(组合开关总成)时,混合动力车辆控制ECU总成调节加速踏板操作的响应以优化加速
环保模式控制	驾驶员操作环保模式开关(组合开关总成)时,混合动力车辆控制ECU总成调节加速踏板操作的响应以支持环保驾驶
制动优先系统	同时踩下加速踏板和制动踏板时,驱动转矩受到限制
发动机停机系统	在试图使用无效钥匙起动混合动力控制系统时禁止燃油输送,点火和起动混合动力控制系统

① 带巡航控制系统的车型。

一、系统部件控制

1. 混合动力系统起动（READY-on 状态）

1）踩下制动踏板时，通过按下电源开关起动混合动力系统。此时，READY 指示灯一直闪烁直至完成系统检查。READY 指示灯点亮时，混合动力系统起动且车辆可以行驶。

2）即使驾驶员将电源开关置于 ON（READY）位置，混合动力车辆控制 ECU 总成有时也无法起动发动机。发动机仅在满足一定条件时起动：如发动机冷却液温度、SOC、HV 蓄电池温度和电气负载等达到预定标准。

3）行驶后，驾驶员停止车辆并打开 P 位置开关时，混合动力车辆控制 ECU 总成使发动机继续运转。发动机将在 SOC、HV 蓄电池温度和电气负载状态达到规定值后停止。

注意：驾驶过程中不得不停止混合动力系统时，按住电源开关约 2s 或更长时间或者连续按下电源开关 3 次或更多次可强行停止该系统。此时，电源切换至 ON（ACC）。

2. EV 行驶模式

1）满足所有所需条件时，可使用 EV 行驶模式。部分条件见表 3-8。

提示：EV 行驶模式期间的可连续行驶里程根据 HV 蓄电池的 SOC 和行驶条件（如路面和山坡）的不同而不同。但是，通常在数百米和约 2km 之间。

表 3-8 工作条件

工作条件	混合动力系统温度不高(外界空气温度高时或车辆上坡行驶或以高速行驶后,混合动力系统温度将会比较高) 混合动力系统温度不低(外界空气温度低时,车辆停止运行很长时间后混合动力系统温度将会比较低) 发动机冷却液温度约为 0℃（32℉）或更高 SOC 约为 50% 或更高 车速约为 30km/h（19mile/h）或更低（发动机冷机条件） 车速约为 45km/h（28mile/h）或更低（发动机暖机条件） 加速踏板踩下量为特定值或更低 除霜器关闭 巡航控制系统未工作①

① 带巡航控制系统的车型。

2）EV 行驶模式可降低车辆噪声（如进入或离开车库时），同时减少车库内产生的废气量。驾驶员操作 EV 行驶模式开关时，如果满足操作条件，则混合动力车辆控制 ECU 总成将仅使用 MG2 来驱动车辆。

3）满足所有工作条件时，按下 EV 行驶模式开关可使车辆进入 EV 行驶模式，EV 行驶模式指示灯将点亮。如果未满足任一工作条件而按下 EV 行驶模式开关，EV 行驶模式指示灯闪烁 3 次且蜂鸣器鸣响以告知驾驶员 EV 行驶模式开关操作被拒绝，无法进入 EV 行驶模式。

4）车辆在 EV 行驶模式下行驶时，如果不再满足工作条件，EV 行驶模式指示灯将闪烁 3 次且蜂鸣器鸣响以告知驾驶员 EV 行驶模式即将取消。

3. 动力模式和环保模式

1）在动力模式过程中，混合动力车辆控制 ECU 总成通过在加速踏板操作的初始阶段快速提高动力输出来优化加速感。

2) 在环保模式过程中，混合动力车辆控制 ECU 总成通过缓慢产生原动力（与加速踏板操作相对应）来优化燃油经济性和行驶性能，如图 3-53 所示。同时，通过优化空调性能来支持环保驾驶。

4. 混合动力车辆控制

1) 混合动力车辆控制 ECU 总成利用来自加速踏板传感器总成的信号检测加速踏板踩下角度，并检测变速杆位置传感器的变速杆位置信号。混合动力车辆控制 ECU 总成通过 MG ECU 接收来自 MG1 和 MG2 解析器的转速信号。混合动力车辆控制 ECU 总成根据此信息确定车辆行驶状态，并对 MG1、MG2 和发动机的原动力进行优化控制。此外，混合动力车辆控制 ECU 总成对 MG1、MG2 和发动机的输出功率和转矩进行最佳控制，以实现更低的燃油消耗和更清洁的废气排放。

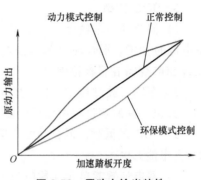

图 3-53 原动力输出特性

2) 混合动力车辆控制 ECU 总成根据计算的目标原动力并结合 HV 蓄电池的 SOC 和温度来计算发动机原动力。从目标原动力中减去发动机原动力所得的值即为 MG2 原动力。

3) ECM 根据接收自混合动力车辆控制 ECU 总成的目标发动机转速和所需发动机原动力对发动机进行控制，如图 3-54 所示。此外，混合动力车辆控制 ECU 总成合理运行 MG1 和 MG2，以提供所需的 MG1 发电力和 MG2 原动力。

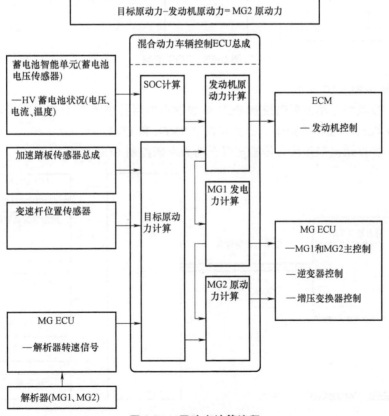

图 3-54 原动力计算流程

5. SOC 控制

1）混合动力车辆控制 ECU 总成根据蓄电池电流传感器检测的充电/放电安培数计算 HV 蓄电池的 SOC。混合动力车辆控制 ECU 总成根据计算出的 SOC 持续执行充电/放电控制，以将 SOC 保持在目标范围内。

2）车辆行驶过程中，HV 蓄电池经历反复的充电/放电循环，因为其在加速过程中由 MG2 放电，在减速过程中由再生制动充电。

3）SOC 过低时，混合动力车辆控制 ECU 总成提高发动机的输出功率来操作 MG1 以对 HV 蓄电池充电。

4）蓄电池智能单元（蓄电池电压传感器）将 HV 蓄电池的相关信号（电压、电流和温度）转换为数字信号，并通过串行通信将其传输至混合动力车辆控制 ECU 总成，如图 3-55 所示。混合动力车辆控制 ECU 总成通过计算确定 SOC 时需要这些信号。

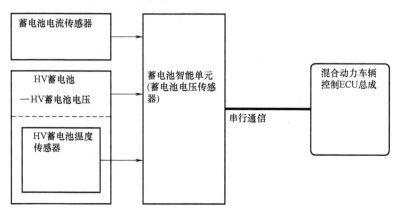

图 3-55　SOC 控制

6. 发动机控制（图 3-56）

1）ECM 接收混合动力车辆控制 ECU 总成发出的目标发动机转速和所需的发动机原动力，并控制 ETCS-i、燃油喷射量、点火正时、VVT-i 和 EGR。

2）ECM 将发动机工作状态传输至混合动力车辆控制 ECU 总成。

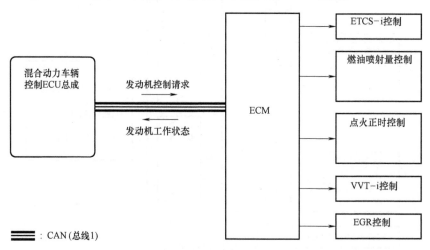

图 3-56　发动机控制

3）接收到混合动力车辆控制 ECU 总成根据基本混合动力车辆控制发出的发动机停止信号后，ECM 停止发动机。

7. MG1 和 MG2 主控制

1）由发动机驱动的 MG1 产生高压电，以驱动 MG2 并为 HV 蓄电池充电。同时，MG1 还可作为起动机以起动发动机。

2）MG2 由 MG1 和 HV 蓄电池的电能驱动，产生驱动轮原动力。

3）制动期间（再生制动协同控制）或未踩下加速踏板时（能量再生），MG2 产生高压电为 HV 蓄电池充电。

4）选择空档（N 位）时，MG1 和 MG2 基本关闭。为停止提供原动力，需要停止驱动 MG1 和 MG2，因为 MG1 和 MG2 与驱动轮是机械连接的。

5）MG ECU 根据接收自混合动力车辆控制 ECU 总成的信号控制智能动力模块（IPM）内的绝缘栅双极晶体管（IGBT）。IGBT 用于切换各电机的 U、V、W 相。根据电机作为电动机或发电机进行的操作，六个 IGBT 在 ON 和 OFF 间切换，控制各电机。

6）图 3-57 描述了电机用作电动机时的基本控制。IPM 内的 IGBT 在 ON 和 OFF 间切换，为电机提供三相交流电。为了产生由混合动力车辆控制 ECU 总成计算的所需电机的原

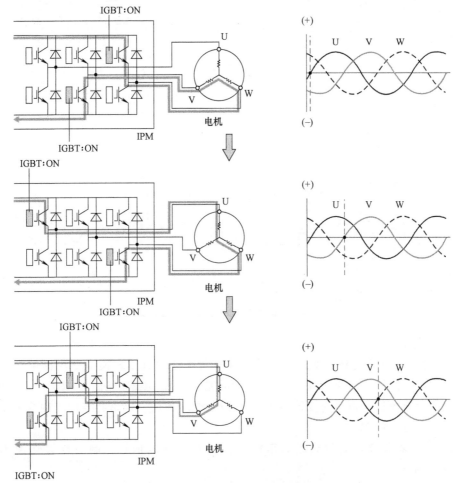

图 3-57　电机用作电动机时基本控制

动力，MG ECU 使 IGBT 在 ON 和 OFF 间切换以控制电机的转速。

7）图 3-58 描述了电机用作发电机时的基本控制。由车轮驱动的电机的 U、V、W 相依次产生的电流用于对 HV 蓄电池充电或驱动另一电机。

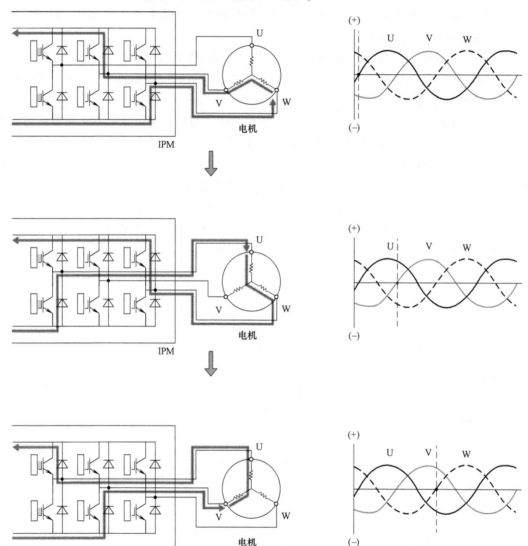

图 3-58　电机用作发电机时的基本控制

8. 逆变器控制（图 3-59）

1）逆变器总成（下简称逆变器）将来自 HV 蓄电池的直流转换为交流提供给 MG1 和 MG2，反之亦然。此外，逆变器将 MG1 产生的电能提供给 MG2。然而，MG1 产生的电流在逆变器内转换为直流后，再被逆变器转换回交流供 MG2 使用。这是必要的，因为 MG1 输出的交流频率不适合控制 MG2。

2）MG ECU 根据接收自混合动力车辆控制 ECU 总成的信号控制 IPM 以切换 MG1 和 MG2 的三相交流电。

3）混合动力车辆控制 ECU 总成接收到来自 MG ECU 的过热、过电流或电压故障信号时，混合动力车辆控制 ECU 总成将切断控制信号传输至 MG ECU 以断开 IPM。

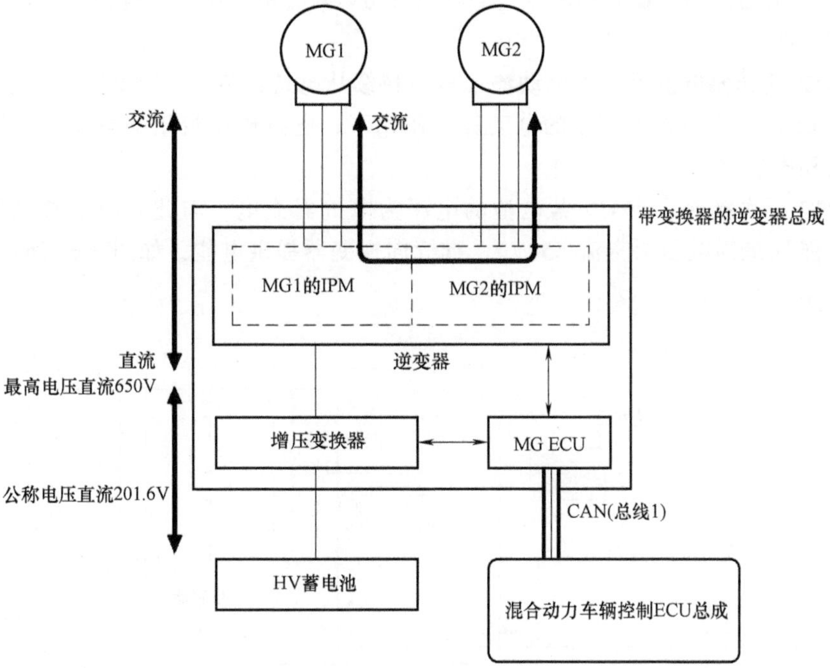

图 3-59 逆变器控制

9. 增压变换器控制（图 3-60）

1）根据混合动力车辆控制 ECU 总成通过 MG ECU 提供的信号，增压变换器将 HV 蓄电池的公称电压直流 201.6V 升至最高电压直流 650V。

2）逆变器将 MG1 或 MG2 产生的交流转换为直流。根据混合动力车辆控制 ECU 总成通过 MG ECU 提供的信号，增压变换器将产生的电压从直流 650V（最高电压）逐步降至约直流 201.6V。

3）增压变换器包括带内置 IGBT（执行切换控制）的增压 IPM、存储电能并产生电动势的电抗器和将增压的高压电进行充电和放电的电容器。

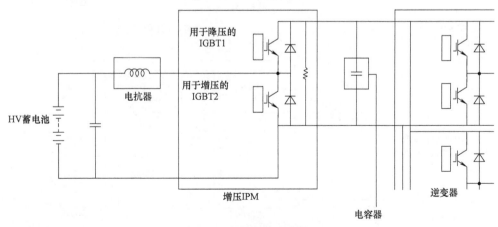

图 3-60 增压变换器控制

4）增压变换器增压的流程

① IGBT2 接通使 HV 蓄电池电压（直流 201.6V 的公称电压）为电抗器充电，从而使电抗器存储了电能。

② IGBT2 断开使电抗器产生电动势（电流持续从电抗器流出）。该电动势使电压升至最高电压直流 650V。在电抗器产生的电动势的作用下，电抗器中流出的电流以增压后的电压流入逆变器和电容器。

③ IGBT2 再次接通，使 HV 蓄电池的电压为电抗器充电。与此同时，通过释放电容器中存储的电能（最高电压为直流 650V），继续向逆变器提供电能，如图 3-61 所示。

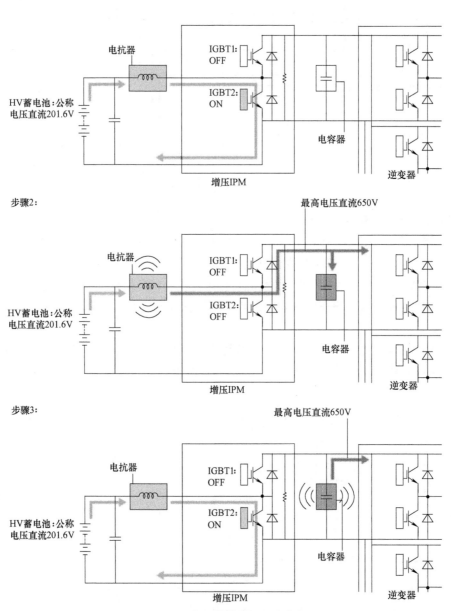

图 3-61　增压变换器增压的步骤

5）MG1 或 MG2 产生的用于为 HV 蓄电池充电的交流电被逆变器转换为直流电（最高电压为直流 650 V）。然后，使用增压变换器将电压逐步降至约直流 201.6V。这个操作是利用占空比控制使 IGBT1 在 ON 和 OFF 之间切换，间歇性地中断逆变器对电抗器的供电完成的，如图 3-62 所示。

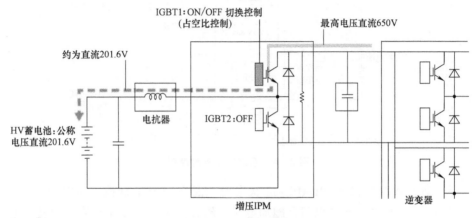

图 3-62 充电电压的转换

10．DC/DC 变换器控制（图 3-63）

1）DC/DC 变换器将 HV 蓄电池的公称电压直流 201.6V 逐步降至约直流 14 V，以为电气部件供电，并为辅助蓄电池再充电。

2）为调节 DC/DC 变换器的输出电压，混合动力车辆控制 ECU 总成根据辅助蓄电池温度传感器信号将输出电压请求信号传输至 DC/DC 变换器。

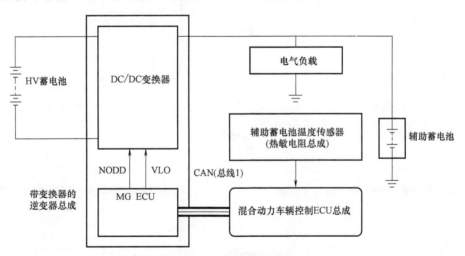

图 3-63 DC/DC 变换器控制

11．系统主继电器控制（图 3-64）

1）混合动力车辆控制 ECU 总成控制系统主继电器以连接和断开 HV 蓄电池的高压电路。混合动力车辆控制 ECU 总成还利用系统主继电器的工作正时监视继电器触点的工作情况。

2）共采用三个继电器以确保正常工作，一个用于正极侧（SMRB），两个用于负极侧（SMRP、SMRG）。

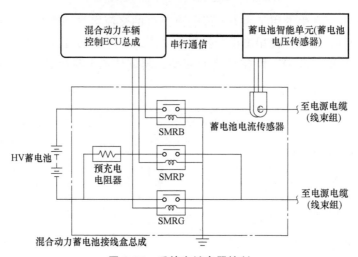

图 3-64　系统主继电器控制

3）混合动力系统切换至 READY-on 状态时，混合动力车辆控制 ECU 总成依次接通 SMRB 和 SMRP，并通过预充电电阻器施加电流。随后，接通 SMRG 并绕过预充电电阻器施加电流。然后，断开 SMRP。由于受控电流以这种方式首先经过预充电电阻器，从而保护了电路中的触点，避免其因涌流而受损，如图 3-65 所示。

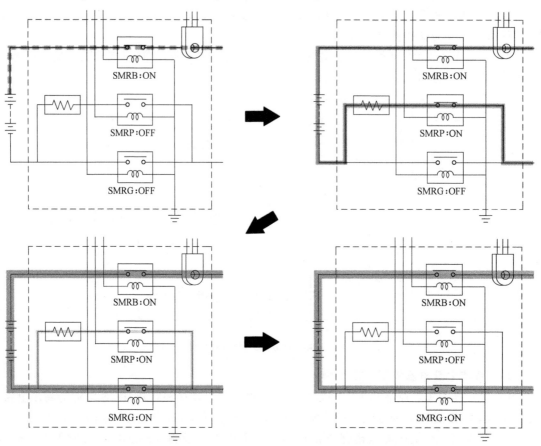

图 3-65　混合动力系统切换至 READY-on 状态

4)混合动力系统切换至 READY-on 状态以外的状态时,混合动力车辆控制 ECU 总成首先断开 SMRG。接下来,在确定 SMRG 是否正常工作后,断开 SMRB。然后,在确定 SMRB 是否正常工作后,接通 SMRP,然后断开。这样,混合动力车辆控制 ECU 总成便可确认相关继电器已正确断开,如图 3-66 所示。

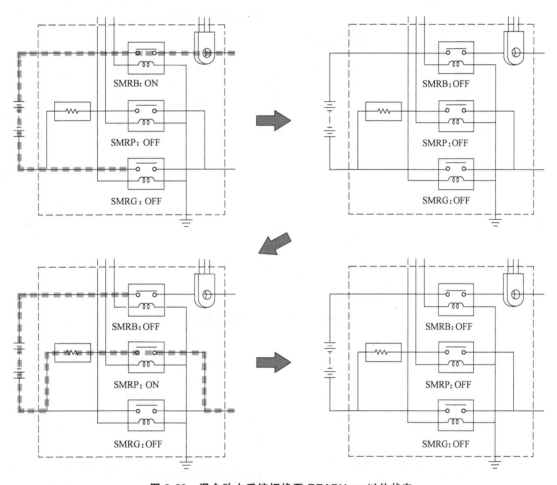

图 3-66　混合动力系统切换至 READY-on 以外状态

12. 带变换器的逆变器总成的冷却系统控制（图 3-67）

1)混合动力车辆控制 ECU 总成接收来自带变换器的逆变器总成的温度传感器、MG1 的温度传感器和 MG2 的温度传感器的信号。然后,混合动力车辆控制 ECU 总成使用占空比控制以五个级别驱动逆变器水泵总成,以冷却带变换器的逆变器总成、MG1 和 MG2。

2)HV 冷却液温度超过特定值后,混合动力车辆控制 ECU 总成将散热器风扇驱动请求信号传输至 ECM。作为对此信号的响应,ECM 驱动散热器风扇以抑制 HV 冷却液温度升高,从而确保冷却带变换器的逆变器总成、MG1 和 MG2。

3)MG ECU 将温度传感器信号转换成数字信号,并通过 CAN 通信将其传输至混合动力车辆控制 ECU 总成。

13. HV 蓄电池冷却系统控制（图 3-68）

1)混合动力车辆控制 ECU 总成接收来自 HV 蓄电池温度传感器和 HV 蓄电池进气温度

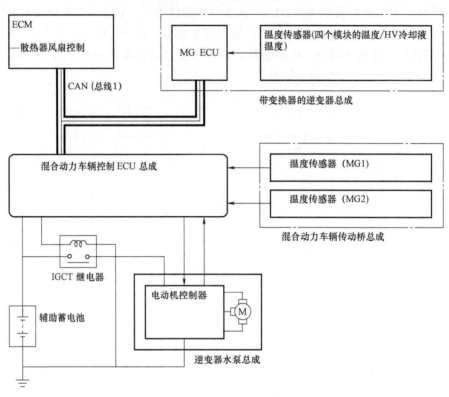

图 3-67　带变换器的逆变器总成的冷却系统控制

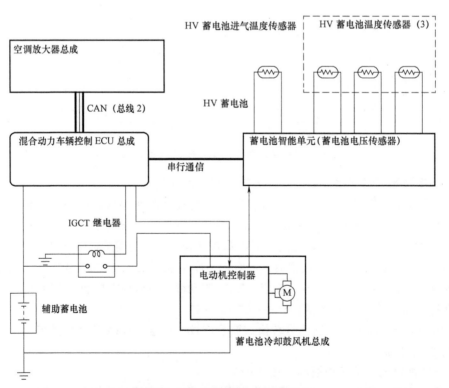

图 3-68　HV 蓄电池冷却系统控制

传感器的信号。然后,混合动力车辆控制 ECU 总成使用占空比控制对蓄电池冷却鼓风机总成进行无级驱动,以使 HV 蓄电池的温度保持在规定范围内。

2)蓄电池智能单元(蓄电池电压传感器)将 HV 蓄电池的相关信号(电压、电流和温度)转换为数字信号,并通过串行通信将其传输至混合动力车辆控制 ECU 总成。同时,蓄电池智能单元(蓄电池电压传感器)检测执行冷却系统控制所需的鼓风机转速反馈频率并将其传输至混合动力车辆控制 ECU 总成。

14. 再生制动协同控制(图 3-69)

1)驾驶员踩下制动踏板时,防滑控制 ECU 根据制动调节器压力和制动踏板行程计算所需总制动力。计算所需总制动力后,防滑控制 ECU 将再生制动力请求发送至混合动力车辆控制 ECU 总成。混合动力车辆控制 ECU 总成回复实际再生制动量(再生制动控制值)。

2)混合动力车辆控制 ECU 总成使用 MG2 产生负转矩(减速力),从而执行再生制动。

3)防滑控制 ECU 控制制动执行器电磁阀并产生轮缸压力。产生的压力是从所需总制动力中减去实际再生制动控制值后剩余的值。

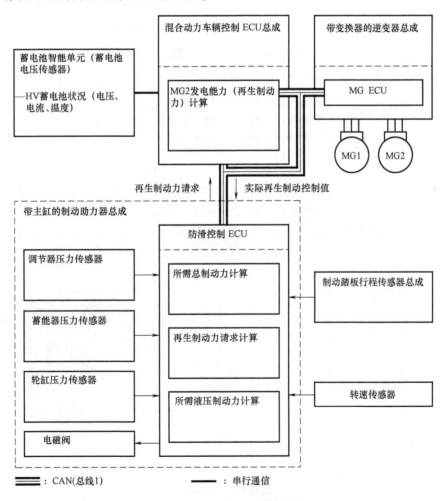

图 3-69 再生制动协同控制

三 THS-Ⅱ 车辆工作原理

1. 混合动力车辆的工作原理

1）混合动力系统使用发动机和 MG2 提供的原动力，并将 MG1 用作发电机。系统根据各种行驶状态对这些力进行优化组合。

2）混合动力车辆控制 ECU 总成持续监视发动机冷却液温度、SOC、HV 蓄电池温度和电气负载情况。如果任一监视条件未满足要求，电源开关置于 ON（READY）位置且变速杆处于 N 位以外的任一位置，则混合动力车辆控制 ECU 总成起动发动机。

3）混合动力系统根据下列行驶状态对发动机、MG1 和 MG2 的运转进行优化组合，驱动车辆。图 3-70 所示车辆状态为典型的车辆行驶状态示例。

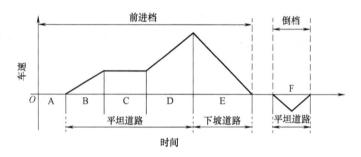

图 3-70　车辆行驶状态
A—电源开关置于 ON（READY）位置　B—起动　C—定速巡航
D—节气门全开加速期间　E—减速期间　F—倒车期间

2. 列线图

1）图 3-71 所示的列线图对行星齿轮的旋转方向、转速和转矩平衡进行了直观表示。

2）在列线图中，直线用于表示行星齿轮机构中三个齿轮的旋转方向和转速间的关系。各齿轮的转速由到 0 点的距离表示。由于行星齿轮机构的结构特点，三个齿轮的转速间的关

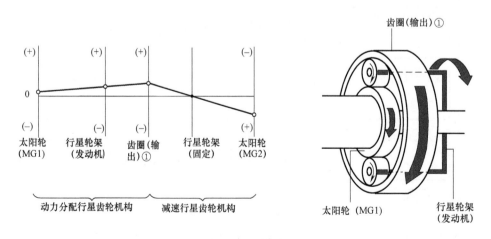

图 3-71　列线图
①：MG2 通过减速行星齿轮机构作用于齿圈

系总是用一条直线表示。

3）以下说明中各车辆行驶状态的列线图和传动机构运行图仅为示例。所示的示例为'快照'，正常的系统工作是条件和适应这些条件的系统反应不断变化的融合。

4）对于混合动力系统，电机根据不同情况具有不同的作用。了解旋转方向和转矩间的关系有助于理解电机的作用。

5）如表3-9表明了正转矩或负转矩和正向旋转或反向旋转进行不同组合时驱动与发电的关系。

例如，如果电机正向（+）旋转，并施加负转矩，则其将发电（产生电能）；如果电机反向（-）旋转，并施加负转矩，则将其作为驱动源（消耗电能）。

表 3-9 组合时驱动和发电的关系

旋转方向	转矩状态	零部件的作用
正向（+）旋转	正转矩	驱动
	负转矩	发电
反向（-）旋转	正转矩	发电
	负转矩	驱动

3. 行驶状态 B：起步

1）车辆起步时，由 MG2 为车辆提供动力，如图 3-72 所示。如果仅由 MG2 驱动运行时，所需的驱动转矩增加，则激活 MG1 以起动发动机。

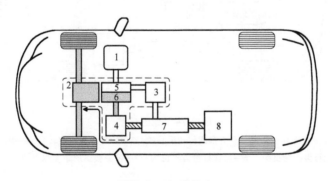

图 3-72 行驶状态

1—发动机（停止） 2—混合动力车辆传动桥总成 3—MG1（自由旋转） 4—MG2（主动）
5—动力分配行星齿轮机构 6—减速行星齿轮机构 7—带变换器的逆变器总成 8—HV 蓄电池

2）车辆在正常情况下起步时，使用 MG2 的原动力行驶，如图 3-73 所示。在此状态下行驶时，由于发动机停止，行星齿轮架（发动机）的转速为 0。此外，MG1 未产生任何转矩，因此没有转矩作用于太阳轮（MG1）。然而，太阳轮沿负（-）方向自由旋转以平衡旋转的齿圈。

4. 行驶状态 C：定速巡航

1）车辆在低负载和定速巡航状态下行驶时，动力分配行星齿轮机构传输发动机原动力，如图 3-74 所示。其中一部分原动力直接输出，剩余的原动力则通过 MG1 发电。利用逆变器的电力路径，该电能被传输至 MG2，作为 MG2 的原动力输出。如果 HV 蓄电池的 SOC

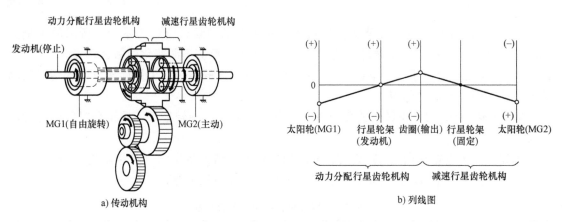

a) 传动机构　　　　　　　　　　b) 列线图

图 3-73　车辆在正常情况下起步时

水平低，则由发动机驱动的 MG1 进行充电。

2) 发动机转矩以正（+）方向作用于行星轮架，使太阳轮（MG1）在负转矩的反作用力下沿正（+）方向转动。MG1 利用作用于太阳轮（MG1）的负转矩发电，如图 3-75 所示。

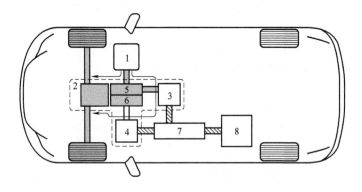

图 3-74　定速巡航

1—发动机（停止）　2—混合动力车辆传动桥总成　3—MG1（自由旋转）　4—MG2（主动）
5—动力分配行星齿轮机构　6—减速行星齿轮机构　7—带变换器的逆变器总成　8—HV 蓄电池

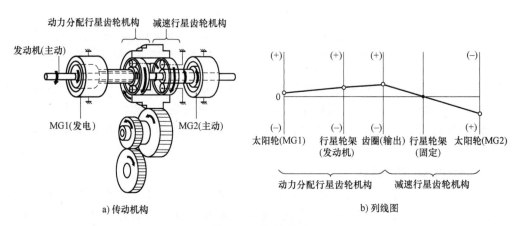

a) 传动机构　　　　　　　　　　b) 列线图

图 3-75　MG1 发电

5. 行驶状态 D：节气门全开加速期间

1）车辆行驶状态从低负载巡航变为节气门全开加速时，系统用来自 HV 蓄电池的电能为 MG2 补充原动力，如图 3-76 所示。

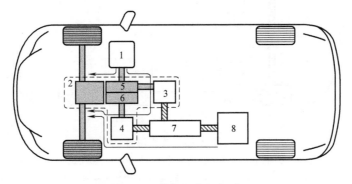

图 3-76 节气门全开加速

1—发动机（停止）　2—混合动力车辆传动桥总成　3—MG1（自由旋转）　4—MG2（主动）
5—动力分配行星齿轮机构　6—减速行星齿轮机构　7—带变换器的逆变器总成　8—HV 蓄电池

2）需要更多发动机动力时，相关齿轮的转速发生如下所述改变以提高发动机转速。发动机转矩以正（+）方向作用于行星轮架，使太阳轮（MG1）在负转矩的反作用力下沿正（+）方向转动。MG1 利用作用于太阳轮（MG1）的负转矩发电，如图 3-77 所示。

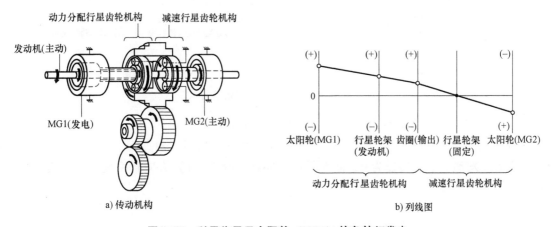

图 3-77 利用作用于太阳轮（MG1）的负转矩发电

6. 行驶状态 E：减速期间

1）选择行驶档（D 位）的情况下使车辆减速时，发动机关闭且原动力变为零。此时，车轮驱动 MG2，使 MG2 作为发电机运行，从而为 HV 蓄电池充电。如果车辆从较高车速减速，发动机将保持预定转速而非停止，以保护行星轮，如图 3-78 所示。

2）减速期间，齿圈由车轮驱动旋转。在此情况下，由于发动机停止，行星轮架（发动机）的转速为 0。此外，MG1 未产生任何转矩，因此没有转矩作用于太阳轮（MG1）。然而，太阳轮（MG1）沿负（-）方向自由旋转以平衡旋转的齿圈，如图 3-79 所示。

7. 行驶状态 F：倒车期间

1）车辆以倒档行驶时，所需动力由 MG2 提供。此时，MG2 反向旋转，发动机保持停

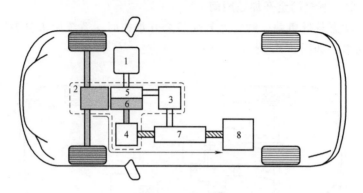

图 3-78 减速期间

1—发动机（停止） 2—混合动力车辆传动桥总成 3—MG1（自由旋转） 4—MG2（主动）
5—动力分配行星齿轮机构 6—减速行星齿轮机构 7—带变换器的逆变器总成 8—HV 蓄电池

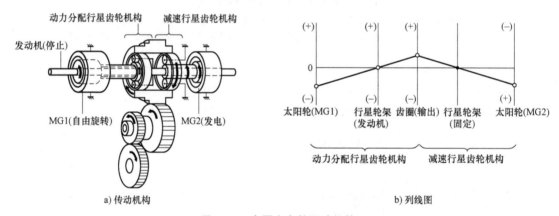

a) 传动机构　　　　　　　　　　　　　　b) 列线图

图 3-79 齿圈由车轮驱动旋转

止，且 MG1 沿正常方向旋转而不发电，如图 3-80 所示。

2）行星齿轮机构的状态与"起步"中描述的相反，如图 3-81 所示。由于发动机停止，行星轮架（发动机）的转速为 0，但太阳轮（MG1）沿正（+）方向自由旋转以平衡旋转的齿圈。

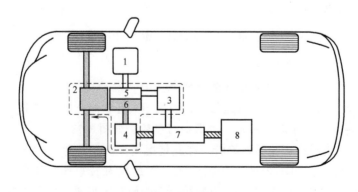

图 3-80 倒车期间

1—发动机（停止） 2—混合动力车辆传动桥总成 3—MG1（自由旋转） 4—MG2（主动）
5—动力分配行星齿轮机构 6—减速行星齿轮机构 7—带变换器的逆变器总成 8—HV 蓄电池

第三章 丰田卡罗拉、雷凌混合动力汽车

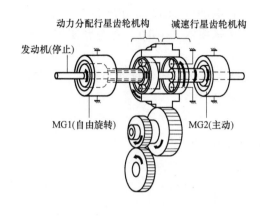

a) 传动机构

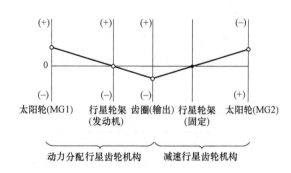

b) 列线图

图 3-81 行星齿轮机构的状态与"起步"相反

第四节 混合动力汽车 THS-II 主要部件的构造

一、带变换器的逆变器结构

1) 与 MG ECU、逆变器、增压变换器和 DC/DC 变换器集成于一体的紧凑、轻量化的带变换器的逆变器总成如图 3-82 所示。逆变器和增压变换器主要由智能动力模块（IPM）、电抗器和电容器组成。IPM 为集成动力模块，包括信号处理器、保护功能处理器和绝缘栅双极晶体管（IGBT）。

2) 带变换器的逆变器总成采用了独立于发动机冷却系统的水冷型冷却系统，从而确保了散热。

3) 配备了互锁开关作为安全防护措施（由于使用高压电），在拆下逆变器端子盖或插接器盖总成，或断开 HV 蓄电池电源电缆插接器时，此开关通过混合动力车辆控制 ECU 总成断开系统主继电器。

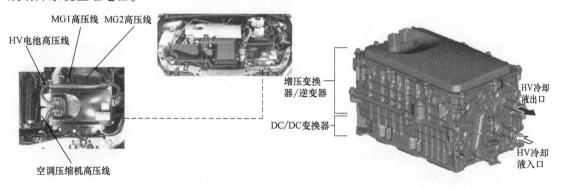

图 3-82 逆变器总成

4）逆变器采用 IPM 执行切换控制。发电机 MG1 和电动机 MG2 的 IPM 各有一个包含 IGBT 的桥接电路，如图 3-83 所示。发电机 MG1 的 IPM 采用六个 IGBT，每个臂使用一个，电动机 MG2 则采用六对 IGBT，每个臂使用平行的一对。

5）增压变换器采用执行切换控制的增压 IPM、起感应器作用的电抗器和积累、存储电量的电容器。增压 IPM 采用 IGBT2 增压，采用 IGBT1 减压。

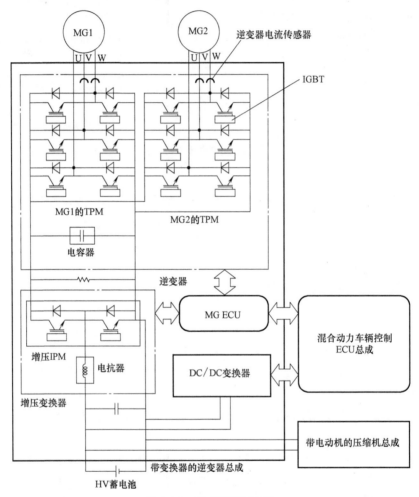

图 3-83　逆变器控制电路

6）MG ECU

① 带变换器的逆变器总成内安装有 MG ECU。根据从混合动力车辆控制 ECU 总成接收到的信号，MG ECU 控制逆变器和增压变换器以驱动发电机 MG1 和电动机 MG2 或使其发电。

② MG ECU 将车辆控制所需的信息（例如，大气压力、逆变器温度和任何故障信息）传输至混合动力车辆控制 ECU 总成。MG ECU 接收来自混合动力车辆控制 ECU 总成的控制发电机 MG1 和电动机 MG2 所需的信息（如发电机 MG1 和电动机 MG2 的温度及所需原动力）。

7）大气压力传感器

① MG ECU 上安装有大气压力传感器。

② 该传感器检测大气压力并将信号传输至 MG ECU 以根据使用环境进行相应的修正。

8) 带变换器的逆变器总成的温度传感器

① 带变换器的逆变器总成有五个不同的温度传感器；其中两个位于发电机 MG1 和电动机 MG2 的 IPM 处，还有两个位于增压变换器处，剩下的一个传感器位于 HV 冷却液通道，如图 3-84 所示。

② 这些传感器检测带变换器的逆变器总成内部区域的温度，并通过 MG ECU 将温度信息传输至混合动力车辆控制 ECU 总成。混合动力车辆控制 ECU 总成根据温度信息优化冷却系统，从而保持带变换器的逆变器总成的输出性能。

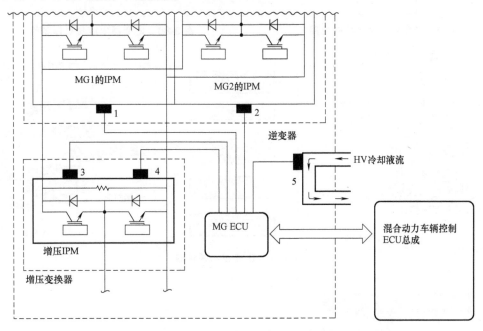

图 3-84 带变换器的逆变器总成的温度传感器控制电路图
1—MG1 的 IPM 上的温度传感器　2—MG2 的 IPM 上的温度传感器　3—增压的 IPM 上的温度传感器（上部）
4—增压的 IPM 上的温度传感器（下部）　5—HV 冷却液温度传感器

9) 逆变器电流传感器

① 逆变器电流传感器检测驱动发电机 MG1 和电动机 MG2 的三相交流电的电流值，控制电路如图 3-85 所示。实际电流值用作 MG ECU 的反馈。

② 电流传感器用于检测发送至发电机 MG1 和电动机 MG2 的三相绕组的电流。电流传感器位于带变换器的逆变器总成内，用于各发电机和电动机的 U、V、W 相，逆变器电流传感器特性如图 3-86 所示。

一　逆变器水泵结构

1) THS-Ⅱ 采用紧凑、高效的电动型逆变器水泵总成，如图 3-87 所示。
2) 泵电动机采用大功率无刷型电动机，此外，采用支撑轴两端的轴承，抑制了噪声和振动。
3) 泵电动机由混合动力车辆控制 ECU 总成的占空比信号进行三级控制。

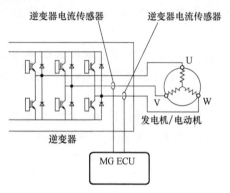

图 3-85 逆变器电流传感器电路

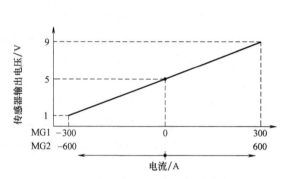

图 3-86 逆变器电流传感器特性

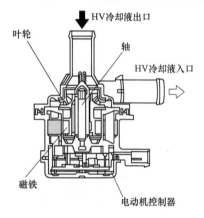

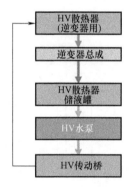

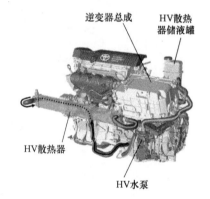

图 3-87 逆变器水泵结构

三　电源电缆（线束组）

1）电源电缆（线束组）是一组高电压、大电流的电缆，用于连接 HV 蓄电池总成与带变换器的逆变器总成、带变换器的逆变器总成与 MG1 和 MG2，及带变换器的逆变器总成与带电动机的压缩机总成，如图 3-88 所示。

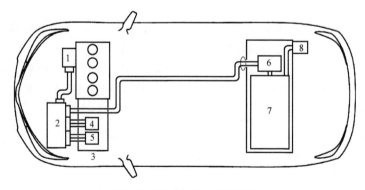

图 3-88 电源电缆（线束组）
1—带电动机的压缩机总成　2—带变换器的逆变器总成　3—混合动力车辆传动桥总成　4—MG1
5—MG2　6—混合动力蓄电池接线盒总成　7—HV 蓄电池总成　8—维修塞把手

2)电源电缆(线束组)由屏蔽电缆制成,以减少电磁干扰。

3)为便于辨认,高压线束和插接器采用橙色标记,以将其与普通低压线束区分开来。

四 HV蓄电池接线盒

1)混合动力蓄电池接线盒总成包括系统主继电器SMR、预充电电阻器和蓄电池电流传感器。

2)SMR是根据混合动力车辆控制ECU总成的信号连接和断开HV蓄电池和电源电缆(线束组)的继电器。共配备有三个继电器,SMRB用于蓄电池正极(+)侧,SMRG用于蓄电池负极(-)侧,SMRP则用于预充电,如图3-89所示。

3)内置于混合动力蓄电池接线盒总成的蓄电池电流传感器,用于检测HV蓄电池充电和放电安培数。

4)混合动力车辆控制ECU总成根据通过蓄电池智能单元(蓄电池电压传感器)接收的安培数信息对混合动力系统进行优化控制(图3-90),从而使HV蓄电池的SOC始终处于规定范围内,蓄电池电流传感器特性如图3-91所示。

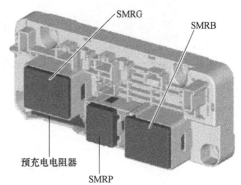

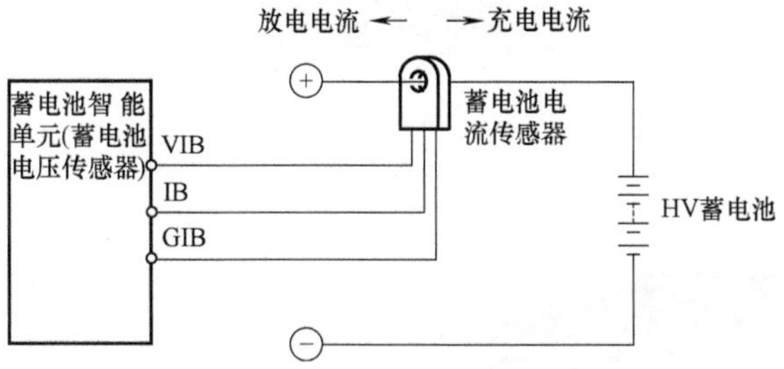

图3-89 HV蓄电池接线盒

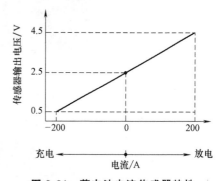

图3-90 蓄电池电压传感器电路

图3-91 蓄电池电流传感器特性

五 电子变速杆

1)电子变速杆系统是一个使用线控换档技术的换档控制系统。

2)此系统根据各种传感器、开关和ECU提供的信息判断车辆状态,并根据驾驶员的变速器地板式换档总成和P位置开关(变速器换档主开关)操作激活适当的换档控制,如图3-92所示。

3)该系统采用了结构紧凑的变速器地板式换档总成。此总成为瞬时换档型,换档后驾驶员的手松开变速杆时,变速杆会返回原始位置,如图3-93所示。用指尖就可以换档,符合人体工程学的换档模式,使操作非常方便。

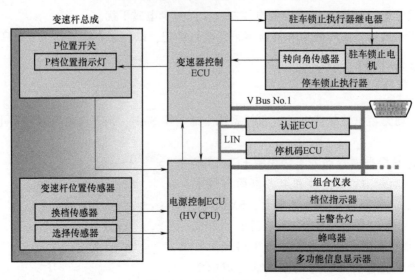

图 3-92 换档系统框架图

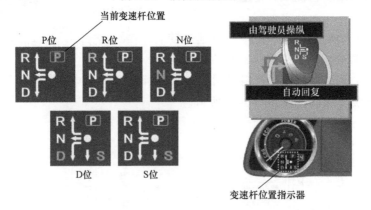

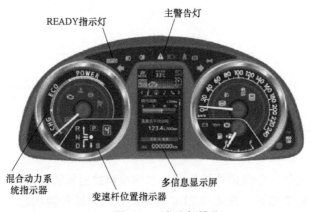

图 3-93 变速杆操作

注意：当变速杆位置在 D 位或者 S 位外的其他位置时，S 位指示灯熄灭。

4) 变速器地板式换档总成中的变速杆位置传感器检测变速杆位置（R、N、D 或 S）并发送信号至混合动力车辆控制 ECU 总成。混合动力车辆控制 ECU 总成控制发动机转速、MG1 和 MG2，以产生最佳传动比。

第三章　丰田卡罗拉、雷凌混合动力汽车

5）混合动力车辆控制 ECU 总成根据来自变速杆位置传感器的信号选择档位。

6）使用此系统，驾驶员按下 P 位置开关（变速器换档主开关）时，P 位置控制驱动混合动力车辆传动桥总成内的换档控制执行器总成以机械锁止驻车档齿轮（接合驻车锁止）。

7）电源开关置于 ON（READY）位置且选择空档（N 位）的情况下踩下加速踏板时，蜂鸣器在组合仪表总成中鸣响，以告知驾驶员。

8）电子变速杆控制主要部件功能见表 3-10。

表 3-10　电子变速杆控制主要部件功能

零部件		功　能
变速器地板式换档总成	变速杆位置传感器	检测变速杆位置（R、N、D 或 S）并将其相关信息（横向移动和纵向移动）传输至混合动力车辆控制 ECU 总成
P 位置开关（变速器换档主开关）		此开关打开时，检测驾驶员进行驻车锁止的意图，并将信号发送至混合动力车辆控制 ECU 总成
P 位置指示灯		驻车锁止接合时，此灯点亮；驻车锁止解除时，此灯熄灭
驻车锁止执行器（换档控制执行器总成）		接合或解除传动桥驻车锁止机构
混合动力车辆控制 ECU 总成		·根据来自变速杆位置状态、P 位置开关（变速器换档主开关）和各种 ECU 的信号，按照变速杆位置控制 MG1、MG2 和发动机 ·接收来自识别码盒（停机系统代码 ECU）的换档控制锁止/解锁信号，并激活/解除换档控制锁止 ·激活驻车锁止执行器以接合或解除传动桥的驻车锁止机构
认证 ECU（智能钥匙 ECU 总成）		识别钥匙输出的识别码
识别码盒（停机系统代码 ECU）		对比识别码
组合仪表总成	变速杆位置指示灯	根据来自混合动力车辆控制 ECU 总成的档位信号，点亮驾驶员选择的变速杆位置指示灯
	蜂鸣器	拒绝功能激活时，通过鸣响提醒驾驶员
	主警告灯	根据多信息显示屏上显示的信息点亮
	多信息显示屏	根据混合动力车辆控制 ECU 总成提供的信号显示警告信息，以提醒驾驶员

第五节　丰田卡罗拉、雷凌混合动力汽车检修

一、卡罗拉、雷凌混合动力控制系统故障症状

卡罗拉、雷凌混合动力控制系统故障症状见表 3-11。

表 3-11　卡罗拉、雷凌混合动力控制系统故障症状

症　状	可疑部位
无法进入 EV 驱动模式	CAN 通信系统
	EV 驱动模式开关（组合开关总成）

（续）

症　状	可 疑 部 位
无法进入 EV 驱动模式	模式选择开关 EV 模式电路
	组合仪表总成
EV 模式指示灯不亮	组合仪表总成
	EV 驱动模式开关（组合开关总成）
	模式选择开关 EV 模式电路
EV 模式指示灯不熄灭	组合仪表总成
	EV 驱动模式开关（组合开关总成）
	模式选择开关 EV 模式电路
无法进入动力模式	CAN 通信系统
	动力模式开关（组合开关总成）
	模式选择开关动力模式电路
	组合仪表总成
动力模式指示灯不亮	动力模式开关（组合开关总成）
	模式选择开关动力模式电路
	组合仪表总成
动力模式指示灯不熄灭	动力模式开关（组合开关总成）
	模式选择开关动力模式电路
	组合仪表总成
无法进入环保模式	CAN 通信系统
	环保模式开关（组合开关总成）
	模式选择开关环保模式电路
	组合仪表总成
环保模式指示灯不亮	环保模式开关（组合开关总成）
	模式选择开关环保模式电路
	组合仪表总成
环保模式指示灯不熄灭	环保模式开关（组合开关总成）
	模式选择开关环保模式电路
	组合仪表总成
抖动（怠速不良）	检查"Diagnosis Related Information"（诊断相关信息）③
喘抖和/或加速不良	检查"Diagnosis Related Information"（诊断相关信息）③
	制动优先系统
通过换至"+"或"-"无法切换换档范围内的位置	换档拨板装置电路
无法将电源开关置于 ON（READY）位置	蓄电池电压传感器（故障总成确认）①
	智能进入和起动系统（起动功能）
	ECU 电源电路
	混合动力车辆控制 ECU 总成
	ECM

(续)

症　状	可 疑 部 位
混合动力车辆传动桥发出大的"咔咔"声	混合动力车辆变速器发出较大的响振声
	变速器输入减振器总成
	混合动力车辆传动桥总成
	发动机缺火
多信息显示屏上显示"MAINTENANCE REQUIRED FOR HYBRID BATTERY COOLING PARTS AT YOUR DEALER"（请在经销商处进行混合动力蓄电池冷却零件所需保养）[②]	1. 确保 HV 蓄电池冷却系统进气口未堵塞
	2. 确保风管连接部位之间无间隙
	3. 清洁混合动力蓄电池 1 号进气滤清器检查有无异物进入
	4. 即使未存储 DTC,也要清除 DTC 以重置学习值
后排座椅座垫侧盖的通风孔内发出异常噪声	1. 确保 HV 蓄电池冷却系统进气口未堵塞
	2. 确保风管连接部位之间无间隙
	3. 清洁混合动力蓄电池 1 号进气滤清器检查有无异物进入

① 检查蓄电池电压传感器零件号。
② 如果蓄电池冷却鼓风机总成存在故障，将存储 DTC P0A8111、P0A8115 或 P0A8196。如果多信息显示屏上仅显示"MAINTENANCE REQUIRED FOR HYBRID BATTERY COOLING PARTS AT YOUR DEALER"（请在经销商处进行混合动力蓄电池冷却零件所需保养），则仅执行 HV 蓄电池冷却系统进气口、滤清器和风管的检查。
③ 如果输出下列任一 "Diagnosis Related Information" （诊断相关信息）项目，则执行相应的 DTC 故障排除：P312387—混合动力控制系统、P31241F、P312487—电动机发电机控制系统。

1) 如果发生故障前已更换蓄电池电压传感器，则检查蓄电池电压传感器的零件号。

2) 使用 GTS，检查车辆控制记录。

提示：如果显示"Battery Smart Unit Mismatch"，则说明安装了错误类型的蓄电池电压传感器。

3) 安装蓄电池电压传感器后，执行下列步骤以检查并确认可将电源开关置于 ON（READY）位置。

① 将电源开关置于 ON（READY）位置。

② 将电源开关置于 OFF 位置并等待 30s 或更长时间。

③ 再次将电源开关置于 ON（READY）位置。

提示：

① 车辆型号不同，使用的蓄电池电压传感器的类型不同。

② 如果安装了错误类型的蓄电池电压传感器，则无法将电源开关置于 ON（READY）位置。

二 混合动力控制系统数据流

卡罗拉、雷凌混合动力控制系统数据流见表 3-12。

表 3-12 卡罗拉、雷凌混合动力控制系统数据流

检测仪显示	测量项目	范　围
Vehicle Speed	车速	最低:0,最高:255km/h(158mile/h)
Target Engine Power	目标发动机功率	最低:0,最高:655350W
Execute Engine Power	执行发动机功率	最低:0,最高:655350W
Target Engine Revolution	目标发动机转数	最低:0,最高:32767r/min
Engine Speed	发动机转速	—
Calculate Load	发动机负载(值随负载增加成比例增加)	最小:0,最大:100.0%
Coolant Temperature	发动机冷却液温度	最低:-40℃(-40℉),最高:215℃(419℉)
Starter Switch Signal	起动机 ON/OFF 信号	ON 或 OFF
Engine Idling Request	发动机急速请求	ON 或 OFF
Engine Start Request(A/C)	空调放大器总成发出发动机急速请求	ON 或 OFF
Engine Start Request (Engine Warm-up)	至发动机暖机的发动机急速请求	ON 或 OFF
Engine Start Request (Hybrid Battery Charging)	至充电 HV 蓄电池的发动机急速请求	ON 或 OFF
Engine Mode	发动机状态	Stop/Stop Process/Startup Process/Running
Engine Run Time	起动发动机后经过的时间	最短,0,最长:65535s
Engine Stop Request	发动机停机请求	ON 或 OFF
Engine Stop F/C Status	发动机燃油切断状态	ON 或 OFF
Lack of Fuel	燃油不足	ON 或 OFF
Accelerator Position	加速踏板踩下角度	最小:0,最大:100.0%
Accelerator Pedal Status	Accelerator Pedal Status	ON 或 OFF
Accelerator Position Sensor No.1 Voltage %	加速踏板 1 号位置传感器	最小:0,最大:100.00%
Accelerator Position Sensor No.2 Voltage %	加速踏板 2 号位置传感器	最小:0,最大:100.00%
Throttle Position Sensor No.1 Voltage %	节气门位置传感器	最小:0,最大:100.00%
Master Cylinder Control Torque	制动转矩等于主缸制动液液压(总制动转矩)	最低:-4096.00N·m,最高:4095.87N·m
Brake Cancel Switch	制动踏板状态	ON 或 OFF
Shift Position	当前档位状态	P/R/N/D/B
Shift Position(Meter)	仪表显示屏的档位	Not Displayed/P/R/N/D/B
Shift Switch Status(N,P Position)	变速杆位置状态(N 或 P 位置)	ON 或 OFF
P Position Switch Terminal Voltage	P 位置开关电压	最低:0,最高:4.99V
Shift Sensor Voltage(VSI1)	换档传感器(VSI1)电压	最低:0,最高:4.99V
Shift Sensor Voltage(VSI2)	换档传感器(VSI2)电压	最低:0,最高:4.99V
Shift Sensor Voltage(VSI3)	换档传感器(VSI3)电压	最低:0,最高:4.99V

(续)

检测仪显示	测量项目	范 围
Shift Sensor Voltage(VSI4)	换档传感器(VSI4)电压	最低:0,最高:4.99V
Sports Shift Position	运动档位置	最小:0,最多:8
Sports Shift UP Signal	运动档加档信号	ON 或 OFF
Sports Shift DOWN Signal	运动档减档信号	ON 或 OFF
FR Wheel Speed	右前车轮转速	最低:0,最高 327.67km/h(204mile/h)
FL Wheel Speed	左前车轮转速	最低:0,最高 327.67km/h(204mile/h)
RR Wheel Speed	右后车轮转速	最低:0,最高 327.67km/h(204mile/h)
RL Wheel Speed	左后车轮转速	最低:0,最高 327.67km/h(204mile/h)
Atmospheric Pressure	大气压力	最低:0,最高:255kPa
Intake Air Pressure after IG ON for Engine	发动机进气压力	最低:0,最高:65535kPa
Atmospheric Pressure after IG ON for MG	大气压力	最低:0,最高:255kPa
Intake Manifold Absolute Pressure	发动机进气歧管压力	最低:0,最高 2047.96kPa
Ambient Temperature	环境空气温度	最低:-40℃(-40℉),最高:215℃(419℉)
Intake Air Temperature	发动机进气温度	最低:-40℃(-40℉),最高:215℃(419℉)
BATT Voltage	辅助蓄电池电压(蓄电池电压传感器电源电压)	最低:0,最高:16.00V
Smoothed Value of BATT Voltage	辅助蓄电池电压的滤波值	最低:0,最高:16.00V
Warmup Cycle Cleared DTC	清除 DTC 后发动机暖机的次数	最少:0,最多:255
Distance from DTC Cleared	清除 DTC 后的行驶距离	最短:0,最长:65535km(40723mile)
Time after DTC Cleared	清除 DTC 后经过的时间	最短:0,最长:65535min
Running Time from MIL ON	MIL 点亮后的行驶时间	最短:0,最长:65535min
Total Distance Traveled	总行驶距离	最短:0,最长:16777215km(10425361mile)
MIL ON Run Distance	自 MIL 点亮后的行驶距离	最短:0,最长 65535km(40723mile)
IG Switch(CAN)	电源开关状态(CAN)	ON 或 OFF
IG Switch(LIN)	电源开关状态(LIN)	ON 或 OFF
IGB Signal Status	IGB 信号状态	ON 或 OFF
IG2 Signal Status	IG2 信号状态	ON 或 OFF
ACC signal	ACC 信号状态	ON 或 OFF
Ready Signal	Ready 信号状态	ON 或 OFF
HV Activate Condition	混合动力车辆控制系统电源模式状态	Normal/Remote Climate/Remote
MG Activate Condition	电动机发电机控制系统状态	ON 或 OFF
DSS Control Status	DSS(行驶辅助系统)控制状态	Not Control/Available/Unavailable/Disable

(续)

检测仪显示	测量项目	范 围
Generate Torque (Request from DSS)	自DSS(行驶辅助系统)产生的驱动扭矩请求	最低:-4096.00N·m,最高:4095.87N·m
Primary Driving Force Adjustment Result	DSS(行驶辅助系统)的驱动力和加速踏板操作请求的驱动力之间的调节结果	Accelerator/DSS
SMRG Status	SMRG的工作状态(初级电路监视器)	ON 或 OFF
SMRG Control Status	SMRG的指令状态	ON 或 OFF
SMRB Status	SMRB的工作状态(初级电路监视器)	ON 或 OFF
SMRB Control Status	SMRB的指令状态	ON 或 OFF
SMRP Status	SMRP的工作状态(初级电路监视器)	ON 或 OFF
SMRP Control Status	SMRP的指令状态	ON 或 OFF
WIN Control Limit Power	从蓄电池电压传感器发送到混合动力车辆控制ECU的充电控制功率	最小:-64.0kW,最大:63.5kW
WOUT Control Limit Power	从蓄电池电压传感器发送到混合动力车辆控制ECU的放电控制功率	最小:-64.0kW,最大:63.5kW
A/C Consumption Power	空调功耗	最小:0.00kW,最大 12.75kW
EV Mode	EV模式转换可用性	ON 或 OFF
EV Mode Switch	EV驱动模式开关(组合开关总成)状态	ON 或 OFF
Power Mode Switch	动力模式开关(组合开关组成)状态	ON 或 OFF
Inter Lock Switch	互锁开关状态	ON 或 OFF
Inter Lock Switch(MG)	互锁开关状态	ON 或 OFF
Stop Light Switch	制动灯开关总成状态	ON 或 OFF
Back Up Light Relay	倒车灯开关状态	ON 或 OFF
VSC/TRC OFF Switch	VSC状态	OFF/TRC OFF Mode/TRC/VSC OFF Mode
Airbag Status(Collision)	空气囊ECU总成碰撞检测	ON 或 OFF
Airbag Status(Collision)(CAN)	空气囊ECU总成碰撞检测(CAN)	Normal/Collision from Back/Airbag Clrcuit Abnormal/Safing/Collision from Front of Side
Airbag Status(Safing)	空气囊ECU总成的安全状态	ON 或 OFF
Airbag Status(Normal)	空气囊ECU总成控制状态	ON 或 OFF
Crank Position	曲轴位置	最小:-128°(CA),最大:127°(CA)
TC Terminal	TC端子状态	ON 或 OFF
Generator Revolution	发电机(MG1)转速(由解析器传感器检测)	最低:-32768r/min,最高:32767r/min
Target Generator Torque	发电机(MG1)转矩请求值	最小:-4096.00N·m,最大 4095.87N·m

(续)

检测仪显示	测量项目	范 围
Generator Torque	发电机(MG1)转矩执行值	最小:-4096.00N·m,最大:4095.87N·m
Motor Revolution	电动机(MG2)转速(由解析器传感器检测)	最低:-32768r/min,最高:32767r/min
Target Motor Torque	电动机(MG2)转矩请求值	最小:-4096.00N·m,最大:4095.87N·m
Motor Torque	电动机(MG2)转矩执行值	最小:-4096.00N·m,最大:4095.87N·m
Request Motor Regenerative Brake Torque	电动机(MG2)再生制动请求转矩	最小:-4096.00N·m,最大:4095.87N·m
Motor Regenerate Brake Execution Torque	电动机(MG2)再生制动执行转矩	最小:-4096.00N·m,最大:4095.87N·m
Generator Temperature	发电机(MG1)温度	最低:-40℃(-40℉),最高:215℃(419℉)
Generator Temperature Sensor Voltage	发电机(MG1)温度传感器电压	最小:0,最大:4.99V
Generator Temperature just after IG ON	电源开关置于ON(IG)位置不久后的发电机(MG1)温度	最低:-40℃(-40℉),最高:215℃(419℉)
Generator Maximum Temperature	当前行程下电源开关置于ON(IG)位置后的最高发电机(MG1)温度	最低:-40℃(-40℉),最高:215℃(419℉)
Motor Temperature	电动机(MG2)温度	最低:-40℃(-40℉),最高:215℃(419℉)
Motor Temperature Sensor Voltage	电动机(MG2)温度传感器电压	最小:0,最大:4.99V
Motor Temperature just after IG ON	电源开关置于ON(IG)位置不久后的电动机(MG2)温度	最低:-40℃(-40℉),最高:215℃(419℉)
Motor Maximum Temperature	当前行程下电源开关置于ON(IG)位置后的最高电动机(MG2)温度	最低:-40℃(-40℉),最高:215℃(419℉)
Generator Inverter Calculated Temperature	发电机逆变器温度	最低:-40℃(-40℉),最高:215℃(419℉)
Generator Inverter Calculated Temperature just after IG ON	电源开关置于ON(IG)位置后不久发电机逆变器温度	最低:-40℃(-40℉),最高:215℃(419℉)
Generator Inverter Calculated Maximum Temperature	当前行程下电源开关置于ON(IG)位置后的最高发电机逆变器温度	最低:-40℃(-40℉),最高:215℃(419℉)
Motor Inverter Temperature	电动机逆变器温度	最低:-40℃(-40℉),最高:215℃(419℉)
Motor Inverter Temperature just after IG ON	电源开关置于ON(IG)位置后不久电动机逆变器温度	最低:-40℃(-40℉),最高:215℃(419℉)
Motor Inverter Maximum Temperature	当前行程下电源开关置于ON(IG)位置后的最高电动机逆变器温度	最低:-40℃(-40℉),最高:215℃(419℉)
Boosting Converter Temperature (Upper)	增压变换器温度(上)	最低:-40℃(-40℉),最高:215℃(419℉)
Boosting Converter Temperature (Lower)	增压变换器温度(下)	最低:-40℃(-40℉),最高:215℃(419℉)

(续)

检测仪显示	测量项目	范 围
Boosting Converter Temperature just after IG ON	电源开关置于ON(IG)位置后不久的增压变换器温度	最低：-40℃(-40℉)，最高：215℃(419℉)
Boosting Converter Maximum Temperature	当前行程下电源开关置于ON(IG)位置后的最高变换器温度	最低：-40℃(-40℉)，最高：215℃(419℉)
Generator Inverter Operation Request	发电机逆变器工作请求	Shutdown/Phase ON/Discharge/Insulation Resistance Measurement/Output Torque/Emergency Shutdown/Shutdown during Insulation Resisance Measurement
Generator Inverter Fail	发电机逆变器停止	ON 或 OFF
Generator Inverter Shutdown Status	发电机逆变器切断状态	Awake 或 Shutdown
Motor Inverter Operation Request	电动机逆变器工作请求	Shutdown/Phase ON/Discharge/Insulation Resistance Measurement/Output Torque/Emergency Shutdown/Shutdown during Insulation Resisance Measurement
Motor Inverter Fail	电动机逆变器停止	ON 或 OFF
Motor Inverter Shutdown Status	电动机逆变器切断状态	Awake 或 Shutdown
Boosting Converter Operation Request	增压变换器工作请求	Normal/Boosting Stop/Upper Arm ON/Maximum Boosting/Output Torque/Upper Arm Lowering
Boosting Converter Fail	增压变换器停止	ON 或 OFF
Boosting Converter Shutdown Status	增压变换器切断状态	Awake 或 Shutdown
Generator Carrier Frequency	发电机载波频率	0.75kHz/1.25kHz/2.5kHz/3.75kHz/5kHz/10kHz
Generator Control Mode	发电机(MG1)控制模式	Sine Wave/Overmodulation/Square Wave
Motor Carrier Frequency	电动机(MG2)载波频率	0.75kHz/1.25kHz/2.50kHz/3.75kHz/5.00kHz/10.00kHz
Motor Control Mode	电动机(MG2)控制模式	Sine Wave/Overmodulation/Square Wave
Boosting Converter Carrier Frequency	增压变换器信号载波频率	9.55kHz/9.13kHz/8.71kHz/8.29kHz/7.87kHz/7.45kHz/4.8kHz
VL-Voltage before Boosting	增压前的高压	—
VH-Voltage after Bossting	增压后的高压	—
Boost Ratio	增压变换器增压比	最小：0，最大 100.0%
V Phase Generator Current	V相位发电机电流	最小：-327.68A，最大：327.67A
W Phase Generator Current	W相位发电机电流	最小：-327.68A，最大：327.67A
V Phase Motor Current	V相位电动机电流	最小：-327.68A，最大：327.67A
W Phase Motor Current	W相位电动机电流	最小：-327.68A，最大：327.67A
Inverter Coolant Water Temperature	逆变器冷却液温度	最低：-40℃(-40℉)，最高：110℃(230℉)

(续)

检测仪显示	测量项目	范围
Inverter Water Pump Duty Ratio	逆变器水泵电动机驱动器请求占空比	最小:0,最大:100.00%
Inverter Water Pump Revolution	逆变器水泵总成转速	最低:0,最高:15000r/min
Overvoltage Input to Inverter	过电压检测至逆变器	ON 或 OFF
Inverter Emergency Shutdown (Main CPU)	逆变器紧急切断	ON 或 OFF
Inverter Emergency Shutdown (Sub CPU)	逆变器紧急切断	ON 或 OFF
Overvoltage Input to Boosting Converter	过电压检测至增压变换器	ON 或 OFF
Hybrid Battery SOC	HV 蓄电池充电状态 优先计算充电和放电量	最小:0,最大:100.0%
Delta SOC	SOC 最大值和最小值之差	最小:0,最大:100.0%
Hybrid Battery SOC of Immediately after IG ON	电源开关置于 ON(IG) 位置不久后的 HV 蓄电池充电状态	最小:0,最大:100.0%
Hybrid Battery Maximum SOC	当前行程下电源开关置于 ON(IG) 位置后的最大 SOC	最小:0,最大:100.0%
Hybrid Battery Minimum SOC	当前行程下电源开关置于 ON(IG) 位置后的最小 SOC	最小:0,最大:100.0%
Hybrid Battery Voltage	HV 蓄电池电压	最低:0,最高:510.00V
Hybrid Battery Current	HV 蓄电池电流	最小:-327.68A,最大:327.67A
Hybrid Battery Current for Hybrid Battery Control	混合动力蓄电池控制的混合动力蓄电池电流	最小:-327.68A,最大:327.67A
Hybrid Battery Current for Driving Control	行驶控制的混合动力蓄电池电流	最小:-327.68A,最大:327.67A
Hybrid Battery Control Mode	HV 蓄电池控制模式	行驶控制模式/当前传感器偏置校准模式/混合蓄电池外部充电控制模式/ECU 切断模式
Hybrid Battery Block 1 Voltage	蓄电池单元电压	最低:0,最高:79.99V
Hybrid Battery Block 2 Voltage	蓄电池单元电压	最低:0,最高:79.99V
Hybrid Battery Block 3 Voltage	蓄电池单元电压	最低:0,最高:79.99V
Hybrid Battery Block 4 Voltage	蓄电池单元电压	最低:0,最高:79.99V
Hybrid Battery Block 5 Voltage	蓄电池单元电压	最低:0,最高:79.99V
Hybrid Battery Block 6 Voltage	蓄电池单元电压	最低:0,最高:79.99V
Hybrid Battery Block 7 Voltage	蓄电池单元电压	最低:0,最高:79.99V
Hybrid Battery Block 8 Voltage	蓄电池单元电压	最低:0,最高:79.99V
Hybrid Battery Block 9 Voltage	蓄电池单元电压	最低:0,最高:79.99V
Hybrid Battery Temperature 1	蓄电池模块温度	最低:-50.0℃(-58℉),最高:205.9℃(402.6℉)
Hybrid Battery Temperature 2	蓄电池模块温度	最低:-50.0℃(-58℉),最高:205.9℃(402.6℉)

(续)

检测仪显示	测量项目	范围
Hybrid Battery Temperature 3	蓄电池模块温度	最低：-50.0℃（-58℃），最高：205.9℃（402.6℃）
Hybrid Battery Cooling Fan 1 Drive Request	混合动力蓄电池冷却鼓风机工作请求	最小：0，最大：100.0%
Hybrid Battery Cooling Fan 1 Drive Status	蓄电池冷却鼓风机总成操作模式	0/1/2/3/4/5/6
Hybrid Battery Cooling Fan 1 Frequency	蓄电池冷却鼓风机总成频率	最小：0，最大：6553.5Hz
Hybrid Battery Cooling Fan Intake Air Temperature 1	混合动力蓄电池进气温度	最低：-50.0℃（-58℃），最高：205.9℃（402.6℃）
Hybrid Battery Cooling Fan Low Speed Request	蓄电池冷却鼓风机总成低速请求	ON 或 OFF
Hybrid Battery Sensor Module Power Supply Voltage	蓄电池电压传感器电源电压	最小：0.00V，最大：16.00V
Hybrid Battery Current Sensor Power Supply Voltage	混合动力蓄电池电流传感器电源电压	最低：0V，最高：25.5V
Short Wave Highest Value Level	蓄电池电压传感器中异常绝缘检测电路的波形电压电平	Not Judge/Normal/Insulation Lower LV2/Insulation Lower LV3
Insulation Resistance Division Check Completion using MG Inv	使用 MG inv 检查绝缘电阻部分完成	Not Complete/Complete
Insulation Resistance Division Check Completion using A/C Inv	使用 A/C inv 检查绝缘电阻部分完成	Not Complete/Complete
Insulation Resistance Division Check Completion using SMR	使用 SMR 检查绝缘电阻部分完成	Not Complete/Complete
Short Wave Highest Value Availability just after MG Inv On/Off	MG inv 接通/断开不久后的短波最大值可用	No 或 Yes
Short Wave Highest Value Availability just after A/C Inv On/Off	A/C inv 接通/断开不久后的短波最大值可用	No 或 Yes
Short Wave Highest Value Availability just after SMR On/Off	SMR 接通/断开不久后的短波最大值可用	No 或 Yes
Immobiliser Communication	停机系统通信线路状态	ON 或 OFF
Permit Start by Immobiliser	停机系统起动允许状态（停机系统至混合动力车辆控制 ECU）	No Judgment/OK/NG
Auxiliary Battery Temperature	辅助蓄电池温度	最低：-40.0℃（-40.0℉），最高：6513.5℃（11756.3℉）
Auxiliary Battery Temperature Sensor Voltage	辅助蓄电池温度传感器电压	最低：0V，最高：4.99V
BATT Voltage for Transmission Control System	IG(+B)电压值	最低：0.00V，最高：19.00V

三 混合动力控制系统故障码

卡罗拉、雷凌混合动力控制系统故障码见表3-13。

表 3-13 卡罗拉、雷凌混合动力控制系统故障码

DTC 编号	检测项目	输出 DTC 时的车辆状态
P006962	歧管绝对压力-大气压力信号对比故障	正常行驶
P051511	辅助蓄电池温度传感器电路对接地短路	正常行驶
P051515	辅助蓄电池温度传感器电路对辅助蓄电池短路或断路	正常行驶
P056014	系统电压(BATT)电路对接地短路或断路	正常行驶
P060647	混合动力/EV 传动系统控制模块处理器监视器/安全 MCU 故障	1. 输出功率减小 2. 持续发生故障时,混合动力系统停止
P060687	混合动力/EV 传动系统控制模块处理器至监视处理器信息丢失	1. 输出功率减小 2. 持续发生故障时,混合动力系统停止
P060694	控制模块处理器意外工作	混合动力系统停止
P060A29	混合动力/EV 传动系统控制模块监视处理器信号无效	1. 输出功率减小 2. 持续发生故障时,混合动力系统停止
P060A44	混合动力/EV 传动系统控制模块监视处理器数据存储故障	1. 输出功率减小 2. 持续发生故障时,混合动力系统停止
P060A45	混合动力/EV 传动系统控制模块监视处理器程序存储故障	1. 输出功率减小 2. 持续发生故障时,混合动力系统停止
P060A47	混合动力/EV 传动系统控制模块监视处理器监视器/安全 MCU 故障	1. 输出功率减小 2. 持续发生故障时,混合动力系统停止
P060A49	混合动力/EV 传动系统控制模块监视处理器内部电子故障	1. 输出功率减小 2. 持续发生故障时,混合动力系统停止
P060A87	混合动力/EV 传动系统控制模块处理器自监视处理器的信息丢失	1. 输出功率减小 2. 持续发生故障时,混合动力系统停止
P060A94	混合动力/EV 传动系统控制模块监视处理器意外工作	混合动力系统停止
P060B1C	混合动力/EV 传动系统控制模块 A/D 处理电压超出范围	1. 输出功率减小 2. 持续发生故障时,混合动力系统停止 • 档位可从空档(N)切换至驻车档(P)
P060B49	混合动力/EV 传动系统控制模块 A/D 处理内部电子故障	• 输出功率减小 • 发动机不停机 • 档位可从空档(N)切换至驻车档(P)
P060B71	混合动力/EV 传动系统控制模块 A/D 处理执行器卡滞	1. 输出功率减小 2. 持续发生故障时,混合动力系统停止 • 档位可从空档(N)切换至驻车档(P)
P062F46	混合动力/EV 传动系统控制模块 EEPROM 校准/参数存储故障	正常行驶
P06881F	ECM/PCM 电源继电器感应电路间隙	1. 输出功率减小 2. 持续发生故障时,混合动力系统停止
P082112	变速杆 X 位置传感器 1 对辅助蓄电池短路	• 正常行驶 (N 位置控制用于故障档位) • 禁止将档位切换至行驶档(D)、倒档(R)或制动/运动档(B/S) • 根据条件的不同,档位可能无法切换至驻车档(P)以外的档位

(续)

DTC 编号	检测项目	输出 DTC 时的车辆状态
P082114	变速杆 X 位置传感器 1 对接地短路或断路	·正常行驶 （N 位置控制用于故障档位） ·禁止将档位切换至行驶档（D）、倒档（R）或制动/运动档（B/S） ·根据条件的不同，档位可能无法切换至驻车档（P）以外的档位
P082211	变速杆 Y 位置传感器 1 对接地短路	·正常行驶 （N 位置控制用于故障档位） ·禁止将档位切换至行驶档（D）、倒档（R）或制动/运动档（B/S） ·根据条件的不同，档位可能无法切换至驻车档（P）以外的档位
P082215	变速杆 Y 位置传感器 1 对辅助蓄电池短路或断路	·正常行驶 （N 位置控制用于故障档位） ·禁止将档位切换至行驶档（D）、倒档（R）或制动/运动档（B/S） ·根据条件的不同，档位可能无法切换至驻车档（P）以外的档位
P085011	驻车档/空档开关电路对接地短路	正常行驶
P085015	驻车档/空档开关电路对辅助蓄电池短路或断路	正常行驶
P0A0A13	高压系统互锁电路断路	正常行驶
P0A0A92	高压系统互锁性能或错误操作	1. 输出功率减小 2. 持续发生故障时，混合动力系统停止
P0A1B49	驱动电动机"A"控制模块内部电子故障	1. 输出功率减小 2. 持续发生故障时，混合动力系统停止
P0A1B94	驱动电动机"A"控制模块意外工作	混合动力系统停止
P0A2A11	驱动电动机"A"温度传感器电路对接地短路	正常行驶
P0A2A15	驱动电动机"A"温度传感器电路对辅助蓄电池短路或断路	正常行驶
P0A2A1C	驱动电动机"A"温度传感器电压超出范围	正常行驶
P0A2A1F	驱动电动机"A"温度传感器电路间歇	正常行驶
P0A3611	发电机温度传感器电路对接地短路	正常行驶
P0A3615	发电机温度传感器电路对辅助蓄电池短路或断路	正常行驶
P0A361C	发电机温度传感器电压超出范围	正常行驶
P0A361F	发电机温度传感器电路间隙	正常行驶
P0A8111	混合动力/EV 蓄电池冷却风扇 1 电路对接地短路	正常行驶
P0A8115	混合动力/EV 蓄电池冷却风扇 1 电路对辅助蓄电池短路或断路	正常行驶
P0A8196	混合动力/EV 蓄电池冷却风扇 1 零部件内部故障	正常行驶
P0A9300	逆变器"A"冷却系统性能	正常行驶
P0A9563	高压熔丝累计负载记录	正常行驶
P0A9B11	混合动力/EV 蓄电池温度传感器"A"电路对接地短路	正常行驶

(续)

DTC 编号	检测项目	输出 DTC 时的车辆状态
P0A9B15	混合动力/EV 蓄电池温度传感器"A"电路对辅助蓄电池短路或断路	正常行驶
P0A9B1C	混合动力/EV 蓄电池温度传感器"A"电压超出范围	正常行驶
P0A9B2A	混合动力/EV 蓄电池温度传感器"A"信号区间卡滞	正常行驶
P0AA000	混合动力/EV 蓄电池正极触点电路卡在关闭位置	1. 输出功率减小 2. 持续发生故障时,混合动力系统停止
P0AA073	混合动力/EV 蓄电池正极和负极触点执行器卡在关闭位置	1. 输出功率减小 2. 持续发生故障时,混合动力系统停止
P0AA373	混合动力/EV 蓄电池负极触点执行器卡在关闭位置	1. 输出功率减小 2. 持续发生故障时,混合动力系统停止
P0AA649	混合动力/EV 蓄电池电压系统绝缘内部电子故障	正常行驶
P0AA749	混合动力/EV 蓄电池电压绝缘内部电子故障	正常行驶
P0AAC11	混合动力/EV 蓄电池空气温度传感器"A"电路对接地短路	正常行驶
P0AAC15	混合动力/EV 蓄电池空气温度传感器"A"电路对辅助蓄电池短路或断路	正常行驶
P0ABF00	混合动力/EV 蓄电池电流传感器"A"电路范围/性能	正常行驶
P0ABF11	混合动力/EV 蓄电池电流传感器"A"电路对接地短路	输出功率减小
P0ABF15	混合动力/EV 蓄电池电流传感器"A"电路对辅助蓄电池短路或断路	输出功率减小
P0ABF28	混合动力/EV 蓄电池电流传感器"A"信号偏差水平超出范围/零点调整故障	输出功率减小
P0ABF2A	混合动力/EV 蓄电池电流传感器"A"信号区间卡滞	输出功率减小
P0AC511	混合动力/EV 蓄电池温度传感器"B"电路对接地短路	正常行驶
P0AC515	混合动力/EV 蓄电池温度传感器"B"电路对辅助蓄电池短路或断路	正常行驶
P0AC51C	混合动力/EV 蓄电池温度传感器"B"电压超出范围	正常行驶
P0AC52A	混合动力/EV 蓄电池温度传感器"B"信号区间卡滞	正常行驶
P0ACA11	混合动力/EV 蓄电池温度传感器"C"电路对接地短路	正常行驶
P0ACA15	混合动力/EV 蓄电池温度传感器"C"电路对辅助蓄电池短路或断路	正常行驶
P0ACA1C	混合动力/EV 蓄电池温度传感器"C"电压超出范围	正常行驶
P0ACA2A	混合动力/EV 蓄电池温度传感器"C"信号区间卡滞	正常行驶
P0AD911	混合动力/EV 蓄电池正极触点电路对接地短路	1. 输出功率减小 2. 持续发生故障时,混合动力系统停止
P0AD915	混合动力/EV 蓄电池正极触点电路对辅助蓄电池短路或断路	1. 输出功率减小 2. 持续发生故障时,混合动力系统停止

（续）

DTC 编号	检测项目	输出 DTC 时的车辆状态
P0ADD11	混合动力/EV 蓄电池负极触点电路对接地短路	1. 输出功率减小 2. 持续发生故障时，混合动力系统停止
P0ADD15	混合动力/EV 蓄电池负极触点电路对辅助蓄电池短路或断路	1. 输出功率减小 2. 持续发生故障时，混合动力系统停止
P0AE173	混合动力/EV 蓄电池预充电触点执行器卡在关闭位置	1. 输出功率减小 2. 持续发生故障时，混合动力系统停止
P0AE411	混合动力/EV 蓄电池预充电触点电路对接地短路	正常行驶
P0AE415	混合动力/EV 蓄电池预充电触点电路对辅助蓄电池短路或断路	正常行驶
P0AFC00	混合动力/EV 蓄电池传感器模块	输出功率减小
P0AFC16	混合动力/EV 蓄电池传感器模块电路电压低于阈值	·输出功率减小 ·发动机不停机
P0AFC49	混合动力/EV 蓄电池传感器模块内部电子故障	1. 输出功率减小 2. 持续发生故障时，混合动力系统停止
P0AFC62	混合动力/EV 蓄电池传感器模块信号对比故障	输出功率减小
P0AFC96	混合动力/EV 蓄电池传感器模块零部件内部故障	·输出功率减小 ·发动机不停机
P0B231C	混合动力/EV 蓄电池"A"电压传感器电压超出范围	输出功率减小
P0B3B14	混合动力/EV 蓄电池电压传感器"A"电路对接地短路或断路	输出功率减小
P0B4014	混合动力/EV 蓄电池电压传感器"B"电路对接地短路或断路	输出功率减小
P0B4514	混合动力/EV 蓄电池电压传感器"C"电路对接地短路或断路	输出功率减小
P0B4A14	混合动力/EV 蓄电池电压传感器"D"电路对接地短路或断路	输出功率减小
P0B4F14	混合动力/EV 蓄电池电压传感器"E"电路对接地短路或断路	输出功率减小
P0B5414	混合动力/EV 蓄电池电压传感器"F"电路对接地短路或断路	输出功率减小
P0B5914	混合动力/EV 蓄电池电压传感器"G"电路对接地短路或断路	输出功率减小
P0B5E14	混合动力/EV 蓄电池电压传感器"H"电路对接地短路或断路	输出功率减小
P0B6314	混合动力/EV 蓄电池电压传感器"I"电路对接地短路或断路	输出功率减小
P0B6814	混合动力/EV 蓄电池电压传感器"J"电路对接地短路或断路	输出功率减小
P0C3000	混合动力/EV 蓄电池高电荷状态	·输出功率减小 ·行驶范围受限 ·发动机总是停机

(续)

DTC 编号	检测项目	输出 DTC 时的车辆状态
P0C7396	电动机电子器件冷却液泵"A"零部件内部故障	正常行驶
P0C7600	混合动力/EV 蓄电池系统放电时间过长	1. 输出功率减小 2. 持续发生故障时,混合动力系统停止
P0D2D1C	驱动电动机"A"逆变器电压传感器电压超出范围	输出功率减小
P0E311C	增压变换器电压传感器"A"电压超出范围	正常行驶
P160600	检测到碰撞或碰撞传感器连接(断路)	1. 输出功率减小 2. 持续发生故障时,混合动力系统停止
P160604	检测到碰撞或碰撞传感器连接(断路)系统内部故障	1. 输出功率减小 2. 持续发生故障时,混合动力系统停止
P181B62	变速杆位置传感器信号对比故障	·正常行驶(N 位置控制用于故障档位) ·禁止将档位切换至行驶档(D)、倒档(R)或制动/运动档(B/S) ·根据条件的不同,档位可能无法切换至驻车档(P)以外的档位
P182112	变速杆 X 位置传感器 2 对辅助蓄电池短路	·正常行驶(N 位置控制用于故障档位) ·禁止将档位切换至行驶档(D)、倒档(R)或制动/运动档(B/S) ·根据条件的不同,档位可能无法切换至驻车档(P)以外的档位
P182114	变速杆 X 位置传感器 2 对接地短路或断路	·正常行驶(N 位置控制用于故障档位) ·禁止将档位切换至行驶档(D)、倒档(R)或制动/运动档(B/S) ·根据条件的不同,档位可能无法切换至驻车档(P)以外的档位
P182211	变速杆 Y 位置传感器 2 对接地短路	·正常行驶(N 位置控制用于故障档位) ·禁止将档位切换至行驶档(D)、倒档(R)或制动/运动档(B/S) ·根据条件的不同,档位可能无法切换至驻车档(P)以外的档位
P182215	变速杆 Y 位置传感器 2 对辅助蓄电池短路或断路	·正常行驶(N 位置控制用于故障档位) ·禁止将档位切换至行驶档(D)、倒档(R)或制动/运动档(B/S) ·根据条件的不同,档位可能无法切换至驻车档(P)以外的档位
P1A8000	混合动力/EV 蓄电池组 1 Delta SOC 高	正常行驶
P1AC000	混合动力/EV 蓄电池单格低压	正常行驶
P1AD01B	混合动力/EV 蓄电池单元电路电阻超过阈值	正常行驶
P1C2D62	混合动力/EV 蓄电池"A"电压传感器/增压变换器电压传感器"A"信号对比故障	输出功率减小
P1C6A9F	电动机切断卡在 OFF 位置	1. 输出功率减小 2. 持续发生故障时,混合动力系统停止
P1C6C9F	发动机切断卡在 OFF 位置	1. 输出功率减小 2. 持续发生故障时,混合动力系统停止

(续)

DTC 编号	检测项目	输出 DTC 时的车辆状态
P1C7779	发动机无法起动机械联动故障	·输出功率减小 ·行驶范围受限 ·发动机总是停机
P1C7C49	混合动力/EV 蓄电池电压系统绝缘(空调部位)内部电子故障	正常行驶
P1C7D49	混合动力/EV 蓄电池电压系统绝缘(混合动力/EV 蓄电池部位)内部电子故障	正常行驶
P1C7E49	混合动力/EV 蓄电池电压系统绝缘(传动桥部位)内部电子故障	正常行驶
P1C7F49	混合动力/EV 蓄电池电压系统绝缘(直流部位)内部电子故障	正常行驶
P1C8149	高压电源电路功耗电路短路	1. 输出功率减小 2. 持续发生故障时,混合动力系统停止
P1C8249	高压电源电路过载	1. 输出功率减小 2. 持续发生故障时,混合动力系统停止
P1C8349	增压后高压电源电路电压传感器故障	1. 输出功率减小 2. 持续发生故障时,混合动力系统停止
P1C8449	READY ON 期间高压电源电路短路	1. 输出功率减小 2. 持续发生故障时,混合动力系统停止
P1C8549	高压电源内部电子故障	1. 输出功率减小 2. 持续发生故障时,混合动力系统停止
P1C8679	变速器(输入)机械连接故障	·输出功率减小 ·行驶范围受限 ·发动机总是停机
P1C8779	发电机机械连接故障	·输出功率减小 ·行驶范围受限 ·发动机总是停机
P1C8879	行星齿轮机械连接故障	·输出功率减小 ·行驶范围受限 ·发动机总是停机
P1C9E9F	混合动力/EV 系统重置卡在 OFF 位置	1. 输出功率减小 2. 持续发生故障时,混合动力系统停止
P1C9F11	混合动力/EV 蓄电池电流传感器行驶控制电路对接地短路	正常行驶
P1C9F15	混合动力/EV 蓄电池电流传感器行驶控制电路对辅助蓄电池短路或断路	正常行驶
P1C9F1C	混合动力/EV 蓄电池电流传感器行驶控制电压超出范围	正常行驶
P1CBB12	混合动力/EV 蓄电池电流传感器电源电路对辅助蓄电池短路	输出功率减小
P1CBB14	混合动力/EV 蓄电池电流传感器电源电路对接地短路或断路	输出功率减小

(续)

DTC 编号	检测项目	输出 DTC 时的车辆状态
P1CBE1E	混合动力/EV 蓄电池单元 1 电压差异超出范围	·输出功率减小 ·发动机不停机
P1CBF1E	混合动力/EV 蓄电池单元 2 电压差异超出范围	·输出功率减小 ·发动机不停机
P1CC01E	混合动力/EV 蓄电池单元 3 电压差异超出范围	·输出功率减小 ·发动机不停机
P1CC11E	混合动力/EV 蓄电池单元 4 电压差异超出范围	·输出功率减小 ·发动机不停机
P1CC21E	混合动力/EV 蓄电池单元 5 电压差异超出范围	·输出功率减小 ·发动机不停机
P1CC31E	混合动力/EV 蓄电池单元 6 电压差异超出范围	·输出功率减小 ·发动机不停机
P1CC41E	混合动力/EV 蓄电池单元 7 电压差异超出范围	·输出功率减小 ·发动机不停机
P1CC51E	混合动力/EV 蓄电池单元 8 电压差异超出范围	·输出功率减小 ·发动机不停机
P1CC61E	混合动力/EV 蓄电池单元 9 电压差异超出范围	·输出功率减小 ·发动机不停机
P1CE213	PCU 互锁电路断路	正常行驶
P1CE292	PCU 互锁性能或错误操作	1. 输出功率减小 2. 持续发生故障时,混合动力系统停止
P1CE31C	混合动力/EV 传动系统控制模块监视处理器 A/D 处理电压超出范围	1. 输出功率减小 2. 持续发生故障时,混合动力系统停止
P1CE349	混合动力/EV 传动系统控制模块监视处理器 A/D 处理内部电子故障	1. 输出功率减小 2. 持续发生故障时,混合动力系统停止
P1CE371	混合动力/EV 传动系统控制模块监视处理器 A/D 处理执行器卡滞	1. 输出功率减小 2. 持续发生故障时,混合动力系统停止
P212012	节气门/踏板位置传感器/开关"D"电路对辅助蓄电池短路	输出功率减小
P212014	节气门/踏板位置传感器/开关"D"电路对接地短路或断路	输出功率减小
P21201C	节气门/踏板位置传感器/开关"D"电压超出范围	输出功率减小
P21201F	节气门/踏板位置传感器/开关"D"电路间歇性	输出功率减小
P212512	节气门/踏板位置传感器/开关"E"电路对辅助蓄电池短路	输出功率减小
P212514	节气门/踏板位置传感器/开关"E"电路对接地短路或断路	输出功率减小
P21251C	节气门/踏板位置传感器/开关"E"电压超出范围	输出功率减小
P21251F	节气门/踏板位置传感器/开关"E"电路间歇性	输出功率减小
P213800	节气门/踏板位置传感器/开关"D"/"E"电压相关性	输出功率减小

（续）

DTC 编号	检测项目	输出 DTC 时的车辆状态
P21382B	节气门/踏板位置传感器/开关"D"/"E"信号交叉耦合	输出功率大幅减小
P253012	IG2 信号电路对辅助蓄电池短路	1. 输出功率减小 2. 持续发生故障时，混合动力系统停止
P272C81	接收到驻车锁止电动机无效串行数据	正常行驶
P300000	混合动力/EV 蓄电池放电控制故障	1. 输出功率减小 2. 持续发生故障时，混合动力系统停止
P300016	混合动力/EV 蓄电池控制系统电路电压低于阈值	1. 输出功率减小 2. 持续发生故障时，混合动力系统停止
P30004B	混合动力/EV 蓄电池控制系统过热	1. 输出功率减小 2. 持续发生故障时，混合动力系统停止
P300449	预充电期间高压电源电路短路	1. 输出功率减小 2. 持续发生故障时，混合动力系统停止
P301100	混合动力/EV 蓄电池单元 1 电路电阻超出范围（极限值）	·输出功率减小 ·发动机不停机
P30111E	混合动力/EV 蓄电池单元 1 电路电阻超出范围	输出功率减小
P301200	混合动力/EV 蓄电池单元 2 电路电阻超出范围（极限值）	·输出功率减小 ·发动机不停机
P30121E	混合动力/EV 蓄电池单元 2 电路电阻超出范围	输出功率减小
P301300	混合动力/EV 蓄电池单元 3 电路电阻超出范围（极限值）	·输出功率减小 ·发动机不停机
P30131E	混合动力/EV 蓄电池单元 3 电路电阻超出范围	输出功率减小
P301400	混合动力/EV 蓄电池单元 4 电路电阻超出范围（极限值）	·输出功率减小 ·发动机不停机
P30141E	混合动力/EV 蓄电池单元 4 电路电阻超出范围	输出功率减小
P301500	混合动力/EV 蓄电池单元 5 电路电阻超出范围（极限值）	·输出功率减小 ·发动机不停机
P30151E	混合动力/EV 蓄电池单元 5 电路电阻超出范围	输出功率减小
P301600	混合动力/EV 蓄电池单元 6 电路电阻超出范围（极限值）	·输出功率减小 ·发动机不停机
P30161E	混合动力/EV 蓄电池单元 6 电路电阻超出范围	输出功率减小
P301700	混合动力/EV 蓄电池单元 7 电路电阻超出范围（极限值）	·输出功率减小 ·发动机不停机
P30171E	混合动力/EV 蓄电池单元 7 电路电阻超出范围	输出功率减小
P301800	混合动力/EV 蓄电池单元 8 电路电阻超出范围（极限值）	·输出功率减小 ·发动机不停机
P30181E	混合动力/EV 蓄电池单元 8 电路电阻超出范围	输出功率减小
P301900	混合动力/EV 蓄电池单元 9 电路电阻超出范围（极限值）	·输出功率减小 ·发动机不停机
P30191E	混合动力/EV 蓄电池单元 9 电路电阻超出范围	输出功率减小

(续)

DTC 编号	检测项目	输出 DTC 时的车辆状态
P306562	混合动力/EV 蓄电池温度传感器"组 1"信号对比故障	正常行驶
P308A12	混合动力/EV 蓄电池电压传感器所有电路对辅助蓄电池短路	输出功率减小
P308A13	混合动力/EV 蓄电池电压传感器所有电路断路	输出功率减小
P310711	与空气囊系统控制模块电路(对接地短路)失去通信	正常行驶
P310715	与空气囊系统控制模块电路(对辅助蓄电池短路或断路)失去通信	正常行驶
P310764	与空气囊系统控制模块信号不合理故障失去通信	正常行驶
P312387	混合动力/EV 控制模块与驱动电动机控制模块"A"失去通信(丢失信息)	1. 输出功率减小 2. 持续发生故障时,混合动力系统停止
P314779	变速器(轴)机械联动故障	1. 输出功率减小 2. 持续发生故障时,混合动力系统停止
P314A31	电动机电子器件冷却液泵"A"无信号	正常行驶
P321E9F	电动机/发电机切断信号卡滞	正常行驶
P33B99F	电动机/发电机切断信号(混合动力/EV 侧)卡滞	正常行驶
P33BF9F	电动机/发电机切断信号(MG 侧)卡滞	正常行驶
V010087	与 ECM/PCM"A"失去通信且丢失信息	・输出功率减小 ・行驶范围受限 ・发动机总是停机
U011087	与驱动电动机控制模块"A"失去通信(丢失信息)	正常行驶
U012987	与制动系统控制模块失去通信(丢失信息)	正常行驶
U014000	与车身控制模块(副)失去通信(丢失信息)	正常行驶
U014087	与车身控制模块失去通信(丢失信息)	正常行驶
U015187	与约束系统控制模块失去通信(丢失信息)	正常行驶
U016487	与 HVAC 控制模块失去通信(丢失信息)	正常行驶
U029A87	与混合动力/EV 蓄电池传感器模块失去通信(丢失信息)	・输出功率减小 ・发动机不停机
U042481	接收到 HVAC 控制模块至混合动力传动系统控制模块的无效串行数据	正常行驶
U110787	与动力管理模块失去通信(丢失信息)	1. 输出功率减小 2. 持续发生故障时,混合动力系统停止
U117087	与制动系统控制模块(ch2)失去通信(丢失信息)	正常行驶

四 电动机发电机控制系统车辆数据流

卡罗拉、雷凌电动机发电机控制系统车辆数据流见表 3-14。

表 3-14　卡罗拉、雷凌电动机发电机控制系统车辆数据流

DTC 编号	检测项目	输出 DTC 时的车辆状态
P033500	曲轴位置传感器"A"	正常行驶
P033531	曲轴位置传感器"A"无信号	正常行驶
P034000	凸轮轴位置传感器"A"电路(B1 或单个传感器)	正常行驶
P034031	凸轮轴位置传感器"A"电路(B1 或单个传感器)无信号	正常行驶
P06B01C	发电机控制模块位置传感器 REF 电源电路电压超出范围	1. 正常行驶 2. 持续发生故障时,混合动力系统停止
P06D61C	发电机控制模块偏置电源电路电压超出范围	1. 正常行驶 2. 持续发生故障时,混合动力系统停止
P0A0011	电动机电子器件冷却液温度传感器电路对接地短路	正常行驶
P0A0015	电动机电子器件冷却液温度传感器电路对蓄电池短路或断路	正常行驶
P0A001C	电动机电子器件冷却液温度传感器电路电压超出范围	正常行驶
P0A001F	电动机电子器件冷却液温度传感器电路间歇	正常行驶
P0A0812	DC/DC 变换器状态电路对蓄电池短路	正常行驶
P0A0814	DC/DC 变换器状态电路对接地短路或断路	正常行驶
P0A1112	DC/DC 变换器启用电路对蓄电池短路	正常行驶
P0A1114	DC/DC 变换器启用电路对接地短路或断路	正常行驶
P0A1A47	发电机控制模块监视/安全 μC 故障	1. 输出功率减小 2. 行驶范围受限 3. 发动机总是停机
P0A1A49	发电机控制模块内部电子故障	1. 输出功率减小 2. 行驶范围受限 3. 发动机总是停机
P0A1B1F	发电机控制模块电路间歇	混合动力系统停止
P0A3F16	驱动电动机"A"位置传感器电路电压低于阈值	·输出功率大幅度减小 ·无法倒档行驶 ·行驶范围受限 ·驾驶时使用发动机且发动机转速变高
P0A3F1F	驱动电动机"A"位置传感器电路间歇性故障	—
P0A3F21	驱动电动机"A"位置传感器信号振幅<最小	·输出功率大幅度减小 ·无法倒档行驶 ·行驶范围受限 ·驾驶时使用发动机且发动机转速变高
P0A3F22	驱动电动机"A"位置传感器信号振幅>最大	·输出功率大幅度减小 ·无法倒档行驶 ·行驶范围受限 ·驾驶时使用发动机且发动机转速变高
P0A4B16	发电机位置传感器电路电压低于阈值	1. 输出功率减小 2. 行驶范围受限 3. 发动机总是停机

(续)

DTC 编号	检测项目	输出 DTC 时的车辆状态
P0A4B1F	发电机位置传感器电路间歇	—
P0A4B21	发电机位置传感器信号振幅<最小	1. 输出功率减小 2. 行驶范围受限 3. 发动机总是停机
P0A4B22	发电机位置传感器信号振幅>最大	1. 输出功率减小 2. 行驶范围受限 3. 发动机总是停机
P0A6012	驱动电动机"A"V 相电流(高分辨率)电路对蓄电池短路	正常行驶
P0A6014	驱动电动机"A"V 相电流(高分辨率)电路对接地短路或断路	正常行驶
P0A601C	驱动电动机"A"V 相电流(高分辨率)电路电压超出范围	正常行驶
P0A601F	驱动电动机"A"V 相电流(高分辨率)电路间歇	—
P0A6312	驱动电动机"A"W 相电流(高分辨率)电路对蓄电池短路	正常行驶
P0A6314	驱动电动机"A"W 相电流(高分辨率)电路对接地短路或断路	正常行驶
P0A631C	驱动电动机"A"W 相电流(高分辨率)电路电压超出范围	正常行驶
P0A631F	驱动电动机"A"W 相电流(高分辨率)电路间歇	—
P0A7873	驱动电动机"A"逆变器执行器卡在关闭位置	·输出功率大幅度减小 ·无法倒档行驶 ·行驶范围受限 ·驾驶时使用发动机且发动机转速变高
P0A789E	驱动电动机"A"逆变器卡在 ON 位置	·输出功率大幅度减小 ·无法倒档行驶 ·行驶范围受限 ·驾驶时使用发动机且发动机转速变高
P0A7A73	发电机逆变器执行器卡在关闭位置	·输出功率减小 ·行驶范围受限 ·发动机总是停机
P0A7A9E	发电机逆变器卡在 ON 位置	·输出功率减小 ·行驶范围受限 ·发动机总是停机
P0A9000	驱动电动机"A"性能	·输出功率大幅度减小 ·无法倒档行驶 ·行驶范围受限 ·驾驶时使用发动机且发动机转速变高
P0A9200	混合动力发电机性能	·输出功率减小 ·行驶范围受限 ·发动机总是停机

(续)

DTC 编号	检测项目	输出 DTC 时的车辆状态
P0A949E	DC/DC 变换器卡在 ON 位置	·输出功率减小 ·发动机不停机
P0AED11	驱动电动机逆变器温度传感器"A"电路对接地短路	正常行驶
P0AED15	驱动电动机逆变器温度传感器"A"电路对蓄电池短路或断路	正常行驶
P0AED1C	驱动电动机逆变器温度传感器"A"电路电压超出范围	正常行驶
P0AED1F	驱动电动机逆变器温度传感器"A"电路间歇性故障	正常行驶
P0BE512	驱动电动机"A"U 相电流传感器电路对蓄电池短路	·输出功率大幅度减小 ·无法倒档行驶 ·行驶范围受限 ·驾驶时使用发动机且发动机转速变高
P0BE514	驱动电动机"A"U 相电流传感器电路对接地短路或断路	·输出功率大幅度减小 ·无法倒档行驶 ·行驶范围受限 ·驾驶时使用发动机且发动机转速变高
P0BE51F	驱动电动机"A"U 相电流传感器电路间歇	—
P0BE528	驱动电动机"A"U 相电流传感器信号偏差电平超出范围/零点调节故障	·输出功率大幅度减小 ·无法倒档行驶 ·行驶范围受限 ·驾驶时使用发动机且发动机转速变高
P0BE912	驱动电动机"A"V 相电流传感器电路对蓄电池短路	·输出功率大幅度减小 ·无法倒档行驶 ·行驶范围受限 ·驾驶时使用发动机且发动机转速变高
P0BE914	驱动电动机"A"V 相电流传感器电路对接地短路或断路	·输出功率大幅度减小 ·无法倒档行驶 ·行驶范围受限 ·驾驶时使用发动机且发动机转速变高
P0BE91F	驱动电动机"A"V 相电流传感器电路间歇	—
P0BE928	驱动电动机"A"V 相电流传感器信号偏差电平超出范围/零点调节故障	·输出功率大幅度减小 ·无法倒档行驶 ·行驶范围受限 ·驾驶时使用发动机且发动机转速变高
P0BED12	驱动电动机"A"W 相电流传感器电路对蓄电池短路	·输出功率大幅度减小 ·无法倒档行驶 ·行驶范围受限 ·驾驶时使用发动机且发动机转速变高
P0BED14	驱动电动机"A"W 相电流传感器电路对接地短路或断路	·输出功率大幅度减小 ·无法倒档行驶 ·行驶范围受限 ·驾驶时使用发动机且发动机转速变高
P0BED1F	驱动电动机"A"W 相电流传感器电路间歇	—

（续）

DTC 编号	检测项目	输出 DTC 时的车辆状态
P0BED28	驱动电动机"A"W 相电流传感器信号偏差电平超出范围/零点调节故障	・输出功率大幅度减小 ・无法倒档行驶 ・行驶范围受限 ・驾驶时使用发动机且发动机转速变高
P0BFD62	驱动电动机"A"U-V-W 相电流传感器信号对比故障	・输出功率大幅度减小 ・无法倒档行驶 ・行驶范围受限 ・驾驶时使用发动机且发动机转速变高
P0BFF1D	驱动电动机"A"电路电流超出范围	・输出功率大幅度减小 ・无法倒档行驶 ・行驶范围受限 ・驾驶时使用发动机且发动机转速变高
P0C1900	驱动电动机"A"执行转矩性能	・输出功率大幅度减小 ・无法倒档行驶 ・行驶范围受限 ・驾驶时使用发动机且发动机转速变高
P0C3811	DC/DC 变换器温度传感器"A"电路对接地短路	正常行驶
P0C3815	DC/DC 变换器温度传感器"A"电路对蓄电池短路或断路	正常行驶
P0C381C	DC/DC 变换器温度传感器"A"电路电压超出范围	正常行驶
P0C381F	DC/DC 变换器温度传感器"A"电路间歇性故障	正常行驶
P0C3D11	DC/DC 变换器温度传感器"B"电路对接地短路	正常行驶
P0C3D15	DC/DC 变换器温度传感器"B"电路对蓄电池短路或断路	正常行驶
P0C3D1C	DC/DC 变换器温度传感器"B"电路电压超出范围	正常行驶
P0C3D1F	DC/DC 变换器温度传感器"B"电路间歇性故障	正常行驶
P0C5013	驱动电动机"A"位置传感器电路"A"电路断路	・输出功率大幅度减小 ・无法倒档行驶 ・行驶范围受限 ・驾驶时使用发动机且发动机转速变高
P0C5016	驱动电动机"A"位置传感器电路"A"电路电压低于阈值	・输出功率大幅度减小 ・无法倒档行驶 ・行驶范围受限 ・驾驶时使用发动机且发动机转速变高
P0C5017	驱动电动机"A"位置传感器电路"A"电路电压高于阈值	・输出功率大幅度减小 ・无法倒档行驶 ・行驶范围受限 ・驾驶时使用发动机且发动机转速变高
P0C501F	驱动电动机"A"位置传感器电路"A"电路间歇	—
P0C5A13	驱动电动机"A"位置传感器电路"B"电路断路	・输出功率大幅度减小 ・无法倒档行驶 ・行驶范围受限 ・驾驶时使用发动机且发动机转速变高

(续)

DTC 编号	检测项目	输出 DTC 时的车辆状态
P0C5A16	驱动电动机"A"位置传感器电路"B"电路电压低于阈值	·输出功率大幅度减小 ·无法倒档行驶 ·行驶范围受限 ·驾驶时使用发动机且发动机转速变高
P0C5A17	驱动电动机"A"位置传感器电路"B"电路电压高于阈值	·输出功率大幅度减小 ·无法倒档行驶 ·行驶范围受限 ·驾驶时使用发动机且发动机转速变高
P0C5A1F	驱动电动机"A"位置传感器电路"B"电路间歇	—
P0C6413	发电机位置传感器电路"A"电路断路	·输出功率减小 ·行驶范围受限 ·发动机总是停机
P0C6416	发电机位置传感器电路"A"电路电压低于阈值	·输出功率减小 ·行驶范围受限 ·发动机总是停机
P0C6417	发电机位置传感器电路"A"电路电压高于阈值	·输出功率减小 ·行驶范围受限 ·发动机总是停机
P0C641F	发电机位置传感器电路"A"电路间歇	—
P0C6913	发电机位置传感器电路"B"电路断路	·输出功率减小 ·行驶范围受限 ·发动机总是停机
P0C6916	发电机位置传感器电路"B"电路电压低于阈值	·输出功率减小 ·行驶范围受限 ·发动机总是停机
P0C6917	发电机位置传感器电路"B"电路电压高于阈值	·输出功率减小 ·行驶范围受限 ·发动机总是停机
P0C691F	发电机位置传感器电路"B"电路间歇	—
P0C7917	驱动电动机"A"逆变器电压传感器(VH)电路电压高于阈值	·输出功率大幅度减小 ·无法倒档行驶 ·行驶范围受限 ·驾驶时使用发动机且发动机转速变高
P0CA300	DC/DC 变换器增压性能	·输出功率减小 ·行驶范围受限 ·发动机总是停机
P0D2D16	驱动电动机"A"逆变器电压传感器(VH)电路电压低于阈值	输出功率减小
P0D2D17	驱动电动机"A"逆变器电压传感器(VH)电路电压高于阈值	输出功率减小
P0D2D1F	驱动电动机"A"逆变器电压传感器(VH)电路间歇	输出功率减小
P0D3319	DC/DC 变换器电路电流大于阈值	·输出功率减小 ·行驶范围受限 ·发动机总是停机

(续)

DTC 编号	检测项目	输出 DTC 时的车辆状态
P0DFA62	发电机 U-V-W 相电流传感器信号对比故障	・输出功率减小 ・行驶范围受限 ・发动机总是停机
P0E0012	发电机 U 相电流传感器电路对蓄电池短路	・输出功率减小 ・行驶范围受限 ・发动机总是停机
P0E0014	发电机 U 相电流传感器电路对接地短路或断路	・输出功率减小 ・行驶范围受限 ・发动机总是停机
P0E001F	发电机 U 相电流传感器电路间歇	—
P0E0028	发电机 U 相电流传感器信号偏差电平超出范围/零点调节故障	・输出功率减小 ・行驶范围受限 ・发动机总是停机
P0E0412	发电机 V 相电流传感器电路对蓄电池短路	・输出功率减小 ・行驶范围受限 ・发动机总是停机
P0E0414	发电机 V 相电流传感器电路对接地短路或断路	・输出功率减小 ・行驶范围受限 ・发动机总是停机
P0E041F	发电机 V 相电流传感器电路间歇	—
P0E0428	发电机 V 相电流传感器信号偏差电平超出范围/零点调节故障	・输出功率减小 ・行驶范围受限 ・发动机总是停机
P0E0812	发电机 W 相电流传感器电路对蓄电池短路	・输出功率减小 ・行驶范围受限 ・发动机总是停机
P0E0814	发电机 W 相电流传感器电路对接地短路或断路	・输出功率减小 ・行驶范围受限 ・发动机总是停机
P0E081F	发电机 W 相电流传感器电路间歇	—
P0E0828	发电机 W 相电流传感器信号偏差电平超出范围/零点调节故障	・输出功率减小 ・行驶范围受限 ・发动机总是停机
P0E3116	DC/DC 变换器电压传感器"A"(VL)电路电压低于阈值	正常行驶
P0E3117	DC/DC 变换器电压传感器"A"(VL)电路电压高于阈值	正常行驶
P0E311F	DC/DC 变换器电压传感器"A"(VL)电路间歇	—
P0E5111	DC/DC 变换器电流传感器电路对接地短路	正常行驶
P0E5115	DC/DC 变换器电流传感器电路对蓄电池短路或断路	正常行驶
P0E511C	DC/DC 变换器电流传感器电路电压超出范围	正常行驶
P0E511F	DC/DC 变换器电流传感器电路间歇	—

（续）

DTC 编号	检测项目	输出 DTC 时的车辆状态
P0E512A	DC/DC 变换器电流传感器信号区间卡滞	正常行驶
P0E5717	DC/DC 变换器电压传感器"A"（VL）电路电压高于阈值	・输出功率减小 ・行驶范围受限 ・发动机总是停机
P0E7100	发电机执行转矩性能	・输出功率减小 ・行驶范围受限 ・发动机总是停机
P1C2A1C	发电机 A/D 变换器电路电压超出范围	混合动力系统停止
P1C2A49	发电机 A/D 变换器电路内部电子故障	混合动力系统停止
P1C2B1C	驱动电动机"A"控制模块 A/D 变换器电路电压超出范围	混合动力系统停止
P1C2B49	驱动电动机"A"控制模块 A/D 变换器电路内部电子故障	混合动力系统停止
P1C2E46	电动机发电机 ECU（EEPROM）校准/参数存储故障	正常行驶
P1C5D19	驱动电动机"A"逆变器电路电流高于阈值	・输出功率大幅度减小 ・无法倒档行驶 ・行驶范围受限 ・驾驶时使用发动机且发动机转速变高
P1C5F19	发电机逆变器电路电流高于阈值	・输出功率减小 ・行驶范围受限 ・发动机总是停机
P1C601F	发电机控制模块位置传感器 REF 电源电路间歇	—
P1C621F	发电机控制模块偏置电源电路间歇	—
P1C641F	发电机控制模块电路间歇	—
P1C651F	发电机控制模块电路间歇	—
P1C671F	驱动电动机"A"U-V-W 相电流传感器电路间歇	—
P1C691F	发电机 U-V-W 相电流传感器电路间歇	—
P1CA51D	混合动力发电机电路电流超出范围	・输出功率减小 ・行驶范围受限 ・发动机总是停机
P1CAC49	发电机位置传感器内部电子故障	・输出功率减小 ・行驶范围受限 ・发动机总是停机
P1CAD49	驱动电动机"A"位置传感器内部电子故障	・输出功率大幅度减小 ・无法倒档行驶 ・行驶范围受限 ・驾驶时使用发动机且发动机转速变高
P1CAF38	发电机位置传感器 REF 信号循环故障信号频率不正确	・输出功率减小 ・行驶范围受限 ・发动机总是停机

(续)

DTC 编号	检测项目	输出 DTC 时的车辆状态
P1CB038	驱动电动机"A"位置传感器 REF 信号频率不正确	·输出功率大幅度减小 ·无法倒档行驶 ·行驶范围受限 ·驾驶时使用发动机且发动机转速变高
P1CB59E	DC/DC 变换器电压传感器"A"(VL)卡在 ON 位置	·输出功率减小 ·行驶范围受限 ·发动机总是停机
P1CB69E	驱动电动机"A"逆变器电压传感器(VH)卡在 ON 位置	输出功率减小
P1CCC96	DC/DC 变换器启用零部件内部故障	混合动力系统停止
P222612	大气压力传感器"A"电路对蓄电池短路	正常行驶
P222614	大气压力传感器"A"电路对接地短路或断路	正常行驶
P31241F	驱动电动机"A"和 HV ECU 电路间歇之间失去通信	混合动力系统停止
P312487	驱动电动机"A"和 HV ECU 之间失去通信(丢失信息)	混合动力系统停止
P313383	发电机至驱动电动机"A"的通信故障(信号保护计算值不正确)	·输出功率减小 ·行驶范围受限 ·发动机总是停机
P313386	发电机至驱动电动机"A"的通信故障(信号无效)	·输出功率减小 ·行驶范围受限 ·发动机总是停机
P313483	驱动电动机"A"至发电机的通信故障(信号保护计算值不正确)	·输出功率减小 ·行驶范围受限 ·发动机总是停机
P313486	驱动电动机"A"至发电机的通信故障(信号无效)	·输出功率减小 ·行驶范围受限 ·发动机总是停机
P313487	驱动电动机"A"至发电机的通信故障(丢失信息)	·输出功率减小 ·行驶范围受限 ·发动机总是停机
P314F1F	DC/DC 变换器电压传感器"A"(VL)电路间歇	正常行驶
P31531D	DC/DC 变换器电流传感器电路电流超出范围	混合动力系统停止
U010087	与 ECM/PCM"A"失去通信且丢失信息	·输出功率减小 ·行驶范围受限 ·发动机总是停机
U029387	与混合动力传动系控制模块失去通信(丢失信息)	混合动力系统停止
U117087	与制动系统控制模块(ch2)失去通信(丢失信息)	正常行驶

五 HV 蓄电池充电

1. 注意事项

将电源开关置于 OFF 位置后,断开辅助蓄电池负极(-端子)电缆前,可能需要等待一段时间。因此，继续工作前，确保断开辅助蓄电池负极（-端子）电缆的注意事项。

2. 检查辅助蓄电池电压

测量辅助蓄电池电压。标准电压：约 11V 或更高。

提示：喇叭清晰鸣响。如果电压为 10V 或更低，则对辅助蓄电池充电（充电通常需要大约 1h）或用充满电的辅助蓄电池更换。

3. HV 蓄电池充电的准备工作

警告：混合动力系统具有高压电路。如果未以正确方式操作混合动力系统，则可能会导致电击或漏电等事故。确保遵循正确程序。

提示：拆下维修塞把手可中断高压电路，如图 3-94 所示。

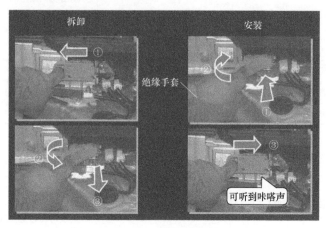

图 3-94 拆下维修塞

1）检查 HV 蓄电池的充电量。如果混合动力系统无法起动，且多信息显示屏上显示 "Hybrid Battery Low Shift Out of N to Recharge" 或 "Hybrid Battery Low Hybrid System Stopped Shift to P and Restart"，则 HV 蓄电池可能放电。

2）确认发动机是否起动。如果发动机起动，则变速杆置于 P 位的情况下使其怠速运转，直至发动机停止（自充电完成）。如果发动机无法起动，则对 HV 蓄电池进行充电。

提示：

① 执行外部充电前，务必使用 GTS 进行故障排除。

② 每个充电循环中使用 THS 充电器的充电时间为 10min。使用 THS 充电器的充电时间较短（HV 蓄电池温度为 25℃（77℉）时，10min 就足够；HV 蓄电池温度为 0℃（32℉）时，需要 3 个 10min 充电周期），即可使发动机处于可起动状态（系统可进入 READY-ON 状态）。充电开始后，THS 充电器自动停止 10min。

3）断开 HV 地板底部线束，如图 3-95 所示。

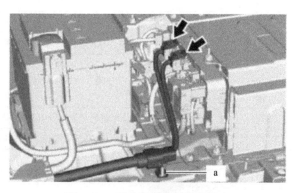

图 3-95 断开 HV 地板底部线束
a—屏蔽接地

注意：用绝缘胶带将断开的插接器绝缘。

4）从 HV 蓄电池上断开屏蔽接地。

5）按如图 3-96 所示顺序连接 THS 充电器。

注意：1）确保首先连接 EV 接地线以防电击。

2）按图示顺序连接所有 THS 充电器电缆以防电击。

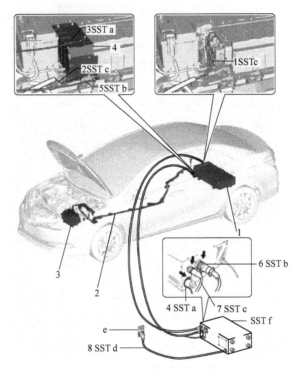

图 3-96 连接 THS 充电器

1—HV 蓄电池　2—HV 地板底部线束　3—带变换器的逆变器总成　4—混合动力蓄电池右侧盖分总成　a—EV 接地线（绿色电缆）　b—低压电缆　c—高压电缆　d—电源输入插头　e—接地 AC100~240V 插座　f—THS 充电器

六、HV 继电器总成检查

1. 检查 HV 蓄电池接线盒总成

1）检查 SMRB（图 3-97）。根据表 3-15、表 3-16 中的值测量电阻。

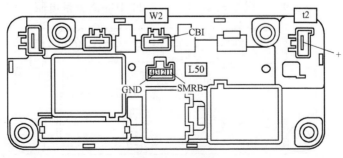

图 3-97 SMRB

注意：如果结果不符合规定，则更换 HV 蓄电池接线盒总成。

表 3-15　施加电压时的标准电阻

检测仪连接	条　件	规定状态
W2-1(CBI)-t2-1(+)	未在端子 L50-1(SMRB) 和 L50-3(GND) 之间施加辅助蓄电池电压	10kΩ 或更大
	在端子 L50-1(SMRB) 和 L50-3(GND) 之间施加辅助蓄电池电压	小于 1Ω

表 3-16　标准电阻

检测仪连接	条　件	规定状态
L50-1(SMRB)-L50-3(GND)	-40~80℃(-40~176℉)	20.6~40.8Ω

2）检查 SMRG（图 3-98）。根据表 3-17、表 3-18 中的值测量电阻。

注意：如果结果不符合规定，则更换 HV 蓄电池接线盒总成。

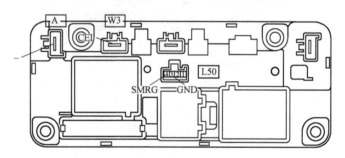

图 3-98　SMRG

表 3-17　施加电压时标准电阻

检测仪连接	条　件	规定状态
W3-1(CEI)-A-1(-)	未在端子 L50-4(SMRG) 和 L50-3(GND) 之间施加辅助蓄电池电压	10kΩ 或更大
	在端子 L50-4(SMRG) 和 L50-3(GND) 之间施加辅助蓄电池电压	小于 1Ω

表 3-18　标准电阻

检测仪连接	条　件	规定状态
L50-4(SMRG)-L50-3(GND)	-40~80℃(-40~176℉)	20.6~40.8Ω

3）检查 SMRP（图 3-99）。根据表 3-19、表 3-20 中的值测量电阻。

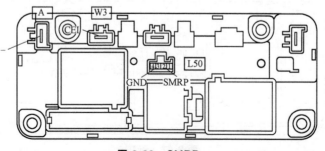

图 3-99　SMRP

表 3-19 施加电压标准电阻

检测仪连接	条件	规定状态
W3-1(CEI)-A-1(-)	在端子 L50-2(SMRP) 和 L50-3(GND) 之间施加辅助蓄电池电压	10kΩ 或更大
	在端子 L50-2(SMRP) 和 L50-3(GND) 之间施加辅助蓄电池电压	24.3Ω 和 29.7Ω

表 3-20 标准电阻

检测仪连接	条件	规定状态
L50-2(SMRP)-L50-3(GND)	-40~80℃(-40~176°F)	140~290Ω

七 组合开关检查

1) 检查 EV 模式开关端子，如图 3-100 所示。标准电阻见表 3-21。
2) 检查环保模式开关端子，如图 3-101 所示。标准电阻见表 3-22。

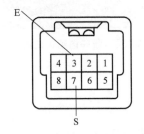

图 3-100 检查 EV 模式开关端子

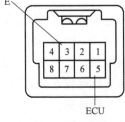

图 3-101 检查环保模式开关端子

表 3-21 标准电阻

检测仪连接	条件	规定状态
7(S)-3(E)	按住 EV 模式开关	小于 50Ω
	未按下 EV 模式开关	10kΩ 或更大

表 3-22 标准电阻

检测仪连接	条件	规定状态
5(ECU)-3(E)	按住环保模式开关	小于 50Ω
	未按下环保模式开关	10kΩ 或更大

3) 检查 PWR 模式开关端子，如图 3-102 所示。标准电阻见表 3-23。
4) 检查照明情况。将辅助蓄电池电压施加到组合开关总成上，检查并确认组合开关总成点亮，如图 3-103 所示。

测量条件：辅助蓄电池正极（+）→6（ILL+）辅助蓄电池负极（-）→1（ILL-）→点亮。

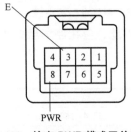

图 3-102 检查 PWR 模式开关端子

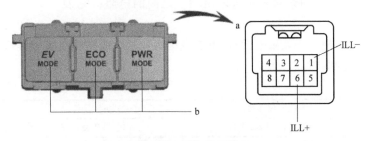

图 3-103 检查照明情况
a—未连接线束的零部件（组合开关总成） b—点亮

表 3-23 标准电阻

检测仪连接	条　件	规定状态
8(PWR)-3(E)	按住 PWR 模式开关	小于 50Ω
	未按下 PWR 模式开关	10kΩ 或更大

八、带变换器的逆变器总成拆装

警告：务必佩戴绝缘手套。

1）检查并确认维修塞把手未安装。

注意：拆下维修塞把手后，除非修理手册规定，否则不要将电源开关置于 ON (READY) 位置，因为这样可能会导致故障。

2）从带变换器的逆变器总成上拆下逆变器盖。

3）从带变换器的逆变器总成上断开电动机电缆，如图 3-104 所示。

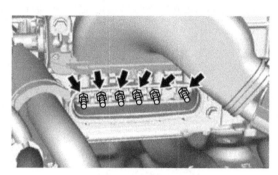

图 3-104　断开电动机电缆

4）检查电动机电缆端子上是否有电弧痕迹。

5）将电动机电缆连接到带变换器的逆变器总成上。

6）安装逆变器盖。

九、检查混合动力车辆传动桥总成（电动机 MG2）

1）检查并确认维修塞把手未安装。

注意：拆下维修塞把手后，除非修理手册规定，否则不要将电源开关置于 ON (READY) 位置，因为这样可能会导致故障。

2）从带变换器的逆变器总成上拆下逆变器盖。

3）从带变换器的逆变器总成上断开电动机电缆，如图 3-105 所示。

4）用毫欧表测量电阻端子之间的电阻，见表 3-24。

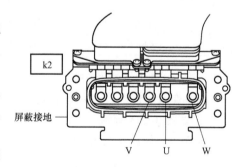

图 3-105　断开电动机电缆

提示：如果电动机 MG2 温度高，则电阻与规格将差异极大。因此，应在停车至少 8h 后测量电阻。

表 3-24　端子之间标准电阻

检测仪连接	条　件	规定状态
k2-1(W)-k2-2(U)	电源开关 OFF	152.4~168.8mΩ
k2-3(V)-k2-1(W)	电源开关 OFF	151.5~167.9mΩ
k2-2(U)-k2-3(V)	电源开关 OFF	157.5~173.9mΩ

第三章 丰田卡罗拉、雷凌混合动力汽车

5）使用设定为500V的兆欧表测量与电机端子与车身之间的电阻，见表3-25。

注意：进行此测试时，确保将兆欧表设定为500V。使用设定高于500V的兆欧表检测会导致正在检测的零部件损坏。

表3-25 与车身接地标准电阻

检测仪连接	条 件	规定状态
k2-1(W)-车身接地和屏蔽接地	电源开关OFF	100MΩ或更大
k2-3(V)-车身接地和屏蔽接地	电源开关OFF	100MΩ或更大
k2-2(U)-车身接地和屏蔽接地	电源开关OFF	100MΩ或更大

6）测量电动机相位电阻见表3-26。

提示：仅在不使用毫欧表检查电动机相位间是否短路时执行该程序。

表3-26 电动机相位电阻

检测仪连接	条 件	规定状态
k2-1(W)-k2-3(V)	电源开关OFF	小于1Ω
k2-3(V)-k2-2(U)	电源开关OFF	小于1Ω

7）重新连接电动机电缆。

8）安装逆变器盖。

检查混合动力车辆传动桥总成（电动机电缆连接情况）

1）检查并确认维修塞把手未安装。

注意：拆下维修塞把手后，除非修理手册规定，否则不要将电源开关置于ON（READY）位置，因为这样可能会导致故障。

2）检查并确认电动机电缆的螺栓紧固至规定力矩，电动机电缆牢固连接且无接触故障，如图3-106所示。

3）从混合动力车辆传动桥总成上断开电动机电缆。

4）检查发电机电缆端子上是否有电弧痕迹。

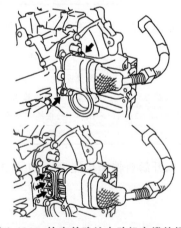

图3-106 检查并确认电动机电缆的螺栓

检查线束和插接器（带变换器的逆变器总成—发电机解析器）

1）检查并确认维修塞把手未安装。

注意：拆下维修塞把手后，除非修理手册规定，否则不要将电源开关置于ON（READY）位置，因为这样可能会导致故障。

2）断开带变换器的逆变器总成插接器B27，如图3-107所示。

3) 连接辅助蓄电池负极（-端子）电缆。

4) 将电源开关置于 ON（IG）位置。

5) 各端子测量电压值，见表 3-27。

注意：在带变换器的逆变器总成断开的情况下将电源开关置于 ON（IG）位置，会导致存储其他 DTC。进行该检查后清除 DTC。

6) 发电机解析器断路检查，见表 3-28。

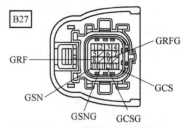

图 3-107　逆变器总成插接器 B27

表 3-27　各端子测量电压值

检测仪连接	条　件	规定状态
B27-8(GRF)-车身接地	电源开关 ON(IG)	小于 1V
B27-9(GRFG)-车身接地	电源开关 ON(IG)	小于 1V
B27-10(GSN)-车身接地	电源开关 ON(IG)	小于 1V
B27-11(GSNG)-车身接地	电源开关 ON(IG)	小于 1V
B27-13(GCS)-车身接地	电源开关 ON(IG)	小于 1V
B27-12(GCSG)-车身接地	电源开关 ON(IG)	小于 1V

表 3-28　断路检查（标准电阻）

检测仪连接	条　件	规定状态
B27-8(GRF)-B27-9(GRFG)	电源开关 OFF	9.5～15.5Ω
B27-10(GSN)-B27-11(GSNG)	电源开关 OFF	15.0～27.0Ω
B27-13(GCS)-B27-12(GCSG)	电源开关 OFF	14.0～26.0Ω

7) 发电机解析器 1 短路检查，见表 3-29。

表 3-29　短路检查（标准电阻）

检测仪连接	条　件	规定状态
B27-8(GRF) 或 B27-9(GRFG)-车身接地和其他端子	电源开关 OFF	1MΩ 或更大
B27-10(GSN) 或 B27-11(GSNG)-车身接地和其他端子	电源开关 OFF	1MΩ 或更大
B27-13(GCS) 或 B27-12(GCSG)-车身接地和其他端子	电源开关 OFF	1MΩ 或更大

8) 断开解析器插接器 B2，如图 3-108 所示。

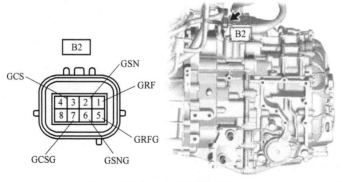

图 3-108　断开解析器插接器 B2

① 发电机解析器 2 断路检查,见表 3-30。

表 3-30 标准电阻(断路检查)

检测仪连接	条件	规定状态
B2-1(GRF)-B2-5(GRFG)	电源开关 OFF	9.5~15.5Ω
B2-2(GSN)-B2-6(GSNG)	电源开关 OFF	15.0~27.0Ω
B2-3(GCS)-B2-7(GCSG)	电源开关 OFF	14.0~26.0Ω

② 发电机解析器 2 短路路检查,见表 3-31。

表 3-31 标准电阻(短路检查)

检测仪连接	条件	规定状态
B2-1(GRF)-车身接地和其他端子(除 B2-5(GRFG)外)	电源开关 OFF	1MΩ 或更大
B2-5(GRFG)-车身接地和其他端子(除 B2-1(GRFG)外)	电源开关 OFF	1MΩ 或更大
B2-2(GSN)-车身接地和其他端子(除 B2-6(GSNG)外)	电源开关 OFF	1MΩ 或更大
B2-6(GSNG)-车身接地和其他端子(除 B2-2(GSN)外)	电源开关 OFF	1MΩ 或更大
B2-3(GCS)-车身接地和其他端子(除 B2-7(GCSG)外)	电源开关 OFF	1MΩ 或更大
B2-7(GCSG)-车身接地和其他端子(除 B2-3(GCS)外)	电源开关 OFF	1MΩ 或更大

十二 检查混合动力车辆控制 ECU 电压

1)将电源开关置于 ON(IG)位置。
2)车辆控制 ECU 端子如图 3-109 所示。
3)测量电压见表 3-32。
4)将电源开关置于 OFF。

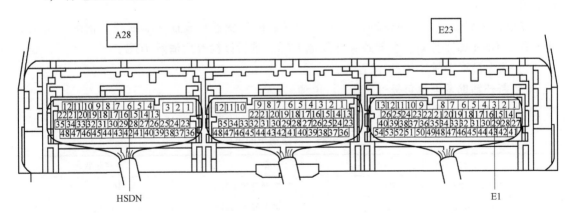

图 3-109 车辆控制 ECU 端子

表 3-32 标准电压

检测仪连接	条件	规定状态
A28-6(HSDN)-E23-3(E1)	电源开关 ON(IG)	小于 4.5V

十三 检查线束和插接器（混合动力车辆控制ECU—带变换器的逆变器总成）

1) 检查并确认维修塞把手未安装。

注意：拆下维修塞把手后，除非修理手册规定，否则不要将电源开关置于ON（READY）位置，因为这样可能会导致故障。

2) 断开混合动力车辆控制ECU插接器A28。

3) 断开带变换器的逆变器总成插接器A41，如图3-110所示。

4) 连接辅助蓄电池负极（-端子）电缆。

5) 将电源开关置于ON（IG）位置。

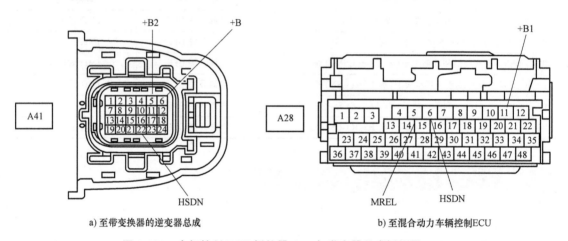

图3-110 车辆控制ECU插接器A28与逆变器总成插接器A41

6) 测量电压A41-22（HSDN）或A28-6（HSDN）至车身接地电压，电源开关ON（IG）标准值小于1V。

注意：在混合动力车辆控制ECU和带变换器的逆变器总成插接器断开的情况下将电源开关置于ON（IG）位置，会导致存储其他DTC。进行该检查后清除DTC。

7) 将电源开关置于OFF位置。

8) 断开辅助蓄电池负极（-端子）电缆。

9) 测量端子的电阻，见表3-33。

表3-33 测量端子的电阻

检测仪连接	条　件	规定状态
A41-22(HSDN)-A41-6(+B)	电源开关OFF	10kΩ 或更大
A41-22(HSDN)-A41-5(+B2)	电源开关OFF	10kΩ 或更大
A28-6(HSDN)-A28-11(+B1)	电源开关OFF	10kΩ 或更大
A28-6(HSDN)-A28-5(MREL)	电源开关OFF	10kΩ 或更大

10) 重新连接带变换器的逆变器总成插接器A41。

11) 重新连接混合动力车辆控制ECU插接器A28。

十四 检查带变换器的逆变器总成

1)检查并确认维修塞把手未安装。

注意:拆下维修塞把手后,除非修理手册规定,否则不要将电源开关置于 ON(READY)位置,因为这样可能会导致故障。

2)断开带变换器的逆变器总成插接器 A41,如图 3-111 所示。

3)测量逆变器总成插接器端子电阻,见表 3-34。

4)正常重新连接带变换器的逆变器总成插接器 A41。

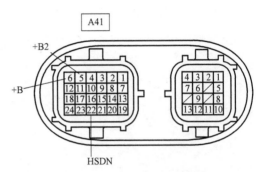

图 3-111 逆变器总成插接器

表 3-34 逆变器总成插接器端子电阻

检测仪连接	条件	规定状态
A41-22(HSDN)-A41-6(+B)	电源开关 OFF	80Ω 或更大
A41-22(HSDN)-A41-5(+B2)	电源开关 OFF	80Ω 或更大

十五 检查熔丝 PCU

1)从发动机室 1 号继电器盒和 1 号接线盒总成上拆下 PCU 熔丝,如图 3-112 所示。

2)测量 PCU 熔丝端子,标准电阻小于 1Ω。

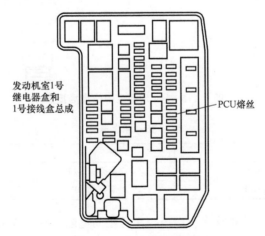

图 3-112 PCU 熔丝位置

十六 检查 HV 地板底部线束

1)检查并确认维修塞把手未安装。

注意：拆下维修塞把手后，除非修理手册规定，否则不要将电源开关置于 ON（READY）位置，因为这样可能会导致故障。

2）从带变换器的逆变器总成上断开 HV 地板底部线束插接器 W1，如图 3-113 所示。

3）拆下混合动力蓄电池右侧盖分总成。

4）从 HV 蓄电池接线盒总成上断开 HV 地板底部线束插接器 W2 和 W3，如图 3-114 所示。

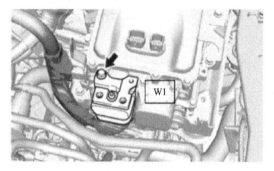

图 3-113　线束插接器 W1

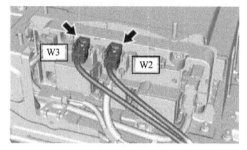

图 3-114　插接器 W2 和 W3

5）HV 地板底部线束插接器如图 3-115 所示，测量电阻，其标准值见表 3-35。

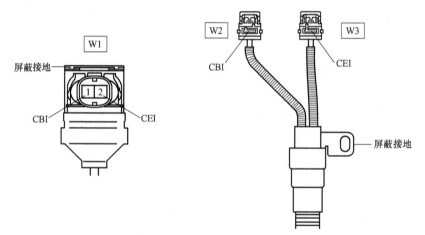

图 3-115　HV 地板底部线束插接器

表 3-35　标准电阻

检测仪连接	条　件	规定状态
W1-1(CBI)-W2-1(CBI)	电源开关 OFF	小于 1Ω
W1-2(CEI)-W3-1(CEI)	电源开关 OFF	小于 1Ω

6）使用设定为 500V 的兆欧表，端子与车身之间电阻，见表 3-36。

注意：进行此测试时，确保将兆欧表设定为 500V。使用设定高于 500V 的兆欧表检测会导致正在检测的零部件损坏。

表 3-36　端子与车身之间电阻

检测仪连接	条　件	规定状态
W1-1(CBI)或 W2-1(CBI)-车身接地和屏蔽接地	电源开关 OFF	10MΩ 或更大

第三章 丰田卡罗拉、雷凌混合动力汽车

(续)

检测仪连接	条　件	规定状态
W1-2(CEI)或 W3-1(CEI)-车身接地和屏蔽接地	电源开关 OFF	10MΩ 或更大
W1-1(CBI)-W1-2(CEI)	电源开关 OFF	10MΩ 或更大
W2-1(CBI)-W3-1(CEI)	电源开关 OFF	10MΩ 或更大

7）将 HV 地板底部线束插接器 W2 和 W3 重新连接到 HV 蓄电池接线盒总成上。

8）安装混合动力蓄电池右侧盖分总成。

9）将 HV 地板底部线束插接器 W1 重新连接到带变换器的逆变器总成上。

第六节　丰田卡罗拉、雷凌混合动力汽车车辆控制单元端子及控制电路

一、混合动力车辆控制 ECU 端子及定义

丰田卡罗拉、雷凌混合动力车辆控制 ECU 端子如图 3-116 所示。端子定义见表 3-37。

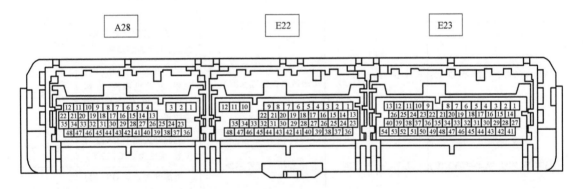

图 3-116　混合动力车辆控制 ECU 端子

表 3-37　混合动力车辆控制 ECU 端子定义

端子编号（符号）	配线颜色	输入/输出	端子描述	条　件	规定状态
A28-4(HMCH)-E23-3(E1)	B-BR	IN/OUT	CAN 通信信号	电源开关 ON(READY)	产生脉冲（波形1）
A28-5(MREL)-E23-3(E1)	B-BR	OUT	主继电器	电源开关 ON(IG)	11~14V
A28-6(HSDN)-E23-3(E1)	G-BR	OUT	MG ECU 切断信号	电源开关 ON(READY)	0~1V
A28-7(STP)-E23-3(E1)	L-BR	IN	刹车灯开关	踩下制动踏板	11~14V
				松开制动踏板	0~1.5V
A28-8(LIN3)-E23-3(E1)	B-BR	IN/OUT	空调通信信号	电源开关 ON(READY)	产生脉冲

(续)

端子编号(符号)	配线颜色	输入/输出	端子描述	条件	规定状态
A28-11(+B1)-E23-3(E1)	L-BR	IN	电源	电源开关ON(IG)	11~14V
A28-14(HMCL)-E23-3(E1)	W-BR	IN/OUT	通信信号	电源开关ON(READY)	产生脉冲波形1
A28-20(BL)-E23-3(E1)	G-BR	OUT	倒车灯	电源开关置于ON(IG)位置,变速杆置于R	11~14V
A28-24(VCPA)-A28-37(EPA)	Y-BR	OUT	加速踏板传感器总成电源(VPA)	电源开关ON(IG)	4.5~5.5V
A28-26(VCP2)-A28-25(EPA2)	W-B	OUT	加速踏板传感器总成电源(VPA2)	电源开关ON(IG)	4.5~5.5V
A28-33(NIWP)-E23-3(E1)	P-BR	IN	逆变器水泵总成信号	电源开关ON(READY)	产生脉冲(波形2)
A28-34(IWP)-E23-3(E1)	G-BR	OUT	逆变器水泵总成信号	电源开关ON(READY)	产生脉冲(波形2)
A28-36(VPA)-A28-37(EPA)	L-BR	IN	加速踏板传感器总成(加速踏板位置检测)	电源开关置于ON(IG)位置,松开加速踏板	0.4~1.4V
				电源开关置于ON(IG)位置,发动机停机,变速杆置于P位,完全踩下加速踏板	2.6~4.5V
A28-38(VPA2)-A28-25(EPA2)	V-B	IN	加速踏板传感器总成(加速踏板位置检测)	电源开关置于ON(IG)位置,松开加速踏板	1.0~2.2V
				电源开关置于ON(IG)位置,发动机停机,变速杆置于P位,完全踩下加速踏板	3.4~5.3V
A28-46(MMT)-A28-45(MMTG)	L-V	IN	电动机温度传感器	电源开关置于ON(IG)位置,温度为25℃(77℉)	3.6~4.6V
				电源开关置于ON(IG)位置,温度为60℃(140℉)	2.2~3.2V
A28-48(GMT)-A28-47(GMTG)	B-R	IN	发电机温度传感器	电源开关置于ON(IG)位置,温度为25℃(77℉)	3.6~4.6V
				电源开关置于ON(IG)位置,温度为60℃(140℉)	2.2~3.2V
E22-5(ILK)-E23-3(E1)	LG-BR	IN	互锁开关	电源开关置于ON(IG)位置,插接器盖总成、维修塞把手安装正确	0~1.5V
				电源开关置于ON(IG)位置,未安装维修塞把手	11~14V
E22-7(CA3P)-E23-3(E1)	P-BR	IN/OUT	CAN通信信号	电源开关ON(IG)	产生脉冲(波形3)
E22-8(CA1L)-E23-3(E1)	SB-BR	IN/OUT	CAN通信信号	电源开关ON(IG)	产生脉冲(波形4)

（续）

端子编号（符号）	配线颜色	输入/输出	端子描述	条　件	规定状态
E22-13（SMRG）-E22-12（E01）	Y-W-B	OUT	系统主继电器工作信号	电源开关 ON(IG)→电源开关 ON(READY)	产生脉冲（波形5）
E22-15（SMRP）-E22-12（E01）	W-W-B	OUT	系统主继电器工作信号	电源开关 ON(IG)→电源开关 ON(READY)	产生脉冲（波形5）
E22-16（SNRB）-E22-12（E01）	SB-W-B	OUT	系统主继电器工作信号	电源开关 ON(IG)→电源开关 ON(READY)	产生脉冲（波形5）
E22-20（CA3N）-E23-3（E1）	W-BR	IN/OUT	CAN通信信号	电源开关 ON(IG)	产生脉冲（波形3）
E22-21（CA1H）-E23-3（E1）	R-BR	IN/OUT	CAN通信信号	电源开关 ON(IG)	产生脉冲（波形4）
E22-28（ST1-）①-E23-3（E1）	R-BR	IN	制动取消开关	电源开关置于 ON(IG)位置，踩下制动踏板	0~1.5V
				电源开关置于 ON(IG)位置，松开制动踏板	11~14V
E22-35（IG2）-E23-3（E1）	G-BR	IN	电源	电源开关 ON(IG)	11~14V
E22-38（SIO）-E23-3（E1）	Y-BR	OUT	蓄电池冷却鼓风机工作信号	冷却风扇工作	产生脉冲（波形6）
				冷却风扇不工作	4.5~5.5V
E22-41（BTH+）-E23-3（E1）	R-BR	IN	自蓄电池电压传感器至混合动力车辆控制ECU的通信信号	电源开关 ON(IG)	产生脉冲（波形7）
E22-42（BTH-）-E23-3（E1）	G-BR	IN	自蓄电池电压传感器至混合动力车辆控制ECU的通信信号	电源开关 ON(IG)	产生脉冲（波形7）
E22-48-（THB）-E22-47（ETHB）	L-G	IN	辅助蓄电池温度	电源开关置于 ON(IG)位置，辅助蓄电池温度为 25℃（77℉）	1.7~2.3V
				电源开关置于 ON(IG)位置，辅助蓄电池温度为 60℃（140℉）	0.6~0.9V
E23-1(+B2)-E23-3(E1)	L-BR	IN	电源	电源开关 ON(IG)	11~14V
E23-4(ST2)-E23-3(E1)	R-BR	IN	起动机信号	电源开关 ON(IG)	0~1.5V
E23-11（SFTD）-E23-3（E1）	R-BR	IN	变速器控制	操作左侧换档拨板装置(-)	0~1.5V
				未操作左侧换档拨板装置(-)	11~14V
E23-27（BATT）-E23-3（E1）	W-BR	IN	稳压电源	始终	10~14V
E23-29（ABFS）-E23-3（E1）	B-BR	IN	空气囊激活信号	电源开关 ON(READY)	产生脉冲（波形8）

（续）

端子编号（符号）	配线颜色	输入/输出	端子描述	条　件	规定状态
E23-30(TC)-E23-3(E1)	P-BR	IN	诊断端子	电源开关ON（IG）	11~14V
E23-31(LIN)-E23-3(E1)	L-BR	IN/OUT	认证ECU通信信号	电源开关ON（IG）	产生脉冲
E23-33（EVSW）-E23-3(E1)	B-BR	IN	EV驱动模式开关（组合开关总成）信号	电源开关置于ON（IG）位置，未操作EV驱动模式开关（组合开关总成）	11~14V
				电源开关置于ON（IG）位置，操作EV驱动模式开关（组合开关总成）	0~1.5V
E23-27（PWR）-E23-3(E1)	G-BR	IN	动力模式开关（组合开关总成）信号	电源开关置于ON（IG）位置，未操作动力模式开关（组合开关总成）	11~14V
				电源开关置于ON（IG）位置，操作动力模式开关（组合开关总成）	0~1.5V
E23-46（VSI4）-E23-49（E2X2）	LG-Y	IN	换档传感器（VSX4）	电源开关置于ON（IG）位置，变速杆置于原始位置	0.68~1.62V
				电源开关置于ON（IG）位置，变速杆置于D位	4.47~4.75V
				电源开关置于ON（IG）位置，变速杆置于N位	3.53~4.47V
				电源开关置于ON（IG）位置，变速杆置于R位	2.75~3.52V
				电源开关置于ON（IG）位置，变速杆置于S位	0.40~0.67V
E23-48（VSI3）-E23-49（E2X2）	P-Y	IN	换档传感器（VSX3）	电源开关置于ON（IG）位置，变速杆置于原始位置	1.63~2.70V
				电源开关置于ON（IG）位置，变速杆置于D位	3.53~4.17V
				电源开关置于ON（IG）位置，变速杆置于N位	2.45~3.52V
				电源开关置于ON（IG）位置，变速杆置于R位	1.63~2.45V
				电源开关置于ON（IG）位置，变速杆置于S位	0.98~2.45V
E23-50（VSI2）-E23-51（E2X1）	L-W	IN	换档传感器（VSX2）	电源开关置于ON（IG）位置，变速杆置于原始位置	2.45~3.52V
				电源开关置于ON（IG）位置，变速杆置于D位	2.70~3.52V
				电源开关置于ON（IG）位置，变速杆置于N位	1.63~2.70V

(续)

端子编号(符号)	配线颜色	输入/输出	端子描述	条　件	规定状态
E23-50（VSI2）-E23-51（E2X1）	L-W	IN	换档传感器(VSX2)	电源开关置于ON(IG)位置,变速杆置于R位	0.98~1.62V
				电源开关置于ON(IG)位置,变速杆置于S位	1.63~2.45V
E23-52（VSI1）-E23-51（E2X1）	W-W	IN	换档传感器(VSX1)	电源开关置于ON(IG)位置,变速杆置于原始位置	3.53~4.47V
				电源开关置于ON(IG)位置,变速杆置于D位	1.63~2.40V
				电源开关置于ON(IG)位置,变速杆置于N位	0.68~1.62V
				电源开关置于ON(IG)位置,变速杆置于R位	0.40~0.67V
				电源开关置于ON(IG)位置,变速杆置于S位	2.75~3.52V
E23-53（VCX2）-E23-49（E2X2）	G-Y	OUT	换档传感器电源(VCX2)	电源开关ON(IG)	4.5~5.5V
E23-54（VCX1）-E23-51（E2X1）	R-W	OUT	换档传感器电源(VCX1)	电源开关ON(IG)	4.5~5.5V

① 带巡航控制系统。

二 蓄电池电压传感器端子及端子定义

蓄电池电压传感器端子如图3-117所示。端子定义见表3-38。

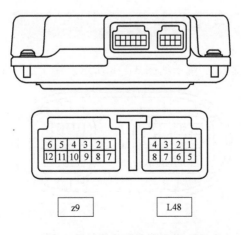

图3-117　蓄电池电压传感器端子

表 3-38 蓄电池电压传感器端子定义

端子编号（符号）	配线颜色	输入/输出	端子描述	条　件	规定状态
z9-1(TC0)-z9-7(GC0)	G-G	IN	进气温度传感器	HV 蓄电池温度：-40~90℃(-40~194℉)	4.8(-40℃/-40℉)~1.0V(90℃/194℉)
z9-2(TB2)-z9-8(GB2)	R-R	IN	蓄电池温度传感器 2	HV 蓄电池温度：-40~90℃(-40~194℉)	4.8(-40℃/-40℉)~1.0V(90℃/194℉)
z9-3(TB1)-z9-9(GB1)	W-W	IN	蓄电池温度传感器 1	HV 蓄电池温度：-40~90℃(-40~194℉)	4.8(-40℃/-40℉)~1.0V(90℃/194℉)
z9-4(TB0)-z9-10(GB0)	L-L	IN	蓄电池温度传感器 0	HV 蓄电池温度：-40~90℃(-40~194℉)	4.8(-40℃/-40℉)~1.0V(90℃/194℉)
z9-5(IB0)-z9-12(GIB)	Y-B	IN	电流传感器	电源开关 ON(READY)	0.5~4.5V
z9-6(VIB)-z9-12(GIB)	BR-B	OUT	蓄电池电流传感器电源	电源开关 ON(IG)	4.5~5.5V
L48-1(IGCT)-L48-5(GND)	L-BR	IN	控制信号	电源开关 ON(READY)	11~14V
L48-2(BTH+)-L48-5(GND)	R-BR	OUT	串行通信	电源开关 ON(IG)	产生脉冲（波形 1）
L48-3(BTH-)-L48-5(GND)	G-BR	OUT	串行通信	电源开关 ON(IG)	产生脉冲（波形 2）
L48-5(GND)-车身接地	BR	—	地面	始终（导通性检查）	小于 1Ω
L48-8(FP0)-L48-5(GND)	B-BR	IN	蓄电池 0 号冷却鼓风机监视信号	冷却鼓风机停止	0Hz
				冷却鼓风机激活	产生脉冲（波形 3）

三　电动机发电机控制系统 ECU 端子及端子定义

电动机发电机控制系统 ECU 端子如图 3-118 所示。端子定义见表 3-39。

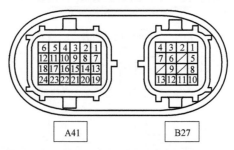

图 3-118　电动机发电机控制系统 ECU 端子

表 3-39 电动机发电机控制系统 ECU 端子定义

端子编号（符号）	配线颜色	输入/输出	端子描述	条件	标准状态
A41-1（CANH）-A41-24（GND1）	L-W-B	输入/输出	CAN 通信信号	电源开关 ON(IG)	产生脉冲（波形1）
A41-5（+B2）-A41-24（GND1）	G-W-B	输入	电动机发电机控制 ECU（MG ECU）电源	电源开关 ON(IG)	11~14V
A41-6（+B）-A41-24（GND1）	R-W-B	输入	电动机发电机控制 ECU（MG ECU）电源	电源开关 ON(IG)	11~14V
A41-7（CANL）-A41-24（GND1）	SB-W-B	输入/输出	CAN 通信信号	电源开关 ON(IG)	产生脉冲（波形1）
A41-10（G1）-A41-24（GND1）	B-W-B	输入	凸轮轴位置传感器信号	电源开关 ON(READY)，发动机运转	产生脉冲（波形2）
A41-12（IGCT）-A41-24（GND1）	V-W-B	输入	电动机发电机控制 ECU（MG ECU）电源	电源开关 ON(IG)	11~14V
A41-17（NE）-A41-24（GND1）	G-W-B	输入	曲轴位置传感器信号	电源开关 ON(READY)，发动机运转	产生脉冲（波形3）
A41-19（HMCL）-A41-24（GND1）	W-W-B	输入/输出	通信信号	电源开关 ON(READY)	产生脉冲（波形4）
A41-20（HMCH）-A41-24（GND1）	B-W-B	输入/输出	通信信号	电源开关 ON(READY)	产生脉冲（波形4）
A41-22（HSDN）-A41-24（GND1）	G-W-B	输入	MG 切断信号	电源开关 ON(READY)	0~1V
B27-1（MSN）-B27-2（MSNG）	L-R	输入	电动机解析器信号	电动机解析器运行	产生脉冲（波形5）
B27-3（MCSG）-B27-4（MCS）	Y-W	输入	电动机解析器信号	电动机解析器运行	产生脉冲（波形5）
B27-5（MRF）-B27-6（MRFG）	B-G	输出	电动机解析器参考信号	电动机解析器运行	产生脉冲（波形5）
B27-8（GRF）-B27-9（GRFG）	W-Y	输出	发电机解析器参考信号	发电机解析器运行	产生脉冲（波形6）
B27-10（GSN）-B27-11（GSNG）	B-G	输入	发电机解析器信号	发电机解析器运行	产生脉冲（波形6）
B27-12（GCSG）-B27-13（GCS）	R-L	输入	发电机解析器信号	发电机解析器运行	产生脉冲（波形6）

四 混合动力系统电路图

卡罗拉、雷凌混合动力控制系统电路如图 3-119~图 3-124 所示。

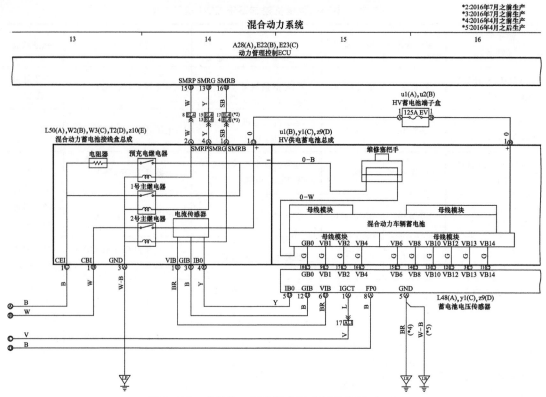

图 3-119 卡罗拉、雷凌混合动力系统电路（一）

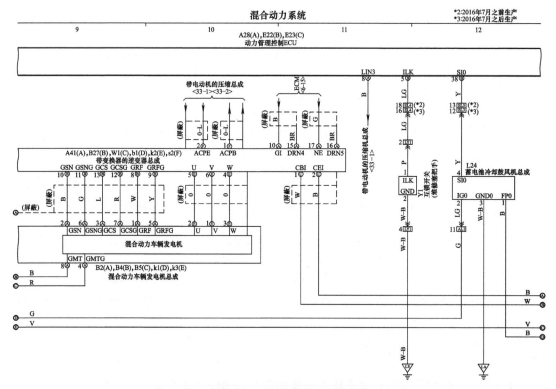

图 3-120 卡罗拉、雷凌混合动力系统电路（二）

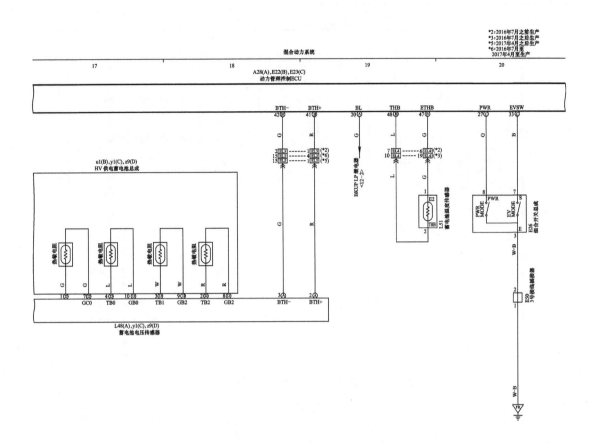

图 3-121　卡罗拉、雷凌混合动力系统电路（三）

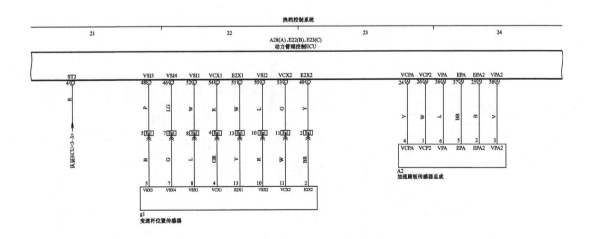

图 3-122　卡罗拉、雷凌混合动力系统电路（四）

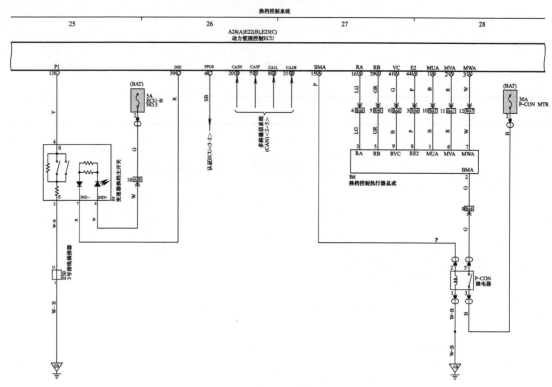

图 3-123　卡罗拉、雷凌混合动力系统电路（五）

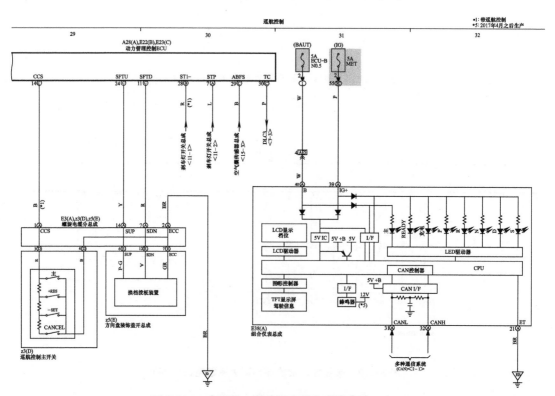

图 3-124　卡罗拉、雷凌混合动力系统电路（六）

第三章 丰田卡罗拉、雷凌混合动力汽车

五 卡罗拉、雷凌混合动力汽车继电器、熔丝位置图

卡罗拉、雷凌混合动力汽车继电器、熔丝位置如图 3-125~图 3-127 所示。

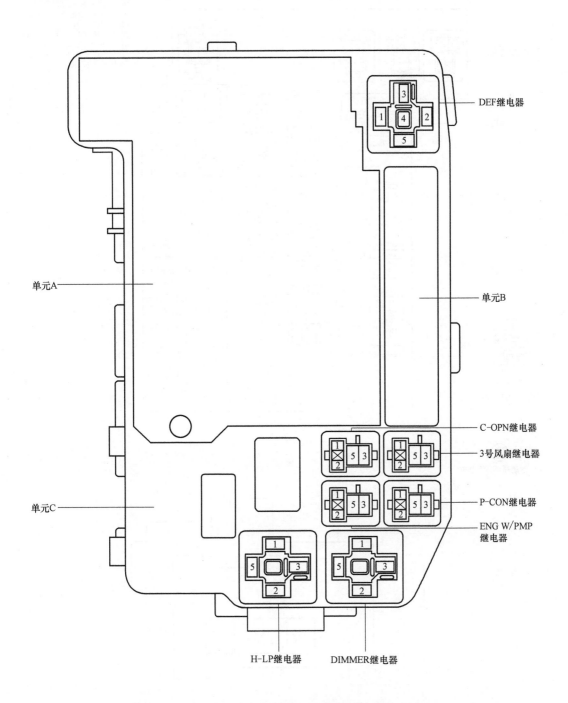

图 3-125 卡罗拉、雷凌混合动力汽车继电器、熔丝位置（一）

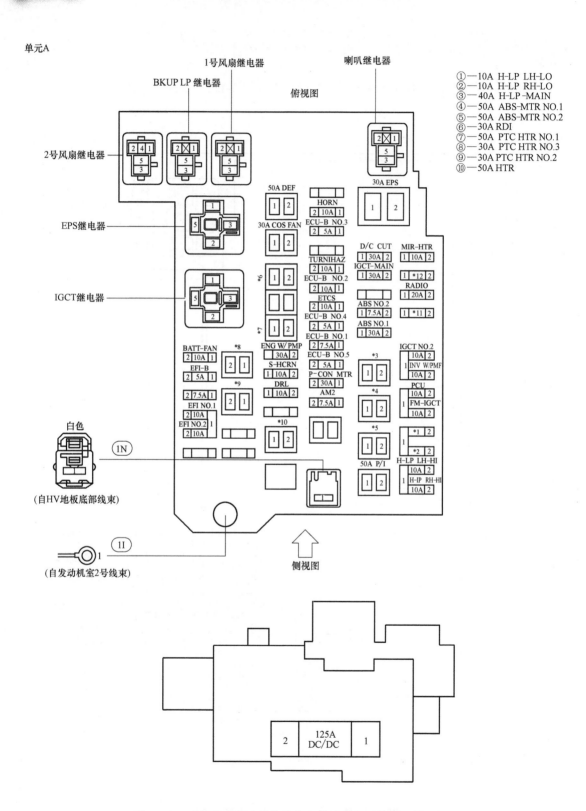

图3-126 卡罗拉、雷凌混合动力汽车继电器、熔丝位置（二）

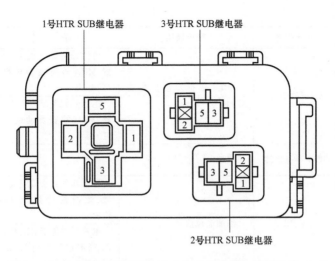

图 3-127　卡罗拉、雷凌混合动力汽车继电器、熔丝位置（三）

六　卡罗拉、雷凌混合动力汽车仪表端子及定义

仪表系统 ECU 端子如图 3-128 所示。端子定义见表 3-40。

图 3-128　卡罗拉、雷凌混合动力汽车仪表端子

表 3-40　卡罗拉、雷凌混合动力汽车仪表端子定义

端子编号（符号）	配线颜色	端子描述	条　件	规定状态
E38-5（SI）-车身接地	R-车身接地	其他系统转速信号（输入）	电源开关置于 ON（IG）位置，车轮旋转	产生脉冲（参见波形1）
E38-6（+S）-车身接地	V-车身接地	其他系统转速信号（输出）	电源开关置于 ON（IG）位置，车轮旋转	产生脉冲（参见波形1）
E38-7（P/SB）-车身接地	L-车身接地	前排乘客座椅安全带扣开关信号	电源开关置于 ON（IG）位置，前排乘客座椅有人且前排乘客座椅安全带未系紧	小于 1V
			电源开关置于 ON（IG）位置，前排乘客座椅有人且前排乘客座椅安全带已系紧	11~14V
E38-9（S）-车身接地	V-车身接地	油压信号	发动机起动	11~14V
			发动机不起动	小于 1V

163

(续)

端子编号(符号)	配线颜色	端子描述	条件	规定状态
E38-11(CHK)-车身接地	LG-车身接地	MIL(检查发动机警告灯)信号	电源开关置于ON(IG)位置,MIL(检查发动机警告灯)熄灭	11~14V
			电源开关置于ON(IG)位置,MIL(检查发动机警告灯)打开	小于1V
E38-14(-)-车身接地	W-B-车身接地	接地	始终	小于1Ω
E38-16(L)-E38-15(E)	V-BR	燃油油位信号	电源开关置于ON(IG)位置,燃油油位处于FULL位置	小于1V
			电源开关置于ON(IG)位置,燃油油位低(燃油油位警告灯点亮)	4.5~9V
E38-19(+)-车身接地	R-车身接地	远光信号	远光关闭	小于1V
			远光打开	11~14V
E38-21(ET)-车身接地	BR-车身接地	接地	始终	小于1Ω
E38-22(MSTI)-车身接地	V-车身接地	方向盘装饰盖开关总成信号	电源开关置于ON(IG)位置,方向盘装饰盖开关总成上的向上、向下、向右和向左开关未按下	4.3~6V
			电源开关置于ON(IG)位置,按下方向盘装饰盖开关总成上的向上开关	1~2V
			电源开关置于ON(IG)位置,按下方向盘装饰盖开关总成上的向下开关	2.3~3.2V
			电源开关置于ON(IG)位置,按下方向盘装饰盖开关总成上的向右开关	3.4~4.1V
			电源开关置于ON(IG)位置,按下方向盘装饰盖开关总成上的向左开关	小于0.6V
E38-23(MSM+)-车身接地	R-车身接地	方向盘装饰盖开关总成信号	电源开关置于ON(IG)位置,未按下方向盘装饰盖开关总成上的进入、返回和首页开关	4.3~6V
			电源开关置于ON(IG)位置,按下方向盘装饰盖开关总成上的进入开关	小于0.6V
			电源开关置于ON(IG)位置,按下方向盘装饰盖开关总成上的返回开关	2.3~3.2V
			电源开关置于ON(IG)位置,按下方向盘装饰盖开关总成上的首页开关	1~2V

(续)

端子编号(符号)	配线颜色	端子描述	条件	规定状态
E38-30(L)-车身接地	B-车身接地	转向信号开关信号	电源开关置于ON(IG)位置,左或右转向信号开关关闭	11~14V
			电源开关置于ON(IG)位置,左或右转向信号开关打开	小于1V
E38-31(CANL)-车身接地	W-车身接地	CAN通信线路	—	—
E38-32(CANH)-车身接地	LG-车身接地	CAN通信线路	—	—
E38-35(TX1+)-E38-34(TX1-)	G-W	车外温度传感器信号	电源开关置于ON(IG)位置,车外温度为10℃(50℉)	1.87~2.38V
			电源开关置于ON(IG)位置,车外温度为15℃(59℉)	1.70~2.17V
			电源开关置于ON(IG)位置,车外温度为20℃(68℉)	1.54~1.96V
			电源开关置于ON(IG)位置,车外温度为25℃(77℉)	1.38~1.75V
			电源开关置于ON(IG)位置,车外温度为30℃(86℉)	1.22~1.55V
			电源开关置于ON(IG)位置,车外温度为35℃(95℉)	1.08~1.37V
			电源开关置于ON(IG)位置,车外温度为40℃(104℉)	0.94~1.20V
			电源开关置于ON(IG)位置,车外温度为45℃(113℉)	0.82~1.05V
			电源开关置于ON(IG)位置,车外温度为50℃(122℉)	0.72~0.91V
E38-39(IG+)-车身接地	P-车身接地	电源开关信号	电源开关OFF	小于1V
			电源开关ON(IG)	11~14V
E38-40(B)-车身接地	W-车身接地	辅助蓄电池	电源开关OFF	11~14V
E39-1(B)-车身接地	B-车身接地	辅助蓄电池	电源开关OFF	11~14V
E39-3(HAZ)-车身接地	GR-车身接地	危险警告信号开关信号	危险警告信号开关关闭	11~14V
			危险警告信号开关打开	小于1V
E39-4(LVWG)-车身接地	GR-车身接地	前照灯光束高度调节信号	电源开关置于ON(IG)位置,前照灯光束高度调节警告灯熄灭	11~14V
			电源开关置于ON(IG)位置,前照灯光束高度调节警告灯点亮	小于1V

（续）

端子编号(符号)	配线颜色	端子描述	条件	规定状态
E39-7(LR)-车身接地	L-车身接地	右转向指示灯信号(输出)	电源开关置于ON(IG)位置,右转向指示灯熄灭	小于1V
			电源开关置于ON(IG)位置,右转向指示灯闪烁	11~14V↔低于1V
E39-9(ER)-车身接地	P-车身接地	右转向指示灯信号(输入)	电源开关置于ON(IG)位置,右转向信号开关关闭	11~14V
			电源开关置于ON(IG)位置,右转向信号开关打开	小于1V
E39-10(EL)-车身接地	LG-车身接地	左转向指示灯信号(输入)	电源开关置于ON(IG)位置,左转向信号开关关闭	11~14V
			电源开关置于ON(IG)位置,左转向信号开关打开	小于1V
E39-12(FOG)-车身接地	G-车身接地	前雾灯指示灯信号	电源开关置于ON(IG)位置,前雾灯指示灯熄灭	小于1V
			电源开关置于ON(IG)位置,前雾灯指示灯点亮	11~14V
E39-13(LL)-车身接地	Y-车身接地	左转向指示灯信号(输出)	电源开关置于ON(IG)位置,左转向指示灯熄灭	小于1V
			电源开关置于ON(IG)位置,左转向指示灯闪烁	11~14V↔低于1V

第四章

本田CRV、思铂睿混合动力汽车

第一节 本田 CRV、思铂睿混合动力汽车电力电子系统

一、本田 CRV、思铂睿混合动力汽车主要部件安装位置

本田 CRV、思铂睿混合动力汽车主要部件位置如图 4-1、图 4-2 所示。

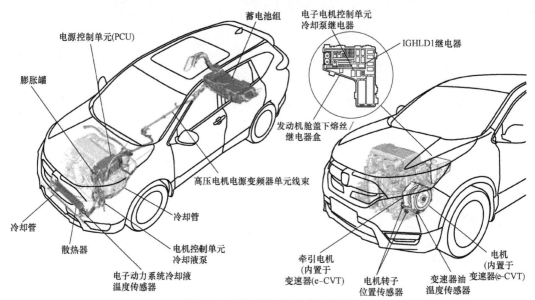

图 4-1 本田 CRV 主要部件位置

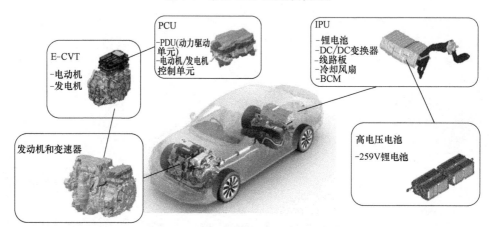

图 4-2 思铂睿混合动力汽车主要部件

二、电子动力系统说明

本田 CRV 运动混合 i-MMD 系统是一个由汽油发动机和两个电机并联的混合动力系统。

除了发动机,其主要部件是在变速器(e-CVT)中的两个高压电机、发动机舱内的电源控制单元(PCU),以及在行李舱下部的高压蓄电池和PCU与高压蓄电池之间的高压电机电源变频器电缆。该系统根据驾驶条件或手动操作EV开关切换驱动力,并利用最佳可用功率驱动。

1. 控制

在EV驱动模式和混合动力驱动模式下,电动动力系统工作,控制系统如图4-3所示。

当选择EV驱动模式时,PCU将电源从高压蓄电池传递到位于变速器(e-CVT)内的牵引电机,由牵引电机驱动车辆行驶。

发动机驱动发电机产生电能。根据当前行驶情况,将生成的电能供给至牵引电机和高压蓄电池充电。通过电动动力系统行驶时,高压蓄电池根据行驶情况而充电。充电时,逆变器将从变速器(e-CVT)中的高压电机中产生的电能发送给高压蓄电池。

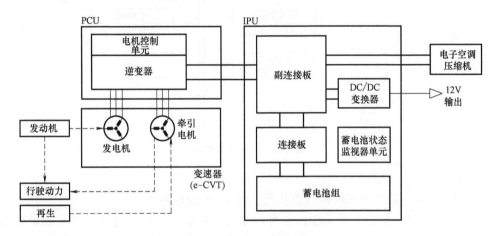

图4-3 电动动力控制系统

2. EV开关

车辆条件允许使用EV驾驶模式时,驾驶员可按下EV开关选择EV驾驶模式。

当按下EV开关时,PCM确定当前车辆状态是否能够在EV驾驶模式下运行。

如果EV驾驶模式可用,驾驶模式将切换至EV驾驶模式,并且仪表控制单元上的EV模式指示灯点亮。

如果不能采用EV驾驶模式,则车辆处于当前混合驱动模式,其原因显示在仪表控制单元中。

3. 网络通信系统

电动动力系统使用两条CAN通信线路:EPP-CAN和F-CAN,如图4-4所示。

1)EPP-CAN:电机控制单元、蓄电池状态监测单元、PCM。

2)F-CAN:电机控制单元、蓄电池状态监测单元、PCM、电动空调压缩机、DC/DC变换器、VSA调制器/控制器单元、电子伺服制动控制单元、SRS单元、仪表控制单元。

三 电子动力系统的驱动模式

电子动力系统主要有以下几种驱动方式:EV驱动模式、HV驱动模式和发动机驱动模

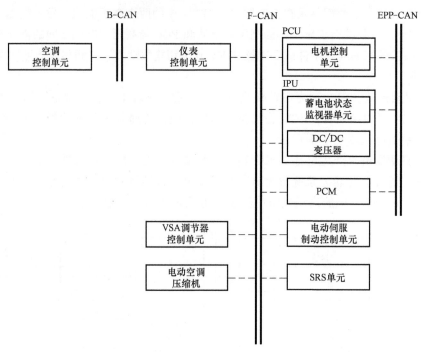

图 4-4 网络通信系统

式,如图 4-5 所示。

可用的驱动模式取决于车辆的当前状况,由 PCM 确定和选择。

EV 驱动模式可由驾驶员手动选择,可根据当前车辆状况进行选择。当车辆低速行驶、再生制动期间,电子动力系统在 EV 驱动模式下运行。在高负荷条件下,如加速,系统切换到使用电子电机和内燃机的 HV 驱动模式。在高速情况下,系统进入发动机驱动模式,使用汽油发动机驱动车辆。

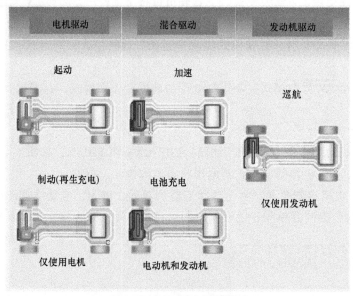

图 4-5 几种车辆驱动模式

1. EV 驱动模式

当选择 EV 驱动模式时，车辆的驱动推进和再生制动仅由牵引电机执行。EV 驱动模式运行在特定的车速范围和在低负荷条件下，如图 4-6 所示。EV 模式最大车速为 130km/h（81mile/h），根据蓄电池电荷状态而定。

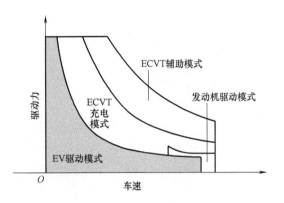

图 4-6 EV 模式示意图

（1）EV 怠速停止模式 在 EV 怠速停止模式下，牵引电机、发电机和发动机都停止工作。此时，高压蓄电池为车辆的各装置提供电源，如图 4-7 所示。

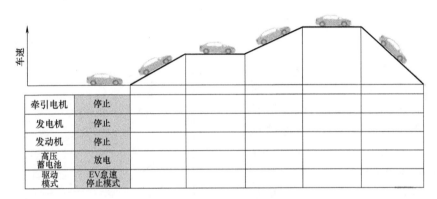

图 4-7 EV 怠速停止模式

（2）EV 驱动模式 在 EV 驱动模式下，牵引电机提供驱动力，如图 4-8 所示。发电机和发动机不工作。此时，高压蓄电池为牵引电机提供能量。

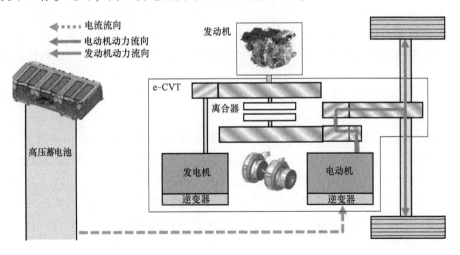

图 4-8 EV 驱动模式

（3）再生模式 减速期间使用再生充电模式，如图 4-9 所示。发动机和发电机处于停止状态，牵引电机发电，向高压蓄电池提供电能。

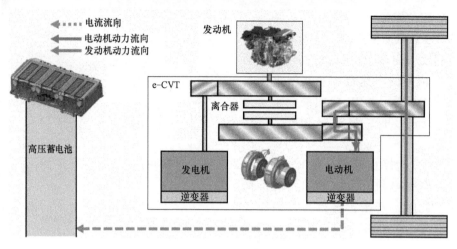

图 4-9 再生模式

2. HV 驱动模式

加速期间以 HV 驱动模式行驶时，发动机通过激活发电机产生电能对车辆供电，如图 4-10 所示。产生的电能用于激活牵引电机驱动车辆。视蓄电池的充电状态和牵引电机的负载条件而定，行驶期间高压蓄电池充电。

（1）ECVT 充电模式　在适合充电的车速范围使用 ECVT 充电模式，其激活范围因高压蓄电池荷电状态而异。

在 ECVT 充电模式期间，发动机使

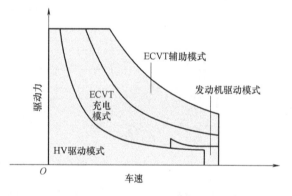

图 4-10　HV 驱动模式

发电机通电，将电能发送到高压蓄电池，如图 4-11 所示。牵引电机使用来自发电机的电能向驱动轮提供驱动力。发动机根据驾驶条件被主动控制，在最佳转速范围工作。发电机产生的电能多于牵引电机驱动车辆所需的电能。发电机产生的牵引电机不使用的电能用于对高压蓄电池充电。

（2）ECVT 辅助模式　主要在加速期间使用 ECVT 辅助模式，其激活范围因高压蓄电池荷电状态而异。

ECVT 辅助模式期间的驱动力类似于 ECVT 驱动模式的驱动力。发动机使发电机通电，牵引电机向驱动轮提供驱动力。ECVT 辅助模式期间，牵引电机向驱动轮发送大量转矩，因此比其他模式需要更多的电能，如图 4-12 所示。

发动机在最佳转速范围激活发电机，且牵引电机直接使用可用电能。如果发电机产生的电能不足以满足牵引电机的需要，将从高压蓄电池提供额外的电能。

3. 发动机驱动模式

发动机驱动模式仅在高速低负载情形下使用发动机动力，主要用于高速巡航期间。

发动机驱动模式的工作范围因高压蓄电池的电荷状态、驱动力条件和车辆当前速度而异。由低负载高速巡航变为高负载时，由高压蓄电池和发动机同时提供动力，如图 4-13 所示。

第四章 本田CRV、思铂睿混合动力汽车

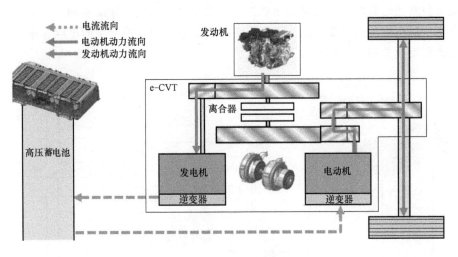

图 4-11　ECVT 充电模式

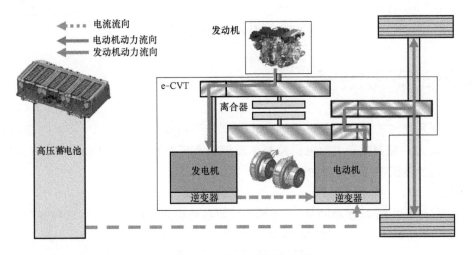

图 4-12　ECVT 辅助模式

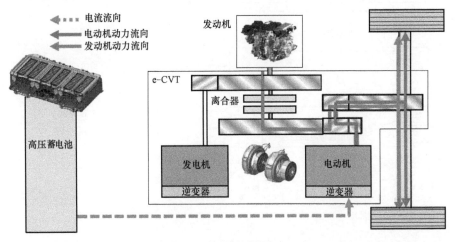

图 4-13　发动机驱动模式（一）

173

在低负载高速巡航时,发动机输出供给至驱动轮和牵引电机如图4-14所示。这样使车辆由发动机机械驱动,而高压蓄电池通过牵引电机产生的电能充电。发动机驱动模式期间,发电机不工作。

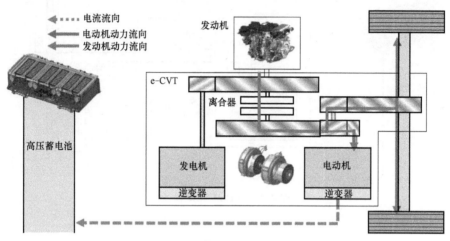

图4-14 发动机驱动模式(二)

四 电机控制系统说明

电机控制系统包括牵引电机、发电机、档位单元和变速器(e-CVT)中的相电流传感器,电源(动力)控制单元中的电机控制单元控制高压电机,冷却PCU内部的冷却系统,变频器将电机的电压转换为合适的电压。

1. 控制

电机控制单元从图4-15中的单元/传感器接收各种信息并控制牵引电机和发电机。

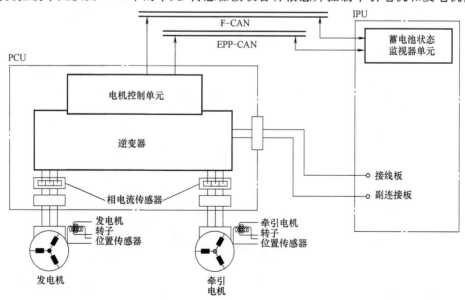

图4-15 电机控制系统

此外，由电机控制单元进行协调，使来自牵引电机和发电机的电压符合高压蓄电池的电压要求。

2. PCU

动力控制单元（PCU）如图4-16所示，包含一个由专用散热器、电子电机控制单元冷却泵和散热片组成的冷却系统。这种冷却系统可调节PCU内的温度。

电机控制单元位于动力控制单元PCU内部，控制牵引电机和发电机的电机，并与PCM通信协调发动机和变速器的操作。

电机控制单元包含一个可重写的ROM，使用更新工具启用最近的程序更新。

图4-16 动力控制单元（PCU）

3. 牵引电机/发电机

牵引电机在变速器内，可产生驱动力并为高压蓄电池提供动力。发电机同样在变速器内，可为高压蓄电池充电并为发动机起动提供动力，如图4-17所示。

图4-17 牵引电机/发电机

各电机质量轻、结构紧凑且是高效三相同步电机，与变速器的齿轮单元定位在一起。该电机由固定在壳体的三绕组定子和外圆有永磁铁的转子组成。

电机转子位置传感器在变速器内，以确定转子的旋转位置（相位）。定子采用分布式绕组以减少振动，并在高速运行时实现稳定的转矩。

(1) 超越离合器 超越离合器能改变发动机的动力流向，从而实现在驱动车辆或者驱动发电机之间转换。

当超越离合器不作动时,只有发动机驱动发电机工作,如图4-18所示。

(2)电动驱动模式 当只有电动机运行的情况下的动力流向:电机轴→副轴→主动齿轮→从动齿轮,如图4-19所示。

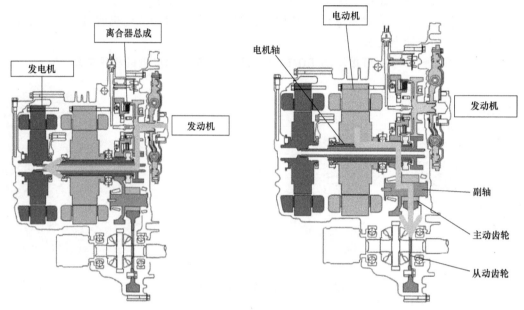

图4-18 发动机驱动发电机工作

图4-19 电动驱动模式

(3)混合驱动模式 当发动机和电动机一起作动时的动力流向如图4-20所示。

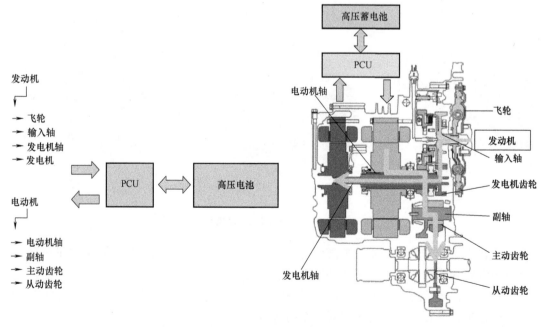

图4-20 混合驱动模式

(4) 发动机驱动模式 仅发动机驱动下的动力流向：发动机→飞轮→输入轴→超越离合器→离合器齿轮→副轴→主动齿轮→从动齿轮，如图 4-21 所示。

(5) 倒车 当高压电池有充足的电量时，可以通过电动机驱动车辆倒车，其动力传递和驱动车辆前进时一样，如图 4-22 所示。

驱动电动机反向运转即可实现倒车：电动机→电动机轴→副轴→主动齿轮→从动齿轮。

4. 冷却系统

PCU 冷却系统为水冷却系统，由一个专用的电子电机控制单元冷却泵、散热器、膨胀罐、冷却液软管和 PCU 水套组成，如图 4-23 所示。

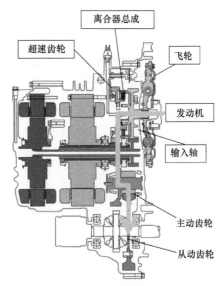

图 4-21 发动机驱动模式

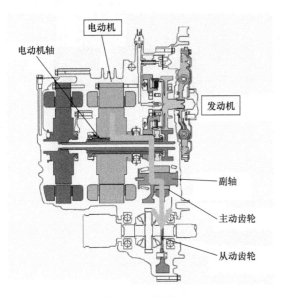

图 4-22 倒车

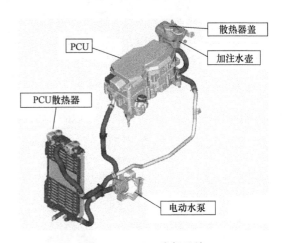

图 4-23 PCU 冷却系统

冷却液从 PCU 内的水套吸收热量，通过散热器内部，并将热量释放到大气，EPP 冷却液流如图 4-24 所示。

电子电机控制单元冷却泵采用 12V 直流无刷水泵，并内置于电机和 ECU 中。

五 智能动力单元（IPU）部件说明

智能动力单元（IPU）包含锂离子高电压电池组、DC/DC 变换器、蓄电池状态监测单元、线路板和电池电流传感器。

IPU 结构组成如图 4-25 所示。

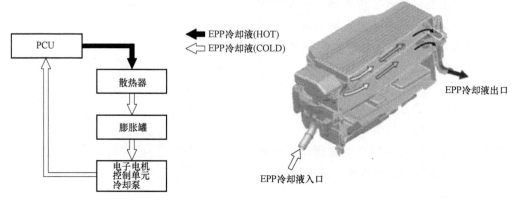

图 4-24 冷却液流

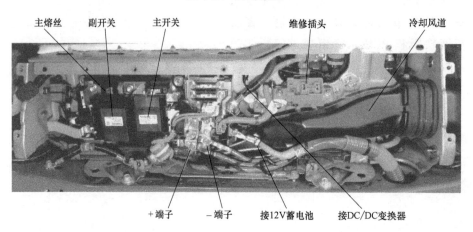

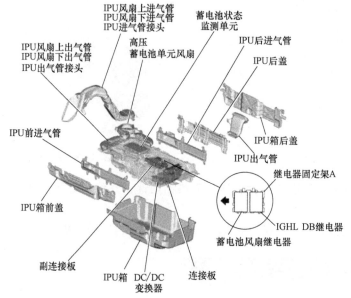

图 4-25 IPU 结构组成

高压蓄电池组使用 Li 离子（锂离子）蓄电池。锂离子蓄电池质量轻，体积小，寿命长。

蓄电池组由 4 个模块（每个模块 18 个单元，共 72 个单元）串联而成，如图 4-26 所示。高压蓄电池配有热敏电阻型温度传感器和内置的单元电压传感器，用于监测蓄电池状态并控制其 SOC。

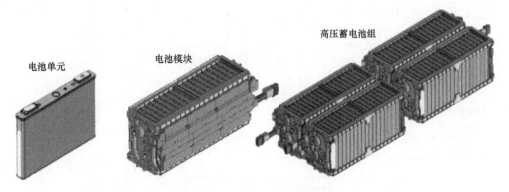

图 4-26　高压蓄电池组构成

（1）蓄电池输出控制　高压蓄电池通过 PCU 内的逆变器由发电机或牵引电机产生的电能充电。高压蓄电池配备有多个温度传感器，这些传感器将信息发送给蓄电池状态监测单元，如图 4-27 所示。

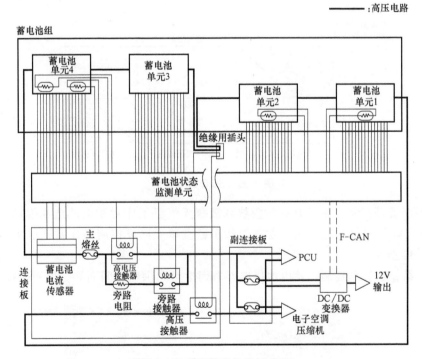

图 4-27　高压蓄电池控制单元

（2）蓄电池输出控制　蓄电池因温度和状态情况不同，放出或充入的电量将不同。如果蓄电池充入或放出的电量高于安全范围，则蓄电池寿命将缩短；处于恶劣的情况，蓄电池可能会严重损坏（热失控、液体泄漏等）。为了避免损坏且使蓄电池的寿命最大化，蓄电池充电和放电由蓄电池状态监测单元控制。

蓄电池状态监测单元使用来自蓄电池温度传感器、蓄电池电流传感器的信号和蓄电池状态监测单元计算的充电状态（SOC）来控制蓄电池进出的功率。蓄电池状态监测单元使用监测单元信息决定蓄电池最优电量的指令，输出控制如图4-28所示。

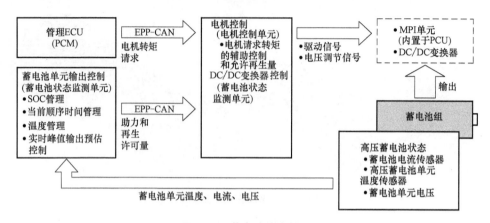

图4-28　蓄电池输出控制

（3）SOC管理控制　为防止蓄电池老化，由蓄电池状态监测单元控制SOC。如果SOC达到不可接受的水平，蓄电池状态监测单元将根据需要限制电量输出，如图4-29所示。

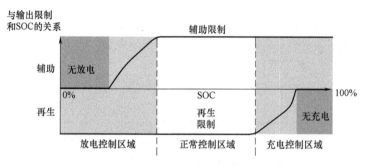

图4-29　SOC管理控制

（4）温度管理控制　为了避免在极热或极寒天气下工作对蓄电池造成损坏，蓄电池状态监测单元可能限制蓄电池电量。蓄电池状态监测单元同样控制高压蓄电池单元风扇的操作，如图4-30所示。

（5）连续输出管理控制　蓄电池供电能力因电量和供电时间而异。可短时提供高电量，

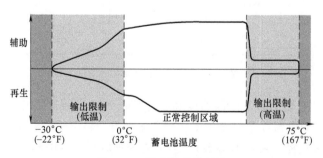

图4-30　温度管理控制图

而提供低电量则可持续较长时间。蓄电池状态监测单元将供电量控制在低于蓄电池性能最大极限的安全范围内,以防蓄电池老化或过热,如图 4-31 所示。

（6）连接板/辅助连接板　连接板（接线板）和辅助连接板可隔离高压蓄电池,并分配电源至其他高压系统。连接板和辅助连接板安装在蓄电池组上如图 4-32 所示。

主熔丝、插接器和蓄电池电流传感器在连接板上。

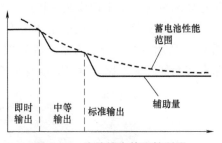

图 4-31　连续输出管理控制图

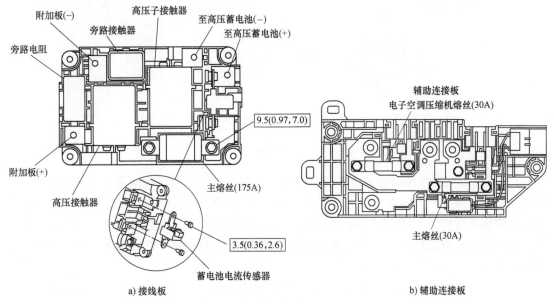

a) 接线板　　　　b) 辅助连接板

图 4-32　连接板/辅助连接板

（7）接触器　高压接触器和旁路接触器排布在蓄电池组正极侧,而高压子接触器排布在负极侧。这些接触器由蓄电池状态监测单元控制并执行高压电路的连接和断开。在接触器连接正极侧时,旁路接触器切换为 ON,然后高压接触器被打开,通过预充电电阻连接高压电路可限制冲击电流,直至电容器充好电。这是为了保护系统。

数个大电容器位于 PCU 和 DC/DC 变换器中。系统启动时,这些电容器放电,如果蓄电池通过高压接触器连接,极大的具有损坏性的电流将会流过。这称为浪涌电流。此电流会损坏各种部件,还会使高压接触器上产生电弧。为防止大浪涌电流,起动时旁路接触器先关闭。这样,通过限制电流和允许电容器充电的电阻器将高压蓄电池连接到各种电容器。电容器在极短时间内充电,然后高压接触器关闭,旁路接触器打开。

（8）蓄电池电流传感器　蓄电池电流传感器检测高压蓄电池的输入和输出电流。传感器检测到的输入/输出电流被发送到蓄电池

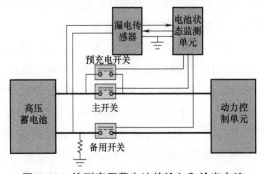

图 4-33　检测高压蓄电池的输入和输出电流

状态监测单元，用于计算充电状态 SOC 的剩余容量，如图 4-33 所示。

（9）维修用插头　维修用插头安装在高压蓄电池的高压电路和接触器控制电路中，如图 4-34 所示。当混合动力系统或周围部件需要检查或维修时，拆除此插头，可中断高压电路和接触器控制电路。这样能确保安全地完成检查和维护工作。

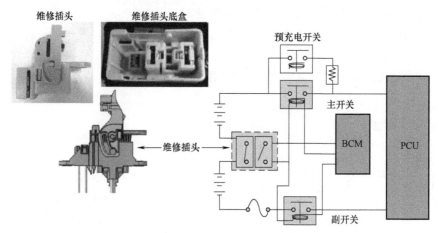

图 4-34　维修用插头

（10）高压电路在冲突检测时的切断控制　当 SRS 单元检测到碰撞信号（正面碰撞、侧碰撞、后部碰撞）时，蓄电池状态监测单元根据来自 SRS 单元的信号存储 DTC，高压电路通过将接触器切换为 OFF 进行切断。此时，电源系统指示灯、充电指示灯、SRS 指示灯点亮，而 READY 指示灯熄灭。通过使用 HDS 取消碰撞切断控制，以清除蓄电池状态监测单元中的 DTC。

（11）高压蓄电池单元风扇　混合动力系统重复充电和放电循环，蓄电池组和 DC/DC 变换器将发烫。为了驱散热量并保持高压蓄电池的性能和系统保护，一个高压蓄电池单元风扇安装在行李舱右侧。高压蓄电池单元风扇采用内置的风扇电机控制电路和速度传感器。蓄电池状态监测单元控制高压蓄电池单元风扇，使高压蓄电池温度保持在适当的水平。冷却空气进口位于后排座椅右侧，冷却空气经过蓄电池组和 DC/DC 变换器的散热片，然后排放至行李舱。

高压蓄电池组配有多种传感器。当电池温度升高后，蓄电池状态监测单元（BCM）会让 IPU 冷却风扇起动。

当高压蓄电池组温度达到特定的阈值时，BCM 为防止电池劣化会起动 IPU 冷却风扇来降温，控制原理如图 4-35 所示。

（12）DC/DC 变换器　为保持 12V 系统电压，系统使用 DC/DC 变换器，如图 4-36 所示。DC/DC 变换器将高压直流电转换为低压直流电，能量损失极少。

DC/DC 变换器传递内置温度传感器的温度信息传至蓄电池状态监测单元，若温度出现突然增长，则蓄电池状态监测单元将停止 DC/DC 变换器的操作，造成 12V 蓄电池充电指示灯点亮。检测到输入电压或输出电压异常时，DC/DC 变换器的操作同样将停止，将造成 12V 蓄电池充电指示灯点亮，且 MID 将显示警告信息。

当 DC/DC 变换器因异常情况停止工作时，将会使 12V 电源不足，这会根据 12V 蓄电池

第四章 本田CRV、思铂睿混合动力汽车

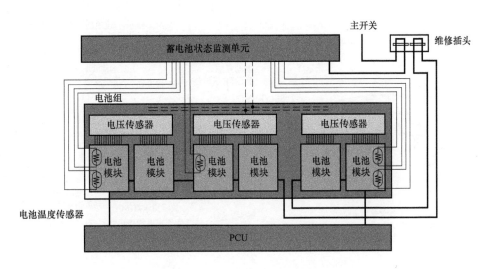

图 4-35　高压蓄电池组温度监测

的输出下降限制混合动力系统的输出。

由于 DC/DC 变换器的工作产生热量，可将来自高压蓄电池单元风扇的冷风通过高压蓄电池单元从车厢传送至 DC/DC 变换器的散热片，从而进行冷却。当 DC/DC 变换器的温度升高时，蓄电池状态监测单元根据需要激活高压蓄电池单元风扇。

（13）高压电机电源逆变器单元电缆　高压电机电源变频器单元电缆是由橙色波纹管和抵御外部破坏的橙色铝管保护的，并用夹子固定在地板下。电缆由三个部分组成：连接 IPU 的电缆（增补板）和 PCU，连接 IPU 的电缆（DC/DC 变换器）和发动机舱盖下熔丝/继电器盒，并且电缆连接 IPU（增补板）和电动空调压缩机。

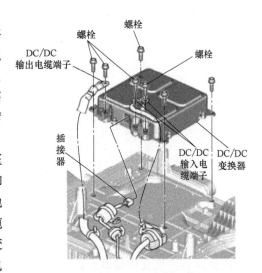

图 4-36　DC/DC 变换器

六　电子动力控制系统信息显示

电子动力控制仪表系统信息显示如图 4-37 所示，电子动力控制仪表系统如图 4-38 所示。

（1）自诊断功能　仪表控制单元具有仪表控制单元内电路的自诊断功能。

（2）充电/电机辅助表　仪表控制单元通过 F-CAN 从电机接收信息，并显示高电压蓄电池的充电和放电状态。仪表控制单元显示高电压蓄电池的充电和放电状态。

（3）SOC 模拟仪表　仪表控制单元显示剩余的高电压蓄电池电量。

（4）车速表和转速计　PCM 使用 F-CAN 提供车速信号给仪表控制单元。根据输入，仪表控制单元显示了车速表的当前车速。PCM 使用 F-CAN 提供发动机转速信号给仪表控制单

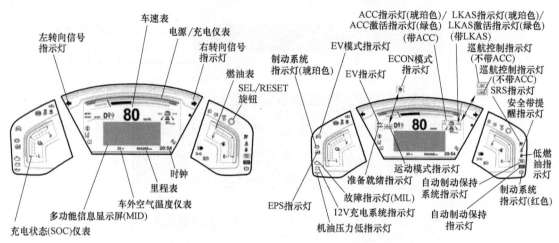

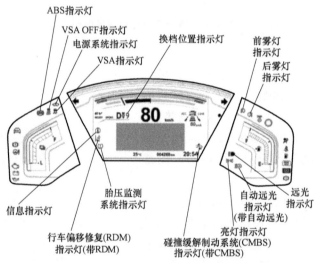

图 4-37 电子动力控制仪表系统信息显示

元。根据输入,仪表控制单元在转速表显示了当前发动机转速。

(5) 燃油表和燃油指示灯 仪表控制单元根据燃油表传感单元的输入值显示燃油表。如果燃油表的指示低于最小燃油箱加注阈值,燃油油位低指示灯点亮。

(6) 多功能信息显示屏 综合信息显示屏(MID)显示内容包括换档位置/模式指示灯、转速表、车速表、平均燃油经济性、瞬时燃油经济性、里程表/行程表、车外温度、ACC、LKAS、CMBS、经过的时间、座椅安全带提醒、平均速度、ECO 导向、驾驶员注意力监测和智能钥匙进入系统的状态。另外,诊断系统还显示通信错误和 DTC。

(7) ODO 表和里程表 PCM 使用 F-CAN 向仪表控制单元提供车速信号。根据此输入,仪表控制单元跟踪里程表和行程表的行驶里程。里程值显示在多功能信息显示屏(MID)上。

(8) 环境仪表 环境仪表根据转速表两侧的颜色显示实时行驶信息,以提高燃油经济性驾驶。颜色接近绿色时,表示低燃油消耗行驶。颜色接近白色时,表示高燃油消耗行驶。另外,当驾驶辅助的前方碰撞警告激活时环境仪表以红色闪烁。

(9) 车外空气温度 仪表控制单元使用来自车外空气温度传感器的测量值或车外空气

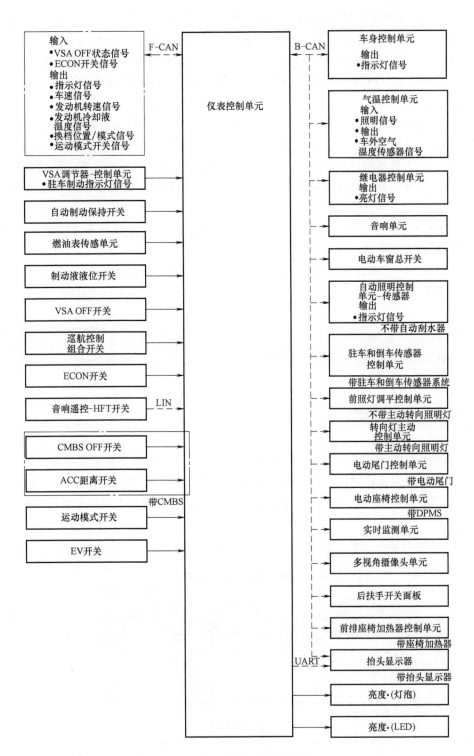

图 4-38 电子动力控制仪表系统

温度传感器信号提供的通过 B-CAN 从空调控制单元获取的测量值。车外空气温度指示器所显示的温度可被重新校准±3℃（±5℉），以满足客户的期望。

(10) 平均燃油经济性/瞬时燃油经济性、可行驶的距离、经过的时间、平均车速显示　仪表控制单元通过 F-CAN 接收自 PCM 的例如燃油消耗量、行驶里程、车速和发动机转速等的信号。计算平均/瞬间燃油经济性、经过的时间、平均车速和可行驶的距离并显示结果。

(11) 选择位置　PCM 使用 F-CAN 提供变速器档位给仪表控制单元。档位指示灯根据其数据指示档位。

(12) 仪表控制单元接收信息　仪表控制单元通过 F-CAN 和 B-CAN 接收各个控制单元的信息，以点亮或闪烁指示灯。VSA 调节器-控制单元（指示灯信号）、ECON 开关、巡航控制组合开关、电子驻车制动/制动力保持开关、VSA OFF 开关、EV 开关、集成驾驶模式开关和制动液液位开关直接连接至仪表控制单元。音响遥控-HFT 开关信号通过 LIN 传递给仪表控制单元。

(13) 智能钥匙进入系统信息　仪表控制单元通过 B-CAN 接收自车身控制单元的信息，以显示智能钥匙进入系统的状态。

(14) 蜂鸣器　仪表控制单元包括蜂鸣器，为驾驶员提供音频警报。

(15) 照明控制　可使用 SEL/RESET 旋钮调节照明亮度。车外灯关闭时，系统将关闭。

第二节　本田 CRV 混合动力汽车空调系统

一、空调系统说明

空调系统通过混合相应比例的冷暖空气来调节温度。加热器芯和蒸发器芯安装在加热器单元内，具有空气混合控制风门和模式控制风门。鼓风机单元由鼓风机电动机、内循环控制风门和粉尘滤清器组成，如图 4-39 所示。鼓风机单元通过集成管连接至加热器单元。

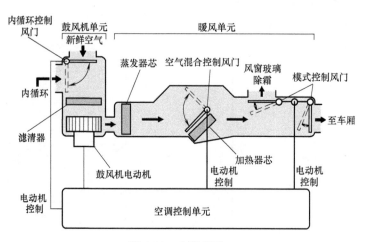

图 4-39　空调系统

空气流量和制冷剂循环由图 4-40 和图 4-41 示意。

注意：图 4-40 和图 4-41 仅用于举例。实际零部件的外观和结构可能视具体车型而异。

第四章 本田CRV、思铂睿混合动力汽车

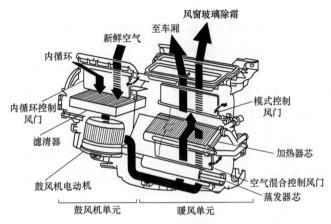

图 4-40 空气流量

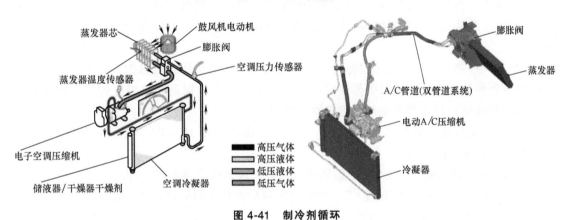

图 4-41 制冷剂循环

二、空调控制

空调控制模式位置如图 4-42 所示。

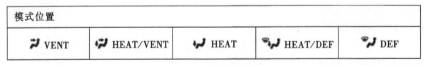

图 4-42 模式位置图

气温控制系统根据从各传感器接收的信息（光照、湿度、车内温度、车外温度）向各电动机传输恰当的信号。

(1) 各电动机的作用

1) 空气混合控制电动机：系统通过混合冷热空气的比例，控制进入车厢的空气温度。空气混合控制电动机通过调节空气混合风门，来调整想要的温度。

2) 模式控制电动机：系统控制气流至指定区域（VENT, HEAT/VENT, HEAT, HEAT/DEF, DEF）。模式控制电动机切换模式控制风门至选择的位置。

3) 内循环控制电动机：内循环控制电动机切换内循环控制风门位置至"新风"或"内

循环"。

4）鼓风机电动机：鼓风机电动机根据功率晶体管的调节电压改变空气量。

（2）气温控制系统优化控制保持乘客舒适度

1）通风（空气出口）温度和实际车内温度之间的关系。气温控制单元可自动控制出风口温度（空气混合位置）、鼓风机电动机速度、鼓风机进气和电动空调压缩机的运行，以升高或降低车内温度，从而匹配客户设置的温度。实际出风口温度在很大程度上取决于车内温度传感器读数与客户所设置温度之间的差异。

2）预热控制。发动机冷却液温度低，没有热气时，如果用户想要制热车内空气时，气温控制单元将降低风扇转速以免冷气吹出。气温控制单元会根据发动机冷却液温度升高而增加风扇转速。

（3）气温控制系统控制过程

1）发动机冷却液低温控制。发动机冷却液温度低时，气温控制系统切换空气出口位置至"DEF"。发动机冷却液温度增加时，气温控制单元将自动控制空气出口位置和车外空气温度。

2）空调控制。为了避免蒸发器结冰，气温控制单元根据蒸发器温度传感器值切换空调压缩机开启和关闭。处于自动操作模式时，气温控制单元根据蒸发器温度传感器值（包括车外温度和湿度）自动调节空调压缩机操作时间。

3）最大值控制。温度设置调节至"最冷 Lo"或"最热 Hi"时，气温控制单元将取消自动控制，并执行以下操作：

① 最冷："内循环""VENT"、鼓风机风扇最大转速和空调系统开启。

② 最热："外循环""HEAT *"、鼓风机风扇最大转速和空调系统开启。

如果传感器信息指示风窗玻璃可能起雾，空气出口将自动切换至"HEAT/DEF"。

（4）车速和鼓风机进气模式之间的关系　由于外循环和内循环空气的空气阻力不同，在风扇的转速恒定的情况下通过通风口进入的空气体积将不同。当内循环控制风门设置为"外循环"时，随着车速的增加，新鲜空气流量增大。气温控制单元控制风扇，以致于当选择"外循环"或"内循环"时空气体积相同。

三　空调系统部件

1. 车外空气温度传感器

车外空气温度传感器安装在车辆前端前保险杠附近，如图 4-43 所示。车外空气温度传

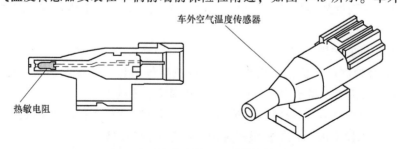

图 4-43　车外空气温度传感器结构

感器采用电阻随温度升高而下降的传感器。气温控制单元根据从车外空气温度传感器接收到的信息计算车外空气温度。

2. 空调冷凝器

冷凝器和储液器/干燥器集成于一体，如图4-44所示。主空调冷凝器可将电子空调压缩机的高压和高温制冷剂蒸气转化为高压和高温液体。制冷剂可向车外空气释放热量。储液器/干燥器可作为膨胀阀的液体制冷剂的储液罐。同样可从制冷剂除去杂质和除湿。副空调冷凝器可冷却高压和高温液体制冷剂以提高空调性能。

3. 电动空调压缩机

电子空调压缩机由内置泵驱动，从而压缩空调制冷剂，如图4-45所示。电子空调压缩机的压缩制冷剂转换成高温和高压的气体，并传送到冷凝器。电子空调压缩机有一个机械释放阀，当压力超过额定值时，阀会开启。该阀为一次性阀，一旦开启则不可再次使用，必须更换。

高压蓄电池的充电状态明显低（仪表控制单元的充电状态模拟表显示低于"L"），则电子空调压缩机的操作将被限制或停止，以保证剩余的电量转移至汽车驱动。

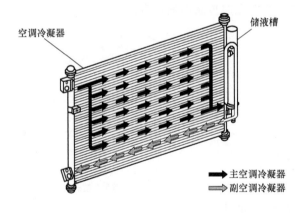

图4-44 空调冷凝器　　　　图4-45 电动空调压缩机

4. 空调压力传感器

空调压力传感器连接在空调冷凝器进口侧的排液软管上，如图4-46所示。传感器的输出电压根据空调输出压力变化而变化。PCM接收电压信号，并用于驱动电子空调压缩机。当空调系统压力上升至上限值时或降低至下限值时，PCM停止电子空调压缩机运行以保护系统。

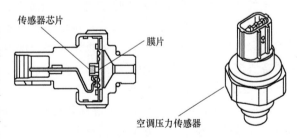

图4-46 空调压力传感器

上限：2.950kPa（30.08kgf/cm^2，427.9psi）；下限：196kPa（2.00kgf/cm^2，28.4psi）。

5. 电子加热器冷却泵

电子加热器冷却泵可使发动机冷却液在加热器芯内循环。气温控制单元根据从各传感器接收的设置温度和信息，驱动电子加热器冷却泵，控制原理如图4-47所示。

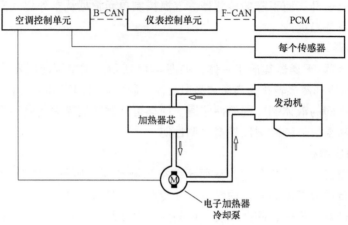

图 4-47　电子加热器冷却泵控制原理图

6. 光照传感器

光照传感器安装在仪表板的上面板，结构如图 4-48 所示。光照传感器为光电型光学传感器，可根据光照强度改变电流。气温控制单元读取光照传感器的信息。

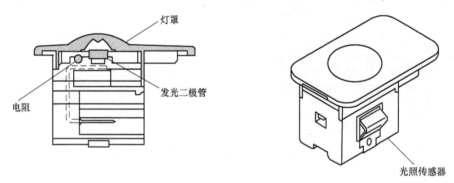

图 4-48　光照传感器结构

7. 蒸发器温度传感器

蒸发器温度传感器是夹式热敏电阻，传感部件直接安装在蒸发器芯片上，如图 4-49 所示。该传感器连接气温控制单元，并持续监测蒸发器的温度。如果温度接近冰点，电子空调压缩机和风扇将短暂停止循环。如果蒸发器温度过低，冷表面的湿气冷凝将冻结，会限制蒸发器空气流动和使空调性能不好。

8. 湿度/车内温度传感器

湿度/车内温度传感器有一个湿度传感器和车内温度传感器，结构如图 4-50 所示。气温控制单元接收传感器的湿度信息，有助于控制电子空调压缩机操作。比较潮湿时，气温控制单元会操作电子空调压缩机以风窗玻璃起雾。当湿度足够低时，气温控制单元会降低电子空调压缩机的工作时间。弹性软管连接传感器壳至 HVAC 上的吸气器，以提高温度和湿度测量的准确性。

9. PTC 加热器

当发动机冷却液温度低时，由于发动机冷却液温度低，加热性能将不可用。HVAC/气温控制单元开启 PTC 加热器芯的电子加热器，并确保加热性能。HVAC/气温控制单元驱动

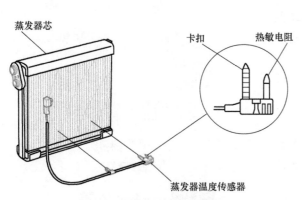

图 4-49 蒸发器温度传感器

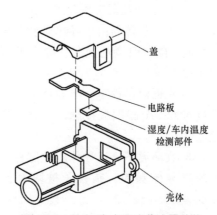

图 4-50 湿度/车内温度传感器结构

PTC 加热器继电器，开启电子加热器并确保加热器性能。如果加热器芯温度上升到足够高时，HVAC/气温控制单元将关闭 PTC 加热器继电器和 PTC 加热器的电源。PTC 加热器控制原理如图 4-51 所示。与传统的车辆一样，发动机冷却液流经加热器芯来给其加热。为了弥补因冷却液温度较低时热量不足，在加热器芯的前面添加一个 PTC 加热器，来辅助加热。

1) PTC 加热器结构如图 4-52 所示。

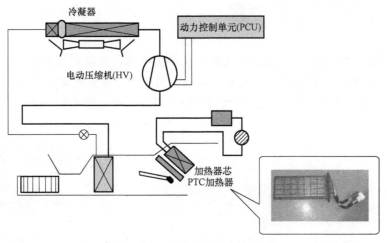

图 4-51 PTC 加热控制原理图

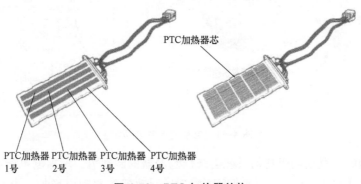

图 4-52 PTC 加热器结构

2）PTC 加热器工作原理如图 4-53 所示。

① PTC 加热器由半导体颗粒和导电碳颗粒组成，随着温度的变化，导电性也会相应地变化。

② 在低温条件下，半导体颗粒收缩，碳颗粒与另一个碳颗粒接触，这时会有较高的导电性。

③ 在高温下，半导体颗粒膨胀，由于扩大的半导体颗粒，碳粒子被隔开，导电性降低。

④ 这意味着在没有使用温度控制开关的过程中实现了加热器的自动开启和关闭。

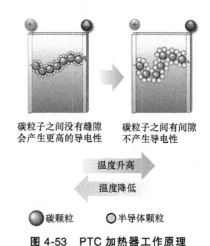

图 4-53　PTC 加热器工作原理

第三节　本田 CRV 混合动力汽车制动系统

一、电动伺服制动系统的结构

电动伺服制动系统可以在制动时有效地回收再生能源。电动伺服制动控制单元/踏板感觉模拟器由电动伺服制动控制单元、主缸、踏板力模拟器、踏板感觉模拟器（PFSV）、主缸切断阀（MCV）和液压传感器组成。电动伺服制动系统结构如图 4-54 所示。

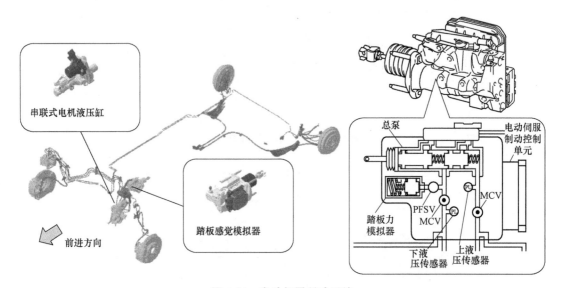

图 4-54　电动伺服制动系统

当制动开始时，电动伺服制动系统会降低制动器的制动力，增加电机产生的制动力，生成再生能源如图 4-55 所示。当车辆速度下降时，制动器的制动力增加，电机生成再生能源的制动力被降低,整体制动力保持不变。

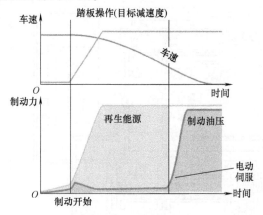

图 4-55　制动控制

电动伺服制动系统的工作原理如图 4-56 所示。

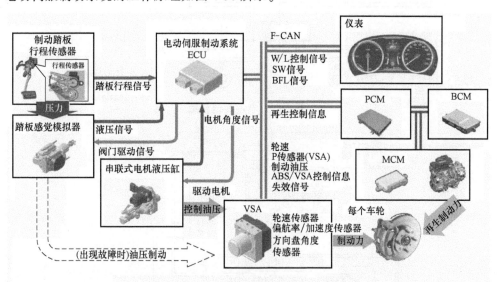

图 4-56　电动伺服制动系统的工作原理

二　电动伺服制动系统控制

(1) 系统关闭状态　当电动伺服制动系统关闭时,总泵切断阀 MCV 打开,踏板感觉模拟器切断阀 PFSV 关闭,而制动踏板未被使用,如图 4-57 所示。

(2) 系统启动状态　驾驶员车门打开时,电动伺服制动系统激活。系统激活时,电机开始初始操作。主缸切断阀 MCV 开启且踩下制动后,踏板感觉模拟器切断阀 PFSV 开启,如图 4-58 所示。

(3) 伺服控制操作　在正常操作下,总泵切断阀 MCV 关闭,踏板感觉模拟器切断阀 PFSV 打开,如图 4-59 所示。

在这些条件下,系统可以防止制动踏板力产生的制动液压传输到 VSA 调节器——控制

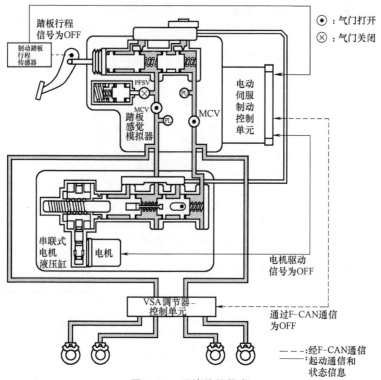

图 4-57 系统关闭状态

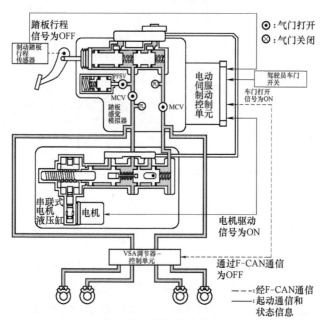

图 4-58 系统启动状态

单元。踏板反馈实质上由踏板感觉模拟器产生。

当分泵内的活塞在推力下被推动时，便产生了 VSA 调节器的液压。推力由齿轮箱从串联电机液压缸内电机的转矩传输而来。所需液压由电动伺服制动控制单元由行程传感器信号计算，并由串联电机液压缸内电机的旋转角度控制。

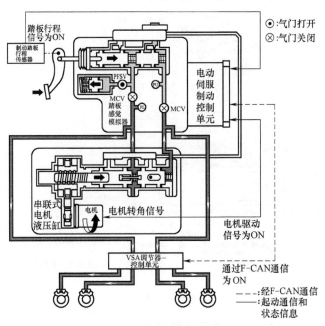

图 4-59 伺服控制操作

（4）再生控制操作 制动和再生系统一起工作时，主缸切断阀 MCV 关闭且踏板感觉模拟器切断阀（PFSV）开启，电动伺服制动控制单元使用再生电气系统的充电量信息，激活串联式电机液压缸，降低液压。同时，单元可增加再生电气系统的充电量，如图 4-60 所示。

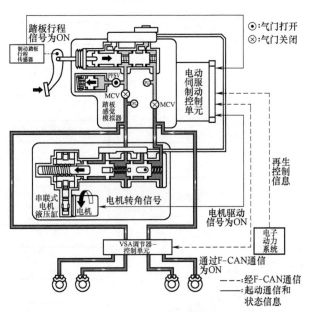

图 4-60 再生控制操作

（5）失效保护 在失效保护模式下，总泵切断阀 MCV 打开，踏板感觉模拟器切断阀（PFSV）关闭，如图 4-61 所示。

制动踏板力产生的液压激活制动卡钳。

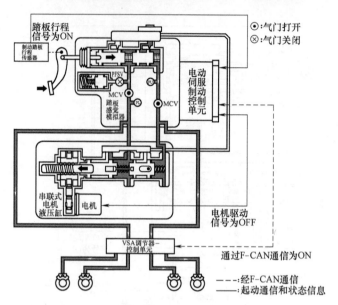

图 4-61 失效保护

(6) 失速管理　上坡时,车辆驱动电机的驱动力与车辆所受阻力和重力的作用平衡。电流持续流向指定电机驱动电路,并产生热量。

如果上坡时间特别长,产生的热量可能会损坏电路和电机。为了避免过热失速协同控制将激活电动伺服制动系统,可避免车辆驱动电路过热。踩下制动或加速踏板时,失速协同控制将停止,如图 4-62 所示。

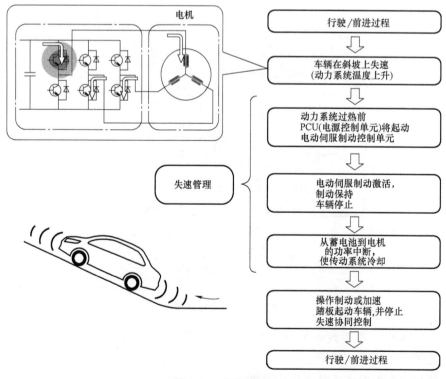

图 4-62 失速管理

第四章 本田CRV、思铂睿混合动力汽车

(7) 系统唤醒和关闭 车辆处于 OFF 模式打开驾驶员车门时或车辆处于 ON 模式时,电动伺服制动系统将激活。

车辆处于 OFF 模式时且驾驶员车门打开,系统将在 3min 后自动关闭,如图 4-63 所示。一旦驾驶员车门打开且系统激活,由于车门再次打开,系统激活时间将不会延长。

电动伺服制动系统未激活,如果踩下制动踏板时车辆转至 ON 模式,制动踏板可能会下降更多,因为踏板感觉模拟器切断阀(PFSV)开启。这被认定为正常操作,而非系统错误。

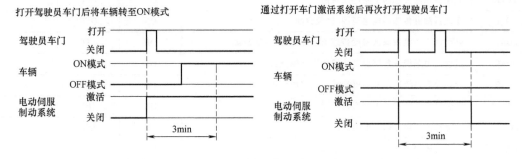

图 4-63 系统唤醒和关闭

第四节 本田 CRV、思铂睿混合动力汽车故障排除

电动动力系统故障码

(1) 电机控制单元故障码 本田 CRV 混合动力汽车电机控制单元故障码见表 4-1。

表 4-1 本田 CRV 混合动力汽车电机控制单元故障码

DTC	检测项目	电源系统指示灯	蓄电池	注意
P0562	牵引电机控制单元系统电压过低	ON	OFF	
P0562	发电机控制单元系统电压过低	ON	OFF	
P0602	牵引电机控制单元编程错误	ON	ON	
P0602	发电机控制单元编程错误	ON	ON	
P061B	内部控制单元转矩计算性能	ON	ON	②
P062F	牵引电机控制单元内部电路(EEPROM)错误	ON	OFF	
P062F	发电机控制单元内部电路(EEPROM)错误	ON	OFF	
P0634	逆变器电路板过热	ON	ON	
P06B1	牵引电机 U 相电流传感器电源电路电压过低	ON	OFF	
P06B1	发电机 U 相电流传感器电源电路电压过低	ON	OFF	
P06B4	牵引电机 V 相电流传感器电源电路电压过低	ON	OFF	①
P06B4	发电机 V 相电流传感器电源电路电压过低	ON	OFF	①

（续）

DTC	检测项目	电源系统指示灯	蓄电池	注意
P06E7	牵引电机 W 相电流传感器电源电路电压过低	ON	OFF	①
P06E7	发电机 W 相电流传感器电源电路电压过低	ON	OFF	①
P0712	变速器油温传感器电路电压过低	ON	OFF	
P0713	变速器油温传感器电路电压过高	ON	OFF	
P0714	变速器油温传感器电路范围/性能故障	ON	OFF	
P0A01	电动动力系统冷却液温度传感器电路范围/性能故障	ON	OFF	①
P0A02	电动动力系统冷却液温度传感器电路电压过低	ON	OFF	①
P0A03	电动动力系统冷却液温度传感器电路电压过高	ON	OFF	①
P0A1A	牵引电机控制单元内部通信故障	ON	ON	
P0A1A	发电机控制单元内部电路故障	ON	ON	
P0A1B	牵引电机控制单元内部电路故障	ON	ON	
P0A1B	发电机控制单元内部通信故障	ON	ON	
P0A2B	牵引电机温度传感器电路范围/性能	ON	OFF	②
P0A2C	牵引电机温度传感器电路电压过低	ON	OFF	
P0A2D	牵引电机温度传感器电路电压过高	ON	OFF	
P0A2F	牵引电机过热	ON	OFF	
P0A37	发电机温度传感器电路范围/性能	ON	OFF	②
P0A38	发电机温度传感器电路电压过低	ON	OFF	①
P0A39	发电机温度传感器电路电压过高	ON	OFF	①
P0A3B	发电机过热	ON	OFF	①
P0A3C	牵引电机逆变器过热	ON	ON	
P0A3E	发电机逆变器过热	ON	OFF	
P0A3F	牵引电机转子位置传感器电路故障	ON	ON	
P0A40	牵引电机转子位置传感器电路范围/性能	ON	ON	
P0A41	牵引电机转子位置传感器电路电压过低	ON	ON	
P0A4B	发电机转子位置传感器电路故障	ON	OFF	
P0A4C	发电机转子位置传感器电路范围/性能	ON	OFF	
P0A4D	发电机转子位置传感器电路电压过低	ON	OFF	
P0A5F	牵引电机 U 相电流传感器电路电压过高	ON	OFF	①
P0A61	牵引电机 V 相电流传感器电路电压过低	ON	OFF	①
P0A62	牵引电机 V 相电流传感器电路电压过高	ON	OFF	①
P0A64	牵引电机 W 相电流传感器电路电压过低	ON	OFF	①
P0A65	牵引电机 W 相电流传感器电路电压过高	ON	OFF	①
P0A70	发电机 U 相电流传感器电路电压过低	ON	OFF	①
P0A71	发电机 U 相电流传感器电路电压过高	ON	OFF	①
P0A73	发电机 V 相电流传感器电路电压过低	ON	OFF	①

(续)

DTC	检测项目	电源系统指示灯	蓄电池	注意
P0A74	发电机 V 相电流传感器电路电压过高	ON	OFF	①
P0A76	发电机 W 相电流传感器电路电压过低	ON	OFF	①
P0A77	发电机 W 相电流传感器电路电压过高	ON	OFF	①
P0A78	牵引电机逆变器性能故障	ON	ON/OFF	②
P0A7A	发电机逆变器性能故障	ON	ON/OFF	②
P0AED	牵引电机逆变器温度传感器范围/性能故障	ON	OFF	
P0AEF	牵引电机逆变器温度传感器电路电压过低	ON	OFF	
P0AF0	牵引电机逆变器温度传感器电路电压过高	ON	OFF	
P0BCC	发电机逆变器温度传感器范围/性能故障	ON	OFF	①
P0BCE	发电机逆变器温度传感器电路电压过低	ON	OFF	①
P0BCF	发电机逆变器温度传感器电路电压过高	ON	OFF	①
P0BE6	牵引电机 U 相电流传感器范围/性能故障	ON	OFF	①
P0BEA	牵引电机 V 相电流传感器范围/性能故障	ON	OFF	①
P0BEE	牵引电机 W 相电流传感器范围/性能故障	ON	OFF	①
P0BFD	牵引电机相位电流传感器范围/性能故障	ON	OFF	①
P0C4E	牵引电机转子位置传感器超过学习限制范围	ON	ON	
P0CE9	电动动力系统冷却液泵不可控	ON	OFF	②
P0CEA	电动动力系统冷却液泵性能故障	ON	OFF	②
P0CED	电动动力系统冷却液泵继电器卡在 ON 位置	ON	OFF	①
P0DFA	发电机相位电流传感器范围/性能故障	ON	OFF	①
P0DFB	发电机转子位置传感器超过学习限制范围	ON	OFF	
P0E01	发电机 U 相电流传感器范围/性能故障	ON	OFF	①
P0E05	发电机 V 相电流传感器范围/性能故障	ON	OFF	①
P0E09	发电机 W 相电流传感器范围/性能故障	ON	OFF	①
P1437	牵引电机逆变器短路	ON	ON	
P1440	牵引电机控制单元栅极线路断路	ON	ON	
P15A5	牵引电机逆变器电流传感器电路故障	ON	ON	
P1A54	牵引电机转矩控制故障	ON	ON	
P1A55	牵引电机转矩调节故障	ON	ON	
P1A56	牵引电机过电流	ON	ON	
P1A57	牵引电机相位电流传感器故障	ON	ON	
P1D00	所有 CAN 故障(牵引电机控制单元 PCM)	ON	ON	
P1D00	所有 CAN 故障(发电机控制单元 PCM)	ON	ON	
P1D02	所有 CAN 故障(牵引电机控制单元 蓄电池状态监测单元)	ON	ON	
P1D02	所有 CAN 故障(发电机控制单元 蓄电池状态监测单元)	ON	ON	
P1D6E	牵引电机温度传感器电路范围/性能	ON	OFF	

(续)

DTC	检测项目	电源系统指示灯	蓄电池	注意
P1D6F	发电机温度传感器电路范围/性能	ON	OFF	①
P1D70	牵引电机相位电流传感器多故障	ON	ON	
P1D72	牵引电机温度传感器范围/性能故障(低)	ON	OFF	
P1D73	牵引电机温度传感器范围/性能故障(高)	ON	OFF	
P1D74	发电机温度传感器范围/性能故障(低)	ON	OFF	①
P1D75	发电机温度传感器范围/性能故障(高)	ON	OFF	①
P1D77	牵引电机 I1 电流传感器范围/性能故障	ON	OFF	
P1D78	牵引电机 I1 电流传感器电路电压过低	ON	OFF	
P1D78	发电机 I1 电流传感器电路电压过低	ON	OFF	
P1D79	牵引电机 I1 电流传感器电路电压过高	ON	OFF	
P1D79	发电机 I1 电流传感器电路电压过高	ON	OFF	
P1D7A	反应器温度传感器范围/性能故障	ON	OFF	①
P1D7B	反应器过热	ON	ON	
P1D7C	反应器温度传感器范围/性能故障(高)	ON	OFF	①
P1D7D	反应器温度传感器电路电压过低	ON	OFF	①
P1D7E	反应器温度传感器电路电压过高	ON	OFF	①
P1D7F	电机变频器单元故障信号线路低(牵引电机控制单元)	ON	OFF	
P1D7F	电机变频器单元故障信号线路低(发电机控制单元)	ON	OFF	
P1D80	电机逆变器单元故障信号线路高(牵引电机控制单元)	ON	OFF	
P1D80	电机逆变器单元故障信号线路高(发电机控制单元)	ON	OFF	
P1D81	VCU 故障信号线路低(牵引电机控制单元)	ON	OFF	
P1D81	VCU 故障信号线路低(发电机控制单元)	ON	OFF	
P1D82	VCU 故障信号线路高(牵引电机控制单元)	ON	OFF	
P1D82	VCU 故障信号线路高(发电机控制单元)	ON	OFF	
P1D83	智能型电源单元故障 OR 信号线路低(牵引电机控制单元)	ON	OFF	
P1D84	智能动力单元故障 OR 信号线路高(发电机控制单元)	ON	OFF	
P1D85	牵引电机变频器单元故障信号线路低(牵引电机控制单元)	ON	OFF	
P1D85	牵引电机变频器单元故障信号线路低(发电机控制单元)	ON	OFF	
P1D86	牵引电机逆变器单元故障信号线路高(牵引电机控制单元)	ON	OFF	
P1D86	牵引电机逆变器单元故障信号线路高(发电机控制单元)	ON	OFF	
P1D8A	发电机控制单元栅极线路断路	ON	OFF	
P1D8C	发电机逆变器检测过电流	ON	OFF	
P1D8D	发电机逆变器电路故障	ON	OFF	
P1D92	电动动力系统冷却液泵不可控	ON	OFF	①
P1D93	电动动力系统冷却液过热	ON	OFF	①
P1D96	发电机控制单元程序版本不匹配	ON	ON	

(续)

DTC	检测项目	电源系统指示灯	蓄电池	注意
P1D97	发电机相位电流传感器多故障	ON	OFF	
P1D99	电动动力系统冷却液泵控制电路断路	ON	OFF	①
P1D9A	电动动力系统冷却液泵控制故障	ON	OFF	①
P1D9D	VCU 温度传感器量程/性能	ON	OFF	①
P1DA0	VCU 温度传感器电路电压过低	ON	OFF	①
P1DA1	VCU 温度传感器电路电压过高	ON	OFF	①
P1DA2	VCU 低压侧打开故障	ON	OFF	①
P1DA3	VCU 高压侧打开故障	ON	ON	
P1DA4	VCU 电流过高(发电机控制单元)	ON	OFF	①
P1DA5	VCU V1 电压传感器电路电压过低	ON	OFF	①
P1DA6	VCU V1 电压传感器范围/性能	ON	OFF	①
P1DA7	VCU V2M 电压传感器电路电压过低	ON	OFF	①
P1DA8	VCU V2M 电压传感器范围/性能	ON	OFF	①
P1DA9	VCU V2S 电压传感器电路电压过低	ON	OFF	①
P1DAA	VCU V2S 电压传感器范围/性能	ON	OFF	①
P1F20	发电机逆变器电源电压过低	ON	ON	
P1F3C	VCU 过热	ON	ON	
U0029	F-CAN 故障(BUS-OFF,牵引电机控制单元)	ON	OFF	①
U0029	F-CAN 故障(BUS-OFF,发电机控制单元)	ON	OFF	①
U0038	EP-CAN 故障(BUS-OFF,牵引电机控制单元)	ON	OFF	①
U0038	EP-CAN 故障(BUS-OFF,发电机控制单元)	ON	OFF	①
U0100	F-CAN 故障(牵引电机控制单元-PCM)	ON	OFF	②
U0100	F-CAN 故障(发电机控制单元-PCM)	ON	OFF	②
U0111	F-CAN 故障(牵引电机控制单元-蓄电池状态监测单元)	ON	OFF	②
U0111	F-CAN 故障(发电机控制单元-蓄电池状态监测单元)	ON	OFF	②
U0146	F-CAN 故障(牵引电机控制单元 -网关单元)	ON	OFF	①
U0146	F-CAN 故障(发电机控制单元 -网关单元)	ON	OFF	①
U0311	牵引电机控制单元程序版本不匹配	ON	ON	
U1204	EP-CAN 故障(牵引电机控制单元-PCM)	ON	OFF	①
U1204	EP-CAN 故障(发电机控制单元-PCM)	ON	OFF	①
U1206	EP-CAN 故障(牵引电机控制单元-蓄电池状态监测单元)	ON	OFF	①
U1206	EP-CAN 故障(发电机控制单元-蓄电池状态监测单元)	ON	OFF	①
U1600	F-CAN 故障(牵引电机控制单元-PCM)	ON	OFF	①
U1600	F-CAN 故障(发电机控制单元-PCM)	ON	OFF	①
U1603	F-CAN 故障(牵引电机控制单元-蓄电池状态监测单元)	ON	OFF	①
U1603	F-CAN 故障(发电机控制单元-蓄电池状态监测单元)	ON	OFF	①

① 双行驶循环检测。
② 未单独存储该 DTC。详情取决于其他同时存储的 DTC。

（2）蓄电池状态监测单元故障码 蓄电池状态监测单元故障码见表4-2。

表4-2 蓄电池状态监测单元故障码

DTC	检测项目	电源系统指示灯	蓄电池	注意
P0562	蓄电池状态监测单元电源电路电压异常	ON	OFF	
P0602	蓄电池状态监测单元程序错误	ON	ON	
P062F	蓄电池状态监测单元内部电路 EEPROM 错误	ON	OFF	②
P06B1	HV 蓄电池电流传感器电源电路低电压	ON	OFF	①
P0A1F	F-CAN 故障（BCM 单元-MCM）	ON	OFF	
P0A7E	HV 蓄电池单元过热	ON	ON	
P0A7F	HV 蓄电池容量严重老化	ON	OFF	①
P0A80	HV 蓄电池、蓄电池状态监测单元系统不匹配	ON	ON	
P0A82	HV 蓄电池单元风扇 1 问题	ON	OFF	①
P0A94	DC/DC 变换器输出低电压	OFF	ON	
P0A9C	HV 蓄电池单元温度传感器 1 量程/性能故障	ON	OFF	①
P0A9D	HV 蓄电池单元温度传感器 1 电路低电压	ON	OFF	①
P0A9E	HV 蓄电池单元温度传感器 1 电路高电压	ON	OFF	①
P0AA1	高压接触器/旁路接触器卡在 ON 位置	ON	ON	
P0AA3	高压子接触器卡在 ON 位置	ON	OFF	
P0AA6	高电压电路绝缘故障	ON	OFF	
P0AA7	泄漏传感器内部电路故障	ON	OFF	
P0AC0	HV 蓄电池电流传感器 1 电路故障	ON	OFF	①
P0AC1	HV 蓄电池电流传感器 1 电路低电压	ON	OFF	①
P0AC2	HV 蓄电池电流传感器 1 电路高电压	ON	OFF	①
P0AC6	HV 蓄电池单元温度传感器 2 量程/性能故障	ON	OFF	①
P0AC7	HV 蓄电池单元温度传感器 2 电路低电压	ON	OFF	①
P0AC8	HV 蓄电池单元温度传感器 2 电路高电压	ON	OFF	①
P0ACB	HV 蓄电池单元温度传感器 3 量程/性能故障	ON	OFF	①
P0ACC	HV 蓄电池单元温度传感器 3 电路低电压	ON	OFF	①
P0ACD	HV 蓄电池单元温度传感器 3 电路高电压	ON	OFF	①
P0AE1	高压旁路接触器故障	ON	ON	
P0AE9	HV 蓄电池单元温度传感器 4 量程/性能故障	ON	OFF	①
P0AEA	HV 蓄电池单元温度传感器 4 电路低电压	ON	OFF	①
P0AEB	HV 蓄电池单元温度传感器 4 电路高电压	ON	OFF	①
P0AFA	蓄电池状态监测单元电源电路电压异常	ON	ON	
P0B0F	HV 蓄电池电流传感器 2 量程/性能故障	ON	OFF	①
P0B10	HV 蓄电池电流传感器 2 电路低电压	ON	OFF	①
P0B11	HV 蓄电池电流传感器 2 电路高电压	ON	OFF	①

(续)

DTC	检测项目	电源系统指示灯	蓄电池	注意
P0B3B	HV 蓄电池电池电压传感器内部电路故障	ON	OFF	
P0C76	主动放电系统故障	ON	OFF	①
P0D32	DC/DC 变换器过热	OFF	ON	
P0DA8	电机电源逆变器单元电压故障	ON	ON	
P0DE6	HV 蓄电池电池缺陷	ON	OFF	①
P0DE7	HV 蓄电池超电压	ON	ON	
P1447	HV 蓄电池容量老化	ON	OFF	①
P1586	HV 蓄电池电流传感器 1 量程/性能故障	ON	OFF	
P1673	蓄电池状态监测单元继电器保持激活	ON	OFF	
P16C3	DC/DC 变换器温度传感器电路故障	ON	OFF	①
P1D00	所有 CAN 故障（蓄电池状态监测单元-PCM）	ON	ON	
P1D01	所有 CAN 故障（蓄电池状态监测单元-牵引电机控制单元）	ON	ON	
P1D03	所有 CAN 故障（蓄电池状态监测单元-发电机控制单元）	ON	ON	
P1D3A	蓄电池状态监测单元内部电路 EEPROM 故障（FSA 操作）	ON	OFF	
P1D3B	蓄电池状态监测单元内部电路 EEPROM 故障（FSA 未操作）	ON	OFF	
P1D64	碰撞检测信号故障	ON	OFF	
P1D65	系统由于检测到碰撞检测信号而关闭	ON	ON	
P1DC7	HV 蓄电池老化	ON	OFF	①
P1DCB	HV 蓄电池系统信号故障	ON	OFF	
P1DFD	来自 PCM 的动力系统指示灯点亮请求	ON	OFF	
P1DFF	蓄电池状态监测单元继电器 B 卡在 ON 位置	ON	OFF	
P262B	控制单元电源关闭定时器检查	ON	ON	
U0029	F-CAN 故障（BUS-OFF（蓄电池状态监测单元））	ON	ON	
U0038	EP-CAN 故障（BUS-OFF（蓄电池状态监测单元））	ON	ON	①
U0100	F-CAN 故障（蓄电池状态监测单元-PCM）	ON	OFF	①
U0110	F-CAN 故障（蓄电池状态监测单元-电机控制单元）	ON	OFF	①
U012D	F-CAN 故障（电机控制单元-蓄电池状态监测单元）	ON	OFF	
U0146	F-CAN 故障（蓄电池状态监测单元-网关单元）	ON	OFF	①
U0155	F-CAN 故障（蓄电池状态监测单元-仪表控制单元）	ON	OFF	①
U0312	蓄电池状态监测单元、电机控制单元和 PGM-FI 系统程序版本不匹配	ON	ON	
U0599	从 DC/DC 变换器控制单元 A 接收到无效数据	ON	ON	①
U1205	EP-CAN 故障（蓄电池状态监测单元-电机控制单元）	ON	OFF	①
U1207	F-CAN 故障（蓄电池状态监测单元-空调压缩机）	ON	OFF	
U1220	DC/DC 变换器与蓄电池状态监测单元失去通信	ON	OFF	①
U12A5	EP-CAN 故障（电机控制单元-蓄电池状态监测单元）	ON	OFF	①

① 双行驶循环检测。
② 未单独存储该 DTC 代码。

一、本田 CRV 混合动力汽车动力系统故障排除

1. 车辆无法进入 READY TO DRIVE（准备行驶）模式，HDS 无法与 PCM 通信（电源系统指示灯点亮并保持点亮）

(1) 保养模式—进入

1) 将车辆转至 OFF（LOCK）模式。注意：处于保养模式时，在 60s 内执行以下操作起动发动机。

2) 将车辆转至 ON 模式并松开制动踏板。

3) 变速杆置于 P 位，并再次将加速踏板踩到底，然后松开。

4) 变速杆置于 N 位，然后再次将加速踏板踩到底，然后松开。

5) 变速杆置于 P 位，然后再次将加速踏板踩到底，然后松开。

6) 踩下制动踏板时按下电源开关。车辆正处于保养模式时，发动机将会起动。

注意：

① 如果发动机冷却液温度过热，发动机可能不会起动直到发动机冷却液温度降低。

② 若要关闭发动机并取消保养模式，则将车辆转至 OFF（LOCK）模式。

③ 保养模式运行时，VSA 正常运行。

④ 冷起动处于保养模式时，大约 60s 可能会有额外的变速器噪声，这是正常的。

⑤ 当在保养模式中起动发动机时，或是当发动机减速时，在第 1min 内可能会听到一些"嘎吱"声/"咔嗒"声。这种噪声是发电机未负载时，啮合误差造成的。当处于保养模式时，这种噪声是正常的。

(2) 熔丝检查 1

1) 将车辆转至 OFF（LOCK）模式。

2) 检查熔丝：发动机舱盖下熔丝/继电器盒 A12 号（10A）。

(3) 导线短路检查（+B BACKUP FI-ECU 线束）

1) 从发动机盖下熔丝/继电器盒内拆下熔断的 A12 号（10A）熔丝。

2) 用 HDS 跨接 SCS 线路，并等待 1min 或更长时间。

3) 断开 PCM 插接器 A（50 针）。

4) 检查测试点 1 与 2 之间的导通性。测试条件：车辆 OFF（LOCK）模式。

5) 测试 PCM 插接器 A（50 针）7 端子与车身是否导通。若导通，则修理 PCM（A7）和发动机舱盖下熔丝/继电器盒内 A12 号（10A）熔丝之间+B BACKUP FI-ECU 线束的短路。同时更换 A12 号（10A）熔丝。

若不导通，则执行"熔丝检查 2"。

(4) 熔丝检查 2

1) 检查下列熔丝：发动机舱盖下熔丝/继电器盒 A7 号（15A）。

2) 正常进行下一步。

(5) 导线断路检查（GND 线路）

1) 分别检查这些测试点与车身接地间是否导通。

2) 测量 PCM 插接器 A（50 针）13 号端子与车身导通性。

3)测量 PCM 插接器 E（80 针）22、23、24 端子与车身导通性。

若导通，则 FI ECU GND 导线，GND 1 导线，GND 3 导线和 LG 导线正常。检查正在进行故障排除的相关 DTC 或症状的维修信息，或换上已知良好的 PCM，并重新检查。如果症状/显示消失且 PCM 已替换，则更换原来的 PCM。

若不导通，则修理 PCM（A13、E22、E23、E24）和 G101 之间 FI ECU GND 导线、GND 1 导线、GND 3 导线和/或 LG 导线的断路。

2. 电源系统指示灯保持点亮

（1）HDS 通信检查

1）将车辆转至 OFF（LOCK）模式。

2）将 HDS 连接到 DLC 上。

3）将车辆转至 ON 模式，然后读取 HDS，HDS 是否识别出车辆？

（2）仪表控制单元检查

1）将车辆转至 OFF（LOCK）模式。

2）使用 HDS 执行自诊断功能，电源系统指示灯是否闪烁？

是，则为间歇性故障，此时系统正常。

否，则用已知良好的仪表控制单元替换，并重新检查。用已知良好的仪表控制单元替换后，如果症状/显示消失，则更换原来的仪表控制单元。

3. 电源系统指示灯从不点亮

（1）执行自诊断功能（手动方式） 进行自诊断功能前，确认发动机舱盖下熔丝/继电器盒 A18 号（10A）熔丝和仪表板下熔丝/继电器盒 B7 号（10A）熔丝正常。

1）按住 SEL/RESET 按钮。

2）将组合灯开关转至 SMALL 位置⊃O⊂。

3）将车辆转为 ON 模式。

4）在 5s 内，将组合灯开关转到 OFF 位置，然后转到小灯位置（⊃O⊂），再次转至 OFF 位置，如图 4-64 所示。

5）在 5s 内，松开 SEL/RESET 按钮，然后重复按下和松开按钮 3 次。

注意：

① 当处于自诊断模式时，仪表板灯亮度控制器正常工作。

② 当处于自诊断模式时，用 SEL/RESET 按钮起动蜂鸣器驱动电路测试和仪表驱动电路检查。

③ 如果车速超过 2km/h 或车辆处于 OFF（LOCK）模式，则自诊断模式终止。

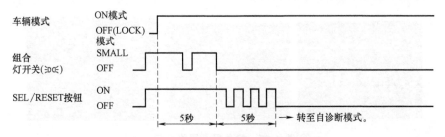

图 4-64 仪表板灯亮度控制器正常工作

(2) 开关输入检查　在自诊断功能的初始阶段,蜂鸣器间歇性鸣响。以下任一开关输入从 OFF 换至 ON 时,蜂鸣器连续鸣响:音响遥控-HFT 开关、电子驻车制动/自动制动保持开关、制动液液位开关、巡航控制组合开关、ACC 组合开关、CMBS 关闭开关、ECON 开关、SPORT 开关、EV 开关和 VSA OFF 开关。

(3) 蜂鸣器驱动电路检查　当进入自诊断模式时,蜂鸣器鸣响 5 次。

(4) MID 段检查　当进入自诊断模式时,综合信息显示屏显示"正在检查",并闪烁 5 次。

(5) 仪表驱动电路检查　当进入自诊断模式时,燃油表和发动机冷却液温度表指针从最小位置摆到最大位置,然后再回到最小位置,如图 4-65 所示。

注意:蜂鸣器声停止鸣响且仪表指针回到最小位置后,按下 SEL/RESET 按钮,以再次起动蜂鸣器驱动电路检查(一次嘟嘟声)和仪表驱动电路检查。仪表指针回到最小位置前,不能再次开始检查。

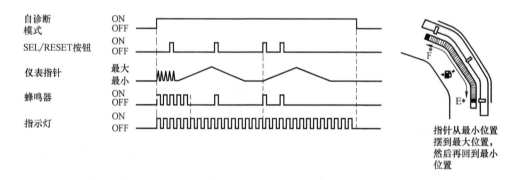

图 4-65　仪表驱动电路检查

(6) 通信线路检查　当处于自诊断模式时,进行 MID 段检查后才开始通信线路检查,如图 4-66 所示。

如果通信线路正常,综合信息显示屏显示"OK"。如果通信线路有故障,综合信息显示屏将显示"ERROR"如图 4-67 所示。

1)"F-CAN…"故障:仪表控制单元与 F-CAN 之间的通信线路故障。检查 PCM 中的 DTC,并对显示的 DTC 进行故障排除。

图 4-66　通信线路检查

2)"B-CAN…"故障:仪表控制单元与 B-CAN 之间的通信线路故障。检查车身电气系统 DTC,并对显示的 DTC 进行故障排除。

图 4-67　信息显示屏将显示

(7) 结束自诊断功能　将车辆转为 OFF（LOCK）模式。注意：如果车速超过 2km/h，则自诊断功能结束。

4. DTC P0562：牵引电机控制单元系统电压过低

(1) 熔丝检查

1) 将车辆转至 OFF（LOCK）模式。

2) 检查发动机舱盖下熔丝/继电器盒 A10 号（10 A）熔丝是否正常？

不正常，则为间歇性故障。此时系统正常。检查发动机舱盖下熔丝/继电器盒中的 A10 号（10A）熔丝和 PCU 是否连接不良或端子松动。如果记录了这个 DTC 的定格数据/车载快照，尝试用定格数据/车载快照在相同的情况下重现这个故障。

正常，则转一步。

(2) 问题确认

1) 将车辆转至 ON 模式。

2) 使用 HDS 清除 DTC。

3) 将车辆转至 OFF（LOCK）模式。

4) 将车辆转至 ON 模式。

5) 使用 HDS 检查电动机控制单元备用电源电压（TRC）低于 12 V。

6) 电流值是否与临界值匹配？是进行下一步。

(3) 导线断路检查（VBU 线束）

1) 将车辆转至 OFF（LOCK）模式。

2) 断开 12V 蓄电池负极电缆前，等待至少 3min。

3) 断开 PCU 33 针插接器。

4) 12V 蓄电池端子重新连接。

5) 测量测试点 1 与 2 间的电压值。测试条件：车辆 OFF（LOCK）模式。

6) 测量是否为蓄电池电压？

是，则 VBU 导线正常，更换 PCU。

否，则修理发动机盖下熔丝/继电器盒中 A10 号（10A）熔丝和 PCU 之间 VBU 线束的断路。

5. DTC P06B4：牵引电机 V 相电流传感器电源电路电压过低

1) 将车辆转至 ON 模式。

2) 使用 HDS 清除 DTC。

3) 将车辆转至 OFF（LOCK）模式。

4) 将车辆转至 ON 模式。

5) 使用 HDS 检查是否有未确认的或确认的 DTC，是否显示 DTC P06B4？

6) 是，则更换 PCU。

否，则为间歇性故障。此时系统正常。检查 PCU 是否连接不良或端子松动。如果记录了这个 DTC 的定格数据/车载快照，尝试用定格数据/车载快照在相同的情况下重现这个故障。

6. DTC P1DA2：VCU 低压侧打开故障、DTC P1DA3：VCU 高压侧打开故障、DTC P1DA4：VCU 电流过高（发电机电机控制单元）

1）将车辆转至 ON 模式。

2）使用 HDS 清除 DTC。

3）将车辆转至 OFF（LOCK）模式。

4）在举升机上举升车辆。

5）将车辆转至准备驾驶模式。

6）变速杆至 D 位，并在 60km/h 或更高时进行行驶测试 1min。注意：在举升机上运行车辆时，不要用力施加制动。可能会对传动线路造成损坏。

7）使用 HDS 检查是否有未确认的或确认的 DTC。是否显示 DTC P1DA2、P1DA3 和/或 P1DA4？

是，则更换 PCU。

否，则为间歇性故障。此时系统正常。如果记录了这个 DTC 的定格数据/车载快照，尝试用定格数据/车载快照在相同的情况下重现这个故障。

第五节 本田 CRV 混合动力汽车熔丝/继电器、电路原理图

本田 CRV 混合动力汽车熔丝位置

1. 发动机舱盖下熔丝/继电器盒 A

本田 CRV 混合动力汽车发动机舱盖下熔丝/继电器盒 A 如图 4-68 所示。各位置熔丝定义见表 4-3。

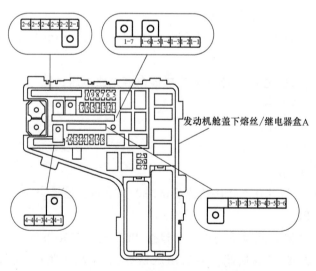

图 4-68　发动机舱盖下熔丝/继电器盒 A

表 4-3 各位置熔丝定义

	熔丝编号		A	所保护的部件或电路
A1	A1-1	+B OP BLOCK2	40A	熔丝固定架 A 中 De 号、Df 号、Dg 号和 Dh 熔丝
	A1-2	+B ESB	40A	电子伺服制动控制单元/踏板感觉模拟器
	A1-3	—	40A	未使用
	A1-4	+B R/MOD1	30A	继电器控制单元
	A1-5	+B IG MAIN2	30A	通过 IG1B 继电器电路(内置于仪表板下熔丝/继电器盒):车身控制单元(IG1-B SIG),仪表板下熔丝/继电器盒内 B3 号、B4 号、B5 号、B6 号、B7 号和 B17 号熔丝
				通过 IG2 继电器电路(内置于仪表板下熔丝/继电器盒):车身控制单元(IG2 SIG),仪表板下熔丝/继电器盒内 B9 号和 B22 号熔丝
	A1-6	+B R/MOD2	30A	继电器控制单元
	A1-7	+B 蓄电池	150A	发动机舱盖下熔丝/继电器盒内 A3-1 号、A3-2 号、A3-3 号、A3-4 号、A3-5 号、A3-6 号、A4-1 号、A4-2 号、A4-3 号、A4-4 号、A18 号、A19 号、A20 号、A21 号、A22 号、A23 和 A24 号熔丝
A2	A2-1	+B EPS	70A	EPS 控制单元
	A2-2	+B IG MAIN	30A	通过 IG1A 继电器电路(内置于仪表板下熔丝/继电器盒):车身控制单元(IG1-A SIG),仪表板下熔丝/继电器盒内 B8 号、B21 号、B34 号和 B35 号熔丝
				通过 ACC 继电器电路(内置于仪表板下熔丝/继电器盒):仪表板下熔丝/继电器盒内 B1 号和 B2 号熔丝
	A2-3	+B F/B OPTION	40A	仪表板下熔丝/继电器盒内 B18 号、B19 号、B31 号、B32 号和 B33 号熔丝
	A2-4	+B F/BOX MAIN	60A	仪表板下熔丝/继电器盒内 B14 号[1]、B15 号、B16 号、B27 号[1]、B28 号、B29 号和 B30 号熔丝,电动车窗继电器[2]
				通过电动车窗继电器[2]:仪表板下熔丝/继电器盒内 B14 号和 B27 号熔丝
	A2-5	+B WIPER	30A	风窗玻璃刮水器控制单元/电机
	A2-6	+B P-ACT	30A	驻车棘爪执行器继电器
				通过驻车棘爪执行器继电器:驻车棘爪执行器
A3	A3-1	+B HTR MTR	40A	通过鼓风机电机继电器:鼓风机电机
	A3-2	+B ABS/VSA FSR	40A	VSA 调节器-控制单元
	A3-3	+B ABS/VSA MTR	40A	VSA 调节器-控制单元
	A3-4	+B F/BOX MAIN2	40A	仪表板下熔丝/继电器盒中的 B10 号、B23 号和 B24 号熔丝
	A3-5	—	30A	未使用
	A3-6	+B RR DEF	40A	通过后窗除雾器继电器:后窗除雾器

[1] 带所有电动车窗一键升/降功能。
[2] 带驾驶员侧电动车窗自动升/降功能。

2. 仪表板下熔丝/继电器盒

仪表板下熔丝/继电器盒 B 如图 4-69 所示。各位置熔丝定义见表 4-4。

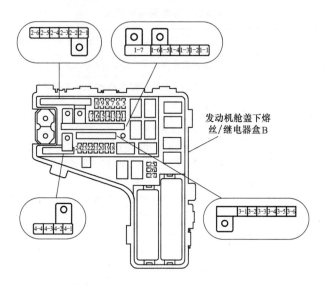

图 4-69 仪表板下熔丝/继电器盒 B

表 4-4 各位置熔丝定义

熔丝编号		额定电流/A	所保护的部件或电路
A4	A4-1	+B PTG/PTL MOTOR	40A	电动尾门控制单元①
	A4-2	+B OP BLOCK1	40A	熔丝固定架 A 内 Da 号、Db 号、Dc 号和 Dd 号熔丝
	A4-3	—	20A	未使用
	A4-4	+B RR H/SEAT	20A	通过后排座椅加热器继电器②： 后排座椅加热器控制单元
A5		—	未使用
A6		15A	继电器控制单元
A7		15A	PGM-FI 主继电器 1 电路（内置于继电器电路板） 通过 PGM-FI 主继电器 1 电路（内置于继电器电路板）： 喷油器,PCM(FI MAIN RAY OUT),PGM-FI 主继电器 2
A8		15A	PGM-FI 辅助继电器电路（内置于继电器电路板） 通过 PGM-FI 辅助继电器电路（内置于继电器电路板）： 发动机舱盖下熔丝/继电器盒内 A11 号熔丝,PCM(FI SUB RLY OUT)
A9		10A	通过制动踏板位置开关： 车身控制单元(STOP SW),PCM(STOP SW) 通过制动灯继电器电路（内置于继电器电路板内）： 电子伺服制动控制单元/踏板感觉模拟器,高位制动灯,左制动灯,右制动灯 通过制动踏板位置开关和制动灯继电器电路（内置于继电器电路板内）： 电子伺服制动控制单元/踏板感觉模拟器,高位制动灯,左制动灯,右制动灯
A10		10A	IGHLD1 继电器,PCU 通过 IGHLD1 继电器： 蓄电池状态监测单元,电子电动机控制单元冷却泵继电器,PCU

(续)

熔丝编号	额定电流/A	所保护的部件或电路
A11	7.5A	A/F 传感器(S1),EVAR 碳罐净化阀
A12	10A	PCM(+B BACKUP FI-ECU),驻车棘爪执行器驱动器单元
A13	10A	通过电子电动机控制单元冷却泵继电器： 电子电动机控制单元冷却泵
A14	10A	车身控制单元(+B HAZARD)
A15	15A	点火线圈继电器电路(内置于继电器电路板) 通过点火线圈继电器电路(内置于继电器电路板)： 点火线圈
A16	5A	RFC 继电器
A17	20A	电子 VTC 继电器电路(内置于继电器电路板) 通过电子 VTC 继电器电路(内置于继电器电路板)： 电子 VTC 电动机
A18	10A	主动噪声消除单元,自动照明控制单元③,自动照明/雨量传感器④,车身控制单元(+B BACK UP),CAN 网关,数据插接器(DLC),仪表控制单元,电动座椅控制单元⑤,电动尾门控制单元①,电动车窗总开关,实时监测单元⑥,继电器控制单元,防盗报警喇叭控制继电器,防盗报警喇叭继电器电路(内置于继电器电路板),远程控制单元⑦,USB 充电器单元⑦ 通过防盗报警喇叭继电器电路(内置于继电器电路板)： 防盗报警喇叭
A19	15A	音响单元,中央显示单元,全景影像摄像头单元⑧,后扶手开关面板
A20⑨	20A	左侧电子安全带预张紧器单元
A21⑨	20A	右侧电子安全带预张紧器单元
A22	15A	前雾灯继电器,格栅 通过前雾灯继电器： 左前雾灯,右前雾灯
A23	10A	通过电子加热器冷却泵继电器电路(内置于继电器电路板)： 电子加热器冷却泵
A24	10A	12V 蓄电池传感器,喇叭继电器 通过喇叭继电器： 喇叭(高),喇叭(低)

① 带电动尾门。
② 带后排座椅加热器。
③ 不带自动刮水器。
④ 带自动刮水器。
⑤ 带 DPMS。
⑥ 带实时监测。
⑦ 智能屏互联系统类型。
⑧ 带 MVCS。
⑨ 带电子安全带预张紧器。

3. 熔丝固定架 B

熔丝固定架 B 如图 4-70 所示。各位置熔丝定义见表 4-5。

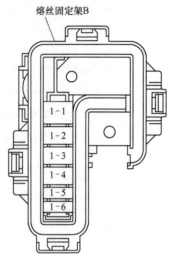

图 4-70　熔丝固定架 B

表 4-5　各位置熔丝定义

	熔丝编号		额定电流/A	所保护的部件或电路
C1	C1-1	+B A/C PTC1	40A	通过 PTC 加热器 A 继电器： PTC 加热器芯
	C1-2	—	40A	未使用
	C1-3	+B A/C PTC3	40A	通过 PTC 加热器 B 继电器： PTC 加热器芯
	C1-4	—	40A	未使用
	C1-5	+B MAIN FAN	40A	通过 RFC 继电器 RFC 单元
	C1-6	+B ENG WATER PUMP	30A	发动机 EWP 继电器 通过发动机 EWP 继电器： 电子发动机冷却泵

4. 熔丝固定架 A

熔丝固定架 A 如图 4-71 所示。各位置熔丝定义见表 4-6。

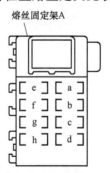

图 4-71　熔丝固定架 A

表 4-6　各位置熔丝定义

熔丝编号	额定电流/A	所保护的部件或电路
Da[①]	20A	电动尾门控制单元
Db[②]	20A	通过前排乘客电动座椅调节开关： 前排乘客电动座椅滑动电动机
Dc[②]	20A	通过前排乘客电动座椅调节开关： 前排乘客电动座椅倾角调节电动机
Dd	20A	电动遮阳板电机-控制单元
De	10A	蓄电池状态监测单元，IGHLDB 继电器 通过 IGHLDB 继电器： 蓄电池状态监测单元，蓄电池风扇继电器，DC/DC 变换器
Df	20A	通过蓄电池风扇继电器： 高压蓄电池单元风扇
Dg	10A	车身控制单元(+B RR FOG)，抬头显示屏[③]
Dh	15A	SBW 换档控制单元

① 带电动尾门。
② 前排乘客电动座椅。
③ 带抬头显示屏。

二、本田 CRV 混合动力汽车继电器位置

本田 CRV 混合动力汽车继电器位置如图 4-72~图 4-74 所示。

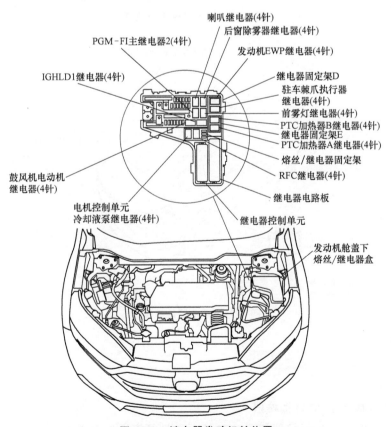

图 4-72　继电器发动机舱位置

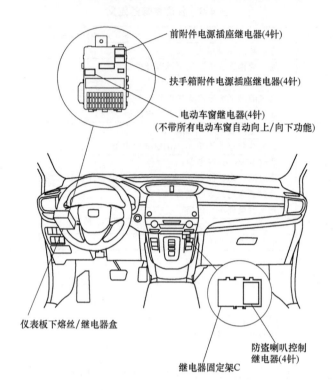

图 4-73 继电器仪表板位置

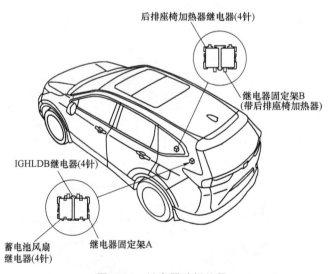

图 4-74 继电器地板位置

三、控制单元插接器及定义

1. 电动机控制单元 33 针插接器

电动机控制单元 33 针插接器如图 4-75 所示，端子定义见表 4-7。

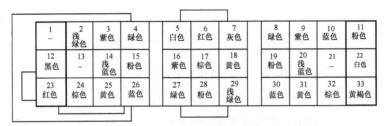

图 4-75 电动机控制单元 33 针插接器

表 4-7 端子定义

端子号	端子名称	说　明
1	未使用	
2	TGEN	检测发电机温度传感器信号
3	S1G	输入发电机转子位置传感器（SIN）信号
4	R1G	输出发电机转子位置传感器激励信号
5	F-CAN A_H	发送和接收 F-CAN A 通信信号（亮）
6	F-CAN A_L	发送和接收 F-CAN A 通信信号（低）
7	NEWP	检测电机控制单元冷却泵旋转信号
8	R1M	输出牵引电机转子位置传感器激励信号
9	S1M	输入牵引电机转子位置传感器（SIN）信号
10	TMOT	检测牵引电机温度传感器信号
11	IGA	电机控制单元的电源
12	PG	电机控制单元接地
13	未使用	
14	S3G	输入发电机转子位置传感器（SIN）信号
15	R2G	输出发电机转子位置传感器激励信号
16	PCUTW	检测电子动力冷却泵温度传感器信号
17	SGTEMP	电子动力冷却温度传感器的传感器接地
18	EWP	驱动电机控制单元冷却泵
19	R2M	输出牵引电机转子位置传感器
20	S3M	输入发电机转子位置传感器（SIN）信号
21	未使用	
22	VBU	电机控制单元的电源（备份）
23	TATF	检测变速器液温传感器信号
24	RSLD G	电机转子位置传感器导线接地
25	S4G	输入发电机转子位置传感器（COS）信号
26	S2G	输入发电机转子位置传感器（COS）信号
27	EPP-CAN_H	发送和接收 EPP-CAN 通信信号（高）
28	EPP-CAN_L	发送和接收 EPP-CAN 通信信号（低）

(续)

端子号	端子名称	说明
29	NGENPLS	输出发电机旋转速度信号
30	S2M	输入牵引电机转子位置传感器（COS）信号
31	S4M	输入牵引电机转子位置传感器（COS）信号
32	RSL D M	牵引电机转子位置传感器导线接地
33	IG HLD PCU EWP	驱动电机控制单元冷却泵继电器

2. 电池状态监测单元输入和输出插接器端子及定义

1）蓄电池状态监测单元插接器A（28针）端子如图4-76所示，端子定义见表4-8。

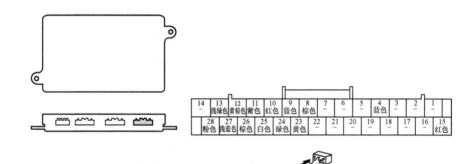

图4-76　蓄电池状态监测单元插接器A（28针）端子

表4-8　端子定义

端子号	端子名称	说明	端子号	端子名称	说明
1	未使用		15	BATT+	检测高压蓄电池正极（+）端子信号
2	未使用		16	未使用	
3	未使用		17	未使用	
4	BATT-	检测高压蓄电池负极（-）端子信号	18	未使用	
5	未使用		19	未使用	
6	未使用		20	未使用	
7	未使用		21	未使用	
8	VH0	检测蓄电池单元电压信号	22	未使用	
9	VH2		23	VH1	检测蓄电池单元电压信号
10	VH4		24	VH3	
11	VH6		25	VH5	
12	VH8		26	VH7	
13	VH10		27	VH9	
14	未使用		28	H11	

2）蓄电池状态监测单元插接器B（28针）端子如图4-77所示，端子定义见表4-9。

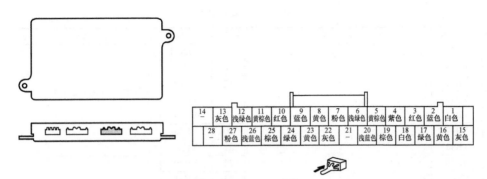

图 4-77 蓄电池状态监测单元插接器 B（28 针）端子

表 4-9 端子定义

端子号	端子名称	说明	端子号	端子名称	说明
1	VH13	检测蓄电池单元电压信号	15	VH12	检测蓄电池单元电压信号
2	VH15		16	VH14	
3	VH17		17	VH16	
4	VH19		18	VH18-0	
5	VH21		19	VH20	
6	VH23		20	VH22	
7	VH24		21	未使用	
8	VH26		22	VH25	
9	VH28		23	VH27	检测蓄电池单元电压信号
10	VH30		24	VH29	
11	VH32		25	VH31	
12	VH34		26	VH33	
13	VH36-0		27	VH35	
14	未使用		28	未使用	

3）蓄电池状态监测单元插接器 C（28 针）端子如图 4-78 所示，端子定义见表 4-10。

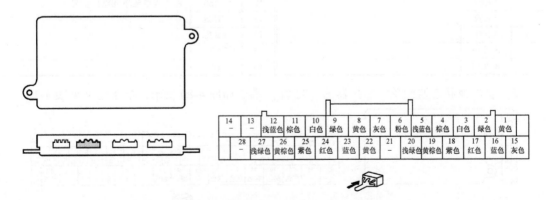

图 4-78 蓄电池状态监测单元插接器 C（28 针）端子

表 4-10 端子定义

端子号	端子名称	说明	端子号	端子名称	说明
1	VH37	检测蓄电池单元电压信号	15	VH36-1	检测蓄电池单元电压信号
2	VH39		16	VH38	
3	VH41		17	VH40	
4	VH43		18	VH42	
5	VH45		19	VH44	
6	VH47		20	VH46	
7	VH48		21	未使用	
8	VH50		22	VH49	
9	VH52		23	VH51	
10	VH54-0		24	VH53	
11	VH56		25	VH55	
12	VH58		26	VH57	
13	未使用		27	VH59	
14	未使用		28	未使用	

4) 蓄电池状态监测单元插接器 D（16 针）端子如图 4-79 所示。端子定义见表 4-11。

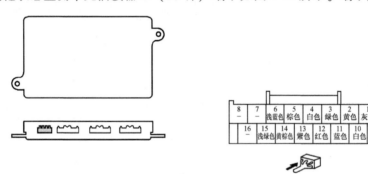

图 4-79　蓄电池状态监测单元插接器 D（16 针）端子

表 4-11 端子定义

端子号	端子名称	说明	端子号	端子名称	说明
1	VH61	检测蓄电池单元电压信号	9	VH60	检测蓄电池单元电压信号
2	VH63		10	VH62	
3	VH65		11	VH64	
4	VH67		12	VH66	
5	VH69		13	VH68	
6	VH71		14	VH70	
7	未使用		15	VH72	
8	未使用		16	未使用	

5) 蓄电池状态监测单元插接器 E（32 针）端子如图 4-80 所示，端子定义见表 4-12。

表 4-80　蓄电池状态监测单元插接器 E（32 针）

表4-12 端子定义

端子号	端子名称	说明
1	VBU	蓄电池状态监测单元的电源(备份)
2	IGB	蓄电池状态监测单元的电源
3	CN TP S	插接器电源
4	CN TP	驱动高压插接器
5	CN TN	驱动高压副插接器
6	PRE	驱动旁通插接器
7	IG1MONI	检测IG1信号
8	F-CAN A_L	发送和接收F-CAN A通信信号(低)
9	F-CAN A_H	发送和接收F-CAN A通信信号(高)
10	EPP-CAN_L	发送和接收EPP-CAN通信信号(低)
11	EPP-CAN_H	发送和接收EPP-CAN通信信号(高)
12	未使用	
13	未使用	
14	NF AN	检测高压蓄电池单元风扇旋转速度信号
15	未使用	
16	未使用	
17	PG	蓄电池状态监测单元接地
18	未使用	
19	IGH LD B	驱动IGH LD B继电器
20	IGH LD	驱动IGH LD 1继电器
21	IGH LD 2	驱动蓄电池风扇继电器
22	未使用	检测来自SRS单元的碰撞检测信号
23	IGAMONI	检测IGA信号
24	FANCTL	驱动高压蓄电池单元风扇
25	未使用	
26	ISOC	检测蓄电池电流传感器信号(正常范围)
27	ISOCF	检测蓄电池电流传感器信号(好的范围)
28	VC CISOC	提供蓄电池电流传感器参考电压
29	SGISOC	蓄电池电流传感器的传感器接地
30	CDS	检测来自SRS单元的碰撞检测信号
31	未使用	
32	未使用	

6）蓄电池状态监测单元插接器F（12针）端子如图4-81所示，端子定义见表4-13。

图4-81 蓄电池状态监测单元插接器F（12针）端子

表4-13 端子定义

端子号	端子名称	说明
1	TBATT1	检测高压蓄电池单元温度传感器1信号
2	TBATT3	检测高压蓄电池单元温度传感器3信号
3	未使用	
4	未使用	
5	MODID 1	检测高压蓄电池单元识别电阻器信号

(续)

端子号	端子名称	说　　明
6	SGTB	高压蓄电池单元传感器接地
7	TBATT2	检测高压蓄电池单元温度传感器2信号
8	TBATT4	检测高压蓄电池单元温度传感器4信号
9	未使用	
10	未使用	
11	MODID 2	检测高压蓄电池单元识别电阻器信号
12	未使用	

四　电子动力系统电路图

电子动力系统电路图如图4-82～图4-93所示。

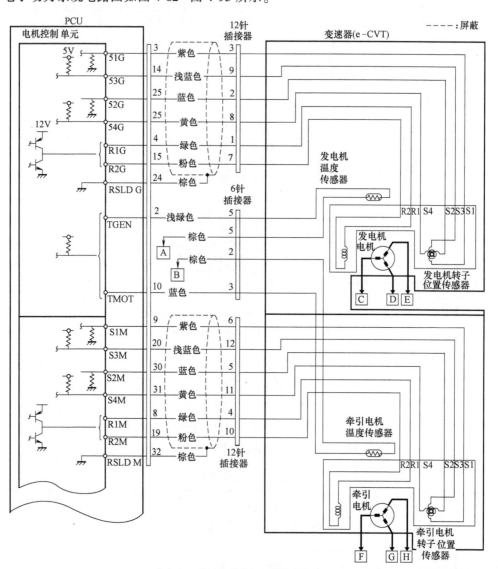

图4-82　电子动力系统电路图（一）

220

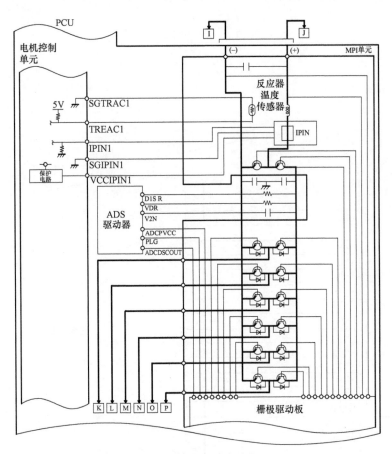

图 4-83 电子动力系统电路图（二）

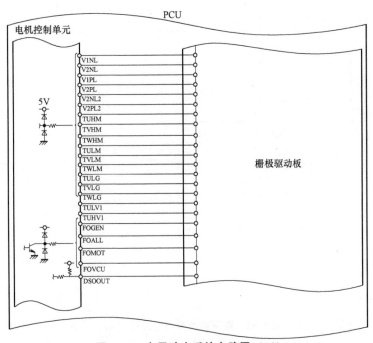

图 4-84 电子动力系统电路图（三）

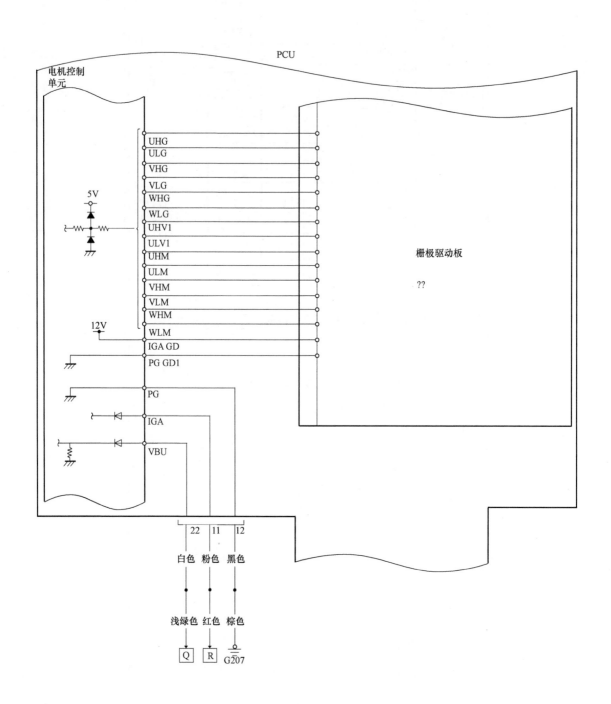

图 4-85 电子动力系统电路图（四）

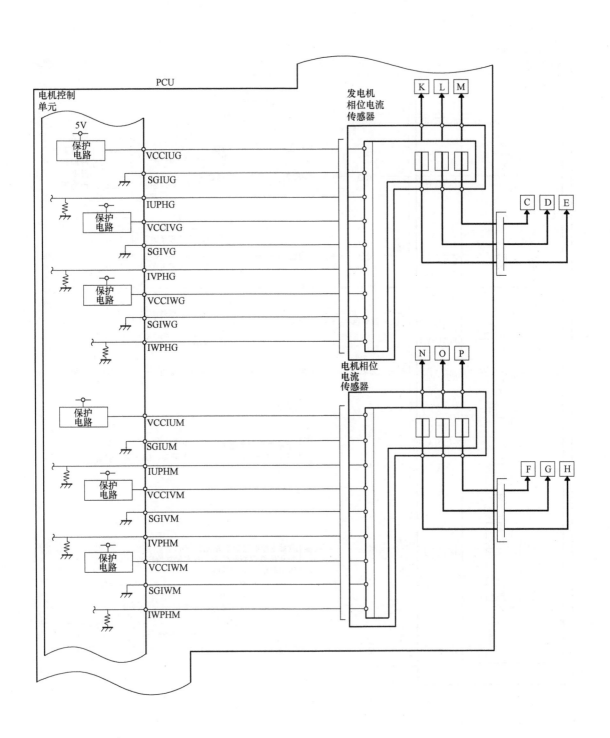

图 4-86 电子动力系统电路图（五）

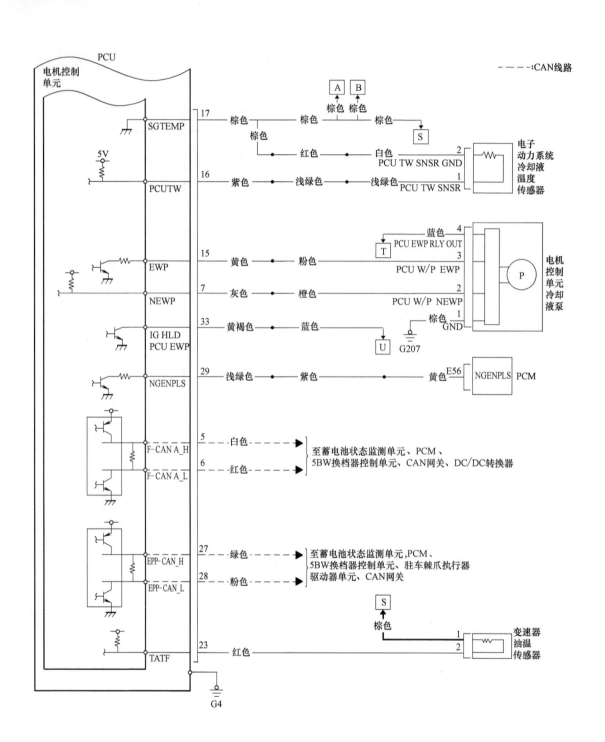

图 4-87 电子动力系统电路图（六）

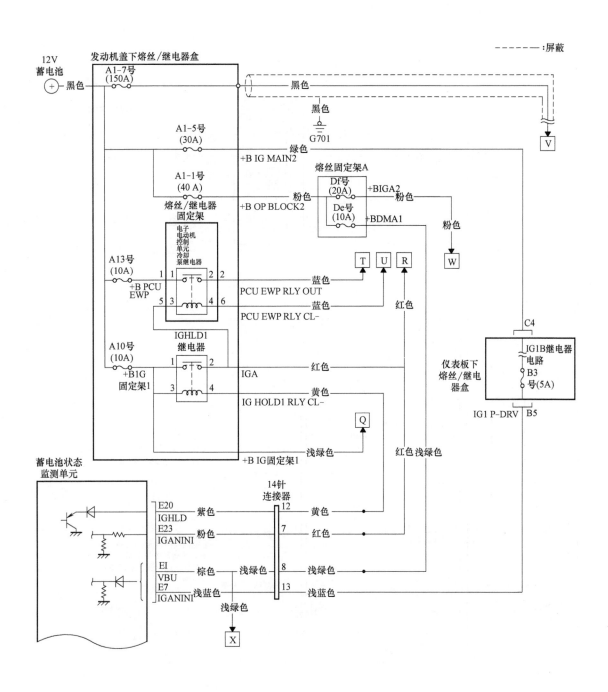

图4-88 电子动力系统电路图（七）

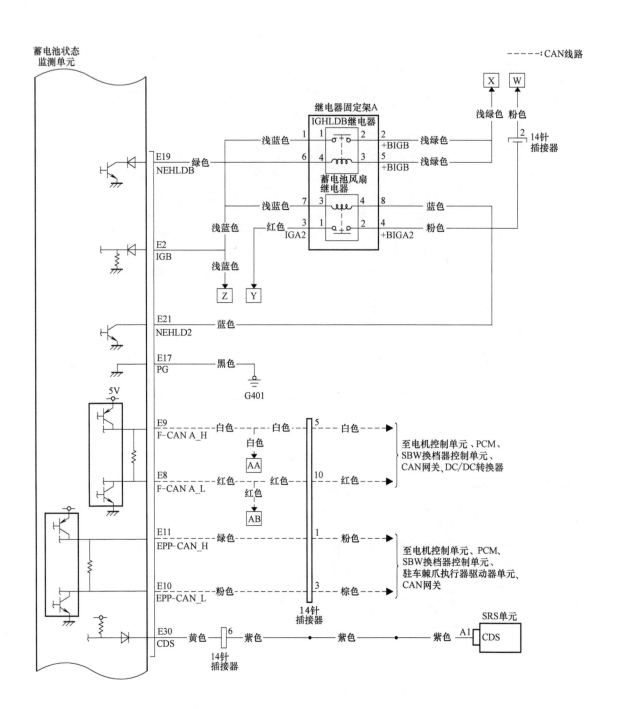

图 4-89 电子动力系统电路图（八）

第四章 本田CRV、思铂睿混合动力汽车

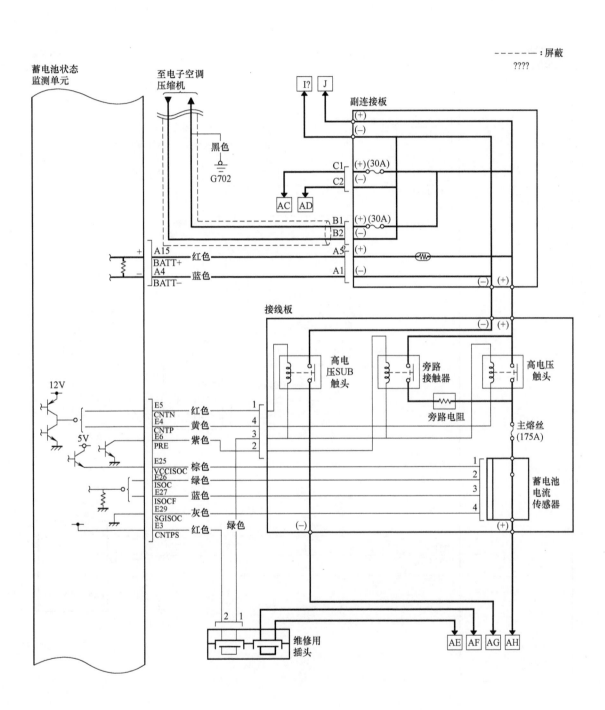

图 4-90 电子动力系统电路图（九）

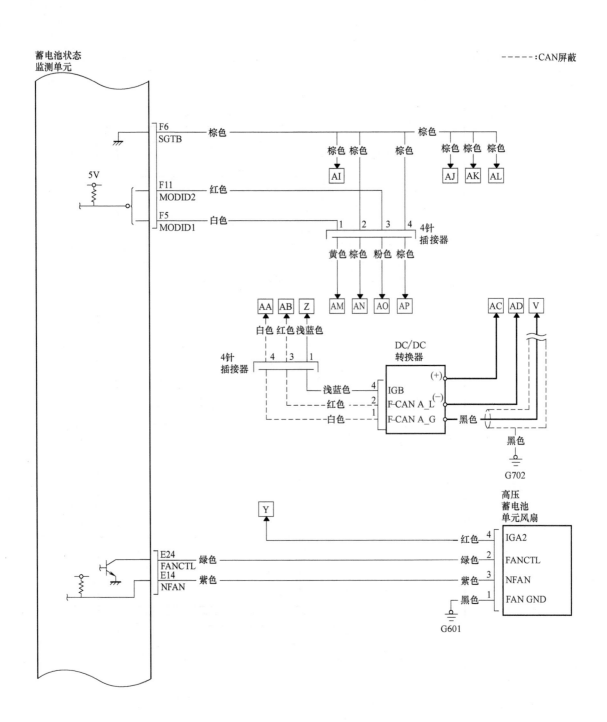

图 4-91　电子动力系统电路图（十）

第四章 本田CRV、思铂睿混合动力汽车

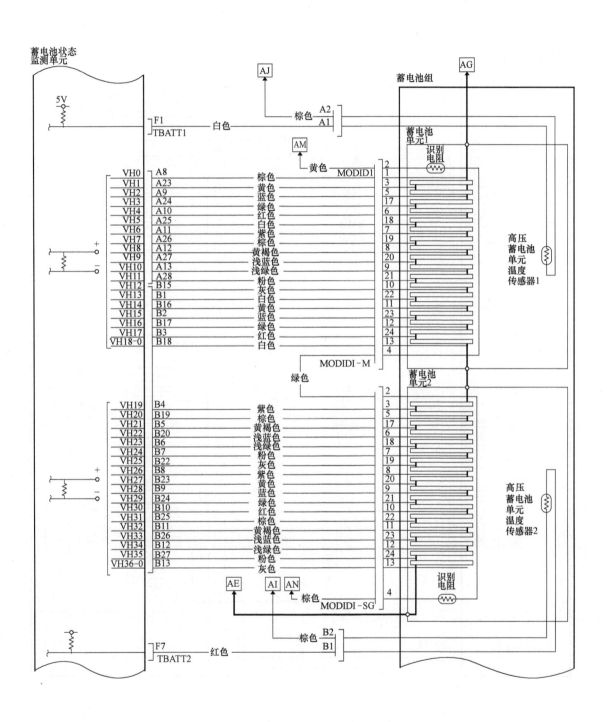

图 4-92 电子动力系统电路图（十一）

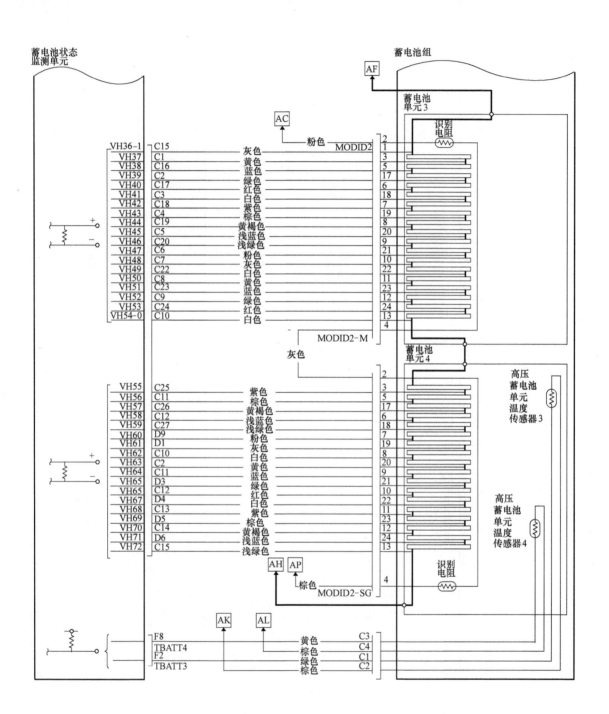

图 4-93 电子动力系统电路图（十二）

第四章 本田CRV、思铂睿混合动力汽车

五、PCM 输入和输出插接器

1) PCM 输入和输出插接器 A（50 针）端子如图 4-94 所示，端子定义见表 4-14。

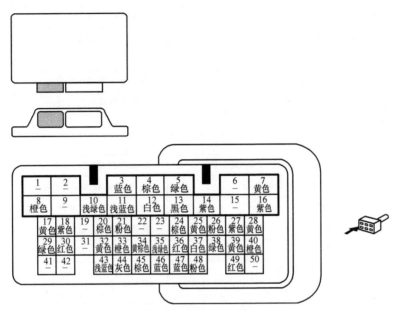

图 4-94　PCM 输入和输出插接器 A（50 针）端子

表 4-14　端子定义

端子号	端子名称	说明
1	未使用	
2	未使用	
3	IG1 MISS SOL（电磁阀的电源）	电磁阀电源
4	SO2HT（辅助热氧传感器（前辅助 HO2S）（传感器 2）加热器控制）	驱动辅助 HO2S（传感器 2）加热器
5	FI MAIN RLY CL-（PGM-FI 主继电器 1/点火线圈继电器）	驱动 PGM-FI 主继电器 1 和点火线圈继电器
6	未使用	
7	+B BACKUP FI-ECU（备用电压）	PCM 存储器电源
8	FI MAIN RLY OUT（电源）	PCM 电源
9	未使用	
10	LIN（BATT SENSOR）（本地互联网络）	发送和接收通信信号
11	FUEL PUMP RLY CL-（发动机防盗锁止系统燃油泵继电器）	驱动 PGM-FI 主继电器 2
12	PADDLE SW UP（换档拨片+）	检测换档拨片+信号
13	FI ECU GND（接地）	PCM 接地
14	ATP-R（倒档继电器）	驱动倒档继电器

（续）

端子号	端子名称	说　　明
15	未使用	
16	FI SUB RLY OUT（电源）	PCM 电源
17	风扇控制（RFC 单元控制）	驱动 RFC 单元
18	FAN LO SIGNAL（RFC 继电器）	驱动 RFC 继电器
19	未使用	
20	EPP-CAN_L（CAN 通信信号低）	发送和接收通信信号
21	EPP-CAN_H（CAN 通信信号高）	发送和接收通信信号
22	未使用	
23	未使用	
24	ENG W/PUMP RLY CL-（发动机 EWP 继电器）	驱动电机 EWP 继电器
25	FI SUB RLY CL-（PGM-FI 辅助继电器）	驱动 PGM-FI 辅助继电器
26	STOP SW（制动踏板位置开关）	检测制动踏板位置开关信号
27	SCS（维修检查信号）	检测维修检查信号
28	STS（起动机开关信号）	检测起动机开关信号
29	PADDLE SW DOWN（换档拨片-）	检测换档拨片-信号
30	EVTC RLY CL-（电动 VTC 继电器）	驱动电动 VTC 继电器
31	未使用	
32	APS1（加速踏板位置（APP）传感器 A）	检测 APP 传感器 A 信号
33	PD 传感器（空调压力传感器）	检测空调压力传感器信号
34	APS2（加速踏板位置（APP）传感器 B）	检测 APP 传感器 B 信号
35	VSP（车速信号输出）	发送车速信号
36	F-CAN A_L（CAN 通信信号低）	发送和接收通信信号
37	F-CAN A_H（CAN 通信信号高）	发送和接收通信信号
38	F-CAN B_L（CAN 通信信号低）	发送和接收通信信号
39	F-CAN B_H（CAN 通信信号高）	发送和接收通信信号
40	S-NET（发动机防盗锁止系统串行通信）	传送串行通信信号
41	未使用	
42	未使用	
43	SG5（传感器接地）	传感器接地
44	VCC5（传感器电压）	提供传感器基准电压
45	VCC4（传感器电压）	提供传感器基准电压
46	SG4（传感器接地）	传感器接地
47	SO2（辅助加热型氧传感器）（辅助 HO2S）（传感器 2）	检测辅助 HO2S（传感器 2）信号
48	SO2 SG（辅助热氧传感器（辅助 HO2S）（传感器 2）传感器接地）	辅助 HO2S 的传感器接地（传感器 2）
49	BKSWNC（制动踏板位置开关）	检测制动踏板位置开关信号
50	未使用	

2) PCM 输入和输出插接器 E（80 针）端子如图 4-95 所示，端子定义见表 4-15。

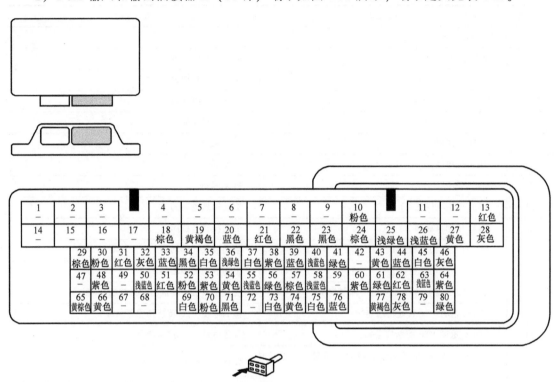

图 4-95　PCM 输入和输出插接器 E（80 针）端子

表 4-15　端子定义

端子号	端子名称	说　明
1	未使用	
2	未使用	
3	未使用	
4	未使用	
5	未使用	
6	未使用	
7	未使用	
8	未使用	
9	未使用	
10	EEGR[电动废气再循环(EGR)阀]	驱动 EGR 阀
11	未使用	
12	未使用	
13	AFHT[空燃比(A/F)传感器 1 加热器控制]	驱动 A/F 传感器(传感器 1)加热器
14	未使用	
15	未使用	
16	未使用	

(续)

端子号	端子名称	说明
17	未使用	
18	INJ 1(1号喷油器)	驱动1号喷油器
19	INJ 4(4号喷油器)	驱动4号喷油器
20	INJ 3(3号喷油器)	驱动3号喷油器
21	INJ 2(2号喷油器)	驱动2号喷油器
22	GND 1(接地)	PCM接地
23	GND 3(接地)	PCM接地
24	LG(接地)	PCM接地
25	SHB(换档电磁阀B)	驱动换档电磁阀B
26	SHA(换档电磁阀A)	驱动换档电磁阀A
27	MTR1(节气门执行器)	驱动节气门作动器
28	MTR2(节气门执行器)	驱动节气门作动器
29	EWP C(SWP)(电子发动机冷却泵控制)	发送发动机冷却液电动泵控制信号
30	EVTS(电动VTC转速传感器)	检测电动VTC转速传感器信号
31	EVTP(电动VTC控制信号)	发送电机VTC控制信号
32	PARKBUSY(驻车棘爪作动器驱动器单元的通信信号)	检测驻车位置信号
33	PODCL(变速器油压传感器)	检测变速器液压传感器信号
34	KSGND(爆燃传感器接地)	爆燃传感器的传感器接地
35	KS(爆燃传感器)	检测爆燃传感器信号
36	IG1(IG1MONI)	检测点火信号
37	IGN01A(1号点火线圈脉冲)	驱动1号点火线圈
38	IGN02A(2号点火线圈脉冲)	驱动2号点火线圈
39	IGN03A(3号点火线圈脉冲)	驱动3号点火线圈
40	IGN04A(4号点火线圈脉冲)	驱动4号点火线圈
41	CAM[凸轮轴位置(CMP)传感器A]	检测CMP传感器A信号
42	未使用	
43	TDC[凸轮轴位置(CMP)传感器B]	检测CMP传感器B信号
44	CRKP[曲轴位置(CKP)传感器]	检测CKP传感器信号
45	SG6(传感器接地)	传感器接地
46	EVTD(电动VTC转速传感器)	检测电动VTC转速传感器信号
47	未使用	
48	IP[空燃比(A/F)传感器(传感器1)IP电池]	检测A/F传感器(S1)泵电池信号
49	未使用	
50	THL 1[节气门位置(TP)传感器A]	检测TP传感器A信号
51	THL 2[节气门位置(TP)传感器B]	检测TP传感器B信号
52	TW[发动机冷却液温度(ECT)传感器1]	检测ECT传感器1信号

(续)

端子号	端子名称	说 明
53	TA［进气温度（IAT）传感器1］	检测IAT传感器1信号
54	TW2［发动机冷却液温度（ECT）传感器2］	检测ECT传感器2信号
55	INTA［进气温度（IAT）传感器2］	检测IAT传感器2信号
56	MAP（PB）［歧管绝对压力（MAP）传感器］	检测MAP传感器信号
57	EVTM（电动VTC诊断）	检测电动VTC诊断信号
58	OPSEN（摇臂机油压力传感器）	检测摇臂机油压力传感器信号
59	未使用	
60	EWP REV（NWP）（发动机冷却液电动泵）	检测发动机冷却液电动泵转速信号
61	VGP［质量空气流量（MAF）传感器+侧］	检测MAF传感器信号
62	VGM［质量空气流量（MAF）传感器-侧］	MAF传感器信号接地
63	VCC6（传感器电压）	提供传感器基准电压
64	PARKCMD（驻车棘爪作动器驱动器单元的通信信号）	发送驻车位置切换信号
65	VTS（摇臂机油控制电磁阀）	驱动摇臂机油控制电磁阀
66	NGENPLS（发电机转子脉冲）	检测发电机转子旋转脉冲
67	未使用	
68	未使用	
69	EGRL［废气再循环（EGR）阀位置传感器］	检测EGR阀位置传感器信号
70	VCC1（传感器电压）	提供传感器基准电压
71	SG1（传感器接地）	传感器接地
72	未使用	
73	VS［空燃比（A/F）传感器（传感器1）VS电池］	检测A/F传感器（传感器1）VS电池信号
74	VCENT［空燃比（A/F）传感器（传感器1）虚接地］	为A/F传感器（传感器1）提供参考电压
75	VCC3（DBW）（传感器电压）	提供传感器基准电压
76	SG3（DBW）（传感器接地）	传感器接地
77	VCC2（传感器电压）	提供传感器基准电压
78	SG2（传感器接地）	传感器接地
79	未使用	
80	PCS［蒸发排放（EVAP）碳罐净化阀］	驱动EVAP碳罐净化阀

第五章
奥迪Q5混合动力汽车

第一节 新款奥迪 Q5 混合动力汽车的识别、基本工作原理

一、识别标记

奥迪 Q5 混合动力四驱（Audi Q5 hybrid quattro）汽车与使用内燃机的奥迪 Q5 汽车相比，除了在车型铭牌上有混合动力字母标识外，其他不同之处如图 5-1 所示。

1) 组合仪表上带有功率表和 Hybrid 这个显示。
2) 发动机舱内的装饰盖板上有 Hybrid 这个字符。
3) 翼子板上有 Hybrid 这个字符。
4) 登车装饰条上有 Hybrid 这个字符。
5) EV-模式开关和带有 tip-S 功能的换档操纵机构。
6) 行李舱盖上有 Hybrid 这个字符。
7) MMI-系统上有 Hybrid 这个显示内容。

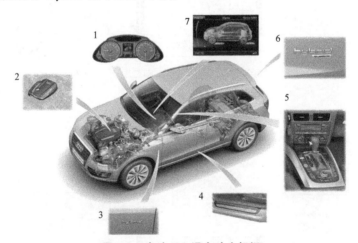

图 5-1 奥迪 Q5 混合动力标识

二、奥迪混合动力系统的工作原理

奥迪混合动力系统的工作原理如图 5-2 所示。

（1）发动机起动/停止 如果系统认为驾驶员把车停住了，那么发动机立即就被关闭了。车辆一加速，发动机立即起动（与蓄电池电池充电状态有关），如图 5-3 所示。

（2）没有为高压蓄电池充电 发动机和电机一起来给车辆加速，电机由电蓄能器提供电能，与传统系统相比，车辆性能大幅提高，如图 5-4 所示。

（3）高压蓄电池和低压蓄电池同时充电 车由发动机来驱动行驶，发动机带动电机，

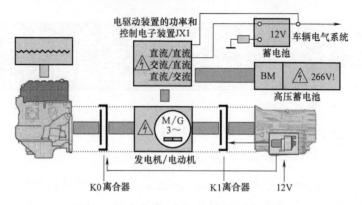

图 5-2 奥迪混合动力系统的工作原理图

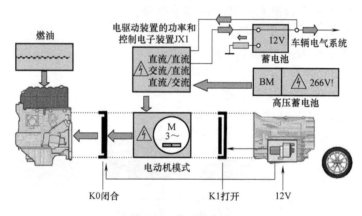

图 5-3 发动机起动

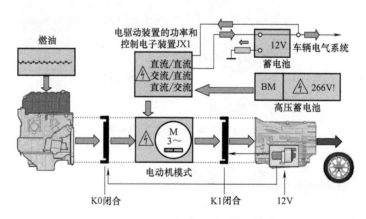

图 5-4 没有为高压蓄电池充电

来为高压蓄电池充电，如图 5-5 所示。

（4）EV 模式　车辆只靠电机驱动来行驶，电机由高压蓄电池供电，如图 5-6 所示。

（5）发动机关闭时滑行/制动状态下的能量回收模式　发动机关闭时滑行/制动状态下的能量回收模式制动能由电机转化成电能，并存储在高压蓄电池中，如图 5-7 所示。

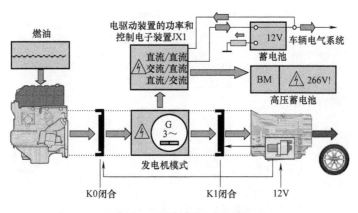

图 5-5 为高压蓄电池充电

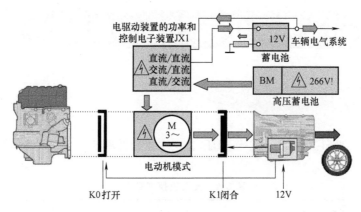

图 5-6 EV 模式

(6) 发动机运行时滑行状态下的能量回收模式 车辆不消耗任何能量（惯性滑行）通过脱开离合器 K0 来使得发动机与电机分离开，根据车速，发动机处于超速断油状态或者关闭（起动由电机或者辅助起动机来完成）在能量回收过程中，电机作为发电机为 12V 车载电网供电，如图 5-8 所示。

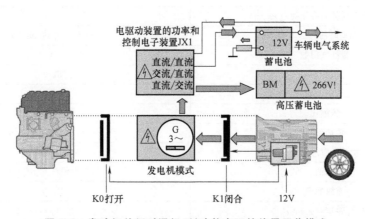

图 5-7 发动机关闭时滑行/制动状态下的能量回收模式

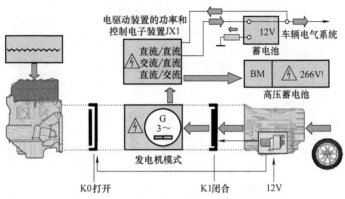

图 5-8 发动机运行时滑行状态下的能量回收模式

第二节　奥迪 Q5 混合动力发动机、底盘

一、2.0L TFSI 发动机的变化

奥迪 Q5 2.0L-TFSI-发动机，代码 CHJA，技术数据见表 5-1。转矩-功率特性曲线如图 5-9 所示。

表 5-1　发动机技术数据

发动机代码	CHJA
结构形式	四缸直列发动机和三相交流电机/发电机
排量/cm³	1984
内燃机功率/kW(PS),转速/(r/min)	155(211),4300~6000
系统功率/kW(PS)	180(245)
内燃机转矩/N·m,转速/(r/min)	350,1500~4200
系统转矩/N·m	480
纯电力驱动时的最高车速/(km/h)	100
纯电力驱动时的可达里程/km	3(车速为 60km/h)
每缸气门数	4
缸径/mm	82.5
行程/mm	92.8
压缩比	9.6:1
传动形式	8 档自动变速器,quattro
发动机管理系统	MED 17.1.1
燃油	高级无铅汽油 ROZ 95
排放标准	EU V
CO₂ 排放/(g/km)	159
混合动力部件所增加的额外重量/kg	<130

（1）省去了辅助装置的带传动机构　因为省去了带传动机构，所以开发了一种新的辅助装置支架，该支架用于电动空调压缩机，曲轴和平衡轴轴承的材质有所变化，以满足起动-停止模式的工作需要。曲轴上的带轮仍安着，作为减振器用。

使用了二次空气系统：①缸盖内另有二次空气通道；②二次空气泵继电器 J299；③二次空气泵电动机 V101。

（2）后消音器上的可控式排气阀　只有左侧的后消音器上才装有这种可控式排气阀，该阀由排气控制阀 1-N321 来操控，如图 5-10 所示。接上真空，该阀就关闭；断开真空就打开。

在发动机停机时，该阀是打开着的，在转矩不高于 300N·m 或者转速不超过 1800r/min 时以及怠速给蓄电池充电时，该阀是关闭着的（因音响方面的原因）。

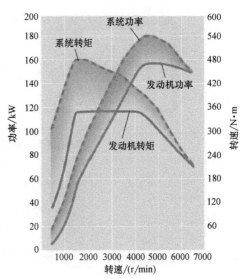

图 5-9　转矩-功率特性曲线

（3）冷却液循环和温度管理　引入了发动机控制系统 MED.17.1.1，它有三个处理器，因此也可以实现创新温度管理。使用这种控制单元的目的是，通过改进车辆热平衡，来进一步降低油耗和 CO_2 排放。所谓改进热平衡，是指将所有受热部件和连接在冷却系统上的部件（比如发动机或变速器）上的温度保持在能使其效率最佳的范围内。

Audi Q5 hybrid quattro 汽车上的冷却系统分为低温循环和高温循环两部分，如图 5-11

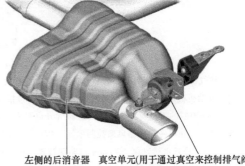

图 5-10　可控式排气阀

所示。在内燃机不工作时，冷却液是由电动冷却液泵来循环的。

1）高温循环部分的组件：暖风热交换器、冷却液截止阀 N82、电驱动装置电机 V141、高温循环冷却液泵 V467、冷却液泵、废气涡轮增压器、发动机机油冷却器、冷却液温度传感器 G62、特性曲线控制的发动机冷却系统节温器 F265、冷却液续动泵 V51、高温循环散热器、变速器机油冷却器。

2）低温循环部分的组件：电驱动装置的功率和控制电子装置 JX1、低温循环冷却液泵 V468、低温循环散热器。

（4）带有混合动力模块的 8 档自动变速器　自动变速器控制单元 J217 是混合动力 CAN-总线和驱动 CAN-总线用户。

多片式离合器（离合器 K0）与电机 E-Maschine 合成为一个模块，该模块取代了变矩器，安装在自动变速器的结构空间处，并不显眼，如图 5-12 所示。这个多片式离合器浸在油池中工作，它用于将内燃机与电机 E-Maschine 断开或连接上。

由于取消了变矩器，离合器 K1 就用来做起步元件用了。离合器 K0、离合器 K1 工作状

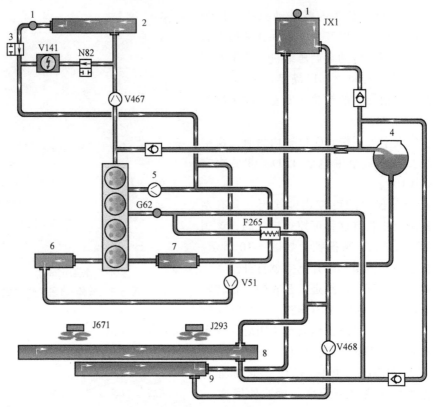

图 5-11 冷却系统

1—放气螺塞　2—暖风热交换器　3—冷却液截止阀　4—冷却液膨胀罐　5—冷却液泵　6—废气涡轮增压器　7—发动机机油冷却器　8—高温循环散热器（包括变速器机油冷却器）　9—低温循环散热器　F265—特性曲线控制的发动机冷却系统节温器（开启温度：95℃）　G62—冷却液温度传感器　J293—散热器风扇控制单元　J671—散热器风扇控制单元　JX1—电动机构功率和控制装置　N82—冷却液截止阀（在热的一侧）　V51—冷却液续动泵　V141—电驱动装置电机　V467—高温循环冷却泵　V468—低温循环冷却液泵

态见表 5-2。

表 5-2　离合器 K0、离合器 K1 工作状态

行驶状态	离合器 K0	离合器 K1
发动机起动	接合	未接合
纯电力驱动时	未接合	接合
能量回收	未接合	接合
内燃机驱动车辆行驶	接合	接合
内燃机在急速运转	接合	未接合
电动加速（E-Boost）	接合	接合
车辆滑行（无能量回收）	未接合	未接合
车辆滑行（有能量回收）	未接合	接合

图 5-12　自动变速器

为了能在电机不工作时润滑自动变速器并为液压操纵机构建立起必要的机油压力，安装了一个变速器机油辅助液压泵 1-V475。若温度较低，该泵可能无法建立起所需要的压力。

说明：要是需要牵引车辆，其规定与以前的无级自动变速器一样，需要将变速杆置于 N 位，牵引距离不超过 50km，牵引车速不超过 50km/h，这是因为在牵引时，变速器是得不到润滑的。

二、底盘

（1）电动机械式转向系统 Audi Q5 hybrid quattro 车上使用的不是液压助力转向系统，而是电动机械式转向系统。转向助力控制单元 J500 接在组合仪表/底盘 CAN-总线上，如图 5-13 所示。

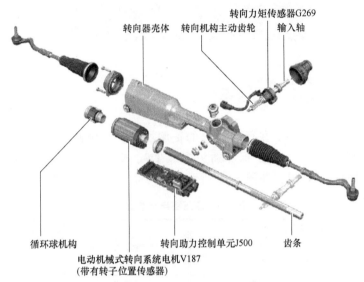

图 5-13 电动机械式转向系统

（2）制动真空泵 V192 这个电动的制动真空泵 V192 固定在 ESP-总成的前面，如图 5-14 所示。该泵的作用是在内燃机关闭期间，为制动助力器提供足够的真空力。

制动真空泵 V192 由发动机控制单元 J623 经继电器 J318 来操控。需要时，通过制动助

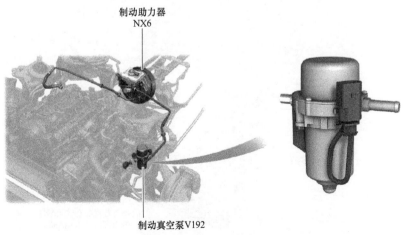

图 5-14 电动制动真空泵 V192

力压力传感器 G294 来接通该泵。

（3）制动踏板位置传感器 G100　制动踏板位置传感器 G100 连接在发动机控制单元上。发动机控制单元通过制动踏板位置传感器 G100 的信号来操控电力制动（能量回收）；ESP-总成通过制动踏板位置传感器 G100 的信号来操控液压制动。制动踏板在制动助力器上有一个约 9mm 的空行程。在这段空行程中，是纯电力制动的。制动时就可以很好地过渡到液压制动了。

在更换了制动踏板位置传感器或者是更换了发动机控制单元时，必须令制动踏板位置传感器 G100 与发动机控制单元之间的自适应（学习）。

第三节　电气系统

一、混合动力蓄电池单元 AX1

混合动力蓄电池单元 AX1 在行李舱内的备胎坑中，它由高压蓄电池 A38（参数见表 5-3）、蓄电池调节控制单元 J840、保养插头接口 TW、安全插头接口 TV44、高压线束接口 PX1、12V 车载电网接口构成，如图 5-15 所示。其内部结构特点，如图 5-16 所示。

表 5-3　高压蓄电池参数

高压蓄电池		高压蓄电池	
额定电压/V	266	总能量/kW·h	1.3
单格电压/V	3.7	可用能量/kW·h	0.8
电池格数量	72（串联的）	功率/kW	最大 40
容量/A·h	5.0	重量/kg	38
工作电压/℃	15~55		

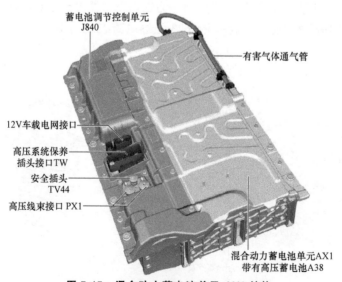

图 5-15　混合动力蓄电池单元 AX1 结构

图 5-16　内部带有 18 个电池模块的蓄电池

壳体使用电位补偿线（电位均衡线）与车辆相连。在这个蓄电池壳体内，集成有用于吸入和排出冷却空气的接口。为了能在蓄电池有故障时通过一个通气软管将溢出的气体引至车底部位，就在该壳体上装了一个有害气体通气管。

二　蓄电池调节控制单元 J840

（1）安装位置　蓄电池调节控制单元 J840 集成在混合动力蓄电池单元 AX1 的左侧，如图 5-17 所示，该控制单元与混合动力 CAN-总线和驱动 CAN-总线相连。

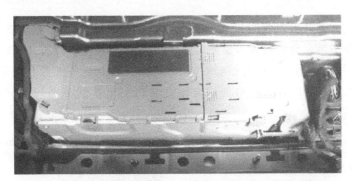

图 5-17　J840 集成在混合动力蓄电池单元 AX1 的左侧

J840 侦测高压蓄电池的温度，并通过蓄电池冷却模块来调节蓄电池冷却状况。该控制单元查明并分析充电状态、模块电压和蓄电池电压的信息，这些信息通过混合动力 CAN-总线传至发动机控制单元。

安全线是个环形线，它穿过所有的高压部件且由蓄电池调节控制单元来监控。控制单元 J840 使用一个电流信号来实施这个监控，这个电流是由功率控制电子系统发出并送入安全线的。在历史数据中，控制单元记录了所有与蓄电池有关的数据。这样的话，蓄电池深度放电或者过热之类的问题，就可以在事件发生之后还原真相了。

高压蓄电池通过高压触点来与其他高压部件连接或断开。"正极"和"负极"触点各一个电路，如图 5-18 所示。

一旦 15 号线接通，蓄电池调节控制单元 J840 会立即接通高压触点。如果为蓄电池调节控制单元 J840 供电的 12V 电压中断，那么高压触点就断开了。12V 车载电网"关闭"，表示高压装置也是"关闭"的。

在下述情况下，高压触点由蓄电池调节控制单元 J840 来给断开：①点火开关已关闭；②或者安全线已切断；③或者安全带张紧器已触发；④或者安全气囊已触发；⑤或者两个 12V 蓄电池在"15 号线接通"的情况下已与车载电网断开。

（2）高压蓄电池 A38 高压蓄电池 A38 集成在混合动力蓄电池单元 AX1 内。有一个电流传感器用于在充电和放电时侦测电流。另有传感器用于侦测高

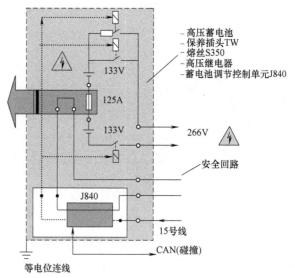

图 5-18 高压触点

压触点前、后的电压。高压触点在"15 号线接通"的情况下是闭合的（接通的）；在"15 号线关闭"的情况下或者有碰撞信号时，高压触点是断开的。高压蓄电池的充电状态保持在 30%~80% 之间，充电情况的这种限制，可以明显提高高压蓄电池的寿命。组合仪表上的蓄电池显示是以 0% 或 100% 来显示的。充电状态作为一个信息被放置在混合动力 CAN-总线上。

在达到起动能力最低极限值时（高压蓄电池充电状态低于 25% 了）或者没能起动发动机，那么发动机控制单元会给仪表显示发送一个信息，随后就会显示"车辆现在无法起动"（请参见随车的使用说明书）。如果充电状态低于 20%，那么就不准许有放电电流了。

在纯电力驱动行驶时，高压蓄电池给高压电网和 12V 车载电网同时供电。高压蓄电池的充电，如图 5-19 所示。

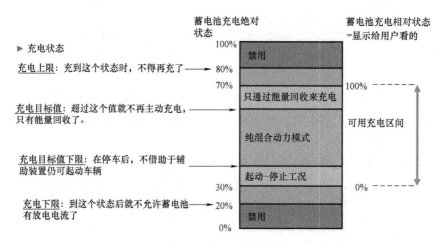

图 5-19 充电状态图

如果组合仪表上显示"车辆现在无法起动"，则必须给高压蓄电池充电。充电时请关闭

第五章 奥迪Q5混合动力汽车

点火开关,将充电器(至少30A,否则充电速度慢。理想电流强度为50~70A)或者带有三相发电机的发电车接到跨接起动销上。充电过程完成后接通点火开关,就会显示"正在形成起动能力,请稍等……"这个信息。

如果在1min内,高压蓄电池无法吸收充电电流,那么就会显示"充电过程已中断,无法形成起动能力"这个信息。其原因是充电器或者发电车能力太弱了。另外这种故障信息也可以以红色的混合动力警告灯来提示。

如果识别出充电电流,则高压蓄电池会被充电到35%的状态。组合仪表上会显示一个绿色的充电插头。12V蓄电池在这时会部分放电。如果高压蓄电池的充电状态降至5%以下,则蓄电池就无法再充电!

(3)高压系统保养插头 TW　该插头是高压蓄电池两个部分之间的电桥,如果拔下了这个保养插头,则这两部分的连接就断开。

如果在高压部件上或者在高压部件附近动用车削工具或棱角锋利的工具,则必须要拔下这个保养插头。要想切断电源(停电)的话,请在诊断仪中来进行相应操作。

1)保养插头的开锁和上锁。请关闭点火开关。要想够着高压系统保养插头 TW,必须打开行李舱内的高压系统保养盖板。这个保养插头就在混合动力蓄电池单元 AX1 上的橘黄色橡胶盖下,因此必须先移开这个橡胶盖,如图 5-20 所示。

2)拔下保养插头。要想关闭高压装置,一个途径就是操作这个保养插头,因为该插头是高压蓄电池两个部分之间的电桥。具体说就是该插头有两个确定的开关位置,如图 5-21a 所示。这时可以将保养插头从支架上拉出。这时高压装置就被关闭了,应检查停电情况(就是验电)。

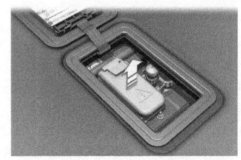

图 5-20　移开这个橡胶盖

在位置 1 时,安全线是被切断了的,如图 5-21b 所示。

在位置 2 时,蓄电池两个部分之间的串联连接就被断开了,如图 5-21c 所示。

a)保养插头插好

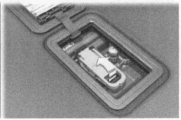
b)保养插头在位置1

c)保养插头在位置2

图 5-21　拔下保养插头

(4)保养插头内的熔丝　保养插头内有一个高压装置熔断式熔丝,其规格是125A,如图 5-22 所示。

再次工作:要想让高压系统恢复工作,请按相反顺序将保养插头回位。再次工作时的测量操作的细节,详见故障导航。说明:只有受训合格的高压电技工才可以拔这个保养插头,以保证装置处于停电状态。

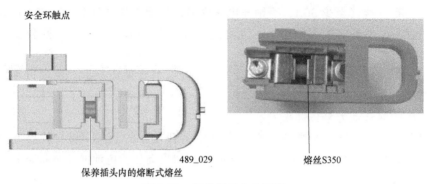

图 5-22　保养插头内的熔丝

三、安全理念

（1）绝缘控制　每30s用高压电网上的系统电压进行一次绝缘测量，就是要识别整个高压回路上的绝缘故障。整个高压回路包括高压蓄电池内部、动力线、功率控制电子装置、电驱动装置电机的三相线和连接空调压缩机（包括空调压缩机）的导线。如果有绝缘故障的话，那么组合仪表上会有信息，提示用户去服务站寻求帮助。

（2）带有安全插头TV44的安全线　安全线是环形结构的，它穿过所有的高压部件。功率控制电子系统提供一个信号，控制单元J840会分析这个信号。如果安全线中断了，那么高压触点也就脱开了，于是高压系统就被关闭了。在高压部件脱开或者拔掉高压线时安全线就中断了。安全线包含一个机械元件和一个电气元件，如图5-23所示。安全线原理和电路控制图如图5-24、图5-25所示。

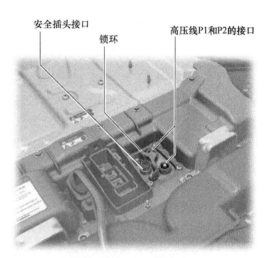

图 5-23　混合动力蓄电池单元上的带有锁环的安全插头座

（3）安全线接合　高压装置的所有部件都是通过一根单独的低压线呈环状彼此相连。部件之间的连接采用常开触点式，当所有部件都可以工作时，那么常开触点就接合了。

这时如果在安全线上加上电压，那么电流就可流动了，因为导线并未断开。能测得有电流，这也是安全线的所有部件都能工作的一个证明。就功能方面来说，安全线与白炽灯泡的冷监控相似。

（4）安全线中断　如果常开触点脱开（比如因为某个部件无法工作或者安全插头已拔下了），那么安全线就中断了。加载上电压后也无电流流过，这就表示：高压装置不能工作了。

检查安全线是接合还是断开，这个工作由混合动力蓄电池单元内的蓄电池调节控制单元来完成。如果该控制单元判断出安全线是断开着的，那么它就不会去操控高压触点，于是高压蓄电池与高压装置之间的连接就中断了。

第五章　奥迪Q5混合动力汽车

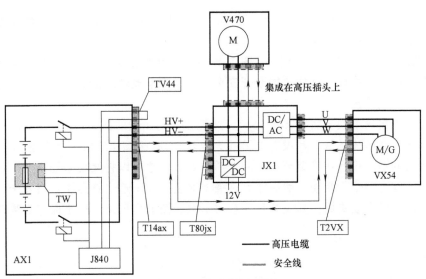

图5-24　安全线原理图

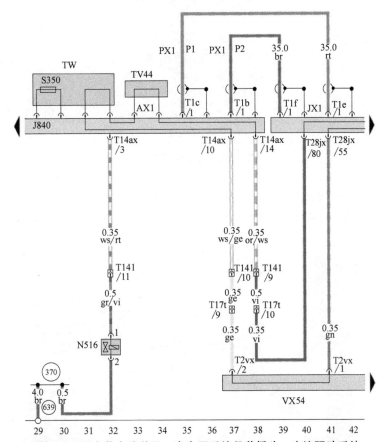

图5-25　混合蓄电池单元，高电压系统保养插头，交流驱动系统

AX1—混合蓄电池单元　JX1—电驱动系统的功率及控制电子系统　J840—蓄电池调节控制单元　N516—混合动力蓄电池制冷剂截止阀1　PX1—混合蓄电池高压导线束　P1—混合蓄电池高压线，正极　P2—混合蓄电池高压线，负极　S350—高压系统熔丝　T1b、T1c、T1e、T1f—1芯插头连接　T2vx—2芯插头连接　T14ax、T141—14芯插头连接　T17t—17芯插头连接，棕色　T28jx—28芯插头连接　TV44—安全插头1　TW—高电压系统保养插头　VX54—交流驱动系统　370—接地连接5，在主导线束中　639—接地点，在左侧A柱上　ws—白色　sw—黑色　rt—红色　br—褐色　gn—绿色　bl—蓝色　gr—灰色　vi—淡紫色　ge—黄色　or—橘黄色

(5) 拔下安全插头 TV44　开始本工作前，必须拔下保养插头 TW，只有奥迪培训合格的高压电技工才允许执行此项工作。

只有在拔下了安全插头 TV44 后（图 5-26a），才允许断开混合动力蓄电池单元的高压线。必须向上拔出插接环，这样才能断开安全线，且蓄电池管理控制单元才能通过高压触点来断开高压蓄电池连接。

只有在事先拔离了锁环后（图 5-26b），才能拔下高压线的插头，如图 5-18c 所示。由于断开了安全线，高压线触点上就没有电了（无电压），在拔高压线时就不会遭电击了。

与此相反的是，只有在将锁环拨至两个插头上后，才可以将接功率控制电子装置的高压线与混合动力蓄电池单元相连。然后才允许插上安全插头。这也就是说：与安全线协同工作时，只有当插好安全插头后，高压装置才会通上电。插上高压接头这个操作必须在无电流时进行。

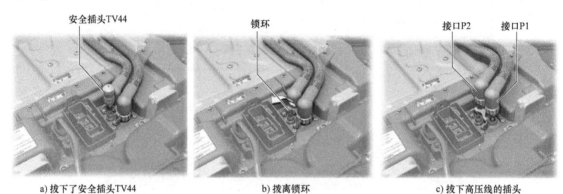

a）拔下了安全插头TV44　　b）拨离锁环　　c）拔下高压线的插头

图 5-26　安全插头 TV44

(6) 绝缘测量　绝缘测量的工具的测量头 VAS6558，用于验电和检测绝缘电阻在测量绝缘电阻时，测量电压最高可达 1000V 的直流电压，如图 5-27 所示。

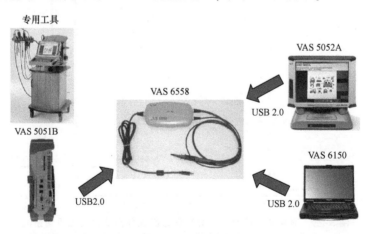

图 5-27　绝缘测量工具

测量1：高压正极的绝缘检查，如图 5-28 所示。
测量2：高压负极的绝缘检查，如图 5-29 所示。

第五章 奥迪Q5混合动力汽车

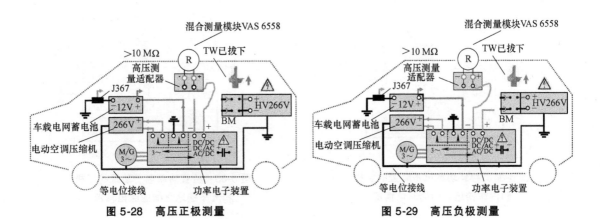

图 5-28　高压正极测量　　　　　　图 5-29　高压负极测量

测量3：切断电源检查与高压蓄电池的绝缘情况，如图5-30所示。
测量4：切断电源检查高压蓄电池负极和接地点之间的断电情况，如图5-31所示。

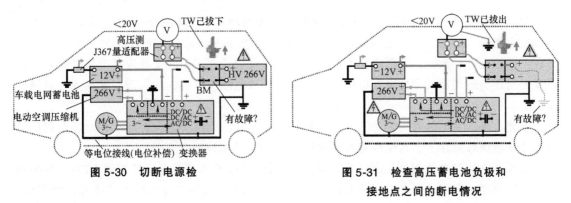

图 5-30　切断电源检　　　　　　图 5-31　检查高压蓄电池负极和
　　　　　　　　　　　　　　　　　接地点之间的断电情况

测量5：切断电源检查高压蓄电池正极和接地点之间的断电情况，如图5-32所示。
测量6：切断电源检查功率电子装置的蓄电池连接处的断电情况，如图5-33所示。

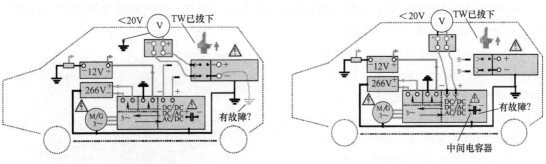

图 5-32　检查高压蓄电池正极和　　　图 5-33　检查功率电子装置的蓄
　　　接地点之间的断电情况　　　　　　　　电池连接处的断电情况

测量7：切断电源检查功率电子装置的负极和汽车接地之间的断电情况，如图5-34所示。
测量8：切断电源检查功率电子装置的正极和汽车接地之间的断电情况，如图5-35所示。说明：当无法用诊断仪断开电源时：执行手动断电。

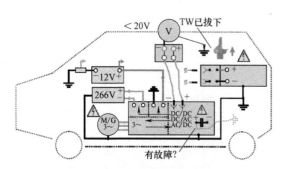

图 5-34 检查功率电子装置的负极和汽车接地之间的断电情况

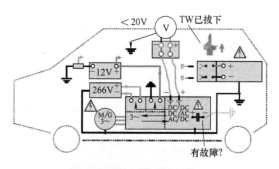

图 5-35 检查功率电子装置的正极和汽车接地之间的断电情况

四 蓄电池冷却

(1) 概述　蓄电池在充电时,其化学反应过程与放电时是相反的。在这个热力学过程中会放出热量,这就导致蓄电池变热了。由于 Audi Q5 hybrid quattro 汽车上的高压蓄电池总是在不断地充电、放电,它所产生出的热量就会很可观了。于是除了导致蓄电池老化外,最重要的是还会使得相关导体上的电阻增大,这会导致电能不转换为功,而是转换成热量释放掉了。

因此,高压蓄电池有一个冷却模块,该模块上有自己的蒸发器,并连接在电动空调压缩机的冷却液循环管路上。这个冷却模块使用 12V 的车载电网电压工作。

如果蓄电池管理控制单元通过蒸发器前传感器 G756 或者蒸发器后传感器 G757,探测到蓄电池的温度过高了,那么控制单元就会接通风扇 V457。控制单元内设置了冷却功能模型,根据具体温度情况,在蒸发器工作时可从新鲜空气模式切换为循环空气模式。发往自动空调控制单元 J255 的冷却功率请求分为三级,鼓风机转速由蓄电池调节控制单元 J840 通过 LIN-总线来控制。

在新鲜空气工作模式时,风扇 V457 从备胎坑内抽入空气,空气经蒸发器被引入到蓄电池,热空气经后保险杠下方被引出。

(2) 冷却模块的部件　冷却模块的部件如图 5-36 所示,包括蓄电池风扇 1 V457、混合动力蓄电池循环空气翻板 1 的伺服电机 V479、混合动力蓄电池循环空气翻板 2 的伺服电机 V480、混合动力蓄电池蒸发器前的温度传感器 G756、混合动力蓄电池蒸发器后的温度传感器 G757、混合动力蓄电池冷却液截止阀 1 N516、混合动力蓄电池冷却液截止阀 2 N517 (图 5-36 上未标)。

另外,在混合动力蓄电池壳体与高

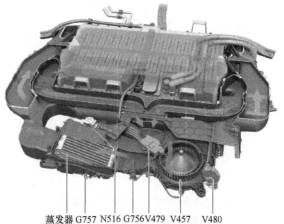

蒸发器 G757 N516 G756 V479 V457 V480

图 5-36 冷却模块的部件

压蓄电池两个部分之间，安装了六个温度传感器，每个传感器都位于冷却模块上的蓄电池冷却空气入口或出口处。

在循环空气工作模式时，循环空气翻板 1 和 2 都是关闭着的，不会吸入新鲜空气。

在需要时，控制单元 J840 将请求信息通过 CAN-总线发送给空调控制单元，以便去接通电动空调压缩机 V470。

蓄电池风扇 1-V457、混合动力蓄电池循环空气翻板 1 的伺服电机 V479 和混合动力蓄电池循环空气翻板 2 的伺服电机 V480 由控制单元经 LIN-总线来调节。伺服电机 V479 和 V480 是串联的。混合动力蓄电池冷却液截止阀 1-N516 在未通电时是关闭着的，它控制去往混合动力蓄电池空调器的冷却液液流；混合动力蓄电池冷却液截止阀 2-N517 在未通电时是打开着的，它控制去往车内空调器的冷却液液流。

冷却模块有一个维修位置，以便能够着其下的 12V 蓄电池。

第四节　电驱动装置的功率和控制电子系统

电驱动装置的功率和控制电子系统 JX1 由电驱动控制单元 J841、交流电驱动装置 VX54、牵引电机逆变器 A37、DC/DC 变换器 A19 和中间电容器 1 C25 组成，如图 5-37 所示。

（1）牵引电机逆变器 A37　双向脉冲式逆变器 A37 将高压蓄电池的直流电转换成三相交流电，供交流电机使用。在能量回收时和发电机工况时，会将三相交流电转换成直流电，用于给高压蓄电池充电。转速是通过改变频率来进行调节的。比如在转速为 1000r/min 时，供电频率约为 267Hz。转矩是通过脉冲宽度调制来进行调节的。

DC/DC 变换器 A19 用于将高压蓄电池（266V）的直流电压转换成较低的车载电网用直流电压（12V）。

（2）中间电容器电路作用是附加保护-主动/被动放电　放电会降低功率电子装置的电容器的剩余电压。主动放电由蓄电池管理系统来控制，每当高压系统被切断或者控制线

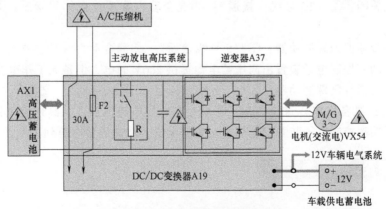

图 5-37　驱动装置控制系统组成

中断时，就会有主动放电发生。被动放电是为了保证即使在元件已拆下后，残余电压会很小。

为了可靠地降低残余电压，要遵守规定的等待时间（拔下保养插头后，在开始检修高压部件之前需要等一定的时间）。

(3) 中间电容器 1 C25 用作电机（E-Maschine）的蓄能器 在"15号线关闭"或者高压系统切断（因有撞车信号）时，该中间电容器会主动放电。

由于这个 DC/DC 变换器可双向工作，它也能将较低的车载电网电压（12V）转换成高压蓄电池的高电压（266V）。该功能用于跨接起动（给高压蓄电池充电）。

空调压缩机直接连接在高压直流电功率控制电子装置上。因用于接空调压缩机的导线横截面积小于从高压蓄电池到功率控制电子装置导线的横截面积，所以在功率控制电子装置内集成了一个 30A 的空调压缩机熔丝。在能量回收时或电机处于发电机工况时，压缩机由功率控制电子装置来供电。只有在用电来驱动车辆行驶时，压缩机才由高压蓄电池供电。

功率控制电子装置有自己的低温循环管路，该管路连接在发动机冷却循环管路的的冷却液膨胀罐上。冷却液通过低温循环冷却液泵按需要来进行循环，低温循环管路是温度管理功能的一个组成部分，发动机控制单元负责触发该泵。

在电动驱动车辆行驶时，发动机控制单元为功率控制电子装置提供关于能量回收、发电机模式和车速方面的信息。

功率控制电子装置通过电驱动装置位置传感器 1 G713 来检查转子的转速和位置，用电驱动装置温度传感器 1 G712 来检查电驱动装置电机 V141 的冷却液温度。功率控制电子装置参数见表 5-4。

表 5-4 功率控制电子装置参数

功率控制电子装置		功率控制电子装置	
DC/AC	266V$_{额定}$, 189V$_{有效}$ AC	DC/DC	266V 到 12V 以及 12V 到 266V（双向的）
AC 恒定电流	240A$_{有效}$	DC/DC 功率/kW	2.6
AC 峰值电流	395A$_{有效}$	重量/kW	9.3
AC/DC	189A$_{有效}$, 266A$_{额定}$	体积/L	6
电机（E-Maschine）驱动	0~215V		

点火开关关闭：①"15号线未接通"；②混合动力管理器在休眠状态；③无工作电流流过。

点火开关接通但未踩制动器：①"15号线接通"；②混合动力管理器在待命状态；③高压触点接合，功率控制电子装置由高压蓄电池提供 266V 的电，但是无工作电流流过。

点火开关接通且已踩制动器：①"15号线接通且 50号线接通"；②显示"Hybrid Ready"（混合动力已准备完毕）这个信息；③现在有工作电流流过：从高压蓄电池到功率控制电子装置，从功率控制电子装置到电驱动装置的电机，从高压蓄电池到 12V 车载电网。

一 安装位置、结构原理

(1) 安装位置 电驱动控制单元 J841 是混合动力 CAN-总线和驱动 CAN-总线用户，安装位置如图 5-38 所示。

注意：维修，请勿打开功率电子元件！如果损坏，必须整体更换。更换 JX1 时，需要进行图 5-39 所示设置。

（2）结构、原理　电驱动功率和控制电子装置 JX1 其外观结构如图 5-40 所示，其工作原理如图 5-41 所示。

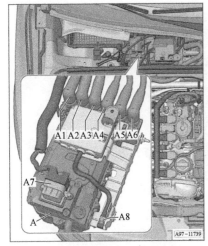

图 5-38　电驱动功率和控制
电子装置 JX1 位置

A1—4 芯插头连接 T4jx　A2—1 芯插头连接 T1f
高压导线（负极）　A3—1 芯插头连接 T1e
高压导线（正极）　A4—1 芯插头连接 T1cu
A5—1 芯插头连接 T1cv　A6—1 芯插头连接
T1cw　A7—28 芯插头连接 T28jx

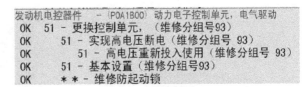

图 5-39　维修基本设置

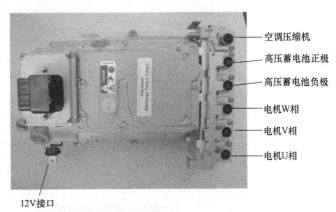

图 5-40　电驱动装置的功率和控制电子装置 JX1

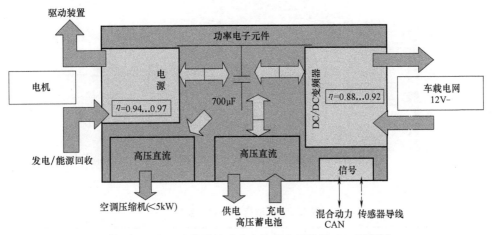

图 5-41　电驱动装置的功率和控制电子装置 JX1 原理图

三、驱动电机 V141

（1）概述　驱动电机 V141 参数见表 5-5。驱动电机安装在 2.0L-TFSI 发动机和 8 档自动变速器之间的空隙处（取代了变矩器），如图5-42所示。该电机是永久激励式同步电机。转子上装备有永久磁铁（由钕-铁-硼制成，NdFeB）。电驱动装置的电机V141集成在三相交流驱动装置VX54内，如图5-43所示。驱动电机由电驱动控制单元J841和电驱动功率和控制电子装置JX1来操控，通过改变频率来调节转速，通过脉冲宽度调制来调节转矩。通过功率控制电子装置来将266V的直流电转换成三相交流电。

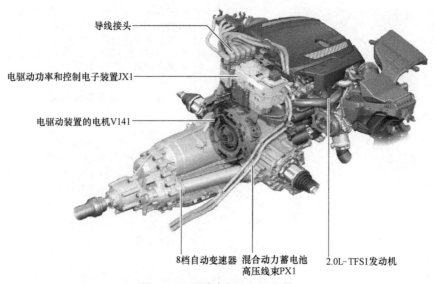

图5-42 驱动电机V141位置

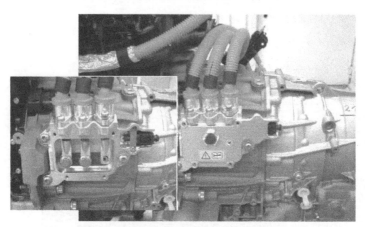

图5-43 三相交流驱动装置VX54连接

表5-5 驱动电机V141参数

驱动电机		驱动电机	
功率/kW,相应转速/(r/min)	40,2300	电机(E-Maschine)重量/kg	26
转矩 N·m	210	电压/V	AC 3-145
模块重量/kg	31		

驱动电机用于起动内燃机，并在发电机模式时借助于电驱动功率和控制电子装置JX1内

的 DC/DC 变压器来给高压蓄电池和 12V 蓄电池充电。Audi Q5 hybrid quattro 汽车可使用这个驱动电机来以纯电动方式驱动车辆行驶（但是车速和可达里程是受限制的），且该电机可在车辆加速（Boost）时给内燃机提供助力。

如果混合动力管理器识别出驱动电机足够用于驱动车辆行驶，那么内燃机就关闭了。

（2）驱动电机-同步电机　驱动电机是水冷式的，它集成在内燃机的高温循环管路上。冷却液由高温循环管路冷却液泵 V467 根据需要情况来进行调节（分三级，就是有三档），该泵由发动机控制单元 J632 来操控。电驱动装置温度传感器 1 G712 是个 NTC 电阻（负温度系数电阻），它测量驱动电机绕组间的温度。如果这个温度高于 180~200℃，那么驱动电机的功率就被降至零了（在发电机模式和电动行驶时）。重新起动发动机取决于驱动电机的温度的情况了，必要时可通过 12V 起动机来起动。

电驱动装置位置传感器 1 G713 是按坐标变换器原理工作的，它用于侦测转子的实际转速和角位置。

驱动电机结构如图 5-44 所示，包括：①铸造铝壳体；②内置转子，装备有永久磁铁（由钕-铁-硼制成，NdFeB）；③带有电磁线圈的定子；④一个轴承盖（用于连接到自动变速器的变矩器上）；⑤分离离合器；⑥三相动力接头。

图 5-44　驱动电机结构

（3）电驱动装置温度传感器 1 G712　该传感器用于测量电驱动装置电机线圈间的温度，通过一个温度模型来判定出该电机的最热点。这个温度传感器的信号用于操控高温循环的冷却能力。这个冷却循环管路是创新温度管理的组件。通过一个电动冷却液辅助泵和接通内燃机的冷却液泵，可实现让冷却液从静止（不流动）到最大冷却能力之间的调节。

失效时的影响：若该传感器出故障，那么组合仪表上就会显示黄色的混合动力系统警告灯。这时驾驶员必须到就近的服务站寻求帮助。车辆这时也无法重新起动了，但是可以继续靠内燃机工作来行驶，直至 12V 蓄电池没电为止。

（4）电驱动装置位置传感器 1 G713　在车辆以电动模式工作时，带有转速传感器的内燃机与驱动电机是断开的，因此驱动电机需要有自己的传感器，以便用于侦测转子位置和转子转速。为此，在驱动电机内集成了一个转速传感器。

发动机管理系统和变速器管理系统根据这个传感器传来的信号，来判断驱动电机是否转动以及转速是多少。该信号用于操控下述高压驱动部件：①电机（E-Maschine）做发电机使用；②电机（E-Maschine）做电动机使用；③电机（E-Maschine）做内燃机的起动机使用。

失效时的影响：若该传感器出故障，那么组合仪表上就会显示红色的混合动力系统警告灯。此时电机关闭，车辆滑行至停止。

无法使用电动方式来驱动车辆行驶。

内燃机无法再起动，驾驶员应寻求服务站帮助。电驱动装置位置传感器安装位置如图 5-45 所示。

图 5-45 传感器 G712 和 G713 位置

第五节 空调装置

一、结构

空调装置不再使用带驱动的压缩机了,现在使用的是电动空调压缩机 V470,其参数见表 5-6。

表 5-6 V470 参数

电动空调压缩机 V470		电动空调压缩机 V470	
电机	无电刷式异步电动机	转速/(r/min)	800~8600
消耗功率/kW	最大 6	冷却	通过吸入冷却液
供电/V	266 DC	重量/kg	7
电流消耗/A	最大 17		

该压缩机使用高压回路的电压来工作,并连接在功率控制电子装置上。在电动空调压缩机 V470 上集成有空调压缩机控制单元 J842 如图 5-46 所示。J842 连接在扩展 CAN-总线上,它从空调控制单元 J255 上来获取让压缩机工作的信息。

二、制冷原理

该控制单元连接在扩展 CAN-总线上。转速是通过脉冲宽度调制(PWM)信号来调节的(PWM-信号 0~100%)。

该压缩机由自动空调控制单元 J255 来激活,"OFF"或者"AC 关闭"功能只会影响为车内制冷的空调。

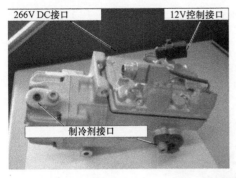 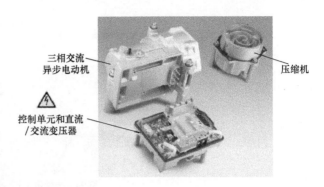

图 5-46　电动空调结构

对高压蓄电池进行冷却是单独激活该压缩机的（不依赖于自动空调控制单元 J255），制冷循环如图 5-47 所示。

另外还安装了柴油发动机上常见的、用于空气辅助加热器 Z35 的 PTC（正温度系数）加热元件。空气辅助加热控制单元 J604 负责操控小循环继电器 J359 和大循环继电器 J360。

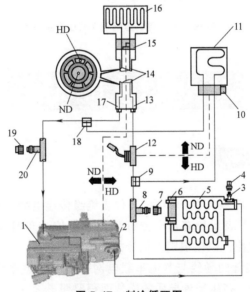

图 5-47　制冷循环图

1—电驱动空调压缩机　2—超压排放阀　3—带阀门的接口　4—制冷剂压力和温度传感器 G395　5—冷凝器　6—储液罐　7、19—盖罩　8—高压侧维护接口　9、18—至蓄电池冷却模块内蒸发器的接口　10—带混合动力蓄电池制冷剂截止阀 2 N517 的膨胀阀　11—蓄电池冷却模块内蒸发器　12—混合动力蓄电池制冷剂截止阀 1 N516　13—制冷剂管路高压侧的快速连接接头　14—带内部热交换器的制冷剂管路　15—膨胀阀　16—空调器内蒸发器　17—制冷剂管路低压侧的快速连接接头　20—低压侧维修接口

三　安装位置

电动空调压缩机 V470 是用螺栓拧在缸体上的，如图 5-48 所示。它通过高压线与功率和控制电子装置连接。该高压线与其他高压线不同，有两个用于高压的双圆形触点和两个用于安全线的触点。

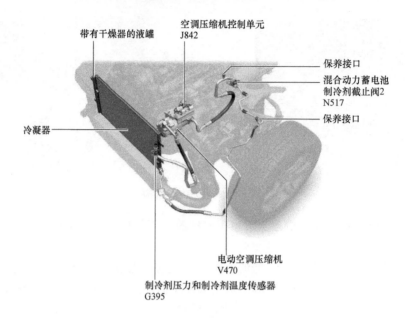

图 5-48　电控空调压缩机 V470 安装位置

第六节　高压系统

一、高压线、高压插头

在高压系统内要完成 IT 线路结构转换。I 代表绝缘传递电能，通过单独的、对车身绝缘的正极导线和负极导线；T 表示所有用电器都采用等电位与车身相连，该导线由控制单元 J840 在绝缘检查时一同监控，以便识别出绝缘故障或者短路。

（1）高压线　高压装置的导线与其他车载电网和 12V 电气系统用的导线是有明显区别的。由于电压高、电流大，高压装置导线的横截面积要明显大一些，且使用专用的插头触点来连接，如图 5-49 所示。

为了让人们注意高压电的危险性，所有生产厂商均已达成一致，高压导电线都制成为橙色的。为避免安装错误，高压线都有机械编码并用一个插接环下面的颜色环做上了标记，见表 5-7。

另外，高压线的圆形触点上也有机械编码。在高压车载电网中，所有插头都有防接触层，所有高压导线都有厚厚的绝缘层和一个波纹管（多加了一层抗刮磨层）。

高压装置内有如下线路段：①从高压蓄电池到功率控制电子装置的两根高压线（P1、P2）；②从功率控制电子装置到电驱动装置电机的三根高压导线（P4、P5、P6）；③从功率控制电子装置到空调压缩机的一根双芯高压线（P3）。

（2）高压插头

1）高压插头触点。导线高压插头 P3 与其他导线插头是不同的，该插头是双芯的且有两个双圆形高压连接触点和两个用于安全线的触点如图 5-50a、图 5-50b 所示。

第五章 奥迪Q5混合动力汽车

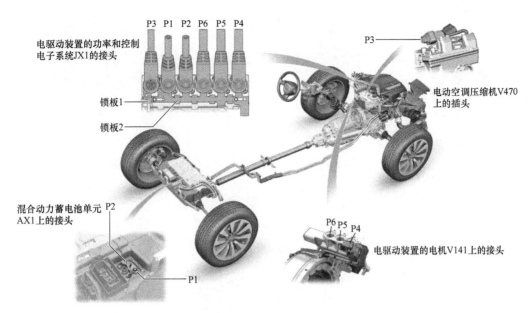

图 5-49　高压系统高压线连接

表 5-7　高压线插接环说明

接　头	编号	环颜色和局部颜色	状态
功率控制电子装置—高压蓄电池 混合动力蓄电池高压线束 PX1	P1	红色	T+（HV-Plus）
	P2	棕色	T-（HV-Minus）
功率控制电子装置—空调压缩机	P3	红色	—
功率控制电子装置—电驱动装置的电机 电机高压线束 PX2	P4	蓝色	U
	P5	绿色	V
	P6	紫色	W

2）编码环。如果向上拔出并松开插接环的话，就能看见环编码的颜色了如图5-50c所示。在插上插头后，必须向下压插接环，直至其卡止，这样才算真正接好，如图5-50d所示。

3）机械编码除了通过颜色环来标出编码外，高压插头和接口上还有机械编码如图5-50e所示。编码的位置用黄色标记标出。

二　功率控制电子装置的连接

（1）P1、P2从高压蓄电池到功率控制电子装置　高压蓄电池和功率控制电子装置是通过两根橙色的高压线（混合动力蓄电池高压线束PX1）连接的，如图5-51所示。这两根导线是单极的，都有屏蔽功能，各有各自的电位。

（2）P3从功率控制电子装置到空调压缩机　空调压缩机是通过一根双芯导线与功率控制电子装置相连的，如图5-52所示。采用颜色标识和机械标识来防止弄混高压线。

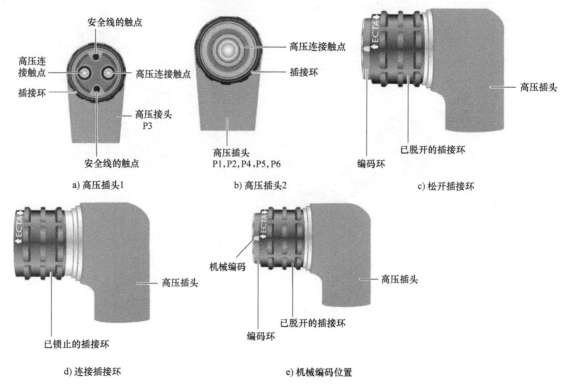

图 5-50 高压插头

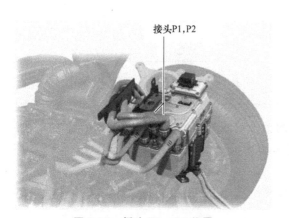

图 5-51 插头 P1、P2 位置

图 5-52 插头 P3 连接位置

该导线是双极的，带有屏蔽功能和安全线。如果将该导线两个插头中的一个拔下了，那么这就相当于拔下了安全插头，就是说高压系统就被关闭了。

(3) P4、P5、P6、高压线束 PX2　在功率控制电子装置内，将高压蓄电池的 266V 直流电通过 DC/AC 变压器转换成三相交流电（三相电流），用于驱动电驱动装置电机。电驱动装置电机与功率控制电子装置是通过三根短的高压电缆连接，如图 5-53 所示。这几根导线是单极的并带有屏蔽功能，与其他导线一样也都有颜色标识和机械标识，以免彼此弄混。

图 5-53 插头 P4、P5、P6 连接位置

第七节 12V 车载供电网

一、蓄电池安装位置及电路图

（1）安装位置 蓄电池安装位置如图 5-54 所示。与 Audi Q5 车相比，有如下变动：

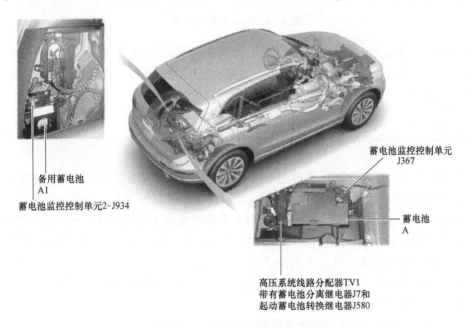

图 5-54 12V 车载电网元件位置

1）取消了交流发电机 C，其功能由电驱动装置电机（交流驱动的）来接管。
2）12V 车载供电网中无能量回收功能。
3）12V 车载供电网由功率控制电子装置中的 DC/DC 转换器来供电。

4) 还有一个备用蓄电池 A1（12Ah）安装在左后侧围板内。蓄电池监控控制单元 2-J934 连接在数据总线诊断接口 J533 的 LIN-总线上。

5) 这个备用蓄电池在"15 号线接通"时由蓄电池分离继电器 J7 来接通。

6) 取消了稳压器 J532，其功能由备用蓄电池来承担。在"15 号线关闭"时，备用蓄电池不消耗电流。

(2) 12V 车载供电电路图 12V 车载供电网如图 5-55 所示。

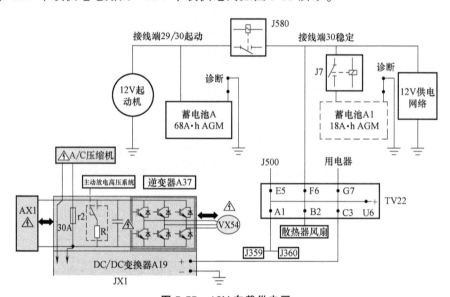

图 5-55 12V 车载供电网

关于为 12V 蓄电池充电的说明：①充电器要接到跨接起动点上来为蓄电池充电；②只有当点火开关接通时才能为备用蓄电池 A1 充电；③在点火开关接通后，请使用能提供足够大充电电流的充电器；④30min 后 15 号线就断开了。

二、12V 辅助起动机、跨接起动螺栓

(1) 12V 辅助起动机 这个辅助起动机只在特定情况下用于起动内燃机。这时蓄电池 A（68A·h）就由发动机控制单元通过起动蓄电池转换继电器 J580 来与车载供电网断开了，以便将全部能量都用于起动机。断开后的车载电网由备用蓄电池 A1 和 DC/DC 变压器来供电。

要想使用这个 12V 辅助起动机，备用蓄电池的温度不能低于 0℃。如果高压系统无法使用了的话，那么也就无法使用 12V 起动了。

说明：在检修 12V 车载供电网时，必须将这两个 12V 蓄电池的接线都断开。

(2) 跨接起动螺栓

1) 跨接起动螺栓可在诊断时提供帮助。

2) 通过外接起动螺栓可以给 12V 蓄电池充电，备用蓄电池只有在接通点火开关时才能充上电。

3) 在 12V 蓄电池没电了时，可借助于跨接起动螺栓来起动。

4) 通过外接起动螺栓可以给高压蓄电池充电。

三 电子点火开关

通过"点火钥匙已插入"这个信息,点火开关告知高压装置:现在准备要行车了。对于蓄电池管理控制单元来说,"点火钥匙已插入"这个信息是个必须要满足的条件,满足后该控制单元才能将高压蓄电池触点接到高压供电网上。如果拔出了点火钥匙,那么控制单元就自动将高压蓄电池与高压供电网断开了。

1) 点火开关接通,未踩下制动器:"15 号线接通",控制电路如图 5-56 所示。

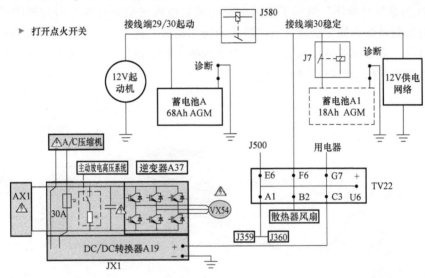

图 5-56 打开点火开关

2) 点火开关接通,已踩下制动器:"15 号线接通""50 号线接通""Hybrid Ready"(混合动力已准备完毕),控制电路如图 5-57 所示。可以靠电动来驱动车辆行驶,或者在高

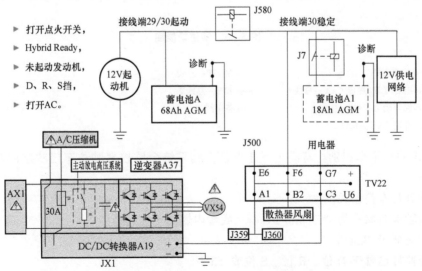

图 5-57 点火开关接通,已踩下制动器

压蓄电池充电太少时起动内燃机。

第八节 系统管理

一、系统功能

图5-58为系统功能图，展示了使用电驱动装置电机来驱动行驶时所用到的部件。所有参与行驶的车辆系统之间要交换大量的输入和输出信号，比如用于驱动暖风和空调、助力转向和制动器等。最重要的是在从电驱动切换到内燃机驱动或反之时，系统的配合问题，以便使得驱动力矩的变化不影响行驶舒适性。

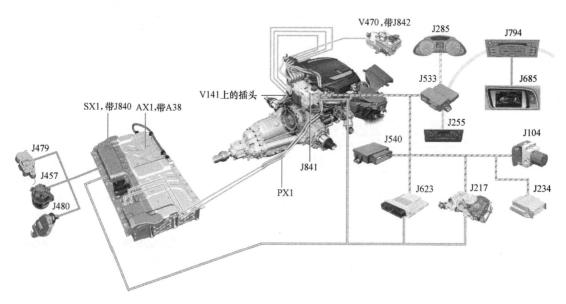

图5-58 系统功能图

颜色示例：
- 驱动CAN—总线
- 组合仪表/底盘CAN—总线
- 混合动力CAN—总线
- 舒适CAN—总线
- MOST—总线
- LIN—总线
- 高压线

（1）驾驶员下车识别 若满足下述条件，则系统会监控驾驶员车门状态的改变和制动信号。

1) 驾驶员车门已关闭。
2) 行驶准备状态为"Hybrid Ready"或者内燃机正在运行。
3) 车速低于7km/h。
4) 变速杆已置于D位、R位、S位或Tip。
5) 未踩下脚制动踏板。如果驾驶员车门打开了，则识别为驾驶员下车了，这时电动机

第五章 奥迪Q5混合动力汽车

械式驻车制动器就自动接合（拉紧了）。

要想再次激活驾驶员下车识别功能，车速必须要高于 7km/h。变速杆在 N 位（车辆在洗车机中）或 P 位（自动变速器内的机械锁）时，电动机械式驻车制动器就不会自动接合（拉紧了）。

（2）驾驶员缺席识别　若满足下述条件，则判定为驾驶员在场（在车上）。

1) 行驶准备状态为"Hybrid Ready"。

2) 识别出驾驶员在场（驾驶员车门已关闭且驾驶员安全带已系好）。

3) 驾驶员车门已关闭且已挂入某个行驶档位。

如果变速杆置于 P 位时打开了驾驶员车门或者摘下了安全带，则判定为驾驶员缺席；如果是在发动机工作着时识别出这种情况的，那么发动机会继续工作；如果是在发动机不工作时识别出这种情况的，那么混合动力管理器就进入待命状态了。高压蓄电池不会有电流输出，且内燃机也不能再起动了。没有 12V 充电器的话，现在 12V 蓄电池就在放电了。

（3）行驶程序　Audi Q5 hybrid quattro 汽车有三种行驶程序可供用户来选择，见表5-8。

表 5-8　行驶程序

行驶档位	程序	可能的影响
EV	扩展了的电驱动模式	·电动行驶，只能使用到高压蓄电池的充电状态不低于 30% ·纯电动行驶的最大车速为 100km/h ·滑行（内燃机和电机都不产生驱动力） ·起动-停止 ·无 Boost 功能 ·制动能量回收
D	燃油消耗情况最佳，Boost 功能适中	·电动行驶，只能使用到高压蓄电池的充电状态不低于 30% ·滑行（内燃机和电机都不产生驱动力） ·起动-停止 ·Boost 功能适中 ·制动能量回收
S 和 Tip-通道	电驱动的 Boost 功能较强	·起动-停止 ·出色的 Boost-功能 ·制动能量回收 ·无电动行驶功能

二、混合动力模式时的显示和操纵单元

（1）功率表上的显示　Audi Q5 hybrid quattro 汽车装备了下述装置和功能，用于操纵和显示电动驱动系统：①功率表（取代了转速表）；②组合仪表；③MMI-显示屏；④高压蓄电池充电状态显示（取代了冷却液温度显示）；⑤电驱动优先切换按钮 E709。

在行车过程中，功率表上会显示各种车辆状态、混合动力系统的动力输出情况或者充电功率情况，如图 5-59 所示。

（2）组合仪表上的显示

1) 故障信息。如果高压系统有故障，那么组合仪表显示屏上的警告灯会加以提示见表

5-9。该警告灯可能以黄色亮起,也可能以红色亮起。根据高压系统的故障类型,会显示相应的颜色和提示文字。

2)高压蓄电池充电。如果识别出有充电电流,则组合仪表显示屏上会出现一个绿色的充电插头形象,如图5-60a所示。

3)组合仪表显示屏。电动驱动模式也会在组合仪表显示屏上显示出来。高压蓄电池符号和远离车轮的箭头,表示正在用高压蓄电池来驱动且电驱动电机正在工作。

组合仪表显示屏上也会显示所有其他的行驶状态,如图5-60b。显示内容只针对对应相应的行车状态。

4)Hybrid Ready。这个显示内容表示混合动力系统已经准备就绪,如图5-60b所示。

5)使用电机(E-Maschine)来驱动车辆行驶。高压蓄电池符号和远离车轮的绿色箭头,表示正在用高压蓄电池来驱动且电驱动电机正在工作,如图5-60c所示。

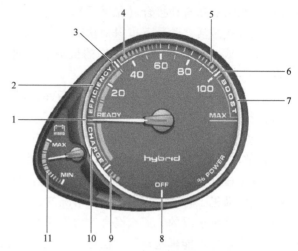

图 5-59 功率显示表

1—车辆准备就绪了"Hybrid Ready""15 号线接通"且"50 号线接通" 2—电动行驶(可以起动发动机)或混合动力形式 3—在 EV-模式发动机起动的极限 4—经济行车(部分负荷范围) 5—全负荷范围 6—内燃机 100% 7—电驱动电机在发动机达到最大转矩时另提供助力(Boost) 8—"15 号线关闭"或"15 号线接通"和"50 号线关闭" 9—液压制动器通过能量回收另增的回收能量 10—通过能量回收而回收的能量(制动和滑行) 11—高压蓄电池的充电状态

表 5-9 故障信息

显 示	文 字 提 示	含 义
HYBRID	Hybridantrieb:(混合动力驱动装置:) Systemstörung.(系统故障.) Bitte Service aufsuchen(请寻求服务站帮助)	车辆仍能行驶 可以使用内燃机来驱动车辆继续行驶
HYBRID	Hybridantrieb:(混合动力驱动装置:) Systemstörung!(系统故障!) Ausfall Lenk-und Bremsunterstützung möglich.(转向助力和制动助力可能失灵.)	车辆无法再行驶了

6)仅用内燃机来行车。内燃机符号、高压蓄电池符号和远离车轮的黄色箭头,表示现在是以内燃机来驱动车辆行驶的,如图5-60d所示。

7)同时使用电驱动和内燃机来行车 Boost。内燃机符号、高压蓄电池符号和远离车轮的黄色-绿色箭头表示正在用内燃机、高压蓄电池和电驱动电机来驱动车辆行驶,如图5-60e所示。

8)车辆滑行时的能量回收<160km/h。高压蓄电池符号和指向车轮的绿色箭头,表示正在回收能量且正在给高压蓄电池充电,如图5-60f所示。

9)停车和内燃机。内燃机符号和高压蓄电池符号,表示内燃机正在运转且正在给高压

a) 显示-高压蓄电池充电　　b) 显示-准备就绪　　c) 显示-电机驱动车辆行驶

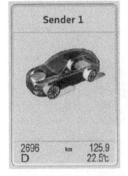   

d) 显示-内燃机来驱动车辆　　e) 显示-同时使用电驱动和内燃机行驶　　f) 显示-车辆滑行时的能量回收　　g) 显示-停车和内燃机

图 5-60　组合仪表上的显示

蓄电池充电如图 5-60g 所示。

（3）MMI-显示屏上的显示　Audi Q5 hybrid quattro 汽车上装备有 MMI 增强版导航系统，可以在 MMI 显示屏上显示使用内燃机或者电驱动电机驱动车辆行驶的信息，以及高压蓄电池的充电状态信息。

MMI 显示屏上的显示与组合仪表上的显示有所不同。

1）Hybrid Ready。这个显示内容表示混合动力系统已经准备就绪，如图 5-61a 所示。

2）仅用电机 E-Maschine 来驱动车辆行驶。高压蓄电池符号和远离车轮的绿色箭头，表示正在用高压蓄电池来驱动且电驱动电机正在工作，如图 5-61b 所示。

3）仅用内燃机来行驶。内燃机符号、高压蓄电池符号和远离车轮的黄色箭头，表示现在是以内燃机来驱动车辆行驶的如图 5-61c 所示。

4）同时使用电驱动和内燃机来行驶 Boost。内燃机符号、高压蓄电池符号和远离车轮的黄色-绿色箭头，表示正在用内燃机、高压蓄电池和电驱动电机来驱动车辆行驶，如图 5-61d 所示。

5）车辆滑行时的能量回收<160km/h。高压蓄电池符号和指向车轮的绿色箭头，表示正在回收能量且正在给高压蓄电池充电，如图 5-61e 所示。

6) 停车和内燃机。内燃机符号和高压蓄电池符号,表示内燃机正在运转且正在给高压蓄电池充电,如图5-61f所示。

7) 消耗统计。每5min就会显示一次车辆行驶时的能量消耗和能量回收情况。这些数据表示的是刚刚过去的60min内的情况,以柱形图的形式给出如图5-61g所示。实心的柱形图表示的是当前的行车状况,空心的柱形图表示的是以前的行车状况。

a) 显示-准备就绪　　　　　　　　　　　b) 显示-仅用电机来驱动车辆行驶

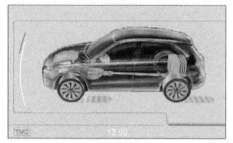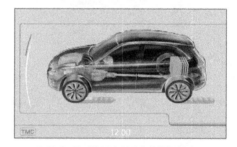

c) 显示-仅用内燃机行驶　　　　　　　　d) 显示-同时使用电驱动和内燃机行驶

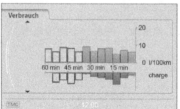

e) 显示-车辆滑行时的能量回收　　f) 显示-停车和内燃机　　g) 显示-消耗统计

图 5-61　MMI-显示屏上的显示

(4) 操纵面板　使用电驱动优先切换按钮E709 (EV-模式),如图5-62所示。驾驶员可以扩展电动行驶的极限,电机的全部功率都用于车辆的电动行驶中。只要车速不高于100km/h或者蓄电池的充电状态不低于34%,那么就可以使用纯电动方式来驱动车辆行驶。

使用EV-模式行车的先决条件：①蓄电池充电状态>42%；②高压蓄电池温度高于10℃；③内燃机冷却液温度为5℃~50℃；④车外温度不低于10℃ (用于EV-冷起步)；⑤12V起动机已释放；⑥海拔低于4000m；⑦非Tiptronic-模式；⑧系统有效电功率不低于15kW；⑨停止-使能在起作用。

组合仪表上出现一个绿色符号且EV模式按钮下出现一个绿色的方块,如图5-63所示,表示EV模式已经激活。

EV模式失效时的影响：失效的话对混合动力驱动无影响,只是扩展的电动行驶的附加

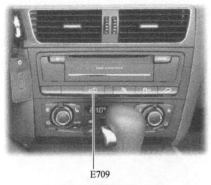

图 5-62 切换按钮 E709

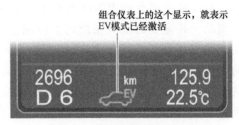

图 5-63 EV 模式已经激活

功能无法再用。

第九节 混合动力检测适配接头、术语

一、混合动力检测适配接头 VAS 6558/1A

该接头是组件 VAS 6558 的一部分,用于配合 VAS 6558 来测量高压装置内的停电(无电压)状态和绝缘电阻。

适配接头的所有高压连接线在外观上都有机械编码,只能用于与其相配的插口。适配接头的高压连接线插、拔都要小心,否则可能会损坏插口。这就会产生接触安全方面的问题。

(1) 无电压(无测电量压适配)测量接头 该接头直接连在电源、高压蓄电池和功率控制电子装置上,用于测量无电压状态,如图 5-64a 所示。该接头内装的是高阻抗电阻,以保证在出现故障时测量插口上只有很小的电流。

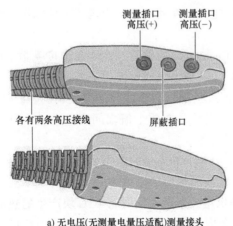

a) 无电压(无测量电量压适配)测量接头

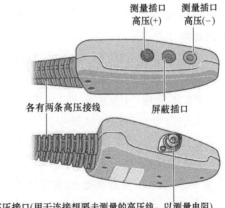

b) VAS 6558/1-2 测量接头

图 5-64 测量接头

在每次测量无电压状况前,应检查一下测量适配接头!

(2) VAS 6558/1-2 测量接头　这两条高压接线是与混合动力蓄电池单元和功率控制电子装置上的接口相配的。该测量接头上的高压插口与混合动力蓄电池单元、功率控制电子装置以及电机（E-Maschine）的高压线是相配的。使用这个测量接头,可以测得高压供电网的绝缘电阻如图5-64b 所示。

(3) 空调压缩机和安全线的绝缘电阻测量接头 VAS 6558/1-3A　该测量接头上的一条高压接线只与功率控制电子装置上的空调压缩机插口和空调压缩机上的插口相配如图 5-65 所示。

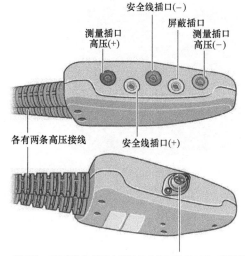

图 5-65　空调压缩机和安全线的绝缘电阻测量接头

通过这些高压接口可以测得空调压缩机的高压线的绝缘电阻。由于安全线整合在空调压缩机的高压接线内了,所以使用这个测量插头还可以检查安全线。

一　术语

(1) 混合动力发动机牵引力矩调节　在光滑路面上,发动机牵引力矩调节（MSR）可以防止因发动机制动作用而产生的驱动轮抱死趋势,这种情况出现在驾驶员突然松开加速踏板或者快速降档时。通过发动机的制动作用,驱动轮可能倾向于打滑。驱动轮短时失去了路面附着力,行驶状态就不稳了。在这种情况下,MSR 会保持行驶稳定性,也就改善了安全性。MSR 控制单元从车轮转速传感器和发动机/变速器控制单元经数据总线获取所需信息。如果该控制单元识别出驱动轮打滑了,那么 MSR 就会通过数据总线给发动机控制单元发送一个信号,发动机转速就被稍稍提高了,直至驱动轮转速又恢复到与车速相当的状态。这样的话,车辆仍保持有转向能力,也就保持了行驶稳定性。发动机牵引力矩调节功能在整个转速范围内都能工作。

(2) NTC 电阻　NTC 是 Negative Temperature Coefficient 的缩写,意为负温度系数。NTC 电阻在高温时的导电性要比在低温时的导电性要好。这种电阻经常被用来测量温度。

(3) PWM 信号　PWM 是 Pulse Width Modulation 的缩写,意为脉冲宽度调制。PWM 信号是一种数字信号。在这种信号中,一个量（如电流）是在两个值之间变动着的。这种变动的间隔是根据控制情况来变化的,可以传递数字信息。

(4) PTC 加热原件　PTC 是 Positive Temperature Coefficient 的缩写,意为正温度系数。在 PTC 加热原件中来自直流电压供电网的电能被转换成热能了。该加热元件就是单独一个 PTC 块（陶瓷半导体电阻）,它通过接触轨来获得供电,接触轨同时将 PTC 块产生的热能传至 PTC 加热器的散热肋条上,于是就加热了进入车内的空气。随着温度升高,PTC 加热原件的电阻也升高,因此流过的电流就减小了,这可防止过热。

（5）能量回收　能量回收，英语为 Recuperation，源于拉丁语 recuperare，就是重新获得的意思，一般就是指在车辆减速时利用其动能。就是说：在车辆制动阶段或者在超速减速（反拖）阶段，回收这种"免费的"能量并将其暂时存储到车辆蓄电池上。

（6）坐标变换器　坐标变换器是一种电磁式测量值转换装置，它可将转子的转角位置转换成一个电气量。彼此成 90°的两个定子绕组布置在一个圆筒内，包围着安放在一个壳体内的带绕组的转子。通过集电环和电刷将转子绕组引到外面。

（7）安全线　全线就是一根导线，它穿起所有高压元件。如果松开了高压线，那么安全线就中断了，高压系统也就被关闭了（切断了）。其他常用词有控制线或者 HV 联锁线。

（8）TFSI　TFSI 是 Turbo Fuel Stratified Injection 的缩写，意为涡轮增压燃油分层喷射。在这里指的是德国奥迪所使用的燃烧室燃油直喷增压汽油发动机技术。燃油是采用高于 10MPa 的压力喷入的。

（9）保养插头　通过这个保养插头可以将高压蓄电池的两部分（两半）分隔开（断开这两部分的连接）。在检修高压蓄电池时，必须拔掉这个插头。其他常用词有维修断开插头或者维修插头。

第十节　奥迪高压组件拆装

一、高压组件安装位置

Q5 汽车高压系统最重要的组件有电驱动模式的行驶电动机 V141、混合动力蓄电池单元 AX1、高压导线以及电驱动模式的功率和控制电子装置 JX1。高压系统由电驱动系统控制器 J841、变压器 A19 和行驶电动机逆变器 A37 组成，如图 5-66 所示。

高压组件有电动空调压缩机 V470、低温冷却系统、混合动力蓄电池单元 AX1 的蓄电池冷却模块、电驱动模式的行驶电动机 V141 中的离合器。

高压系统维修插头如图 5-67 所示。

TW 高压系统维修插头 TW-1 是混合动力蓄电池单元 AX1 的两个电池列之间的一个电桥。

如果拔下高电压系统维修插头 TW，则两个电池列之间的连接断开，高压电网中的剩余电压自行消除，于是高压系统无电压。

每次必须切断高压系统的电压时，都要拔下高压系统维修插头 TW。

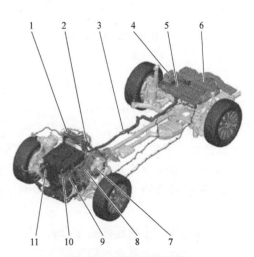

图 5-66　高压组件位置

1—电驱动模式的功率和控制电子装置 JX1　2—行驶电动机的高压导线束 PX2　3—混合动力蓄电池的高压导线束 PX1　4—混合动力蓄电池单元 AX1 的冷却送风管道　5—混合动力蓄电池单元 AX1　6—混合动力蓄电池单元 AX1 的蓄电池冷却模块　7—制动助力器真空泵 V469　8—电驱动装置行驶电动机 V141　9—电动空调压缩机 V470　10—电动空调压缩机的高电压导线 P3　11—内燃机

二 高压蓄电池拆装

混合动力蓄电池单元 AX1 为电驱动模式的行驶电动机 V141 提供必要的高压，让其能够以纯电动方式驱动汽车。

混合动力蓄电池单元 AX1 由带 72 个锂离子单体电池的混合动力蓄电池 A38、蓄电池调节控制器 J840、高压系统维修插头 TW 和控制线插头 TV44 组成，如图 5-68 所示。混合动力蓄电池单元 AX1 的总电压为 266V。为了在发生尾部碰撞时保护混合动力蓄电池单元 AX1，它由一个焊接和旋接框架包围着，此框架将碰撞能量传递到汽车结构中。

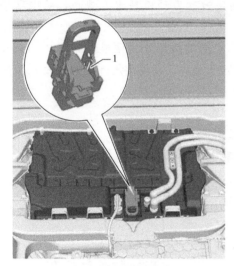

图 5-67 高压系统维修插头
1—维修插头

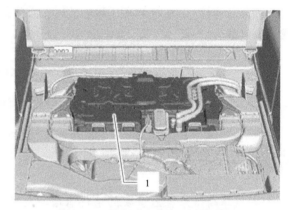

图 5-68 混合动力蓄电池安装位置
1—控制线插头

高压蓄电池装配如图 5-69 所示。

1. 拆卸和安装高压蓄电池

1）拆卸行李箱地板。

请注意，不要损坏红色警告标签和蓄电池警告标签如图 5-70 所示。

2）脱开蓄电池冷却模块 7 的插头连接如图 5-71 所示。

3）松脱混合动力蓄电池的正极高电压导线 P1 和混合动力蓄电池的负极高电压导线 P2 的插头连接 1。

4）首先拔下控制线插头 TV44，然后将防松箍沿箭头方向向上翻起如图 5-72 所示。

5）将混合动力蓄电池的正极高电压导线 P1 和混合动力蓄电池的负极高电压导线 P2 用松脱工具 T40258 松开并拔出。当心！高电压插头连接只可向上拔出。切勿旋转或翻倒。否则存在损坏设码的危险！

6）将混合动力蓄电池的高电压导线束 PX1 从导线夹中拉出并置于一侧，如图 5-73 所示。

7）拆卸通风道。

8）拧下车身上的电位补偿导线。

第五章 奥迪Q5混合动力汽车

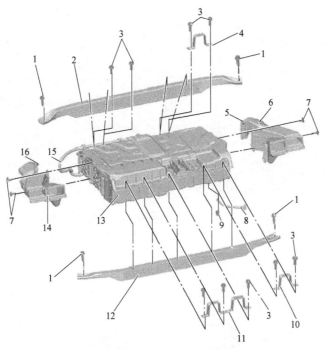

图 5-69 高压蓄电池装配

1、3—螺栓 20N·m 2—前部横梁 4、10、11—横梁支架 5、16—紧急螺栓点 6—右侧进气道
7—螺栓 2N·m 8—电位补偿导线 9—螺母 9N·m 12—后部横梁 13—混合动力蓄电池单元 AX1
14—左侧进气道 15—排气软管

图 5-70 不要损坏警告标签

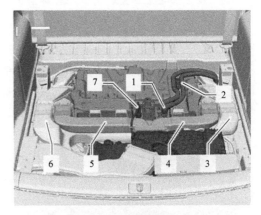

图 5-71 脱开蓄电池冷却模块 7 的插头连接

1—高压插头 2—导线夹 3—右进气管
4、5—横梁 6—左进气管 7—插头

9）拧出混合动力蓄电池单元 AX1 的螺栓箭头，取下支架 1~3 如图 5-74 所示。

10）在混合动力蓄电池单元 AX1 上拧入三个适配接头 T40259 箭头如图 5-74 所示。

11）与助手一起将混合动力蓄电池单元 AX1 居中用悬挂工装 VAS 3033、悬挂工装 2024A 和车间起重机 VAS 6100 从行李舱内取出，如图 5-76 所示。

275

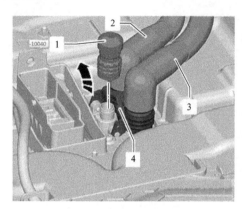

图 5-72 拔下控制线插头

1—TV44 2—P2 3—P3 4—防松箍

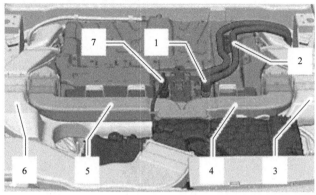

图 5-73 将高压导线束 1 从导线夹 2 中拉出

1—PX1 2—导线夹 3、6—通风道 4、5—横梁 7—插头

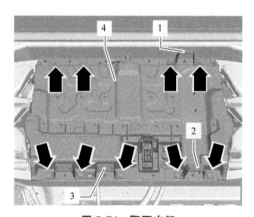

图 5-74 取下支架

1~3—支架 4—AX1

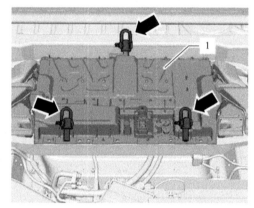

图 5-75 拧入三个适配接头

1—AX1

12) 在混合动力蓄电池单元 AX1 上拧下电位补偿导线如图 5-77 所示。

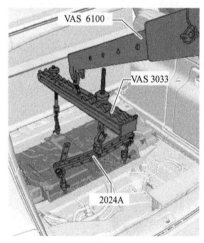

图 5-76 取出混合动力蓄电池

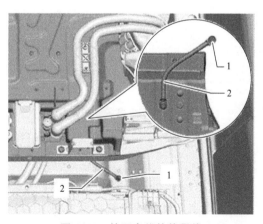

图 5-77 拧下电位补偿导线

1—车身螺母 2—电位补偿导线

13）将混合动力蓄电池单元 AX1 放置在一个合适的垫子上。

14）拧下通风道 1 和 2 螺栓（箭头）如图 5-78 所示。

高压蓄电池的安装以倒序进行。

2. 给高压蓄电池充电

（1）蓄电池充电装置 VAS 5904　混合动力蓄电池单元 AX1 为电驱动装置行驶电动机 V141 提供必要的高压，让其能够起动并以纯电动方式驱动汽车。

对混合动力蓄电池单元 AX1 的充电通过发动机舱内的接口进行。充电器的电流强度至少 30A，否则给高压蓄电池的充电时间会变得很长。理想的电流强度为 50~70A，如图 5-79 所示。

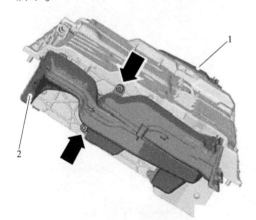

图 5-78　拧下通风道
1、2—通风道

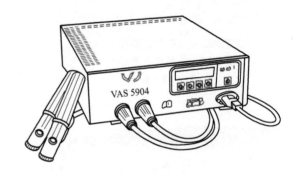

图 5-79　蓄电池充电装置 VAS 5904

（2）充电步骤

1）关闭点火开关和所有用电器。

2）按箭头 A 所示的位置以松开和取下盖子 2，如图 5-80 所示。

3）按箭头 B 所示脱开卡子并打开盖板 1。

4）将充电器的红色充电夹+连接到正极 1，将黑色充电夹连接到负极 2，如图 5-81 所示。

5）连接蓄电池充电装置的电源插头，并打开蓄电池充电装置。

6）打开点火开关并关闭所有用电器。

7）在大约 30min 后，充电过程会被中断，因为点火开关被自动关闭。如果要继续充电，那么请再次打开点火开关。

三　拆卸和安装电驱动模式的功率和控制电子装置

1）断开 12V 蓄电池并拆卸车窗玻璃刮水器摆臂。

请注意，不要损坏电驱动模式的功率和控制电子装置 JX1 上的红色警告标签如图 5-82 所示。

2）将导线 2（B+ 导线）从电位分配器 1 上拧下并置于一侧如图 5-83 所示。

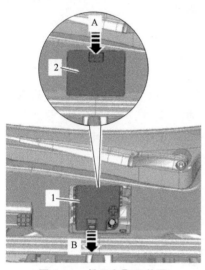

图 5-80 松开和取下盖子

1—盖板 2—盖子

图 5-81 连接充电器

1—正极 2—负极

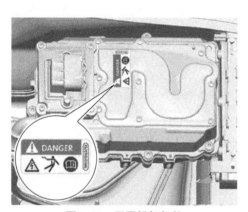

图 5-82 不要损坏标签

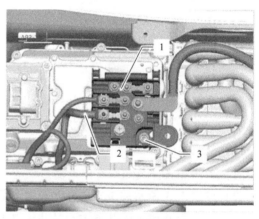

图 5-83 将导线拆下

1—电位分配器 2—导线 3—螺栓

3）取下盖罩，拧出螺栓 3。

4）松开电位分配器 1，并与导线一起朝风窗玻璃方向放置，如图 5-84 所示。

5）脱开电驱动模式的功率和控制电子装置 JX1 上的插头连接。

6）将锁止件 2 朝箭头方向移动，将电动空调压缩机的高电压导线 P3 用松脱工具 T40258 从右侧松开并拔出如图 5-85 所示。

7）将锁止件 1 朝箭头方向移动。

8）将高压导线的两个导线支架从排水槽前板上拔出。

图 5-84 松开电位分配器

1—电位分配器

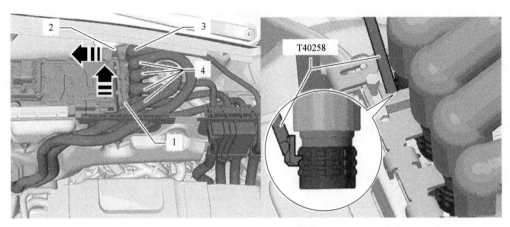

图 5-85 将锁止件拔出

1、2—锁止件　3—P3　4—高压导线束

9）将混合动力蓄电池的高压导线束 PX1 和驱动电机的高压导线束 PX2/电动空调压缩机的高压导线 P3 放到发动机上的一个盖板上,如图 5-86 所示。

10）拆卸新鲜空气进气装置。

11）将电位补偿导线 2 从车身 1 上松开,如图 5-87 所示。

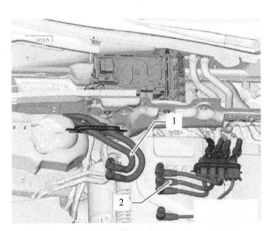

图 5-86 将线束放到发动机上的一个盖板上

1—PX1　2—PX2/P3

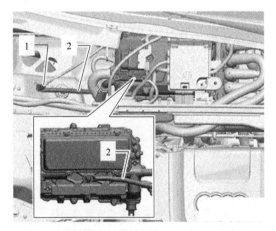

图 5-87 将电位补偿导线 2 从车身 1 上松开

1—车身　2—导线

12）拧下排水槽前板上的两个螺母（9N·m）箭头,如图 5-88 所示。

13）拧下 B+ 导线（9N·m）的固定螺母 1,然后将 B+ 导线从连接螺纹上拔下,如图 5-89 所示。

14）将两根冷却液管路 2 用直径最大至 25mm 的软管夹 1（3094）夹住,如图 5-90 所示。

15）将两个软管插接器 3 打开并拔出。

16）将电驱动模式的功率和控制电子装置 JX1 略微向上从支架上的橡胶支座中取出。

17）拔出排气软管。

18）将电驱动模式的功率和控制电子装置 JX1 从汽车中向上取出,拆卸支架,如图 5-91 所示。

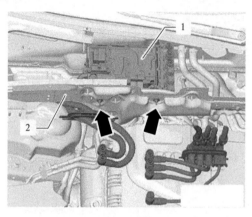

图 5-88 拧下排水槽前板上的两个螺母
1—排水槽前板 2—电驱动模式的功率和控制电子装置

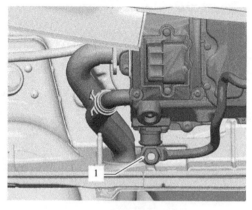

图 5-89 拧下固定螺母
1—固定螺母

19) 拧出螺栓 2（7N·m），将前部支架 1 从电驱动模式的功率和控制电子装置 JX1 上取下。

电驱动模式的功率和控制电子装置的安装以相反的顺序进行。

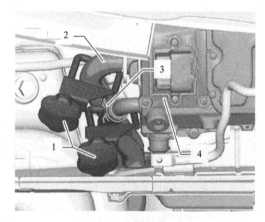

图 5-90 将两根冷却液管路夹住
1—软管夹 2—冷却液管路 3—软管插接器 4—JX1

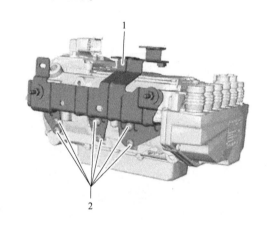

图 5-91 拆卸支架
1—前部支架 2—螺栓

四 拆卸和安装驱动电机

驱动电机装配图如图 5-92 所示。

1) 拆卸变速器。
2) 将变速器固定在发动机和变速器支架 VAS 6095 上，如图 5-93 所示。
3) 拆卸左侧法兰轴。
4) 拧出螺栓 2，将高压导线接线盒壳体 1 从变速器上取下如图 5-94 所示。
5) 拧出螺栓 2，将冷却液管路接口 1 从变速器壳体上撬下如图 5-95 所示。
6) 用护罩盖住驱动电机 V141 上的高压接口 1 和冷却接口 2，如图 5-96 所示。

第五章 奥迪Q5混合动力汽车

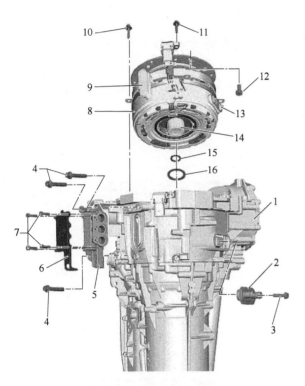
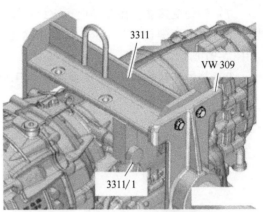

图5-93 固定在发动机和变速器支架

图5-92 驱动电机装配图
1—变速器壳体 2—驱动电机V141冷却液管路接口 3、4、7、10~12—螺栓 5—高压导线接线盒壳体 6—高压导线接线盒盖 8—驱动电机V141 9—高压接口护罩 13—冷却液管路接口护罩 14—变速器接口护罩 15—O形环 16—轴密封环

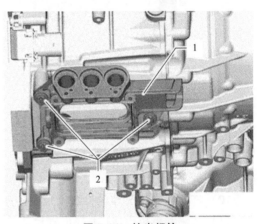

图5-94 拧出螺栓
1—接线盒壳体 2—螺栓

提示：为了看得更清楚，图5-96为拆卸驱动电机V141后的状态。只有拆卸驱动电机V141后，才能安装护罩3。

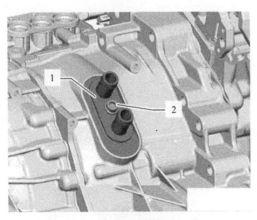

图5-95 将冷却液管路接口撬下
1—冷却液管路接口 2—螺栓

图5-96 拆卸驱动电机后的状态
1—高压接口护罩 2—冷却接口护罩
3—变速器接口护罩

281

7)转动变速器,使驱动电机 V141 向上垂直。

8)将吊环螺栓 VAS 3368 与多用途工具 VW 771 适配接头 40 和垫圈 M8 组装在一起,如图 5-97 所示。

9)将吊环螺栓 VAS 3368 及多用途工具 VW 771 适配接头 40 和垫圈 M8 安装在驱动电机 V141 上部,如图 5-98 所示。

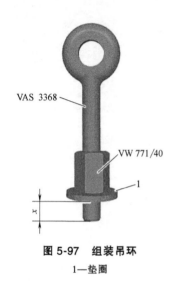

图 5-97 组装吊环

1—垫圈

图 5-98 安装吊环

1—吊环螺栓 2—垫圈 M8-1

10)将螺栓 3 从驱动电机转子位置传感器 G713 上拧下如图 5-99 所示。

11)从驱动电机 V141 上拧出螺栓 2。

12)小心地将驱动电机 V141 用车间起重机 VAS 6100 从变速器中垂直抬出。

电动驱动电动机的安装以拆卸的倒序进行。彻底清洁在差速器入口区域的变速器壳体箭头 A 和轴密封环箭头 B,如图 5-100 所示。

图 5-99 将螺栓 3 拧下

1—G713 2、3—螺栓

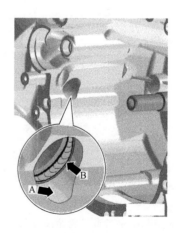

图 5-100 彻底清洁在差速器入口区域

五 拆卸和安装高压蓄电池的高压导线套件

1. 高压导线的安装位置
高压导线安装位置如图 5-101 所示。

2. 高压导线的标记
为了杜绝混淆,高压导线的接口都已设码。插头上有彩色环,并且混合动力蓄电池单元 AX1 和电驱动模式的功率和控制电子装置 JX1 上的相应的接口上有彩色点。驱动电机 V141 上的接口具有"设码凸缘"。

为了避免高压接口发生机械损坏和短路,在插接和拧紧高电压接口时务必注意设码。

高压接口概览如图 5-102 所示。

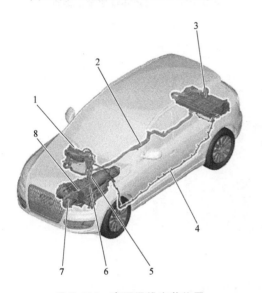

图 5-101　高压导线安装位置
1—电驱动模式的功率和控制电子装置 JX1　2—混合动力蓄电池的高压导线束 PX1　3—混合动力蓄电池单元 AX1　4—起动机正极导线　5—驱动电机的高压导线束 PX2　6—驱动电机 V141　7—电动空调压缩机 V470　8—电动空调压缩机的高压导线 P3

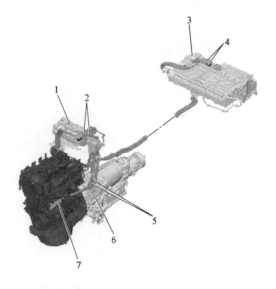

图 5-102　高压接口
1—电驱动模式的功率和控制电子装置 JX1　2—电驱动模式的功率和控制电子装置 JX1 上的高压接口　3—混合动力蓄电池单元 AX1　4—混合动力蓄电池单元 AX1 上的高压接口　5—驱动电机 V141 上的高压接口　6—驱动电机 V141　7—带高压接口的电动空调压缩机 V470

3. 拆卸和安装驱动电机的高压导线束
驱动电机的高压导线束 PX2 由以下导线组成:P4、P5、P6。

1)脱开插头 2 连接,如图 5-103 所示。

注意:不要损坏红色警告标签,如图 5-104 所示。

2)拧出螺栓箭头(9N·m),然后取下接线盒的盖子 1。

3)拧下高压导线的螺栓 2(20N·m)如图 5-105 所示。

4)拧下导线支架 1 的螺栓箭头(9N·m)。

5)将高压导线 P4 依次从接线盒中向上拉出。

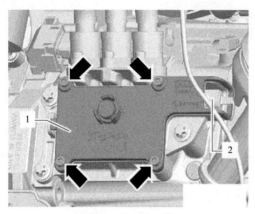

图 5-103　脱开插头连接 2
1—盖子　2—插头

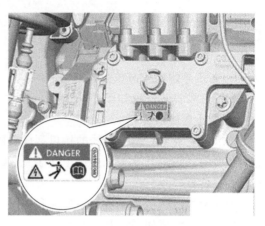

图 5-104　不要损坏红色警告标签

高压导线束的安装以拆卸的相反顺序进行。

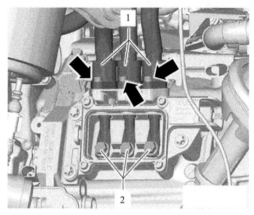

图 5-105　拧下高压导线的螺栓 2
1—支架　2—螺栓

第六章
宝马F49 PHEV混合动力汽车

第一节　宝马F49车辆识别

BMW X1 xDrive 25Le（开发代码：F49 PHEV）是一款第 3 代 BMW 混动汽车，中国本土生产并配备锂离子蓄电池的插电式混动汽车，在纯电力驱动条件可以行驶 60km 左右。

一、外识别标志

BMW X1 xDrive 25Le 通过一系列明显的特征与传统 F49 区分开来，如图 6-1 所示。"e"在型号中作为一个识别标志添加到型号"25Le"命名中，并在 C 柱和内燃发动机隔音罩上添加"eDrive"铭刻文字，表明这是一款混动汽车。BMW X1 xDrive 25Le 标配 18in 铝轮圈（568 设计）。充电插座盖板布置在前侧面板左侧，表明 BMW X1 xDrive 25Le 是一款插电式混动汽车。

图 6-1　外部识别标志

1—左前门右侧附有型号名称"xDrive 25Le"　2—蓝色空气进口栅　3—隔音罩配备"eDrive"标识
4—充电插座盖板在左侧面板上带有"i"标识　5—轮毂中心带有"BMW i"徽标　6—C 柱
（左侧和右侧）带有"eDrive"铭文　7—门槛处覆盖带有"eDrive"铭刻的盖板

二、内部标志

F49 PHEV 内部标识特征如图 6-2 所示。

F49 PHEV 内部装置同样通过一系列特征与传统 F49 区分开来。续航按钮位于储物箱前侧，在驾驶员门内部。第二个特征是中控台上的驾驶体验开关：eDrive 按钮。配备该按钮后，驾驶员可以通过切换功能选择不同的功能，并且完全依靠电力驱动即可达到 120km/h。汽车内部配备不带 MSA 功能的起停按钮。

前门槛盖板装饰条及自动变速器选档开关上同样带有"eDrive"铭刻。

组合仪表显示混动驾驶状态以及高压蓄电池单元的充电状态，并且可以根据功能选择在中央数据显示屏上显示。CID 及组合仪表显示在汽车起动时启用。

第六章　宝马F49 PHEV混合动力汽车

图 6-2　F49 PHEV 内部标识特征

1—组合仪表带有混动特征　2—发动机起停按钮处不带有 MSA 开关　3—eDrive 按钮　4—加油按钮　5—带有"eDrive"铭刻的档位选择开关　6—带有混动特征的中央数据显示屏

F49 PHEV 乘客车厢与传统 F49 几乎相同。因为高压蓄电池单元位于汽车下部,油箱从 61L 缩减至 35L。这个空间用来在汽车下部安装高压蓄电池单元。因为后部脚踏板进行了轻微的改装,以便创造空间安装电机和高压蓄电池单元,因此行李舱的空间缩减了 60L。

第二节　宝马 F49 混合动力系统驱动部件

一、驱动组件位置

F49 PHEV 驱动系统概况如图 6-3 所示,技术数据见表 6-1。

表 6-1　技术数据

组件	说明	特性值
汽油发动机 B38A15M0	—3 缸汽油机 —涡轮增压前侧直喷,横向安装 —F49 PHEV-特别适应	100kW 220N·m
自动变速器	—6 档自动变速器 —混动适应 —辅助电动油泵	250N·m
高压起动电机 EMP120.66	—起动,eBOOST 和充电功能 —通过传动带连接	12kW 60N·m 18000r/min (发动机最高转速) i=1∶2.57(传动带比率)

(续)

组件	说明	特性值
高压蓄电池单元	—汽车专属壳罩 —高压模块组件	154×26.5A·h 锂离子电池 11 电池模块,每个含 14 个电池
燃油箱	—PHEV 专用加压油箱	35L
电机 EMP156.162	—电气后轮驱动	70kW 165N·m 14000r/min (发动机最高转速)

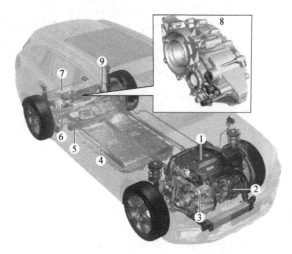

图 6-3　F49 PHEV 驱动系统

1—3 缸汽油发动机　2—6 速自动变速器　3—高压起动电机　4—高压蓄电池单元　5—加压油箱 (35L)　6—电机　7—电机电子装置 ELE　8—减速装置　9—便捷充电电子装置 KLE

二、驱动电机

1. 驱动电机安装位置

驱动电机连接在后桥上的电机变速器上,通过电力驱动后轮,如图 6-4 所示。

2. 驱动电机组件

驱动电机的主要组件有转子和定子、连接件、转子位置传感器、冷却系统。

F49 PHEV 中的混动系统被称为平行混动系统。内燃机及驱动电机通过链轮进行机械耦合。驾驶过程中,两种驱动系统可以单独使用或同时使用。

(1) 转子和定子　为了提高技术数据,结构（主要是转子）进行了改进和优化。转子的永磁体和叠片组重新进行了布置,对磁场线的性能产生了积极的影响。不仅提高了转矩,而且定子线圈中的电流等级较低,因而效率高于常规同步电机。

F49 PHEV 中的驱动电机属于内转子结构。"内转子"是表示转子通过永磁体呈环形布置在内侧。产生旋转场的绕组位于外部型号才能定子。定子收缩进电机壳罩内。F49 PHEV 驱动电机的转子内有四对电极,两个带槽球轴承位于转子轴的两端,对转子起支撑作用,结

第六章 宝马F49 PHEV混合动力汽车

图 6-4 驱动电机安装位置

构如图 6-5 所示。

（2）连接件 F49 PHEV 连接件，如图 6-6 所示。

图 6-5 转子和定子
1—电机壳罩 2—绕组（U、V、W） 3—定子 4—高压连接件（U、V、W） 5—盖子（维修中禁止打开） 6—转子 7—永磁体 8—转子轴

图 6-6 连接件
1—高压接口 2—电气接线，转子位置传感器 3—铭牌 4—高压组件警示标签

（3）高压接口 电能通过高压连接件输送至电机的绕组。高压连接件通过三相屏蔽高压电缆将电机电子装置及驱动电机相连。

高压接头通过螺栓固定在电机电子装置及电机上，如图 6-7 所示。

（4）传感器 为了对定子绕组电压进行正确计算，并确保电机电子装置根据振幅和相位产生电压，必须知道转子的精确位置，转子位置传感器就承担这一任务。传感器的转子结构与同步电机的转子结构类似，并且它有一个特殊成形的转子与电机转子相连，还有一个与电机定子相连的定子。转子在定子绕组中旋转产生的电压通过电机电子装置进行评估，然后根据评估结果计算转子位置的角度，如图 6-8 所示。

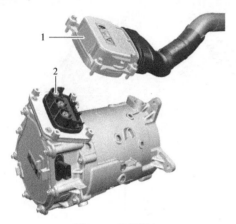

图 6-7 高压接口

1—高压接头　2—高压接口

图 6-8　F49 PHEV 转子位置传感器

1—转子位置传感器的转子　2—转子位置传感器的定子

注：更换电机电子装置时，必须借助诊断系统对转子位置传感器进行校准。

3. 电机电子装置

电机电子装置（EME）作为电机和高压起动电机的电子控制装置。该装置负责将高压蓄电池单元（最高 340V DC 左右）的直流电压转换成三相 AC 电压，用来起动驱动电机和高压起动电机，在此过程中，驱动电机和高压起动电机作为电动机。相反，当驱动电机和高压起动电机作为发电机工作时，电机电子装置将三相 AC 电压转换成直流电压，并为高压蓄电池单元充电。比如，在制动能量再生（能量回收）过程中发生此类操作。为了进行这两种模式的操作，有必要配备 DC/AC 双向变换器，该装置可以作为换流器和整流器进行工作。

DC/DC 变换器同样与电机电子装置集成为一体，确保 12V 汽车电气系统的电压供给。

F49 PHEV 的整个电机电子装置位于一个铝制壳罩内。控制单元（DC/AC 双向变换器以及 12V 汽车电气系统的 DC/DC 变换器）也位于该壳罩内。

EME 控制单元还承担其他任务，比如高压动力管理、对高压蓄电池单元的可用高压进行管理。同样 EME 控制单元与 EME 集成为一体。此外，EME 有各类输出级，负责 12V 执行机构的启用。

（1）安装位置　电机电子装置安装在后桥下方的汽车底部。EME 的上部接线位于行李舱底部盖板下方，由被螺钉紧固的盖子覆盖，如图 6-9 所示。

（2）连接件　电机电子装置的接线可以分为低压接口、高压接口和螺纹连接，用于等电位连接、冷却液管路的接线如图 6-10、图 6-11 所示。

（3）低压接口　电机电子装置外部低压接头连接下述线路和信号：

1）用于 EME 控制单元的电源（引自配

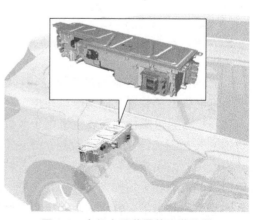

图 6-9　电机电子装置的安装位置

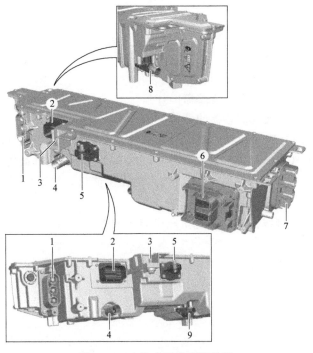

图 6-10　电机电子装置的接线

1—与高压起动电机相连的高压接口（AC）　2—低压接头/信号接头的接线　3—DC/DC 变换器输出 -12V　4—用于便捷充电电子装置交流充电的高压接口　5—DC/DC 变换器输出 +12V　6—与高压蓄电池单元相连的高压接口（DC）　7—与驱动电机相连的高压接口（AC）　8—用于冷却液回流管路的接口　9—用于冷却液供给管路的接口

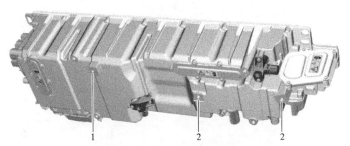

图 6-11　等电位连接的螺纹孔

1—螺纹孔 M6　2—螺纹孔 M8

电箱的终端 30B，位于前侧和地面）。

2) FlexRay 总线系统。

3) PT-CAN 总线系统。

4) PT-CAN2 总线系统。

5) 唤醒导线。

6) 引自 ACSM 的信号线路，用于传送碰撞信息。

7) 汽车内部截止阀。

8) 高压联锁回路电路的输入和输出（EME 控制单元评估信号，如果出现电路干扰，将切断高压系统。SME 冗余）。

9) 启用电动真空泵。

10) 电动冷却液泵（PME）：脉冲宽度调制信号。

11) 电机转子位置传感器的评估。

12) 驱动电机温度传感器的评估。

13) 高压起动电机的转子位置传感器的评估。

14) 高压起动电机的温度传感器的评估。

此类线路和信号的电流等级相对较低。电机电子装置通过两个独立的低压接口和大横截面线速与12V汽车电气系统相连（终端30和终端31）。通过这种配置与电机电子装置内的DC/DC变换器接通，并为整个12V汽车电气系统提供能量。带有电机电子装置的这两条线路用螺纹连接。

图6-12通过简单的接线图描述了电机电子装置的低压接口。

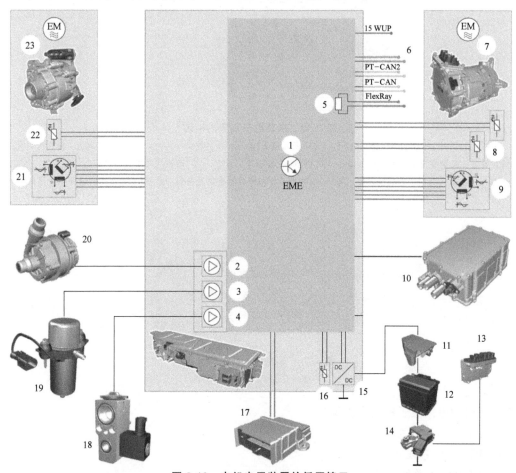

图 6-12 电机电子装置的低压接口

1—电机电子装置（EME） 2—启用80W电动冷却液泵的输出级（LT冷却液电路） 3—启用电动真空泵的输出级 4—启用汽车内部膨胀阀和截止阀的输出级 5—终端电阻器，FlexRay 6—高压联锁回路的信号线路 7—驱动电机（整个） 8—驱动电机定子绕组中的温度传感器 9—驱动电机中的转子位置传感器 10—便携充电电子装置 KLE 11—安全型蓄电池接线柱 SBK 12—12V 蓄电池 13—数字式电动电子装置 DME 14—智能型蓄电池传感器 IBS 15—单向 DC/DC 变换器 16—DC/DC 变换器中的温度传感器（负温度系数传感器） 17—碰撞安全模块 18—膨胀和截止组合阀，乘客舱 19—电动真空泵 20—电动冷却液泵 21—高压起动电机中的转子位置传感器 22—高压起动电机中的温度传感器 23—高压起动电机

(4) 高压接口　在电机电子装置中，共有四个与其他高压组件线路相连的高压接口。电动空调压缩机及电气加热装置在便捷充电电子装置上。

图 6-13 所示描述了电机电子装置与其他高压组件之间的高压接口。

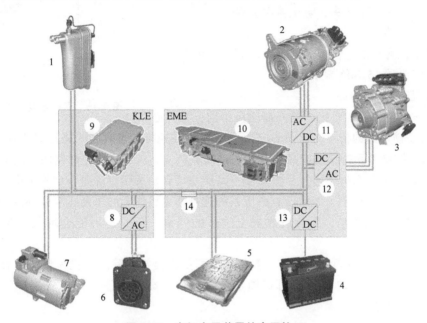

图 6-13　电机电子装置的高压接口

1—电气加热装置　2—驱动电机　3—高压起动电机　4—蓄电池（12V）　5—高压蓄电池单元　6—充电插座　7—电动空调压缩机（EKK）　8—单向 AC/DC 变换器　9—便捷充电电子装置　10—电机电子装置（整个）　11—驱动电机的双向 DC/AC 变换器　12—高压起动电机的双向 DC/AC 变换器　13—单向 DC/DC 变换器　14—60A 防过载电流保护

(5) 高压电缆　高压电缆连接高压组件，并且采用橘色电缆套标识。混动汽车制造商已达成统一意见：高压电缆采用警示黄色进行标识。F49 PHEV 所使用的高压电缆的概况如图 6-14 所示。

高压电缆禁止过度弯曲或扭结。弯曲半径不得小于 70mm，如图 6-15 所示。过度弯曲/扭结高压电缆会损害电缆护套，导致汽车高压电气系统隔离故障。

注：严禁对带电高压组件进行检修。在开始涉及高压组件的每项操作前，必须断开高压系统的电源，并确保不会重新连接后方可进行检修。

断开高压系统电源的操作如下：
1) 关闭终端 15。
2) 充电塞未与汽车连接。

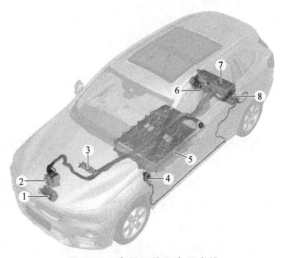

图 6-14　高压组件和高压电缆

1—电动空调压缩机（EKK）　2—高压起动电机（HV-SGR）　3—电气加热装置 EH　4—充电插座　5—高压蓄电池单元　6—驱动电机（EM）　7—电机电子装置（EME）　8—便捷充电电子装置 KLE

3) 等待使汽车处于"睡眠"模式（查看起停按钮灯是否熄灭进行确认）。

4) 打开高压安全接头。

5) 固定高压安全接头，防止再次重启。

6) 打开终端 15。

7) 等待，直至组合仪表显示"高压系统关闭"。

8) 关闭终端 15 和终端 R。

（6）高压平接头拆卸

1) 高压联锁回路的桥接。断开高压接头前，首先必须拆除高压联锁回路的桥接，如图 6-16 所示。桥接在连接状态时关闭高压联络环路的电路。SME 和 EME 控制单元持续监控高压联锁回路的电路。高压系统仅在电路闭合时启用。如果高压联锁回路的电路在拆除桥接后被切断，高压系统自动关闭。这是一项附加的安全预防措施，即使检修员工在开始工作前已对高压系统进行断电操作。如果高压联锁回路的桥接在高压系统启用状态下被查出，则会造成安全接头的"硬"开口，可能会增加磨损甚至损害接点。

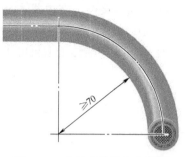

图 6-15　高压电缆的弯曲半径

2) 机械锁定装置的拆除。只有在高压联锁回路桥接被拆除后，机械锁定装置方可按照箭头方向移动，如图 6-17 所示。机械锁定装置是位于高压组件上的高压接头的一个元件（即：电机电子装置）。

图 6-16　拆除高压联锁回路的桥接

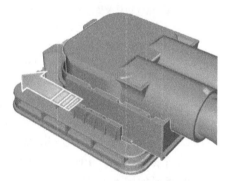

图 6-17　机械锁定装置的拆除

按照箭头方向移动锁定装置后，高压电缆上高压接头的机械导轨被释放，从而可以进行后续断开操作。

3) 高压电缆接头的拆除。此时，高压电缆接头可以按箭头方向拔出，如图 6-18 所示。将接头拔出数毫米（A）后，可以感到一个较大的反向作用力。然后，接头必须按照相同方向进一步拔出（B）。

注意：① 接头在达到位置（A）后，在任何条件下均不得再次推回高压组件上的套管。这种操作会损害高压组件套管上的盖罩。

② 高压联锁回路的桥接禁止在高压系统启用状态下拔出。

4) 重新安装高压电缆时安装相反的顺序执行。高压组件上高压平接头如图 6-19 所示。

（7）高压圆形接头的拆卸　F49 PHEV 的高压圆形接头如图 6-20 所示。

图 6-18 高压电缆接头的拆除

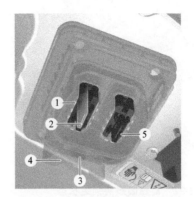

图 6-19 高压组件上高压平接头

1—屏蔽的电气接点 2—高压电缆的电气接点 3—带高压联锁回路电桥接口的插孔 4—机械锁定装置 5—接点保护

高压接头内的桥接出于安全考虑而配置。当高压电缆与高压组件连接时,高压联锁回路的信号通过该桥接传送。为了将高压电缆与电动空调压缩机和电气加热装置相连,电压通过电动空调压缩机的桥接或变速器控制单元传输。如果其中一个电路被切断,还会导致相关高压电缆中电流的自动切断(回归至零)。桥接的两个接点在高压接点前侧相对布置,这种布置可以持续进行保护,防止在拆除高压接头时形成电弧。

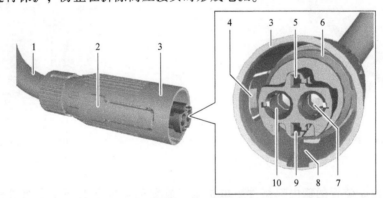

图 6-20 高压圆形接头

1—高压电缆 2—锁定元件上的启动点 3—接头壳罩 4—锁定元件 5—接头内桥接的接线 1 6—屏蔽接线 7—高压接口,2 销 8—机械编码 9—接头内桥接的接线 2 10—高压接口,1 销

1) 高压圆接头 1 连接与相应高压组件的高压接口 2 相连,并且处于锁定状态如图 6-21 所示。

2) 两个锁定元件 1 必须按箭头方向 A 同时按下。高压组件接口中接头的机械锁定装置被拆除如图 6-22 所示。

3) 在锁定元件被进一步同时推动的过程中,接头必须在箭头 B 所示的纵向方向被拔出如图 6-23 所示。

4) 当重新连接高压电缆时,不得同时推动锁定元件。接头在该组件的高压接口上进行纵向滑动即可。确保锁定元件就位("咔嗒"声)。此外,应当拔一下接头检查锁定元件是否就位。

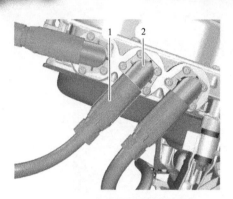

图 6-21 高压圆接头锁定状态
1—接头　2—接口

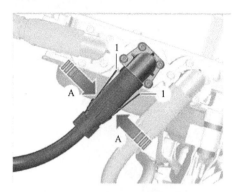

图 6-22 机械锁定装置被拆除
1—锁定元件

(8) 通风口　通风口与壳罩一侧集成为一体,防止电机电子装置内部积水(温度变化、空气水分凝结等原因所致)。通风口还可以确保壳罩内部和周边区域的压力补偿。为了实现这两个目的,通风口配备了一个隔膜,隔膜属于透气不透水型装置,如图 6-24 所示。

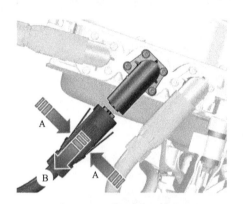

图 6-23 纵向方向被拔出

图 6-24 通风口
1—通风口

(9) 电机电子装置的额内部组件　电机电子装置的额内部有四个子组件构成:驱动电机的双向 DC/AC 变换器、高压起动电机的双向 DC/AC 变换器、单向 DC/DC 变换器、EME 控制单元。

F49 PHEV 电机电子装置中的 DC/DC 变换器可以适应下述操作模式:

① 备用(组件故障、短路、电力电子装置闭合)。

② 降压模式(能量传送至低压侧,变换器调整低压侧的电压)。

③ 高压电路电容器放电(联锁故障、事故、控制要求)。

1) 电机电子装置未投入运行时,DC/DC 变换器处于"备用"模式。当未向 EME 控制单元供给指定电压时会出现这种状况,如:终端状态。但是如果存在故障,EME 控制单元会促使 DC/DC 变换器进行"备用"模式。在这种操作模式中,汽车的两个电气系统之间不存在能量传输,电流相互独立。

2) 当高压系统处于启用状态时,降压模式是一种正常的操作模式。DC/DC 变换器将高压电气系统的电能传送至 12V 汽车电气系统,并在常规汽车中承担发电机的功能。DC/DC

变换器必须降低高压电气系统至汽车低压电气系统的电压变化。汽车高压电气系统中的电压取决于高压蓄电池单元的充电状态（220V左右~300V左右），如图6-25所示。

汽车低压电气系统中的电压可以控制DC/DC变换器，确保12V蓄电池处于最佳充电状态，并根据充电状态及蓄电池的温度将电压设定在14V左右。DC/DC变换器的持续输出功率为2.4kW。

F49 PHEV中的DC/DC变换器技术还可以启用"eBOOST"操作模式，与F04中的DC/DC变换器相同。但是，F49 PHEV中未使用这种操作模式。因此，无法通过12V汽车电气系统为F49 PHEV的高压蓄电池充电。

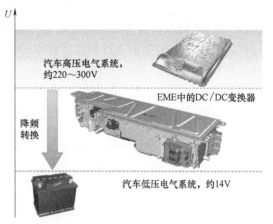

图6-25 DC/DC变换器的操作原理

3）高压系统关停（常规关停或快速关停）过程中，DC/DC变换器保留最后一种操作模式——放电。为了对高压系统进行关停，系统必须在5s内放电至低于60V的安全电压。DC/DC变换器为链路电容器配置了一个放电电路。首先，放电电路尝试将链路电容器中存储的能量输送至汽车低压系统。如果该项动作未能引发电压的快速降低，则通过启用的电容器实施放电。高压电气系统通过这种方式在5s内放电。从安全角度考虑，还配置了一种被动放电电容器（平行开关）如图6-26所示。在前两种方式出现故障无法工作时，

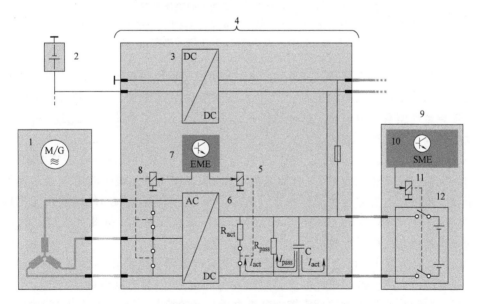

图6-26 高压电路电容器的放电

1—驱动电机　2—与12V汽车电气系统进行连接　3—DC/DC变换器　4—电机电子装置（整个）5—继电器（用于启用电容器放电）　6—双向DC/AC变换器　7—EME控制单元　8—继电器（用于驱动电机绕组短路）　9—高压蓄电池单元　10—SME控制单元　11—机电式接触器　12—高压蓄电池单元　C—电路电容器　R_{pass}—被动放电电容器　R_{act}—主动放电电容器

通过这种方式可以确保高压电气系统的放电。将电压放电至低于60V的周期较长，最长时间为120s。

DC/DC变换器的温度通过温度传感器测量，并通过EME控制单元进行监控。如果温度超过许可范围，即便采用而冷却液进行冷却，EME控制单元将降低DC/DC变换器的功率，以便保护组件。

（10）电力电子装置　电力电子装置主要采用DC/AC变换器制作而成，是一种带有双向DC电压接口和3相AC电压接口的脉冲变换器，如图6-27所示。

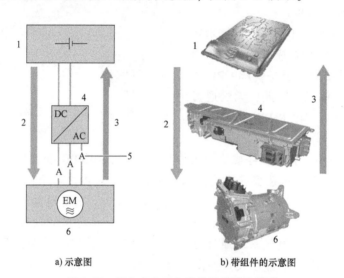

a）示意图　　　　　　b）带组件的示意图

图6-27　双向DC/AC变换器的操作模式

1—高压蓄电池单元　2—操作模式为变换器时，电机为电动机　3—操作模式为整流器时，电机为交流发电机　4—DC/AC变换器　5—电流传感器　6—驱动电机

驱动电机作为电动机工作时，这种DC/AC变换器可以作为换流器工作，并且可以将高压蓄电池单元的能量传导至驱动电机。DC/AC变换器也可以作为一种整流器，并将驱动电机的电能传导至高压蓄电池单元。这种动作在制动能再生过程中执行，在此过程中，驱动电机作为发电机并且可以产生电能。

DC/AC变换器的操作模式通过EME控制单元界定。EME控制单元还接收DME控制单元发出的设定值（主要输入变量），驱动电机应为DME控制单元提供转矩（数量和信号）。通过这个设定值以及电机的当前操作状态（发动机转速和转矩），EME控制单元可以判定DC/AC变换器的操作模式以及驱动电机相位电压的振幅和频率。根据此类规范，DC/AC变换器的功率半导体元件被同步启用。

除DC/AC变换器外，电力电子装置还含有电流传感器，电流传感器位于DC/AC变换器AC电压侧的三个绕组内。通过电流传感器发出的信号，EME控制单元对电力电子装置及驱动电机的驱动功率和转矩进行监控。电机电子装置的控制回路通过驱动电机内电流传感器和转子位置传感器的信号关闭。

电机电子装置和驱动电机的性能数据相互协调。为了避免电力电子装置超负荷，DC/AC变换器中还配备了另外一个温度传感器。如果通过这种信号发现功率半导体元件温度超高，EME控制单元可以降低输送至电机的功率，以便保护电力电子装置。

第三节 高压起动电机

一、高压起动电机的功能

F49 PHEV 中，位于常规交流发电机位置的高压起动电机替代了起动机（F49 PHEV 中无附加的起动机）及交流发电机的功能。该装置主要用来起动 B38 内燃机，在驾驶过程中如果没有充足的充电电压通过电机电子装置中的 DC/DC 变换器为 12V 汽车电气系统供电，该装置可以为高压蓄电池单元进行充电。

高压起动电机通过三相 AC 电压操作，还含有各类传感器。高压起动电机的功能和功率电子装置位于电机电子装置（EME）内。

为了在常规交流发电机的安装位置容纳较大尺寸的高压起动电机，B38 发动机进行了改动，比如改变水泵的位置。

总之，F49 PHEV 中高压起动电机具备下述功能：
1）起动 B38 内燃机。
2）通过提高 B38 内燃机的负载点为高压蓄电池充电。
3）B38 内燃机的 eBOOST 功能。
4）通过降低负载点为高压蓄电池放电。
5）通过制动能再生对高压蓄电池进行充电。

作为起动机，高压起动电机被设计为在所有天气和温度条件下将内燃机加速至一个安全的起动速度。因此无需安装独立的起动机。

根据驾驶速度、发动机转速及高压蓄电池的充电状态等各项因素，通过提高内燃机的负载点在高压起动电机中产生一个三相 AC 电压。之后可以通过 EME 转换成直流电压并输送至高压蓄电池（通过 EME）。这种充电类型在内燃机的操作范围或充电窗台在汽车处于静止状态大幅降低时尤其有效。

高压蓄电池充满电状态下，仅产生汽车电气系统所消耗的电能。

在"eBOOST"操作模式中，高压起动电机在任何驾驶速度条件下均可产生附加转矩，附加转矩添加至内燃机产生的转矩，因此有利于 F49 PHEV 的加速。这种功能的使用取决于相应的驾驶模式。

eBOOST 工程通常持持续数秒钟，并且用于在排气涡轮增压器无法产生充足的充电压力时辅助内燃机。如果功率要求非常高，比如强制降档或在运动模式下，可实现超增压。此时，只要存在动力需求，附加转矩将持续传送至曲柄轴。

为了降低 F49 PHEV 在高压蓄电池充满电时的油耗，负载点降至指定充电状态。此时，内燃机的转矩消失，被高压起动电机所取代。

高压起动电机参与能量回收，与后桥上的驱动电机相同。因此，高压起动电机中生成一个负转矩，负转矩在超速行驶阶段还可以对内燃机进行制动。与后桥上的驱动电机不同，此处所产生的输出功率较低。

高压起动电机的功率（交流发电机和电动模式）并非仅仅取决于高压起动电机内的状态。诸如高压蓄电池或电机电子装置等其他系统在温度超高时同样可以引起高压起动电机功率的降低。

在超低温或低充电状态下，高压蓄电池中的电流可以进行调整，以便保护高压蓄电池。从转矩设定点设置切换至电流设定点设置，以便对高压蓄电池进行充电。

如果高压蓄电池出现电气故障，在高压蓄电池打开它的接触器后，可以通过电机电子装置和高压起动电机保持汽车高压电气系统。此事，从转矩设定点设置切换至电压设定点设置。

如果出现严重的电气故障，通过定子绕组的主动短路将高压起动电机置于安全状态。高压电气系统在这种条件下没有高压供给。但是，高压起动电机产生一个特定的转矩电阻，该电阻在速度增加时减小。当高压起动电机达到2500r/min时对应的发动机转速为970r/min左右负扭矩大概为4N·m。

图6-28 高压起动电机位置

高压起动电机安装在F49 PHEV发动机舱内前端传统交流发电机的位置，如图6-28所示。

一、高压起动电机的结构

F49 PHEV中的高压起动电机是一种同步电机，如图6-29所示。该装置的一般结构和操作原理与带有内部转子的永久励磁同步电机相对应。转子安装在内部，并配备永磁体。定子为环形，位于转子外部，环绕转子，为穿通三相绕组的铁心。

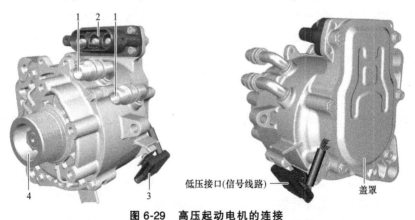

图6-29 高压起动电机的连接
1—冷却液线路的接口 2—高压接口 3—低压接口（信号线路） 4—带轮

如果向定子施加一个三相交流电压，定子绕组产生一个旋转的磁场，旋转磁场"牵拉"转子内的磁体。在这种情况下，高压起动电机发挥电动机的功能，通过提供附加转矩辅助内燃机（eBOOST功能）。

在充电模式中，旋转的转子产生改性磁场，从而在定子绕组中产生交流电压。

第四节　高压蓄电池

高压蓄电池单元由中国宁德时代新能源科技有限公司（CATL）生产。F49 PHEV 高压蓄电池单元配备的很多组件与 F15 PHEV 相比有所不同，区别在于：①带实际电池的电池模块；②电池监控电子装置；③安全盒（safety box）；④蓄电池管理电子装置（SME）的控制单元；⑤热交换器；⑥导线束；⑦接口（电气系统、制冷剂与排气）；⑧壳体部件与固定部件。

高压蓄电池单元由布置在同一层的 11 个电池模块构成。每个模块由 14 个锂离子电池及其他部件构成，锂离子电池标称电压为 3.6V，最小容量为 26.5A·h。101、112 或 F15 PHEV 的高压蓄电池中的锂离子电池以串联的形式布置，而 F49 PHEV 的一个模块中的 14 个锂离子电池按照 2P7S 的形式布置。这就意味着每两块电池以并联的形式形成一组，7 组电池在模块中以串联的形式布置。因此可以提供 277.2V（最小 216V，最大 316V）的合计标称电压，标称容量为 53A·h。每个独立模块的标称电压为 25.2V，这种电压远远低于 60V 的危险直流电压。但是，根据充电状态不同，高压蓄电池的实际电压将会出现变化。

蓄电池可以存储的能量为 14.7kW·h，仅有 70% 可用，因此可以输出的能量为 10.7kW·h。

F49 PHEV 中的高压蓄电池单元是第三代产品，与 F15 PHEV 中安装的高压蓄电池单元相同。维修工具备合理资质并经过培训后，方可在维修中拆除高压蓄电池，更换独立的组件，比如蓄电池管理电子装置、S 盒、电池监控电路或电池模块。

高压蓄电池安装位置和特征

高压蓄电池单元安装在车身底部燃油箱前，如图 6-30 所示。这种安装方式的优点是降低 F49 PHEV 的重心，从而改善驾驶特性。为接触到高压蓄电池单元接口，必须拆除车身底部的装饰板。

高压蓄电池单元的主要外部特征包括：①高压导线或接口；②12V 车载电气系统接口；③制冷剂管路或接口；④提示牌；⑤排气单元。

高压蓄电池单元除高压接口外还有一个 12V 车载电气系统接口。通过该接口为集成在高压蓄电池单元内的控制单元提供电压、数据总线、传感器和监控信号。将其接入制冷剂循环回路内，以对高压蓄电池进行冷却。

高压蓄电池单元上的提示牌向进行相关组件作业的人员说明所用技术及可能存在的电气和化学危险。

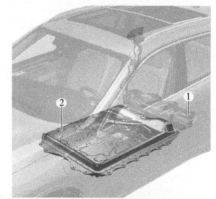

图 6-30　高压蓄电池单元安装位置
1—燃油箱　2—高压蓄电池单元

一 高压蓄电池系统电路图

高压蓄电池系统电路如图 6-31 所示。

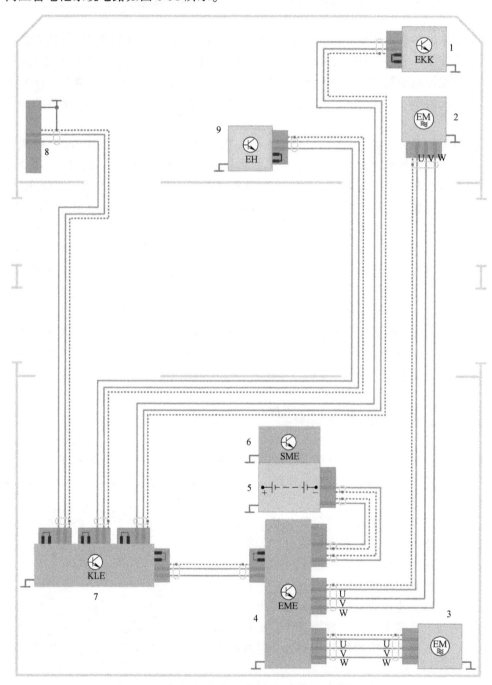

图 6-31 高压网络内高压蓄电池单元的系统电路图

1—电动空调压缩机（EKK） 2—高压起动电机 3—驱动电机 4—电机电子装置（EME） 5—高压蓄电池单元 6—蓄电池管理电子装置（SME） 7—便捷充电电子装置 8—充电插座 9—电气加热装置

第六章 宝马F49 PHEV混合动力汽车

三 高压蓄电池外部特征

1. 机械接口

高压蓄电池单元的壳体通过三个支架固定在 F49 PHEV 车身上。拆卸高压蓄电池单元时，必须首先进行维修说明中规定的所有前提工作，例如诊断、断开电压、清空制冷剂。同时拆除车身底部饰板与支柱。松开固定螺栓前，必须将带有相应固定装置的可移动总成升降台放在高压蓄电池单元下方。

如同 BMW Active Hybrid 车辆，通过等电位导线使高压蓄电池单元壳体与车身之间形成电气连接。

在高压蓄电池单元壳体上进行任何安装时，都只能使用自攻螺钉（图 6-32）。允许使用 Kerb Konus 螺纹套对壳体下部件端盖的螺纹进行修复。

图 6-32　高压蓄电池单元安装
1—高压蓄电池单元　2—高压蓄电池固定螺钉　3—保护罩固定螺钉　4—等电位连接螺钉

F49 PHEV 高压蓄电池单元贴有四个提示牌，即一个型号铭牌和三个警告提示牌，如图 6-33 所示。型号铭牌提供逻辑信息（例如零件编码）与关键技术数据（例如额定电压）。警告提示牌一方面指出采用了锂离子技术，另一方面指出高压蓄电池单元内电压较高。从而提醒注意可能存在相关危险。高压组件的警告提示牌强调组件带有高电压的事实。

2. 电气接口

（1）高电压接口　在高压蓄电池单元上带有一个 2 芯高电压接口，高压蓄电池单元通过该接口与高压电气系统连接，如图 6-34 所示。

围绕高压导线的两个电气触点各有一个屏蔽层触点。这样可使高压导线屏蔽层（每根导线各有一个屏蔽层）一直持续到高压蓄电池单元壳体内，从而有助于确保电磁兼容性。

此外高压接口还可防止接触导电部件。触点本身带有塑料外套，从而防止直接接触。只有连接导线时，才压开外套并进行接触。

塑料滑块用于插头的机械锁止机构。此外它还是一项安全功能的组成部分：未连接高压导线时，滑块会盖住高压互锁回路电桥接口。只有按规定连接高压导线且插头锁止时，才能接触到该接口并插上电桥。这样可确保，只有连接高压导线时，高压互锁回路电路才会闭

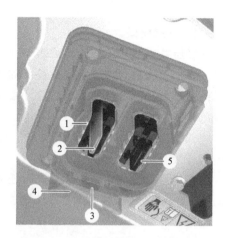

图 6-33　高压蓄电池单元壳体上的提示牌

1—高压蓄电池单元壳体上部件　2—高压蓄电池单元警告提示牌　3—标注技术数据的 BMW 型号铭牌　4—高压组件警告提示牌　5—标注技术数据的 CATL 型号铭牌

图 6-34　高压蓄电池单元上部的接口

1—屏蔽层触点　2—高电压导线触点　3—带高电压互锁回路电桥接口的插孔　4—机械滑块　5—触点保护

合。该原理适用于 F49 PHEV 的所有扁平高压接口（高压蓄电池单元、电机电子装置），如图 6-35 所示。

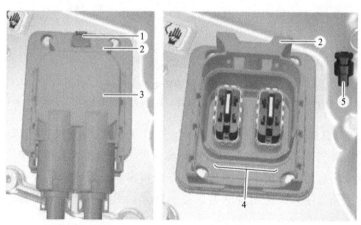

a) 已插入高压导线的高压接口　　　　b) 已移开高压导线的高压接口

图 6-35　高压蓄电池单元上部的接口

1—高电压互锁回路电桥（已插上）　2—机械滑块　3—高压导线的高压插头
4—高压接口　5—高压互锁回路电桥（已松开）

只有所有的高压接口连接电机电子装置与便捷充电电子装置时，高压系统才会启用。这样可以防止意外接触可能带电的表面。

注意：与高压蓄电池单元的所有其他组件一样，高压接口可作为单独组件进行更换，前提是由专业售后服务人员严格按照维修说明来进行。

（2）12V 车载电气系统接口　在 F49 PHEV 高压蓄电池单元上带有一个 12V 车载网络

接口，如图6-36所示，可实现以下连接：

1) 通过总线端30F为SME控制单元供电和接地连接。
2) 用于为电动机械式接触器供电的总线端30碰撞信息。
3) 来自BDC的唤醒导线。
4) 高电压互锁回路的输入端和输出端。
5) 用于启用截止和膨胀组合阀的输出端（+12V和接地）。
6) PT-CAN2。

（3）高压安全插头（售后服务断电开关） F49 PHEV高压售后服务断电开关不是高压蓄电池单元的组成部分。因此作为车辆的标准装备，高压售后服务断电开关的颜色由橙色改为了绿色。高压售后服务断电开关作为独立的组件安装在行李舱内右后侧，如图6-37所示。

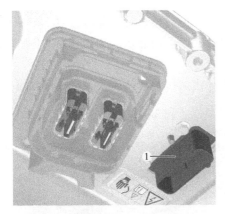

图6-36 高压蓄电池单元底部的接口
1—12V车载电气系统接口

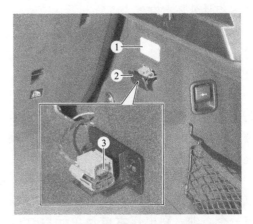

图6-37 高压售后服务断电开关安装位置
1—行李舱照明 2—高压售后服务断电开关盖 3—高压安全插头（售后服务断电开关）

与ctive Hybrid一样，高电压售后服务断电开关执行两项任务：
1) 断开高电压系统电源。
2) 使用安全装置以防重新接通。

高压安全插头或电桥是高压互锁回路电路的组成部分。如果将高压安全插头与插孔彼此拉开，高压互锁回路电路就会断路。

注意：高压安全插头与插孔无法完全彼此拉开。两个部分以机械方式固定在一起，以防彼此拉开。需要断开高压互锁回路电路时，可将两个部分彼此分离，直至能够使用U形锁固定住以防止重新接通。

（4）第二紧急接口 当出现追尾碰撞，高压售后服务断电开关无法使用时，紧急售后服务必须确保车辆在实施救援措施前断开电压连接。因此，第二紧急接口应运而生。第二紧急接口通常与高压售后服务断电开关相对而置。

如果高压售后服务断电开关安装在行李舱内，紧急接口则安装在发动机舱内，如图6-38所示。

紧急接口总线端30C可为安全盒内的接触器提供电压。在标记的位置切断导线，可确保接触器断开。切断后,紧急接口可再次维修。

(5) 排气单元　排气单元有两项任务。第一项任务是补偿高压蓄电池单元内部和外部之间的较大压力差。只有某一蓄电池组电池损坏时,才会产生这种压力差。在此情况下,出于安全原因,蓄电池组电池已损坏的电池模块壳体会打开,以便降低压力。气体首先存在于高压蓄电池单元壳体内,然后通过排气单元排到外面。此外热交换器泄漏和制冷剂溢出时,压力会升高。

排气单元的第二项任务是向外输送高压蓄电池单元内部产生的冷凝物。在高压蓄电池单元内部除技术组件外还有空气。

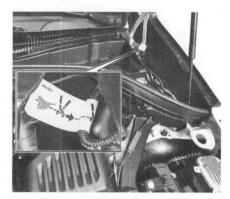

图 6-38　紧急接口安装位置

通过较低环境温度或启用冷却功能后通过制冷剂对空气或壳体进行冷却时,空气中的部分水蒸气就会冷凝。因此在高压蓄电池单元内部可能会形成少量液态水。这不会对功能产生任何影响。

空气或壳体再次受热时,水就会重新蒸发,同时壳体内的压力稍稍增大。排气单元可通过向外排出受热空气进行压力补偿。此时会将空气中包含的水蒸气连同之前的液态冷凝物一起向外排出。

为了完成上述任务,排气单元带有一个透气(和水蒸气)但不透水的隔膜。在隔膜上方有一个心轴,高电压蓄电池单元内过压较高时,该心轴会毁坏隔膜(图 6-39)。在隔膜上方有一个两件式盖板,可防止较大污物进入。

排气单元安装在壳体上部件如图 6-40 所示。

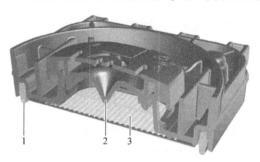

图 6-39　排气单元横截面
1—密封件　2—心轴　3—隔膜

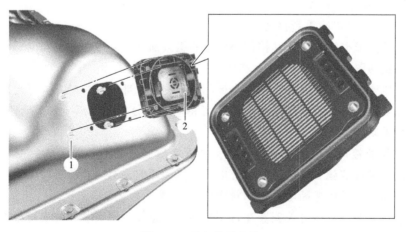

图 6-40　排气单元安装
1—固定螺栓　2—排气单元

四、高压蓄电池冷却系统

为了尽可能延长高压蓄电池的使用寿命并获得最大功率,应在规定温度范围内运行蓄电池。温度在 -40~55℃ 范围内(实际电池温度)时,原则上高压蓄电池单元处于可运行状态。就温度特性而言,高压蓄电池单元是一个惰性系统,即电池需要几个小时才能达到环境温度。在极其炎热或寒冷的环境下短暂停留并不表示电池已经达到环境温度。

但就使用寿命和功率而言,最佳电池温度范围明显缩小,为+25℃至+40℃。如果在功率输出较高时电池温度持续明显超出该范围,就会影响蓄电池组电池使用寿命。为了消除该影响并在所有环境温度条件下确保最大功率,F49 PHEV 的高压蓄电池单元带有自动冷却功能。

F49 PHEV 上未安装高压蓄电池单元加热装置,但标配了高压蓄电池冷却系统。该冷却系统接入整车加热与空调系统制冷剂循环回路,如图 6-41 所示。

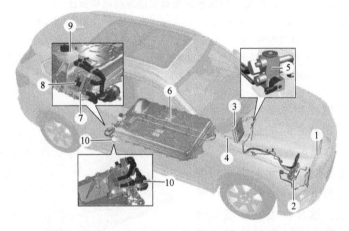

图 6-41 高压蓄电池单元冷却系统接入整车加热与空调系统制冷剂循环回路
1—冷凝器 2—电动空调压缩机(EKK) 3—车内空间热交换器 4—至高压蓄电池冷却系统的制冷剂管路
5—用于热交换器的膨胀和截止组合阀 6—高压蓄电池单元 7—冷却单元(冷却液制冷剂热交换器)
8—膨胀和截止组合阀 9—冷却液膨胀罐 10—电动冷却泵(50W)

高压蓄电池单元直接通过冷却液进行冷却,冷却液循环回路与制冷剂循环回路通过冷却液制冷剂热交换器(即冷却单元)连接。

因此,空调系统制冷剂循环回路由两个并联支路构成。一个用于冷却车内空间,一个用于冷却高电压蓄电池单元。两个支路各有一个膨胀和截止组合阀,用于相互独立地控制空调功能。蓄电池管理电子装置可通过施加电压启用并打开冷却单元上的膨胀和截止组合阀。这样可使制冷剂流入冷却单元内,在此膨胀、蒸发并冷却流经高压蓄电池的冷却液如图 6-42 所示。车内空间冷却同样根据需要来进行。热交换器前的膨胀和截止组合阀也能够通过 EME 以电气方式启用。

电动冷却液泵通过冷却液循环回路输送冷却液。只要冷却液的温度低于电池模块,仅利用冷却液的循环流动便可冷却电池模块。冷却液温度上升,不足以使电池模块的温度保持在预期范围内时,必须要降低冷却液的温度,需借助冷却液制冷剂热交换器(即冷却单元)。

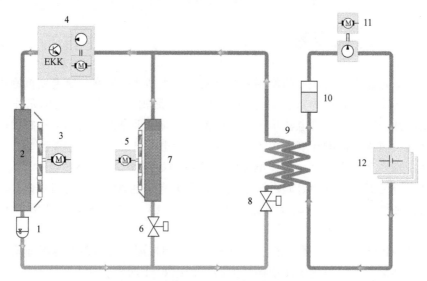

图 6-42 高压蓄电池单元制冷剂循环回路

1—干燥器 2—冷凝器 3—电动风扇 4—电动空调压缩机（EKK） 5—车内空间鼓风机 6—膨胀和截止组合阀（车内空间） 7—车内空间热交换器 8—膨胀和截止组合阀（高电压蓄电池） 9—冷却单元（冷却液制冷剂热交换器） 10—冷却液膨胀罐（高压蓄电池单元冷却液循环回路） 11—电动冷却液泵（50W） 12—高压蓄电池单元

这是介于高压蓄电池冷却液循环回路与空调系统制冷剂循环回路之间的接口，如图 6-43 所示。

若冷却单元上的膨胀和截止组合阀使用电气方式启用并打开，液态制冷剂将流入冷却单元并蒸发，这样可吸收环境空气热量，因此也是一种流经冷却液循环回路的冷却液。电动空调压缩机（EKK）再次压缩制冷剂并输送至电容器，制冷剂在此重新变为液体状态。因此制冷剂可再次吸收热量。

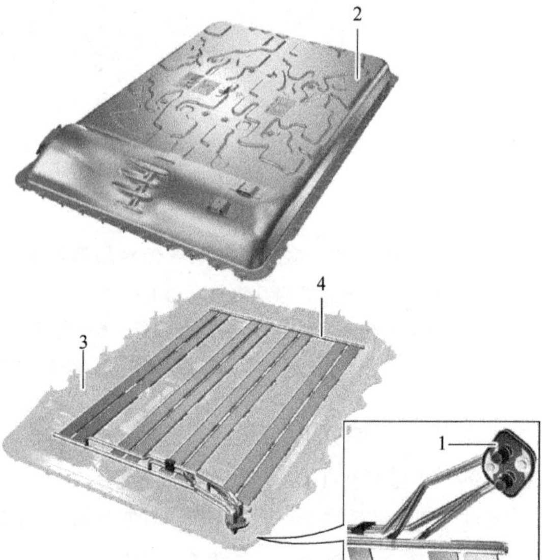

冷却系统可实现两种运行状态：①冷却系统关闭；②冷却系统接通。

SME 控制单元根据输入参数决定需要哪种运行状态。主要参数包括电池温度、环境温度以及高压蓄电池获取或输送的功率等。

图 6-44 展示了输入参数、SME 控制单元的作用以及控制所用执行机构。

图 6-43 高压蓄电池单元冷却系统

1—冷却液管路连接法兰 2—壳体上部件 3—高压蓄电池模块 4—主要冷却液通道

（1）"冷却系统关闭"运行状态 电池温度处于或低于最佳范围时，会启用"冷却系统关闭"运行状态。车辆在适中环境温度下以较低电功率行驶时，通常会启用该运行状态。

第六章 宝马F49 PHEV混合动力汽车

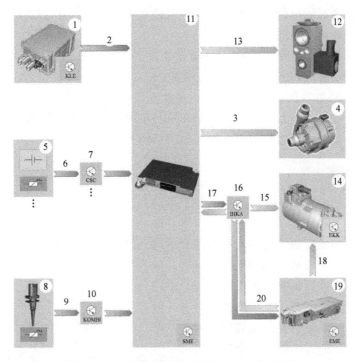

图6-44 高压蓄电池单元冷却系统输入/输出

1—便捷充电电子装置KLE 2—高压蓄电池单元进行外部充电的信息 3—高压蓄电池冷却泵启用信号 4—高压蓄电池冷却泵 5—高压蓄电池上的温度传感器 6—电池模块温度信号 7—电池监控电子装置（CSC） 8—车外温度传感器 9—环境温度信号 10—组合仪表 KOMBI 11—SME 控制单元（高压蓄电池内） 12—膨胀和截止组合阀 13—膨胀和截止组合阀启用信号 14—电动空调压缩机（EKK） 15—电动空调压缩机控制信号（通过局域互联网总线） 16——体化自动加热/空调系统（IHKA） 17—冷却要求 18—高压电源 19—电机电子装置（EME） 20—高压功率要求

"冷却系统关闭"运行状态非常高效，因为无需其他能量来对高压蓄电池进行冷却。

相关组件按以下方式工作：

1) 需要对车内空间进行冷却时，电动空调压缩机不运行或降低功率运行。

2) 冷却单元上的膨胀和截止组合阀与电动冷却液泵均关闭。

（2）"冷却系统接通"运行状态 蓄电池组电池温度上升至30℃左右时，就会开始冷却高压蓄电池。SME控制单元以两个优先级向IHKA控制单元提出冷却要求。之后IHKA决定是否对车内空间和/或高压蓄电池单元进行冷却。SME提出优先级较低的冷却要求且车内空间冷却要求较高时，IHKA可能会拒绝提出的冷却要求。但SME提出优先级较高的冷却要求时，始终会对高压蓄电池进行冷却。

进行冷却时，IHKA要求电机电子装置内的高压电源管理系统提供用于电动空调压缩机的电功率。在冷却运行状态下，组件工作方式如下：

1) SME控制单元提出冷却要求。

2) IKHA授权后，SME控制单元启用电动冷却液泵；如未启用，与冷却单元上的膨胀和截止组合阀。通过这种方式使该阀门打开，制冷剂流入冷却单元内。

3) 电动空调压缩机运行。

尽管此过程需要高压电气系统提供能量，但最重要的是，只有这样才能确保蓄电池组电池具有较长使用寿命与较高效率。

蓄电池组电池温度明显低于 20℃ 最佳运行温度时，其功率会暂时受限且能量转换效率也不理想。这是无法避免的锂离子蓄电池化学效应。

如果长时间（例如多日）将 F49 PHEV 停放在极低环境温度条件下，蓄电池组电池也会变为与环境温度一样低。在此情况下，刚开始行驶时，可能无法提供最大电动驱动功率。但客户并不会有所察觉，因为此时由内燃机驱动车辆。

五、系统组件

1. 热交换器

在高压蓄电池单元内部，冷却液在管路和冷却通道（铝合金材质）内流动。通过入口管路流入的冷却液在高压蓄电池单元接口后分别进入两个管路。低温冷却液首先流经热交换器外部的四个冷却液通道，吸收电池模块的热量，并汇集到热交换器另一端，然后通过中间的四个通道返回冷却电池模块，如图 6-45 所示。

热交换器为单层结构，具有良好热传导性且比重低，由八个多接口管道构成。在一定范围内，最大优化 2.2kN 模块下支撑力，以确保足够的热传导性能且不损害电池模块与热交换器。介于传导体与电池模块之间的热阻很小。

热交换器需经过一系列组件测试，例如压降测试、气密性测试、爆破压力测试与振动测试。所有这些都将在汽车等级测试与确认期间进一步优化。

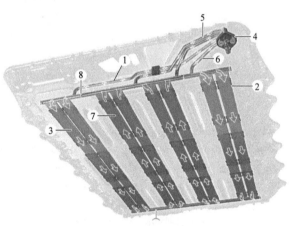

图 6-45　高压蓄电池单元冷却组件
1—主要冷却液通道　2—弹簧条　3—压力侧供给通道
4—冷却液入口与出口处的连接法兰　5—至冷却单元的
回流管路　6—压力侧至冷却液泵的供给管路　7—回
流通道　8—冷却液供给与回流通道之间的隔板

为了确保冷却液通道排出电池模块热量，必须以均匀分布的作用力将冷却通道整个平面压到电池模块上。

通过嵌入冷却液通道的弹簧条产生该压紧力。针对电池模块几何形状和下半部分壳体对弹簧条进行了相应调节。

热交换器的弹簧条支撑在高压蓄电池单元的壳体下部件上，从而将冷却液通道压到电池模块上。

2. 电动冷却液泵

高压蓄电池单元冷却液循环回路内的电动冷却液泵额定功率为 50W。电动冷却液泵利用冷却单元上的支架固定，其安装于高压蓄电池的右后角，如图 6-46 所示。

蓄电池管理电子装置根据需要，使用脉宽调制信号启用电动冷却液泵。前杂物箱内的配电箱通过总线端 30B 提供电压。

3. 冷却单元

冷却单元负责使用制冷剂冷却高压蓄电池单元冷却液循环回路内的冷却液。这也是冷却单元由冷却液制冷剂热交换器与膨胀和截止组合阀构成的原因。SME 控制单元通过一根直接线控制膨胀和截止组合阀,如图 6-47 所示。电气启用装置可识别出两种状态:

图 6-46　高压蓄电池单元电动冷却液泵
1—电动冷却液泵　2—电气接口　3—冷却液管路接口,入口侧　4—冷却液管路接口,压力侧　5—高压蓄电池冷却液管路接口,入口侧　6—高压蓄电池冷却液管路接口,出口侧

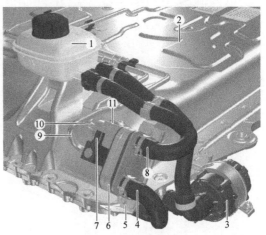

图 6-47　冷却单元
1—冷却液膨胀罐　2—高压蓄电池单元　3—电动冷却液泵　4—冷却液供给管路　5—顶板　6—冷却液制冷剂热交换器　7—用于膨胀和截止组合阀的电气接口　8—冷却液回流管路　9—制冷剂管路(压力管路)　10—制冷剂管路(入口管)　11—膨胀和截止组合阀

① 0V:启用电压表示阀门保持关闭状态。
② 12V:启用电压表示阀门打开。

与传统加热与空调系统膨胀阀一样,该膨胀和截止组合阀也通过热学方式即根据制冷剂温度自动调节其开度。

膨胀和截止组合阀打开后,制冷剂可流入冷却单元,然后膨胀、蒸发,吸收周围环境热量。这种原理同样适用于冷却流动于冷却单元第二循环回路内的冷却液。

六、电气和电子组件

从电路图 6-48 中可以看出,除汇集在五个电池模块内的蓄电池组电池本身外,F49 PHEV 高压蓄电池单元还包括以下电气/电子组件:

1) 蓄电池管理电子装置(SME)的控制单元。
2) 11 个电池监控电子装置(CSC)。
3) 带接触器、传感器、过电流熔丝和绝缘监控的安全盒。

除电气组件外,高压蓄电池单元还包括制冷剂管路、冷却液通道以及电池模块的机械固定元件。

1. 蓄电池管理电子装置(SME)

针对高压蓄电池使用寿命的要求比较严格(车辆使用寿命)。为了满足这些要求,不能

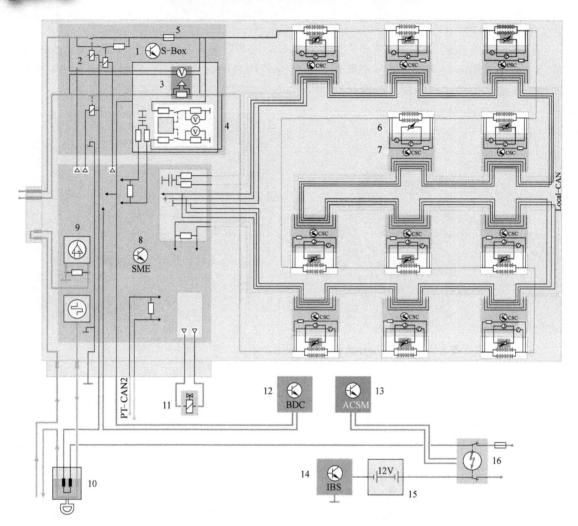

图 6-48　F49 PHEV 高压蓄电池单元系统电路图

1—安全盒（safety box）　2—接触器　3—电流和电压传感器　4—绝缘监控　5—主电流熔丝（350A）　6—电池模块　7—电池监控电子装置（CSC）　8—蓄电池管理电子装置（SME）　9—高压互锁回路电路控制　10—高压安全插头（"售后服务断电开关"）　11—用于热交换器的制冷剂管路膨胀和截止组合阀　12—车身网域控制器（BDC）　13—带有安全型蓄电池接线柱触发用控制导线的 ACSM　14—智能型蓄电池传感器 IBS　15—12V 蓄电池　16—安全型蓄电池接线柱（SBK）

根据个人喜好随意运行高压蓄电池。而是必须在严格规定的范围内运行高压蓄电池，从而确保其使用寿命和功率最大化。相关边界条件如下：

1）在最佳温度范围内运行蓄电池组电池（通过冷却以及根据需要限制电流强度）。

2）根据需要均衡所有电池的充电状态。

3）在特定范围内充分利用可存储的蓄电池能量。

在 F49 PHEV 的高压蓄电池单元内装有一个蓄电池管理电子装置（SME）控制单元如图 6-49 所示。

SME 控制单元需要执行以下任务：

1）由电机电子装置（EME）根据要求控制高压系统的启动和关闭。

第六章 宝马F49 PHEV混合动力汽车

2）评估所有蓄电池组电池的测量信号以及高压电路内的电流强度。

3）控制高压蓄电池单元的冷却系统。

4）确定高压蓄电池的充电状态（SOC）和老化状态（SOH）。

5）确定高压蓄电池的可用功率并根据需要对电机电子装置提出限制请求。

6）安全功能（例如电压和温度监控、高压互锁回路监控）。

7）识别出故障状态，存储故障码记录并向电机电子装置发送故障状态。

原则上可通过诊断系统操作 SME 控制单元。进行故障查询时必须清楚，在 SME 控制单元的故障存储器内不仅可存储控制单元故障，而且还可查阅高压蓄电池单元内其他组件的故障记录。这些故障码记录根据严重程度和可用功能分为不同类型：

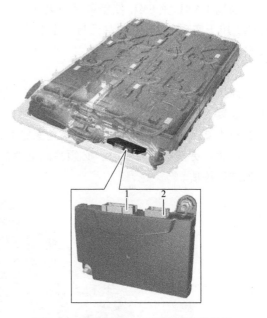

图 6-49　蓄电池管理电子装置安装位置
1—通信导线束接口　2—CSC 导线束接口

8）立即关闭高压系统。因出现故障影响高压系统安全或产生高压蓄电池损坏危险时，就会立即关闭高压系统并断开电动机械式接触器触点。

9）限制功率。高压蓄电池无法继续提供最大功率或全部能量时，就会限制驱动功率和可达里程从而保护组件。此时驾驶员可在驱动功率明显降低的情况下继续行驶较短距离。

从高压蓄电池单元外部无法接触到 SME 控制单元。出现故障需要更换 SME 控制单元时，必须事先打开高压蓄电池单元。

SME 控制单元的电气接口包括：

1）SME 控制单元 12V 供电（来自车内空间配电箱的总线端 30F 与接地连接）。

2）接触器 12V 供电（总线端 30 碰撞信息）。

3）PT-CAN2。

4）局域 CAN1 和 CAN2。

5）来自车身域控制器的唤醒导线（BDC）。

6）高电压互锁回路的输入端和输出端。

7）制冷剂循环回路内膨胀和截止组合阀的启用导线。

8）制冷剂温度传感器。

由一个专用 12V 导线为高压蓄电池单元内的接触器供电。该导线称为总线端 30 碰撞信息，简称为总线端 30C。总线端名称中的 C 表示发生事故（碰撞）时关闭该 12V 电压。该导线是安全型蓄电池接线柱的一个（第二个）输出端。即启用安全型蓄电池接线柱时，也会断开该供电导线。

此外该导线穿过高压安全插头，因此将高压系统断开电源时，也会断开接触器供电。因此在上述两种情况下，高压蓄电池单元内的两个接触器会自动断开。

局域 CAN1 使 SME 控制单元与电池监控电子装置（CSC）相互连接（另见下章）。局域 CAN2 用于实现 SME 控制单元与安全盒之间的通信。通过该数据总线可传输例如电流强度测量值等信息。

2. 电池模块

高压蓄电池单元由 5 个串联连接的电池模块构成。每个电池模块仅配有一个电池监控电子装置。电池模块本身由 16 个串联连接的电池构成。每个电池的额定电压为 3.66V，额定容量为 26A·h。电池模块的顺序是固定的，从右侧下部开始如图 6-50 所示。

注意：更换电池模块时，必须注意电池模块的顺序，因为该顺序存储在诊断系统内用于将来进行评估。

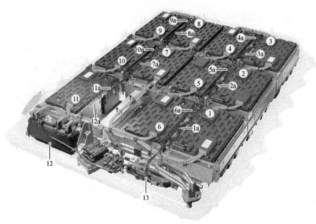

图 6-50　电池模块布置方式

1~11—电池模块　1a~12a—电池监控电子装置　12—安全盒（safety box）　13—蓄电池管理电子装置（SME）

3. 电池监控

为确保 F49 PHEV 所用锂离子电池正常运行，必须遵守特定条件：电池电压和电池温度不允许超过或低于特定数值，否则可能造成蓄电池组电池永久损坏。因此高压蓄电池单元带有 6 个电池监控电子装置（CSC）。

在 F49 PHEV 高压蓄电池单元内，每个电池模块都有一个电池监控电子装置。与 F15 PHEV 相同，电池监控电子装置可监控 16 个蓄电池组电池，电池监控电子装置控制电路如图 6-51 所示。

电池监控电子装置具有以下功能：

1）测量和监控每个蓄电池组电池的电压。

2）测量和监控电池模块多处的温度。

3）将测量参数传输给蓄电池管理电子装置控制单元。

4）执行蓄电池组电池电压补偿过程。

在此以极高扫描率（每 20ms 测量一次）测量电池电压。通过测量电压可识别出充电和放电过程结束。

温度传感器安装在电池模块上，根据其测量值可确定各蓄电池组电池的温度。根据电池温度可识别出过载或电气故障。出现任何上述情况时，都必须立即降低电流强度或完全关闭高电压系统，以免蓄电池组电池进一步损坏。此外，测量温度还用于控制冷却系统，以便始

第六章 宝马F49 PHEV混合动力汽车

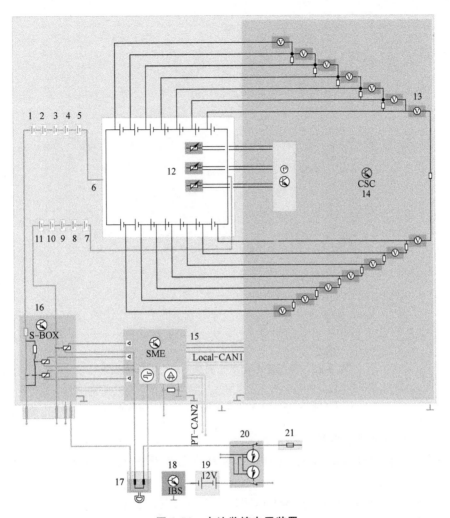

图 6-51 电池监控电子装置

1~11—电池模块　12—电池模块上的温度传感器　13—蓄电池组电池的电压测量　14—电池监控电子装置 6a
15—蓄电池管理电子装置（SME）　16—安全盒（safety box）　17—高压安全插头（"售后服务断电开关"）
18—智能型蓄电池传感器 IBS　19—12V 蓄电池　20—安全型蓄电池接线柱 SBK　21—前配电箱

终在最有利于功率和使用寿命的温度范围内运行蓄电池组电池。由于电池温度是一项重要参数，因此每个电池模块都有四个负温度系数（NTC）温度传感器，其中一个为冗余传感器。

电池监控电子装置通过局域 CAN1 传输其测量数值。该局域 CAN1 使所有电池监控电子装置相互连接并与 SME 控制单元相连。在 SME 控制单元内对测量值进行评估并根据需要做出相应反应（例如控制冷却系统）。

局域 CAN1 和 CAN2 的数据传输速度均为 500kbit/s。与采用相同数据传输速度的 CAN 总线一样，数据总线导线采用绞线形式。此外，两个局域 CAN 端部都以终端电阻终止。用于局域 CAN1 各 120Ω 的终端电阻位于 SME 控制单元内，高压蓄电池单元局域 CAN 电路原理图，如图 6-52 所示。

局域 CAN2 各 120Ω 的终端电阻位于：

1) 安全盒控制单元内。

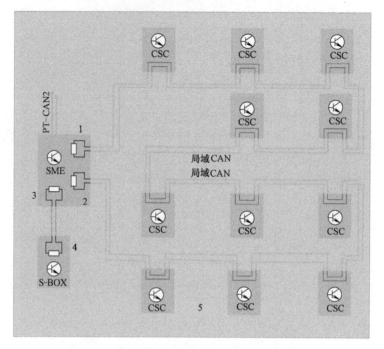

图 6-52 高压蓄电池单元局域 CAN 电路原理图
1、2—SME 控制单元内的局域 CAN1 终端电阻 3—SME 控制单元内的局域 CAN2 终端电阻
4—安全盒内的局域 CAN2 终端电阻 5—高压蓄电池单元

2) 蓄电池管理电子装置控制单元。

在检查故障期间测量局域 CAN 电阻时，在所有总线设备已连接且终端电阻正常的情况下会得到约 60Ω 的数值。

如果一个或多个蓄电池组电池的电压明显低于所有其他蓄电池组电池，高压蓄电池的可用能量就会因此受限。放电时，由最弱的蓄电池组电池决定何时停止释放能量：如果最弱电池的电压降至放电限值，则即使其他蓄电池组电池还存有充足能量，也必须结束放电过程。如果仍继续放电过程，就会因此造成最弱蓄电池组电池永久损坏。因此可通过一项功能使电池电压调节至几乎相同的水平。该过程也称为"电池平衡"。

SME 控制单元将所有电池电压进行相互比较。在此过程中对电池电压明显较高的蓄电池组电池进行有针对性的放电。SME 控制单元通过局域 CAN1 将相关请求发送至这些蓄电池组电池的电池监控电子装置，从而启动放电过程。为此每个电池监控电子装置都有一个针对各蓄电池组电池的电阻，相应电子触点闭合后放电电流就会流过该电阻。启动放电过程后由电池监控电子装置独自负责执行该过程，即使期间主控控制单元切换为休眠模式也会继续执行。通过与总线端 30F 直接相连的蓄电池管理电子装置为 CSC 控制单元供电来实现这一点。所有蓄电池组电池的电压均处于较小规定范围内时，放电过程就会自动结束。电池平衡过程会一直进行，直至所有电池达到相同电压水平，电池电压平衡电路如图 6-53 所示。

在平衡电池电压的过程中会造成损失，但损失的电能极小（小于 0.1% SOC）。而优势在于可使可达里程和高压蓄电池使用寿命最大化，因此总体而言平衡电池电压非常有利且十分必要。当然只有在车辆静止状态下才会执行该过程。

平衡电池电压的具体条件包括：

1）总线端断开，车辆或车辆的电气系统处于休眠状态。

2）高压系统关闭。

3）电池电压或各电池 SOC 的偏差大于相应限值。

4）高压蓄电池的总 SOC 大于相应限值。

如果满足上述条件，电池电压就会自动平衡。因此客户既看不到检查控制信息，也无需为此采取特殊措施。即使更换电池模块后，SME 控制单元也会自动识别出电池电压平衡需求。

如果电池电压的偏差过大或电池电压平衡未顺利进行，就会在蓄电池管理电子装置控制单元内生成一个故障码记录。此时通过一条检查控制信息提醒客户注意该故障状态。之后必须通过诊断系统对故障存储器进行评估并进行相应修理工作。

4. 安全盒

在每个高压蓄电池单元内都有一个带独立壳体的接口单元，该单元称为"安全盒"（或简称为 S 盒），如图 6-54 所示。

安全盒安装在高压蓄电池单元内。因此只允许由具备资质的相关工作人员来进行更换。

在安全盒内集成有以下组件：

1）蓄电池负极电流路径内的电流传感器。

2）蓄电池正极电流路径内的熔丝。

3）两个电动机械式接触器（每个电流路经一个接触器）。

4）用于缓慢启动高压系统的预充电开关。

5）用于监控接触器、测量蓄电池总电压和监控绝缘电阻的电压传感器。

6）用于绝缘监控的电路。

7）导线束。高压蓄电池单元内有两个导线束：

① 用于连接 CSC 与蓄电池管理电子装置控制单元的通信导线束。

② 用于连接蓄电池管理电子装置和安全盒与 12V 车载电气系统接口的通信

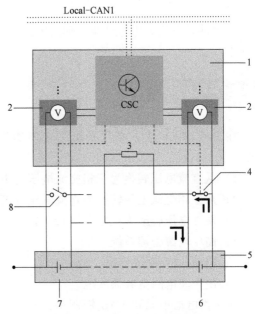

图 6-53 电池电压平衡电路
1—电池监控电子装置　2—用于电池电压测量的传感器
3—放电电阻　4—用于蓄电池组电池放电的触点闭合（启用）　5—电池模块　6—通过放电降低电压的蓄电池组电池　7—未放电的蓄电池组电池　8—用于蓄电池组电池放电的触点断开（未启用）

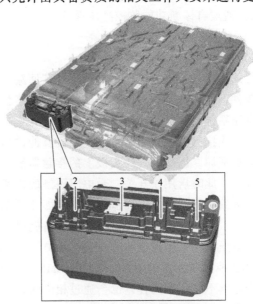

图 6-54 安全盒安装位置
1—连接高压插头的正极　2—电池模块 5 的正极　3—通信导线束接口　4—电池模块 1 的负极　5—连接高压插头的负极

导线束。

不允许对导线束进行维修。如果电缆与插头之间的连接出现故障或松动，必须更换整个导线束。

七、高压系统

在 F49 PHEV 上，高压系统的主要功能由电机电子装置（EME）控制和协调。具体包括：

1）从直流电压转换为三相交流电压（电机运行模式）。

2）从三相交流电压转换为直流电压（高压起动电机运行模式）。

3）从高电压转换为低电压（12V 蓄电池充电）。

4）高压电源管理系统。

5）启动 12V 执行机构。

6）使中间电路电容器放电。

高压蓄电池单元和 SME 控制单元对于高压系统的主要功能起决定性作用。具体包括：①启动；②正常关闭；③快速关闭；④蓄电池管理；⑤高压蓄电池充电；⑥监控功能。

(1) 启动　无论以下哪项作为触发因素，高压系统的启动顺序始终相同：

1）总线端 15 接通或建立行驶准备就绪。

2）需要开始高压蓄电池充电。

3）车辆做好行驶准备（高压蓄电池或车内空间空气调节）。

高压系统的具体启动步骤如下：

1）EME 控制单元需通过 PT-CAN／PT-CAN2 上的总线信号启动。

2）通过自诊断功能监控高压系统。

3）高压系统的电压持续升高。

4）使接触器触点完全闭合。

必须执行有关的标准，例如高压互锁回路电路或绝缘电阻。而且还必须满足启动所需的功能条件，例如所有子系统处于运行准备就绪状态。

高压系统带有电容值较高的电容器（供电电子装置内的中间电路电容器），因此不允许电动机械式接触器触点简单闭合。电流脉冲过高会导致高压蓄电池、中间电路电容器以及接触器触点损坏。因此首先使负极上的接触器闭合。与正极上的接触器并联有一个带电阻的预充电开关。此时启用该开关，受电阻限制的接通电流使中间电路电容器充电。中间电路电容器电压大致达到蓄电池电压值时，就会断开预充电开关并且使高电压蓄电池单元正极上的接触器闭合。此时高电压系统处于完全准备就绪状态。

高电压系统未出现故障时，会在约 0.5s 内完成高压系统整个启动过程。

SME 控制单元通过 PT-CAN2 向 EME 控制单元发送启动成功的信号。例如如果接触器的某个触点不能顺利闭合，也会通过相同的方式发送故障信号。

注意：在车辆内可听到启动期间先后闭合接触器时发出的响声，这不表示出现功能故障。

(2) 正常关闭　高压系统关闭分为正常关闭和快速关闭两种情况。在此所说的正常关闭,一方面保护所有相关组件,另一方面监控与安全有关的高压系统组件。

满足以下条件或标准时,就会正常关闭高压系统:

1) 驾驶员关闭总线端15,继续运行时间结束(由EME进行控制)。
2) 驻车空气调节、驻车暖风或高压蓄电池调节功能结束。
3) 高压蓄电池充电过程结束。

高压系统的正常关闭顺序始终相同,与触发因素无关。具体步骤包括:

1) 继续运行时间结束后EME通过PT-CAN/PT-CAN2上的总线信号发送关闭指令。
2) 高压电气系统上的系统(EME、EKK、EH)将高压电气系统内的电流降为零。
3) 电机绕组短路。
4) 断开高压蓄电池单元内的接触器(由SME进行控制)。
5) 检查高压系统,例如电动机械式接触器触点是否按规定断开,电路控制如图6-55所示。

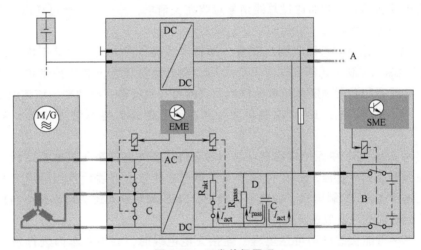

图6-55 正常关闭原理

A—关闭所有高压组件 B—断开接触器 C—电机绕组短路 D—中间电路电容器放电

高压系统放电,即中间电路电容器(EME)主动放电。

1) 首先会尝试供应12V系统蓄电池存储的能量。
2) 如果无法实现,就会通过可接通电阻使中间电路电容器放电。
3) 如果中间电路电容器未在5s内放电至60V电压以下,就会通过被动电阻使其放电。根据需要分多个阶段进行中间电路电容器放电。

总线端15断开后,无论是继续运行时间还是关闭过程本身都可能持续几分钟。例如,自动运行的监控功能是原因之一。如果在此期间出现重新启动要求或存在某项快速关闭条件,就会中止正常关闭。

(3) 快速关闭 在此以尽快关闭高压系统为最高目标。出于安全考虑需要将高压系统内的电压尽快降至安全数值时,就会执行快速关闭过程。

下面列出了导致快速关闭的触发条件以及作用链。

1) 事故:碰撞安全模块(ACSM)识别出发生事故。根据事故严重程度,通过总线信号请求关闭或通过断开安全型蓄电池接线柱与两个12V蓄电池的正极来强制关闭。在第二种情况下会自动中断电动机械式接触器的供电,从而使其触点自动断开。

2)过载电流监控:通过高压蓄电池单元内的电流传感器对高压电气系统内的电流强度进行监控。如果识别出电流强度过大,蓄电池管理电子装置控制单元将强制断开电动机械式接触器。在高电流下断开会使接触器触点严重磨损,但为了避免其他组件损坏,必须容忍这一点。

3)断路保护:每个高压蓄电池内都有一个短路时断开高压电路的过电流熔丝。

4)临界电池状态:如果某个电池监控电子装置识别出某个蓄电池组电池电压过低、电压过高或温度过高,则会在 EME 控制单元控制下强制断开电动机械式接触器。尽管这可能会导致触点磨损加剧,但这种快速关闭可防止相关蓄电池组电池毁坏。

5)高压蓄电池单元 12V 供电失灵:在此情况下,蓄电池管理电子装置控制单元不再工作,无法再监控蓄电池组电池。出于该原因,此时电动机械式接触器的触点也会自动断开。

除高压系统断路外,还会使中间电路电容器(EME)放电并使电机(EME、EKK)绕组短路。高压控制单元一方面通过总线信号接收相关请求,另一方面通过高压电路内电流强度突然降低识别出这种状态。

(4)充电 不论是通过回收利用能量、提高内燃机负荷点或使用外部供电系统为高压蓄电池充电,SME 控制单元都发挥着重要作用。蓄电池管理电子装置控制单元根据蓄电池组电池的充电状态和温度确定高压蓄电池单元当前可吸收的最大电功率。该数值以总线信号形式通过 PT-CAN2 传输至 EME 控制单元。在此运行的高压电源管理功能协调各项功率要求。

充电期间 SME 控制单元持续确定已达到的充电状态并监控高压蓄电池的所有传感器信号。为了确保最佳充电过程,SME 控制单元也根据这些数值持续计算当前最大充电功率数值并将其发送至 EME 控制单元。在充电过程中,SME 控制单元还会持续控制高压蓄电池冷却系统,从而确保快速有效的充电过程。

为了实现尽可能长的电动可达里程,连接充电电缆时,必须对车内进行预先空气调节(暖风或制冷)。

在此不从高压蓄电池单元获取所需电能,而是由便捷充电电子装置直接提供。

(5)监控功能

1)安全型蓄电池接线柱的 12V 供电电压。为在发生相应严重程度的事故时能够快速关闭高电压系统,所有电动机械式接触器的电磁铁均由安全型蓄电池接线柱提供 12V 电压。如果发生事故时安全型蓄电池接线柱断开,该供电电压就会消失,接触器触点会自动断开。

此外 SME 控制单元还会以电子形式分析该导线上的电压,同时促使高压系统关闭,包括中间电路电容器放电和电机主动短路。

2)高电压互锁回路。SME 控制单元分析高压蓄电池互锁回路并检查该电路是否断路。出现断路情况时,蓄电池管理电子装置控制单元可促使快速关闭高压系统。

F49 PHEV 高压互锁回路如图 6-56 所示。

集成在 F49 PHEV 蓄电池管理电子装置(SME)内用于控制与产生高压互锁回路检测信号的电子装置高压系统启动时开始产生检测信号,高压系统关闭时停止产生检测信号。蓄电池管理电子装置产生一个矩形交流电信号作为检测信号并将其发送到检测导线上。检测导线采用环形拓扑结构(与 MOST 总线相似)。在环形线路的两个部位对检测导线信号进行分

第六章 宝马F49 PHEV混合动力汽车

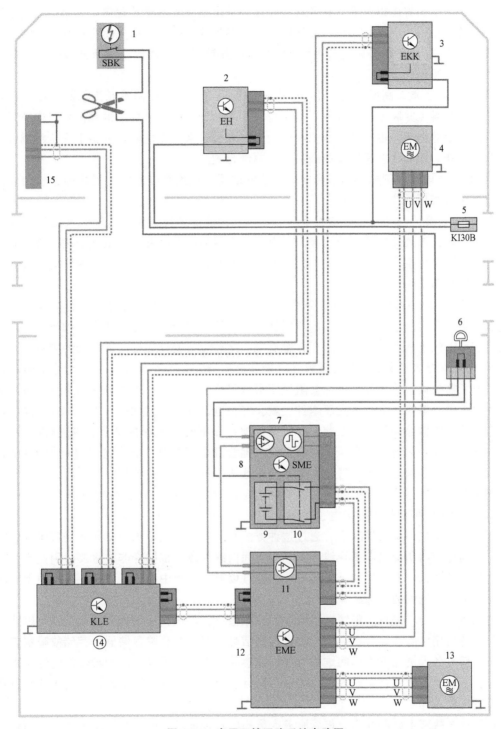

图 6-56 高压互锁回路系统电路图

1—安全蓄电池接线柱 2—电气加热装置 EH 3—电动空调压缩机（EKK） 4—高压起动电机发电机 5—前配电箱 6—高压安全插头（"售后服务断电开关"） 7—电机电子装置内用于高压互锁回路检测信号的分析电路 8—蓄电池管理电子装置（SME） 9—电池模块 10—接触器 11—电机电子装置内用于高压互锁回路检测信号的分析电路 12—电机电子装置（EME） 13—驱动电机 14—便捷充电电子装置 KLE 15—充电插座

析：在电机电子装置内以及最后在环形线路端部蓄电池管理电子装置内。如果信号在规定范围之外，就会识别为电路断路或检测导线内对车辆接地短路并立即关闭高压系统。如果断开高压安全插头（"售后服务断电开关"）处的高压互锁回路，就会直接断开接触器。此外还会关闭所有高压组件。

1）接触器触点。高压系统关闭时，蓄电池管理电子装置控制单元要求断开接触器触点后，通过测量触点并联电压检查触点是否也已实际断开。即使出现某接触器触点未断开这种不大可能发生的情况，也不会给客户和售后服务人员带来直接危险。但出于安全考虑会阻止高压系统重新启动。之后无法继续通过电动驱动行驶。

2）预充电电路。例如，如果启动高压系统期间发现预充电开关出现故障，就会立即中止启动过程且高压系统不会运行。

3）温度过高。在所有行驶情况下高压蓄电池的冷却系统确保蓄电池组电池温度处于最佳范围内。如果因故障导致一个或多个蓄电池组电池温度升高并超出最佳范围，就会首先通过降低功率来保护蓄电池组电池。如果温度继续升高且可能由此造成蓄电池组电池损坏，就会及时关闭高压系统。

① 电压过低。在此通过持续监控和根据需要平衡电池电压来避免某个蓄电池组电池电压过低。整个高压蓄电池单元的总电压同样受到监控并用于确定充电状态。如果总电压降低导致高压蓄电池电量过低，就会阻止继续放电。之后无法继续通过电动驱动装置行驶。

② 绝缘监控功能确定带电高压组件（例如高压导线）与车辆接地间的绝缘电阻是否高于或低于所需最低限值。如果绝缘电阻低于最低限值，就会存在车辆部件带有危险电压的可能。如果人员接触第二个带电高压组件，就会存在电击危险。因此针对 F49 PHEV 高压系统提供全自动绝缘监控功能。与之前的高压蓄电池单元不同，现在在安全盒内进行绝缘监控。这样设计的优点是无需再将高压导线引至蓄电池管理电子装置。安全盒通过局域 CAN 将相关结果发至蓄电池管理电子装置控制单元并对这些测量结果进行分析。

安全盒在高压系统启用期间通过测量电阻定期（约每隔 5s）进行绝缘监控（间接绝缘监控）。在此车辆接地作为参考电位使用。

在不采取附加措施的情况下，通过这种方式只能确定高压蓄电池单元内局部出现的绝缘故障。但确定车内所铺设高压导线与车辆接地间的绝缘故障也同样非常重要。因此高压组件的所有导电壳体都与车辆接地导电连接。这样可以通过一个中央位置即高压蓄电池单元确定整个高压电气系统内的绝缘故障。

绝缘监控分两步进行。绝缘电阻低于第一限值时，对人员尚不构成直接危险。因此高压系统仍保持启用状态，此时不会发出检查控制信息，但会在故障存储器内存储故障状态。这样便于售后服务人员在下次车间维修时加以注意并检查高压系统。低于较低的绝缘电阻第二限值时，不仅会在故障存储器内存储记录，而且还会发出检查控制信息，以要求驾驶员到维修车间进行检查。

这种绝缘故障不会对客户或售后服务人员构成直接危险，因此高压系统保持启用状态且车辆可以继续行驶。不过还是应该尽快到 BMW 维修站进行高压系统检查。必须由售后服务人员对故障进行限定，识别导致绝缘故障的高压系统组件。原则上售后服务人员无需自己测量绝缘电阻，这项工作由高压系统通过绝缘监控功能进行。探测出绝缘故障时，售后服务人员必须通过诊断系统内的检测计划确定绝缘故障的实际位置。

第五节　便捷充电电子装置

便捷充电电子装置 KLE 建立了汽车和充电站之间的沟通。KLE 控制单元通过终端 30F 供给电压。连接充电电缆时，便捷充电电子装置唤醒高压蓄电池需要的汽车电气系统中的部分控制单元。便捷充电电子装置将交流充电电压转换成直流电压（转换效率为 95%），并传送至 EME，EME 对高压蓄电池单元进行充电。在前述充电效率条件下（同时取决于温度条件），充电功率在最大 3.7kW AC 时（比如：通过 Wallbox 充电），可以为高压蓄电池输送 3.5kW DC 的充电功率。便捷充电电子装置同时还具备高压分配器的功能，为电气加热装置和电动空调压缩机供电。F49 PHEV 中配备改装软件的便捷充电电子装置属于 F15 PHEV 已安装组件的通用零件。

接口

便捷充电电子装置的接口如图 6-57 所示。

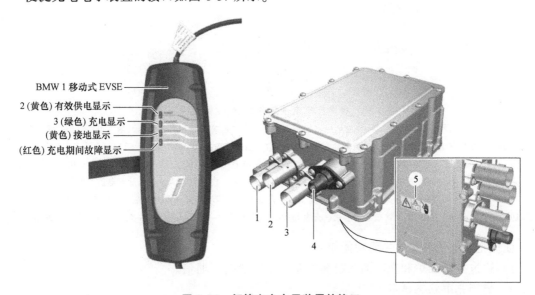

图 6-57　便捷充电电子装置的接口

1—电机电子装置的高压接口　2—电动空调压缩机的高压接口　3—电气加热装置的高压接口　4—冷却液接口（回路）　5—高压组件警示标签

电力电子装置为高压蓄电池单元将交流电压转换成直流电压，该装置封装在便捷充电电子装置内。交流电压以单相电源的形式为便捷充电电子装置供电。输入电压（可以通过便捷充电电子装置处理）的范围为 100~240V，50Hz 或 60Hz。

输出侧与输入侧相独立，便捷充电电子装置提供一种电子可调直流电压或电子可调直流电流。输出电压和输出电流的功能参数源自 EME 控制单元中的"高压电力管理"功能。相关数值通过 EME 进行计算和调整，确保高压蓄电池单元进行优化充电，并确保为 F49

PHEV 中的其他用电装置提供充足的电能。

电力电子装置模块是一个单项 AC/DC 变换器，即整流器。

便捷充电电子装置的设计确保它们可以在输出侧提供 3.5kW 的最大电动功率。

便捷充电电子装置的输入/输出控制电路如图 6-58 所示。

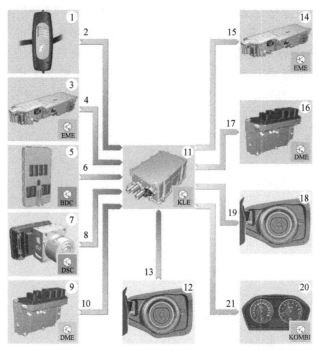

图 6-58　便捷充电电子装置的输入/输出控制电路

1—电动汽车供电设备（EVSE）　2—交流电压网络是否可用、充电电缆是否正确连接以及最大可用电流等级等信息　3、14—电机电子装置（EME）　4—所需的充电功率、充电电压和充电电流等级（设定值）　5—车身网域控制器（BDC）　6—终端状态，驾驶准备就绪关闭　7—动态稳定控制系统 DSC　8—车速　9、16—数字式电动机电子装置 DME　10—驻车器状态　11—便捷充电电子装置　12、18—车上的充电插座　13—充电插座盖板及充电插头的状态　15—设定充电功率的实际值、充电电压和充电电流　17—充电电缆是否连接及充电程序是否启用相关的信息　19—定位器照明 LED 和充电状态显示启用、充电插头锁的启用　20—组合仪表　21—充电信息显示相关的信号

便捷充电电子装置的主要功能如下：

1）通过控制线炉和充电插头检测线路与 EVSE 进行通信。

2）启用充电状态显示 LED。

3）检测充电插座盖板的状态。

4）启用锁定充电插头的电动机。

5）为电热系统提供高压电力。

6）为电气空调压缩机提供高压。

7）将交流电压转换成滞留电压（AC/DC 变换器）。

一　车上的充电插座

F49 PHEV 上的充电插座位于前壁板左侧。充电插座盖板通过电动机加锁和解锁。该电动机的驱动操作通过便捷充电电子装置控制。充电插座只有在变速杆置于 P 位并且汽车中央锁定系统解锁的状态下方可打开。盖板解锁后，按下充电插座盖后即可打开。充电插座盖板及接头的布置如图 6-59 所示。

当客户连接充电电缆与交流电压网络时，便捷充电电子装置唤醒汽车电子系统中的控制单元（若控制单元未被其他状况唤醒）。在该项操作中，便捷充电电子装置通过与 BDC 控制的单元直接相连的唤醒线路执行。之后，便捷充电电子装置检查充电的必备条件，并通过传动装置 CAN 接收相关安全条件的信息。此类检查操作汇总如下：

1) 驾驶准备就绪关闭。
2) 驻车器启动。
3) 充电电缆连接（接近）。
4) EVSE 通信 OK（控制）。
5) 高压系统启用且无故障。

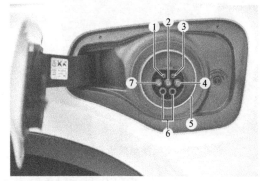

图 6-59 充电插座
1—接近线路的接口 2—保护接地的接口 3—控制线路的接口 4—相位 L1 的接口 5—定位器照明/状态照明 6—闲置接口 7—中性导线 N 的接口

如果满足所有必要的充电条件，EME 中的高压电力管理向便捷充电电子装置发出充电电力需求信号，然后启动充电程序。EME 控制单元不仅发送充电电力设定值信息，并且还指定最大充电电压和最大充电电流的极限值。此类数值根据高压蓄电池单元的当前条件（如充电状态和温度）及汽车其余电气系统的电力需求（如空调）判定。EME 控制单元智能地实施此类设定值，如不仅参考设定值还参考其他边际条件。此类条件包括电机电子装置的实际状态（故障，温度）以及交流电源网络和充电电缆限制的电流等级。

只有在汽车（KLE）和 EVSE 通过控制线路成功建立通信后才为相位 L1 提供电压。这种配置进一步确保了客户和检修员工的安全，以免受到电击危害。

启用充电状态显示 LED：围绕汽车上的充电插座有一个环形光纤导线，该导线用来显示充电状态。光纤导线通过 RGB LED 点亮，而 RGB LED 通过便捷充电电子装置控制。

1) 在驾驶员连接或断开充电插头的操作中，充电插座的定位器照明装置起到导向作用。

RGB LED 在充电插座盖板打开后即刻点亮呈白色如图 6-60 所示。只要总线系统启用，定位器照明将保持点亮状态。充电插头正确连接并经过确认后，定位器照明关闭，显示初始化状态。

2) 初始化：充电插头正确连接后 0~3s 左右开始初始化。最长初始化时间为 10s。

在此期间，RGB LED 闪烁显示黄灯，闪烁频率为 1Hz，如图 6-61 所示。初始化完成后，高压蓄电池单元可以开始充电。

3) 正在充电：高压蓄电池单元的执行充电程序时，RGB LED 闪烁显示蓝灯，如图 6-62 所示。闪烁频率为 0.7Hz 左右。

4) 定期充电：当处于初始化顺利完成并在一定时间后启动充电（即：以优惠电价充电）状态时，显示定期充电或充电准备就绪。在这种情况下，RGB LED 点亮恒定显示蓝色，不闪烁。

图 6-60 充电插座盖板打开

图 6-61 初始化

5) 充电完成：RGB LED 显示绿色时表示高压蓄电池单元"充满电"，如图 6-63 所示。

6) 充电中的故障：如果充电过程中出现故障，则 RGB LED 闪烁红灯如图 6-64 所示。RGB LED 在 12s 时间内闪烁三次，频率为 0.5Hz，各组之间的时间间隔为 0.8s。

图 6-62 正在充电

图 6-63 充电完成

RGB LED 的显示功能在连接充电插头或解锁/锁定汽车 12s 后启用。如果汽车在这个过程中再次锁定/解锁，则需要再等 12s。

1) 打开充电插座盖板：充电插座盖板通过中央锁定系统锁定。解锁后必须按下充电插座盖板。然后作用在推杆上，充电插座盖板弹起。

充电插座盖板内还安装了一个传感器（霍尔效应传感器）。霍尔效应传感器的状态可以提供关于充电插座盖板状态（打开/关闭）相关的信息。

图 6-64 充电中的故障

2) 锁定充电插头：对于 F49 PHEV 车型，只要汽车锁闭，接头将一直保持锁闭状态。充电插头的电气锁止器可防止充电插头在车辆锁闭时断开。

第六章 宝马F49 PHEV混合动力汽车

如果出现电气故障（如车辆锁闭故障），可以手动解锁充电插头。紧急断开电缆位于左前车轮拱罩的发动机舱内。推动按钮可解锁充电插头，如图6-65所示。

图6-65 充电插头紧急断开装置
1—带充电插头紧急断开电缆（绿色）的按钮（蓝色）

第六节 电气驾驶模式

F49 PHEV中，电力驾驶系统通过eDRIVE按钮可以在下述模式中配置，如图6-66所示。

1) Automatic eDRIVE模式。
2) MAX eDRIVE模式。
3) SAVE BATTERY模式。

处于此目的，eDRIVE按钮位于仪表板内。这种按钮设计为下按按钮。当汽车被唤醒并且建立驾驶准备后，自动切换至AUTO eDRIVE模式。eDRIVE驾驶模式可以与大家所熟悉的驾驶体验开关模式相结合，比如SPORT模式，COMFORT模式与ECO-PRO模式。

图6-66 eDRIVE按钮和驾驶体验开关

一、显示控制

1. Automatic eDRIVE模式

AUTO eDRIVE通常处于启用状态。例外情况：档位选择开关处于手动/Sport程序位置。AUTO eDRIVE模式下，汽车根据高压蓄电池单元的充电状态自动选择最佳的驾驶模式组合。驾驶员可从组合仪表上直观了解所需功率情况，如图6-67所示。

如果驾驶员的功率请求值超出最大可用电功率，则内燃机自动便捷地启用。

原则上，AUTO eDRIVE模式可分为两部分：充电消耗阶段及充电维持阶段。当高压蓄电池单元的充电状态从100%降至3%时，处于充电消耗阶段。在这个范围内，F49 PHEV

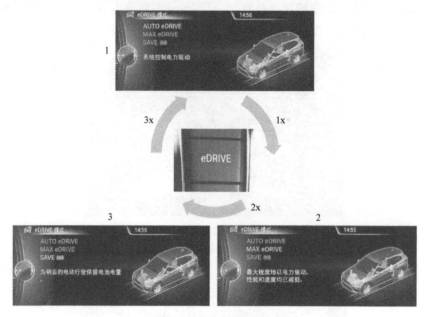

图 6-67 eDRIVE 模式

1—AUTO eDRIVE 模式（系统控制电力驱动） 2—MAX eDRIVE 模式
（纯电力驱动） 3—SAVE BATTERY 模式（保留 SOC）

可使用电动驾驶，且时速可达 80km。行驶速度超过 80km/h 或动力要求较高时，可起用内燃机。当驾驶速度低于 80km/h（电动驾驶范围）时，内燃发动机关闭。

超出 eDRIVE 效率优化范围后，荷载和速度要求较高时，汽油发动机自动起动。当充电状态处于或低于 3% 时，起动汽油发动机。

2. MAX eDRIVE 模式

当高压蓄电池单元充电状态充足时，可通过 eDRIVE 按钮选用 MAX eDRIVE 模式，且驾驶员可零排放的情况下实现最大功率的电力驱动驾驶。但前提条件是档位选择开关未处于手动/Sport 程序位置。电力驱动的最大速度为 120km/h。电功率通过油门踏板实现非常便捷和简单的控制，这样可避免意外起动内燃发动机。档位指示器旁边的发动机转速显示屏中显示"MAX eDRIVE"，表示 MAX eDRIVE 模式已经启用。

即便如此，仍可在各种驾驶状态下起动内燃机，并调用整个系统动力。将档位选择开关切换至 S 位，或按下加速踏板直至跳档可以随时起动内燃机。

在此过程中，AUTO eDRIVE 模式可自动启用。驾驶风格（加速及速度）及环境温度（以及二次用电装置）对可以实现的电动行驶里程的影响非常大。为了实现最大电动行驶里程，乘客舱的预热/预冷操作应在进行外部充电时执行。旅途过程中可能需要用到预热/预冷所需的能量，因此通过这种操作可以实现更远的电动行驶里程。如果在长期停用或非常冷的环境温度条件下以 MAX eDRIVE 模式起动车辆，可能导致动力降低乃至无法进行电动驾驶。高压蓄电池单元的电池模块中的温度过低是可能造成这种现象的原因之一。

3. SAVE BATTERY 模式

SAVE BATTERY 模式同样通过 eDRIVE 按钮选择。在这种模式中，高压蓄电池单元为稍后的电动行驶保留能量，以便为随后的市区驾驶保留充分的电能。启用 SAVE BATTERY

模式后可以保持高压蓄电池单元的当前充电状态，如果激活该模式时高压电池充电状态低于90%，则系统会对高压电池充电至90%；若激活时充电状态不低于90%，则系统将保持当前的充电状态。

一 组合仪表显示功能

1. 行驶状态显示

组合仪表显示混动驾驶状态以及高压蓄电池单元的充电状态，并且可以根据功能选择在中央数据显示屏上显示。

（1）驾驶准备 当发动机转速指针处于"0"位，同事下方显示蓝色"准备"字样时，表示处于"驾驶"准备状态。这就表示汽车处于静止状态，可随时踩下加速踏板起动如图6-68所示。

根据高压蓄电池单元的充电状态、eDRIVE模式的状态以及加速踏板的位置，汽车可以进行纯电动行驶或运行内燃机。如果（示例）汽车在铁路道口或红灯时保

图6-68 驾驶准备

持静止，则驾驶准备打开。但如果内燃发动机起动一次（如因动力需求），它仍需运行1min对催化剂转化器进行加热。

如果客户停止车辆并且想在随后再次驾驶，则可以按下起停按钮打开驾驶准备。因为内燃机仍然处于工作温度，并且高压蓄电池单元电能充足，内燃发动机无需起动。

（2）电力驱动 汽车纯电动行驶最高时速可达75km（取决于操作状态）。高压蓄电池单元的输出动力在蓝色箭头右侧显示，如图6-69所示。

根据动力需求，最多亮起四个箭头。转速表指针位于"0"位（内燃发动机关闭）。根据所选择的驾驶模式（COMFORT 或 ECO PRO），箭头显示也有所不同。

如果所有箭头亮起，则内燃机在出现附加动力需求（如加速）时打开。

注意：电动驾驶过程中应特别注意，行人及其他车辆无法听到典型传统发动机的正常噪声。因此需要特别注意，比如停车过程中。

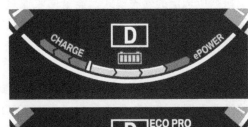

图6-69 电力驱动

（3）MAX eDRIVE 模式 启用 MAX eDRIVE模式后，驾驶员可根据需要在纯电力驱动下可以达到125km/h 的最大速度。电动行驶里程最高可达41km。位于中控台的 eDRIVE 按钮必须按下后方能启用这种模式。MAX eDRIVE 模式可以在COMFORT 和 ECO PRO 模式下启用，以免内燃发动起动，如图6-70所示。

（4）SAVE BATTERY 模式 在这种模式中，高压蓄电池单元为稍后的电动行驶保留能量，以便为随后的市区驾驶保留充分的电能。启用 SAVE BATTERY 模式后可以保持高压蓄

电池单元的当前充电状态，如图 6-71 所示。

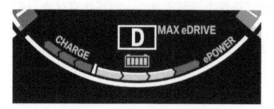

图 6-70　MAX eDRIVE 模式

图 6-71　SAVE BATTERY 模式

（5）通过内燃机驱动　根据所选定的驾驶模式（SPORT），汽车通过内燃机驱动。转速表显示发动机的当前转速。混动模式显示中仅显示高压蓄电池单元的充电状态，如图 6-72 所示。

（6）eBOOST 功能　在快速加速过程中（如超车），除了内燃发动机输出动力外，还通过高压起动电动发电机输出动力。这种装置可以输出最大的动力。此时，必须用力踩下加速踏板。转速表显示发动机的当前转速，同时亮起左侧的四个箭头。同时显示"eBOOST"，如图 6-73 所示。

（7）制动能量再生　混动系统可以将动能转换成电能，比如制动或高速滑行模式中。高压蓄电池单元通过能量回收进行充电，如图 6-74 所示。

根据所选定的驾驶模式，能量回收通过左侧的三个箭头显示。根据减速度或制动踏板的启用强度，蓝色箭头的长度发生相应变化。

图 6-72　通过内燃机驱动

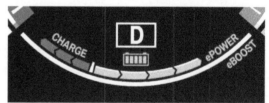

图 6-73　eBOOST 功能

车速低于 15km/h 时，即便处于滑行模式或进行制动，制动能量再生仍保持熄灭状态。这些箭头随着所选择的驾驶模式（COMFORT 或 ECO PRO）而发生变化。

2. 永久指示灯及车载电脑显示

附加信息为驾驶员提供关于行驶里程和消耗相关的数据，如图 6-75 所示。

3. 混动检查控制信息

如果 F49 PHEV 出现故障，则通过价差控制信息通知驾驶员。图 6-76 列述了关键的混动控制检查信息。

4. 行驶声音保护

单纯通过电机驱动汽车时，行人在汽车速度达到 25km/h 左右之前可能无法听到汽车行驶的声音。所以在车速低于 50km/h 时通过行驶声音保护程序发出一种噪声，确保被其他车辆听到。车速达到 50km/h 后禁用播音程序，但是控制单元在禁用播音的过程中保持启用状态。车速达到 50km/h 后风和轮胎的噪声将非常明显。

F49 PHEV 仅在部分国家版本中使用行驶声音保护（日本，中国，韩国），仅在纯电动

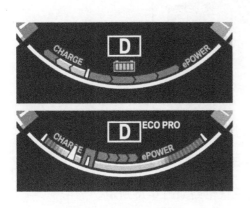

图 6-74 制动能量再生

READY—已建立的驾驶准备　OFF—未建立的驾驶准备
CHARGE—能量回收显示　ePOWER—eBOOST 功能显示

图 6-75 组合仪表显示

1—总行驶里程　2—电力驱动行驶里程　3—高压蓄电池单元的充电状态　4—电力驱动的平均消耗　5—当前的电力驱动消耗

检查控制信息	含义	原因
	总行驶里程过低	高压蓄电池充电状态低 油位低
	高压蓄电池在运行和交通过程中的当前充电状态(充电状态过低→充电)	高压蓄电池充电状态低
	检查充电电缆	充电电缆信号故障。无法检测所连接的充电插头。客户在起动前应检查接头是否仍处于连接状态
	无法充电	汽车或基础设施中的充电系统存在故障(充电电缆,充电站等)
	加油(可能/倾斜/检测)	检测到混动压力油箱的加油需求
	驾驶声音保护故障	VSG或其他控制单元存在内部故障,导致CAN通信故障
	隔离故障,高压联锁回路故障	高压系统的高压存在故障。停止发动机后,可能无法继续行驶。请立即联系附近的BMW服务站
	高压系统关闭	高压系统关闭,处于维护、维修和检修断电状态。高压安全接头(售后服务断电开关)被拔出,高压联锁回路的电路被切断

图 6-76 混动检查控制信息

驾驶条件下启用。

(1) 系统组件　车辆行驶声音发生器（VSG）位于汽车右前方。控制单元与车辆行驶声音发生器的壳罩集成为一体,并通过 K-CAN3 与汽车电气系统集成为一体,如图 6-77 所示。

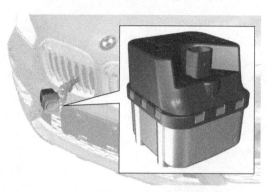

图 6-77 行驶声音发生器安装位置

（2）系统电路图　行驶声音发生器（VSG）的系统电路如图 6-78 所示。

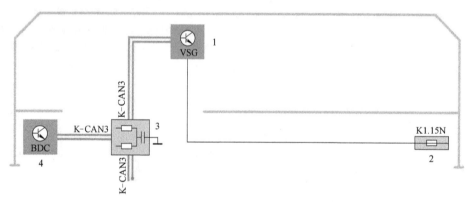

图 6-78　行驶声音发生器（VSG）的系统电路
1—行驶声音发生器　2—熔丝　3—CAN 插接器　4—车身域控制器

第七章

上汽荣威ei6/e950
PHEV混合动力汽车

第一节　上汽荣威 ei6/e950 动力及控制系统

荣威 ei6 这款车型搭载 1.0T 三缸涡轮增压发动机与电动机的组合，综合最大功率 228 马力，综合最大转矩 622N·m。电池从零到充满需要 3h，而纯电模式下最大续航里程为 53km。传动方面，与之配备的是 2 档自动变速器，油耗 1.5L/100km。

荣威 e950 的混动系统由 1.4T 发动机和电动机构成，发动机最大功率 110kW，峰值转矩 235N·m，加上电动机后其整车最大耦合转矩为 687N·m。据悉，该车综合工况下油耗为 1.7L/100km，综合续航里程能够达到 600km。

一、高压电池包及其充电系统

上汽荣威 ei6/e950 高压电池包及其充电系统位置如图 7-1 所示，系统控制图如图 7-2 所示。

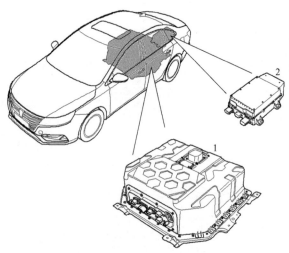

图 7-1　高压电池包及其充电系统
1—高压电池包　2—车载充电器

1. 高压电池包结构

高压电池包的结构如图 7-3 所示。

2. 高压电池包组成

1) 电池模块：车辆采用了两种电芯方案，分别是 LG 电芯和 A123 电芯。其中采用 LG 电芯的电池包包含六个模块，采用 A123 电芯的电池包包含四个模块。高压电池包参数见表 7-1、表 7-2。

2) 电池管理控制器（BMS）：汇总内部控制器采集的电池信息，通过一定的控制策略，向整车控制器提供电池运行状态的信息，响应整车高压回路通断命令，实现对电池的充放电和热管理。

3) 继电器模块：通过不同高压继电器的通断，实现各个高压回路的通断。

第七章 上汽荣威ei6/e950 PHEV混合动力汽车

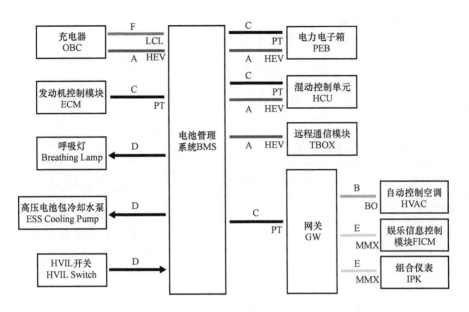

图 7-2 系统控制

A—混动高速CAN线　B—车身高速CAN线　C—动力高速CAN线
D—硬线　E—多媒体高速CAN线　F—本地高速CAN线

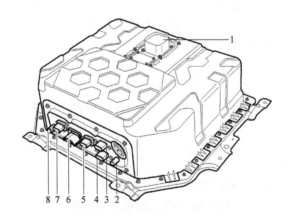

图 7-3 高压电池包的结构

1—手动维修开关　2—进水管　3—整车低压插接器　4—充电低压插接器　5—充电高压线束插接器
6—主高压线束插接器　7—空调压缩机高压输出插接器　8—出水管

表 7-1　LG 高压电池包参数

可用能量	9.2kW·h
总容量	25.9A·h
额定电压	355V DC
防护等级	IP67
电池排列方式	1并96串(96Cells)
单体电芯额定电压	3.7V

表 7-2　A123 高压电池包参数

可用能量	9.1kW·h
总容量	26A·h
额定电压	350V DC
防护等级	IP67
电池排列方式	1并96串(96Cells)
单体电芯额定电压	3.65V

4）高低压线束及插接器。

5）冷却系统附件：冷却板和冷却管路等。

6）外壳。

3. 充电器

充电器的结构如图 7-4 所示。充电器的参数见表 7-3。

表 7-3　充电器的参数

输入电压	50Hz@ 110VAC/220VAC
最大持续输入电流	16A
输出电压范围	200~430V DC
最大持续输出电流	13A

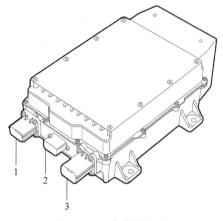

图 7-4　充电器的结构

1—高压直流输出插接器　2—整车低压线束插接器　3—交流输入插接器

二　高压电池包、充电器功能运作

1. 高压电池包功能运作

1）通过 CAN 网络与各控制模块通信。

2）提供电池的状态给整车控制器，通过不同高压继电器的通断，实现各个高压回路的通断，实现充放电管理和电池状态的指示。

3）充电管理：通过一定流程实现车载充电器充电。

4）热管理功能：通过水冷的方式控制电池在各种工况下，工作在合适的温度范围。

5）高压安全管理：实现绝缘电阻检测，高压互锁检测，碰撞检测功能，具备故障检测管理及处理机制。

6）提供充电连接线检测，控制整车的充电状态和充电连接状态灯的指示。

2. 充电器功能运作

1）提供与 BMS 之间的 CAN 通信。

2）以 BMS 的需求，在最大功率范围内为高压电池充电。

3）高压安全：提供输出反接保护、高压端口残压控制、故障自关断功能。

4）热管理：以风冷方式进行冷却。

三　元件针脚信息

1. 插接器定义

1）整车低压线束端插接器 BY123 端子如图 7-5 所示。插接器针脚端子含义见表 7-4。

2）充电低压线束端插接器 BY122 端子如图 7-6 所示。充电低压线束端插接器 BY122 端子含义见表 7-5。

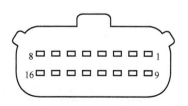

图 7-5　整车低压线束端插接器 BY123

表 7-4 插接器针脚端子含义

针脚号	描述
1	供电 1
2	接地 1
3	混动 CAN 高电平
4	混动 CAN 低电平
5	动力 CAN 高电平
6	主高压互锁回路（RTN）
7	高压电池包冷却水泵输出驱动
8	慢充呼吸灯
9	主高压互锁回路（SRC）
10	低压唤醒
11	—
12	接地 2
13	动力 CAN 低电平
14	供电 2
15	高压电池包冷却水泵供电电源
16	—

表 7-5 充电低压线束端插接器 BY122 端子含义

针脚号	描述
1	供电 1
2	接地 1
3	本地 CAN 高电平
4	本地 CAN 低电平
5	—
6	—
7	—
8	车载充电器低压唤醒
9	内部 CAN 高电平
10	内部 CAN 低电平
11	车载充电器连接线检测
12	—
13	供电 2
14	接地 2
15	—
16	—

3）充电低压线束端插接器 BY125 端子如图 7-7 所示。充电低压线束端插接器 BY125 端子含义见表 7-6。

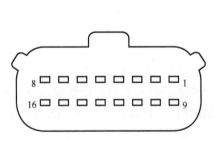

图 7-6 充电低压线束端插接器 BY122

图 7-7 充电低压线束端插接器 BY125

表 7-6 充电低压线束端插接器 BY125 端子含义

针脚号	描述	针脚号	描述
1	供电 1	7	供电 2
2	接地 1	8	接地 2
3	本地 CAN 高电平	9	BMS 唤醒
4	本地 CAN 低电平	10	—
5	混动 CAN 高电平	11	连接确认
6	混动 CAN 低电平	12	—

四 高压电池包子系统

高压电池包子系统的布置如图 7-8 所示。

（1）高压电池包上盖 高压电池包上盖是由短切玻璃纤维增强聚酰胺基复合材料制成的，用于保护高压电池包内部高压电池模块、电子元器件及其他零部件，如图 7-9 所示。

（2）高压电池包托盘 高压电池包托盘是高压电池包关键零部件，高压电池包内部所有零部件都安装在高压电池包托盘上，主要有电池模块、电池冷却系统、电气系统等零部件，如图 7-10 所示。

（3）高压电池包泄压阀 泄压阀内部有一层透气膜，只允许气体分子通过，当高压电池包内部压力迅速增加时，高压电池包泄压阀可以迅速降低高压电池包内部压力，如图 7-11 所示。

（4）电池管理系统（BMS） 电池管理系统（BMS）位于高压电池包的控制区域。BMS 是高压电池包的管理单元，可以通过 CAN 总线与整车的其他控制器联系，如图 7-12 所示。BMS 能够实时监测电池组电压、电流、温度、高压电池包电压等信号。根据采集到的信号，综合计算出高压电池包的 SOC，控制冷却系统，控制高压电池包输出的所有高低压电路，并将检测的电池状态通过 CAN 向整车控制器上报。BMS 是高压电池包与整车唯一的通信窗口，它通过 CAN 总线与整车联系。

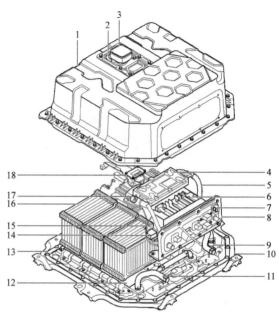

图 7-8 高压电池包子系统的布置

1—高压电池包上盖 2—手动维修开关底座 3—手动维修开关 4—电池管理系统 5—低压线束 6—继电器模块 7—泄压阀 8—接插件端板 9—冷却液温度传感器 10—高压电池包托盘 11—冷却液管 12—冷却板 13—高压电池包密封条 14—Y 向电容 15—高压线束 16—电池模块 17—磁环 18—高压电池包熔丝盒

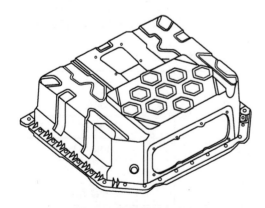

图 7-9 高压电池包上盖

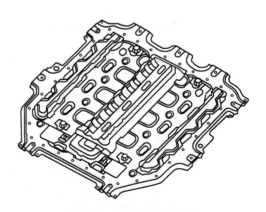

图 7-10 高压电池包托盘

第七章 上汽荣威ei6/e950 PHEV混合动力汽车

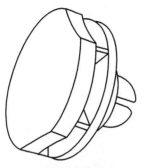

图 7-11 高压电池包泄压阀

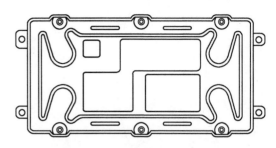

图 7-12 电池管理系统（BMS）

（5）继电器模块　继电器模块位于高压电池包的控制区域，是高压电池包的执行机构，如图7-13所示。它通过主正、主负、慢充和预充继电器来控制高压电池包的高压电路输出。同时继电器模块有预充功能和电流冗余检测（LEM传感器）功能。

（6）电芯监测单元（CMU）　电芯监测单元（CMU）位于高压电池包电芯区域，与电池模块紧密相连。CMU用于监测电芯的电压和温度信息，通过菊花链的通信方式（Daisy Chain）将采集到的信息反馈至BMS。BMS实时监控相关数据，当电芯电压超过一定范围时，CMU会执行BMS的均衡指令，开启均衡电路对电芯进行均衡。CMU结构如图7-14所示。

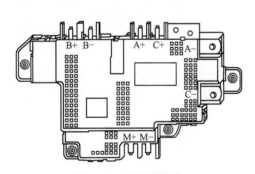

图 7-13 继电器模块

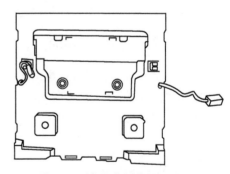

图 7-14 电芯监测单元（CMU）

（7）磁环及电容　电池包内共有三个磁环和一个电容，用于提高电池管理系统BMS的电磁兼容EMC性能，结构如图7-15所示。

（8）高压线束　电池包内的高压线束主要包括充电高压线束、空调高压线束、BMS高压线束。高压线束与其相连的接插件作为一个总成更换，高压线束结构如图7-16所示。

（9）冷却液温度传感器　冷却液温度传感器用于采集冷却液温度，并把信号通过硬线传输至BMS，结构如图7-17所示。

（10）手动维修开关底座　手动维修开关底座固定在高压电池包上盖，当手动维修开关和底座分开时，将串联的N个模组等分成两部分，降低串联模组的电压，进而降低维修人员的触电危险性。同时，在手动维修开关中装有250A熔丝，在正常连接手动维修开关后，起到主回路过流保护作用，结构如图7-18所示。

（11）低压线束　低压线束用于连接所有电子元器件之间的端口，传输电子元器件所需的低电压与传感信号。低压线束作为一个完整总成替换，结构如图7-19所示。

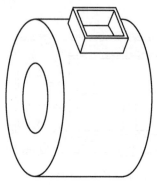

图 7-15 磁环及电容

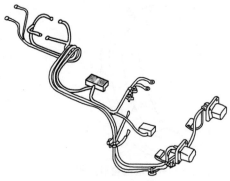

图 7-16 高压线束

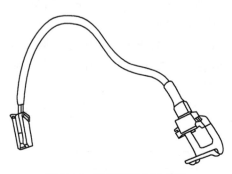

图 7-17 冷却液温度传感器

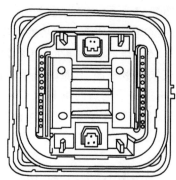

图 7-18 手动维修开关底座

（12）电池模块 采用 LG 电芯的高压电池包包含 6 组串联的模块 M1~M6，采用 A123 电芯的高压电池包包含 4 组串联的模块 M1~M4，这 6 组或 4 组模块构成了高压电池包的能量存储系统，结构如图 7-20 所示。

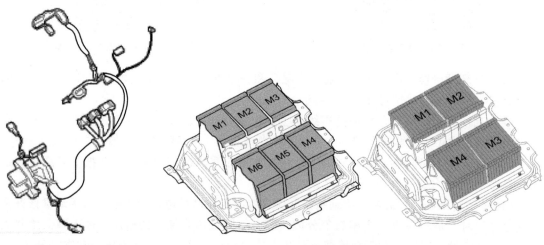

图 7-19 低压线束　　　　　　　　　　图 7-20 电池模块

（13）冷却板 冷却系统位于高压电池模块下方，通过流道中冷却液的循环对高压电池包进行冷却，保证高压电池包在合理的温度范围内工作，从而使高压电池包拥有更优越的性能，结构如图7-21所示。

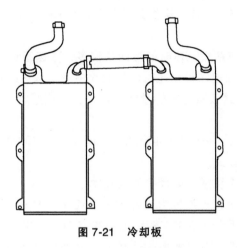

图7-21 冷却板

冷却水管连接冷却板与冷却水管口，通过接插件端板上的冷却水管口连接至整车冷却系统。

第二节 整车控制系统

一、混动控制单元布置

混合动力控制单元HCU主要用于协调控制动力系统。混动控制系统能够根据踏板信号和挡位状态解释驾驶员的驾驶意图，依据动力系统部件状态协调动力系统输出动力。

混动控制单元位置如图7-22所示。

（1）驾驶模式选择开关（E/N/S） 据需要，驾驶员可通过上下拨动Mode选择开关选择不同的驾驶模式。E（Economic）是指经济驾驶模式，N（Normal）是指常规驾驶模式，S（Sport）是指运动驾驶模式。在不同的驾驶模式下，混动控制系统能够采用不同的控制策略，进行输出控制：

① 经济（E）模式下，尽可能使用电能驱动车辆。

② 常规（N）模式下，电池SOC维持在较高水平，发动机使用频率较E模式高。

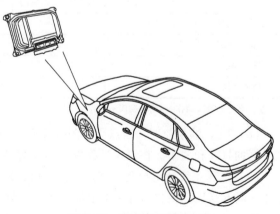

图7-22 混动控制单元位置

③ 运动（S）模式下，车辆动力充沛，加速性能更好，但能耗可能有所增加。

驾驶过程中可以通过驾驶模式选择开关进行模式的切换，下一次起动车辆，系统默认按照上一次驾驶循环选择的模式工作。用户可以通过仪表显示查看当前驾驶模式。

(2) 能量回收等级（H/M/L） 驾驶员可上下拨动 KERS 选择开关调整松加速踏板减速时的能量回收等级。

① H（Heavy）：松加速踏板减速时能量回收较多，减速感觉明显。

② M（Moderate）：松加速踏板减速时能量回收中等，减速感觉适中。

③ L（Light）：松加速踏板减速时能量回收较少，减速感觉不明显（仅在 E/N 模式下支持）。

(3) SOC 电源管理模式（SOC Default/Hold/Charge） 驾驶员可上下拨动 SOC 选择开关选择不同的 SOC 电源管理模式。

① SOC Default：使用系统默认电量平衡点驾驶。

② SOC Hold：将电量平衡点设置为当前 SOC（仅在 N 模式下支持）。

③ SOC Charge：可使用发动机将车辆充电至指定 SOC（仅在 N 模式下支持）。

(4) 混动系统工作模式 除驾驶模式选择外，混动控制系统还能够根据车辆各种实时状态信息（如电池 SOC、空调负载、节气门开度、车速等），来选择不同的工作模式：纯电动、串联、并联。这几种工作模式的切换是通过控制离合器 C1、C2 的结合与分离来实现的。

① 纯电动模式：C1 分离、C2 接合，TM 工作，发动机、ISG 均不工作，仅由 TM 提供驱动动力。

② 串联模式：C1 分离、C2 接合，发动机、TM、ISG 均工作。发动机通过 ISG 电机给高压电池包充电，TM、ISG 均工作，但仅由 TM 提供驱动动力。

③ 并联模式：C1、C2 都接合，发动机、ISG、TM 都可提供驱动动力。

(5) 电驱动变速器（EDU）电磁阀控制 当点火开关打开，HCU 在收到起动信号后将根据挡位信息，控制 EDU 内各个电磁阀运作。电磁阀动作见表 7-7。

表 7-7 电磁阀动作

	安全控制阀 SV1	离合器 C1 控制阀	离合器 C2 控制阀	换档压力阀 SV2	换档方向阀 G1
上高压过程	√	×	×	√	√
起步(P→D)	×	×	×	√	√
进退并联	×	√	×	×	×
档位切换	×	√	√	√	√

注：√为电磁阀动作；×为电磁阀不动作。

(6) EDU 油泵控制 当点火开关打开后，HCU 根据检测到的油压信号，控制油泵电机继电器的打开和关闭。在工作过程中，HCU 监测到油压过高即关闭油泵。

(7) 高压系统断电控制 当发生碰撞后，HCU 通过 CAN 总线接收来自安全气囊模块的信号，断开高压电池包内部主继电器、预充电继电器及负极主继电器，从而切断高压电池包的高压电输出（高压电的正极和负极均断开）。

二 HCU 线束端插接器端

HCU 线束端插接器端子如图 7-23 所示。插接器针脚详细信息见表 7-8。

第七章 上汽荣威ei6/e950 PHEV混合动力汽车

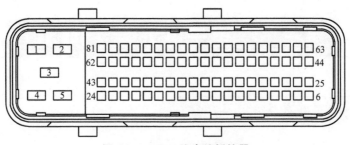

图 7-23 HCU 线束端插接器

表 7-8 HCU 线束端插接器端子含义

针脚号	描述	针脚号	描述
1~3	混动控制单元(-)	38	离合器操作阀 C1 控制端
4~5	混动控制单元(+)	39	离合器操作阀 C2 控制端
6	Run/Crank 信号	40~43	—
7	输出轴速度传感器(+)	44	油泵继电器控制端
8~10	—	45~52	—
11	拨叉位置信号	53	油温传感器信号
12~13	—	54	水温传感器信号
14	ACC/WakeUp 信号	55	混动 CAN 高电平
15	加速踏板位置信号 1	56	混动 CAN 低电平
16	加速踏板位置信号 2	57	安全阀控制端
17	动力 CAN 低电平	58	换档方向阀控制端
18	动力 CAN 高电平	59	—
19	—	60~62	离合器操作阀 C1(+),换档方向阀(+)
20	换档压力阀控制端	63	—
21	—	64	拨叉位置传感器(-)
22~24	安全阀(+)	65	油压传感器 1(-)
25	—	66	—
26	拨叉位置传感器(+),加速踏板位置传感器 1(+)	67	制动灯开关信号
		68~70	—
27	油压传感器 1(+),加速踏板位置传感器 2(+)	71	冷却液温度传感器(-),加速踏板位置传感器 1(-)
28	输出轴速度传感器(-)	72~73	—
29	—	74	油温传感器(-),加速踏板位置传感器 2(-)
30	拨叉位置信号(反)		
31~33	—	75~78	—
34	油压传感器 1 信号	79~81	离合器操作阀 C2(+),换档压力阀(+)
35~37	—		

第三节 电子电力箱（PEB）

一、PEB 安装位置及系统控制图

PEB 布置如图 7-24 所示。

电力电子箱 PEB 系统控制如图 7-25 所示。

PEB 参数见表 7-9～表 7-11。

表 7-9 DC/DC 变换器参数—降压模式

输出电压范围	9～16V
全负荷下输入电压范围	250～430V
峰值输出功率	2.4kW
额定输出功率	2.4kW

表 7-10 TM 转矩/转速控制

全负荷工作电压	230～393V
最大电流	340A

表 7-11 ISG 转矩/转速控制

全负荷工作电压	230～393V
最大电流	340A

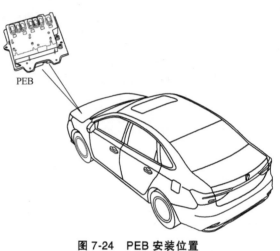

图 7-24 PEB 安装位置

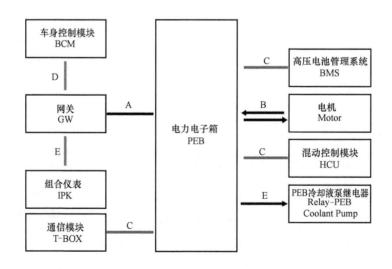

图 7-25 PEB 控制系统
A—动力高速 CAN　B—硬线　C—混动高速 CAN　D—车身高速 CAN　E—多媒体高速 CAN

一、PEB 功能组成及功能

1. 组成

电力电子箱是控制 TM 电机和 ISG 电机的电器组件，在混动 CAN 上与 HCU、BMS 等控制器通信。接收 HCU 的转矩和转速命令以控制 ISG 电机和 TM 电机，同时电力电子箱控制器带有自诊断功能，确保系统安全运行。

电力电子箱系统内部集成的主要部件有 TM 控制器、ISG 控制器、逆变器、DC/DC 变换器。

2. PEB 功能

（1）TM 电机控制器　将直流高压电转换为交流电，根据 HCU 的信号，对 TM 电机进行高精度与高效能的转矩以及速度调节。

（2）ISG 电机控制器　将直流高压电转换为交流电，根据 HCU 的信号，对 ISG 电机进行高精度与高效能的转矩以及速度调节。

（3）直流转换 DC/DC 变换器　将直流高压电转换成直流低压电，为低压 12V 蓄电池和低压电器供电。

（4）仪表显示（IPK）　PEB 将实时向 IPK 发送电机与逆变器温度信号，当温度超过限值时仪表将点亮警告灯。

（5）自动空调（ATC）

1）PEB 接收来自 ATC 的冷却液温度信号，控制传动系统冷却泵。当点火钥匙在 KL15 位置，高压上电，高压电池包温度上升到界定温度时，水泵将会开始工作。

2）冷却液温度传感器安装在靠近电力电子箱的冷却液入口处。

3）冷却液的温度应该控制在 65℃ 以下，最佳工作温度范围为 55℃ 以下，当冷却液温度超过 85℃ 时，电力电子箱将停止工作。

（6）电池管理系统（BMS）

1）PEB 根据 BMS 传递的参数信号为电池提供保护，这些参数信息包括最大充电电流、最大放电电流、最大峰值电压、最小峰值电压。

2）当 BMS 断开 HV 的连接时，PEB 会释放电容中的电量。

（7）混动控制单元（HCU）

1）HCU 会检测计算 TM 和 ISG 电机所需的转矩，并将此转矩信号发给 PEB，使 PEB 能够通过对 TM 和 ISG 电机输出转矩的控制驱动车辆。

2）HCU 同时会检测计算 TM 和 ISG 电机所需的转速，并将此转速信号发给 PEB，使 PEB 能够通过对 TM 和 ISG 电机转速的控制驱动车辆。

3）PEB 从 HCU 接收设定的电压信号，由此精确控制 DC/DC 变换器，从而为低压用电器提供适宜电压，或为蓄电池充电。

二、PEB 端子定义

1）线束端插接器 EB076 端子如图 7-26 所示。插接器 EB076 端子含义见表 7-12。

表7-12 电子电力箱PEB插接器EB076端子含义

针脚号	描述	针脚号	描述
1	KL30	15	PT CAN_H
2	KL30	16	PT CAN_L
3	接地	17	PT CAN_H
4	接地	18	PT CAN_L
5	接地	19	ISG标定CAN_L(预留)
6	ISG标定CAN_H(预留)	20	混动CAN_L
7	混动CAN_H	21	TM标定CAN_L(预留)
8	TM标定CAN_H(预留)	22	高压互锁输入
9	高压互锁输出	23	混动CAN_L
10	混动CAN_H	24	—
11	—	25	—
12	唤醒使能	26	—
13	—	27	—
14	—	28	—

2) 线束端插接器EB078端子如图7-27所示。插接器EB078端子含义见表7-13。

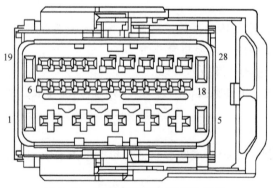

图7-26 线束端插接器EB076端子

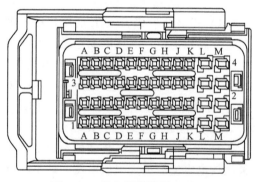

图7-27 线束端插接器EB078

表7-13 插接器EB078端端子含义

针脚号	描述	针脚号	描述
A1	S3正弦差分信号-ISG	C3~C4	—
A2	S1正弦差分信号-ISG	D1	S2正弦差分信号-TM
A3~A4	—	D2	S4正弦差分信号-TM
B1	S4余弦差分信号-ISG	D3~D4	—
B2	S2余弦差分信号-ISG	E1	S1余弦差分信号-TM
B3	ISG旋变屏蔽	E2	S3余弦差分信号-TM
B4	—	E3	TM旋变屏蔽
C1	R11激励信号-ISG	E4	—
C2	R12激励信号-ISG	F1	R12激励信号-TM

第七章 上汽荣威ei6/e950 PHEV混合动力汽车

(续)

针脚号	描述	针脚号	描述
F2	R11 激励信号-TM	J1	TM 电机温度接地信号
F3~F4	—	J2	ISG 电机温度接地信号
G1	高压互锁输入-ISG	J3~J4	—
G2	高压互锁输出-ISG	K1	TM 电机温度信号
G3~G4	—	K2	ISG 电机温度信号
H1	高压互锁输入-TM	K3~K4	—
H2	高压互锁输出-TM	L1~L4	—
H3~H4	—	M1~M4	—

注：图中端子 1、2、3、4 端子为预留。

第四节 电驱动变速器（EDU）

一、EDU 结构

电动驱动变速器（EDU）结构如图 7-28 所示。EDU 附件布置如图 7-29 所示。差速器总

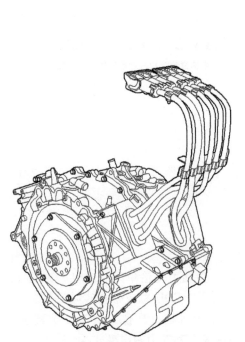

图 7-28 电动驱动变速器（EDU）结构

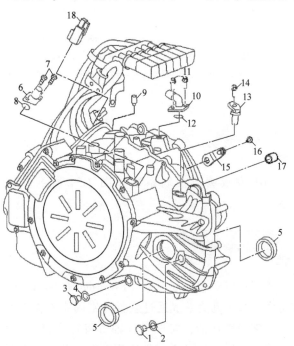

图 7-29 EDU 附件布置

1—加油口螺塞　2—垫圈，加油口螺塞　3—放油口螺塞　4—垫圈，放油口螺塞　5—差速器油封，左侧　6—TM 冷却水管接头　7—螺栓，TM 冷却水管接头　8—O 形圈，TM 冷却水管接头　9—通气塞　10—ISG 冷却水管接头　11—螺栓，ISG 冷却水管接头　12—输出轴速度传感器　13—螺栓，输出轴速度传感器　14—螺栓，输出轴速度传感器　15—驻车摇臂　16—螺栓，驻车摇臂　17—定位销，变速器壳体　18—电驱动单元高压互锁接插件

成分解如图 7-30 所示。

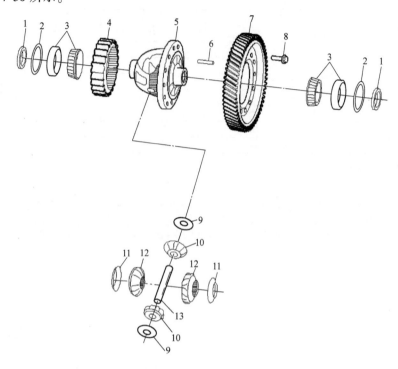

图 7-30 差速器总成分解

1—半轴油封 2—调整垫片 3—圆锥轴承 4—驻车齿轮 5—差速器壳体 6—行星轴销 7—差速器壳体到主减速从动齿 8—螺栓 9—行星轮垫片 10—半轴齿垫片 11—半轴齿轮 12—行星轮轴 13—轴

二 系统控制

EDU 总成液压控制系统如图 7-31 所示。EDU 总成传感器及电磁阀控制如图 7-32 所示。

三 系统概述

该车型以电驱动变速器（Electrical Drive Unit，EDU）为动力传输单元。EDU 总成位于前舱内，整个动力总成通过悬置分别固定在副车架和纵梁上。EDU 总成带扭转减振器，并具有电液控制功能，实现平行轴式齿轮式自动换档，其中前进档（D 位）共有 2 个档位，为 2 档变速器。EDU 总成能实现纯电动驱动、串联和并联等多种动力输出模式。

HCU 以与安装在车辆上的其他 ECU 相类似的工作方式控制系统。从传感器或其他控制模块接收信息，根据存储在 HCU 存储器中的脉谱信息进行计算，然后输出信号至各执行器或其他 ECU。接收或发送信号至其他控制模块主要通过高速 CAN 总线进行。通过诊断接口（DLC）可进行诊断测试。当电驱动变速器出现某些故障时，HCU 会存储相关的诊断故障码（DTC），这些故障码可通过使用诊断仪重新获取。

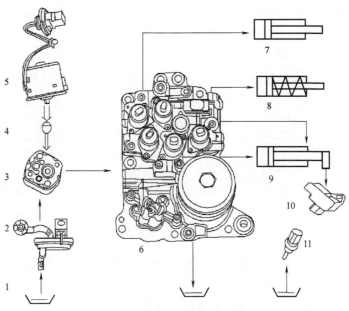

图 7-31　EDU 总成液压控制系统

1—油底壳　2—吸滤器总成　3—油泵　4—联轴器　5—油泵电机　6—液压控制模块总成　7—离合器分离油缸 C1　8—离合器分离油缸 C2　9—换档油缸　10—档位位置传感器　11—温度传感器

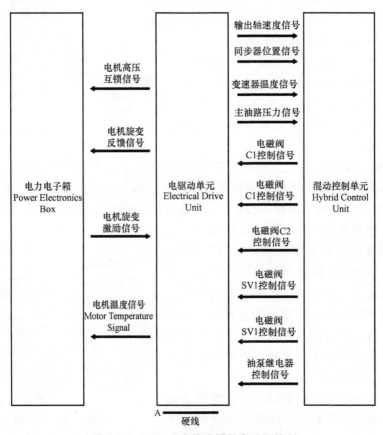

图 7-32　EDU 总成传感器及电磁阀控制

EDU 总成壳体由三部分组成，依次为 ISG 端壳体、TM 端壳体和端盖，如图 7-33 所示。EDU 总成壳体是压铸而成，EDU 总成通过连接板和发动机相连。

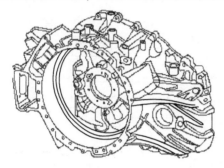

TM端壳体和端盖　　　　　　　　　　　　　ISG端壳体

图 7-33　EDU 总成壳体

（1）离合器　EDU 总成包括两个离合器，ISG 电机离合器 C1 和 TM 电机离合器 C2。离合器类型为电液控制的紧凑低惯量单片干式离合器。

C1 离合器为常开型离合器，通过柔性盘与发动机连接。常开状态下，C1 离合器从动盘与 ISG 电机处于断开状态。当其受到 C1 分离油缸压力闭合时，从动盘与 ISG 电机连接，接受来自 ISG 电机的转矩。C2 离合器为常闭型离合器。常闭状态下，C2 离合器从动盘与 TM 电机处于接合状态，接受来自 TM 电机的转矩。当其受到 C2 分离油缸压力打开时，断开与 TM 电机的连接。

（2）齿轴系统　齿轴系统如图 7-34 所示。

① 主轴。主轴通过轴承支承在变速器壳体上，两端分别通过花键与离合器 C1 从动盘和离合器 C2 从动盘连接。当离合器闭合后，转矩将从发动机或电机传递到中间轴从动齿轮。

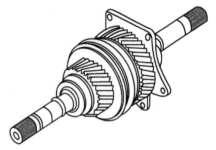

图 7-34　齿轴系统

② 中间轴。中间输出轴通过轴承支承在变速器壳体上，从动齿轮将转矩传递给差速器。

（3）同步器　同步器由齿毂、滑块总成和齿套三部分组成，如图 7-35 所示。齿毂通过花键与输出轴固连，并随输出轴一起转动。滑块总成由外壳、弹簧、钢球三部分组成。滑块总成安装在齿毂的缺口中，在弹簧的作用下，钢球被压向齿套并使球面正好嵌在齿套的凹槽中，起到空档定位的作用。齿套内花键与齿毂外花键滑动配合，拨叉卡在齿套上，从而推动齿套轴向运动。当齿套与同步环、从动齿圈结合后，完成换档过程。在同步器与同步环的作用下，减少了换档过程中接合齿的冲击和噪声，提高了齿轮寿命，并使换档过程更加平顺。

EDU 总成使用的是三锥面同步环，如图 7-36 所示。与单锥面同步环相比，这种三锥面同步环结构可显著增大摩擦面。

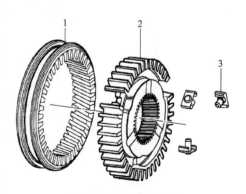

图 7-35　同步器组成

1—同步器齿套　2—同步器齿毂　3—滑块总成

（4）驻车机构　为了可靠地驻车并防止在没有使用驻车制动的情况下，出现不必要的滚动，在差速器上安装了驻车齿轮，结构如图7-37所示。

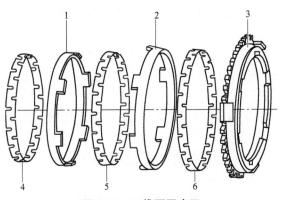

图7-36　三锥面同步环
1—内锥环　2—中间环　3—外锥环　4—内摩擦环　5—中间摩擦环　6—外摩擦环

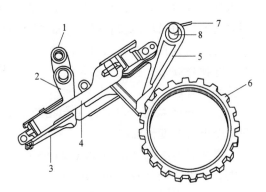

图7-37　驻车机构
1—驻车拉索轴摇臂　2—杠杆　3—定位弹簧　4—主导向板　5—制动棘爪　6—驻车齿轮　7—棘爪复位弹簧　8—棘爪枢轴

驻车机构工作原理如下：当按下电子换档器上的P位驻车开关时，驻车拉索轴摇臂通过杠杆带动主导向板沿直线运动，主导向板通过滚子带动棘爪转动，使棘爪与驻车齿轮啮合或脱离，从而达到锁止或解锁的目的。

（5）液压控制模块总成　液压控制模块主要由油泵电机、油泵、电磁阀体总成、衬垫、执行器阀体、电磁阀等部件组成，如图7-38、图7-39所示。其作用主要如下：①控制离合器的结合与分离；②控制EDU的档位选择；③为EDU齿轴系统提供冷却与润滑。

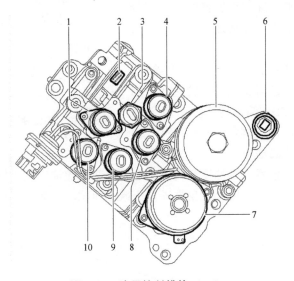

图7-38　液压控制模块（一）
1—换档压力电磁阀SV2　2—档位位置传感器　3—压力传感器　4—离合器C2电磁阀　5—蓄能器　6—温度传感器　7—油泵电机　8—安全阀SV1　9—离合器C1电磁阀　10—换档方向电磁阀G1

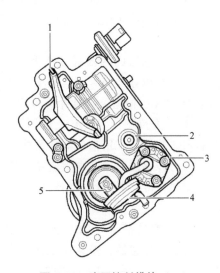

图7-39　液压控制模块（二）
1—换档拨叉　2—安全泄压阀　3—油泵　4—吸滤器　5—压力过滤器

(6) 换档和选档 在电驱动变速器内部，拨叉是采用液压操纵方式，由阀体活塞缸来控制拨叉完成换档的，拨叉轴与拨叉相连。换档时，阀体的 EDU 液压油被施加到拨叉其中一侧的油缸内，而拨叉另一侧油缸此时并无油压，继而使油缸内的活塞推动拨叉移动，与此同时拨叉拨动同步器齿套继而完成档位的切换。

挂入档位后，施加到油缸内的压力消失，档位通过定排销把拨叉锁止在当前位置上。

在换档拨叉上有一个永久磁铁，阀体控制模块上的位置传感器通过该磁铁可以识别拨叉的精确位置。

(7) 电气系统 EDU 总成包括两个永磁电机（ISG 电机和 TM 电机）、两个旋转变压器和两个电机温度传感器。

集成起动电机（Integrated Starter Generator, ISG）主要作用为起动发动机和给动力电池充电；牵引电机（Traction Motor, TM）主要作用为输出动力。

旋转变压器（resolver/transformer）是一种电磁式传感器，又称同步分解器。它是一种测量角度用的小型交流电动机，用来测量旋转物体的转轴角位移和角速度，由定子和转子组成。旋转变压器是一种精密的角度、位置、速度检测装置。两个旋转变压器分别与 ISG 和 TM 连接，获取两个电机的角度、位置、速度等信号。

两个电机温度传感器分别测量 ISG 和 TM 的温度信号。

① 输出轴速度传感器。输出轴速度传感器是根据霍尔原理工作，通过检测输出轴主减速主动齿轮转速来确定电驱动变速器的输出转速。

EDU 上使用了一个速度传感器，安装在 EDU 总成差速器壳体上，用来检测输出轴的转速，结构如图 7-40 所示。速度传感器属于霍尔效应传感器，当目标轮开始转动时，速度传感器开始产生一连串的脉冲信号，脉冲的个数将随着车速增加而增加，速度传感器的脉冲信号频率随检测部件转速的增加而增加，但占空比在任何速度下保持恒定不变。

速度传感器的两根导线都和 HCU 相连接，其中一根为电源线，另一根为对地脉冲信号，其频率随电驱动变速器相应部件转速的增加而增加，HCU 根据这一脉冲信号频率测得 EDU 输出转速。

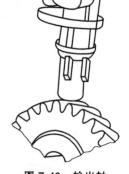

图 7-40 输出轴速度传感器

② 压力传感器。EDU 上使用了一个压力传感器，安装在 EDU 内部的阀体总成上，用来检测从蓄能器中释放的油液压力。

压力传感器采用了电阻应变片原理的传感器，当油压变化时，电阻应变片随油压变化发生形变使得传感器所产生的电压信号随油压增大而增大；反之随油压减小而减小，如图 7-41 所示。

③ 温度传感器。EDU 上使用了一个油液温度传感器，安装在 EDU 内部的阀体总成上，用来检测 EDU 液压油温度。

油温传感器内部为半导体热敏电阻，为负温度系数特性，即油温越高，电阻越小，反之油温越低，电阻越大。

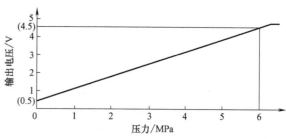

图 7-41 压力传感器

温度传感器阻值见表7-14。

表7-14 温度传感器阻值

测试温度/℃	初始电阻值/kΩ		
	最小值	正常值	最大值
10±0.5	7.0	9.2	11.4
20±0.5	2.37	2.5	2.63
50±0.5	0.68	0.84	1.0
90±0.5	0.236	0.247	0.26
110±0.1	1.143	0.148	0.153
150±0.1	0.050	0.057	0.065

④ 位置传感器。EDU上使用了一个拨叉位置传感器,安装在EDU内部的阀体总成上,用来检测拨叉位置。拨叉位置传感器采用了PLCD原理的传感器,当安装在拨叉上的磁铁随着拨叉执行换档动作而运动时,用来感应该磁铁的传感器所产生的PWM信号的占空比会随磁铁位置的变化而增大或减小,信号正常时,占空比工作范围应为10%~90%,如图7-42所示。

HCU根据这一占空比信号测得拨叉的位置,用来确定EDU当前所处的档位以及目标档位等。

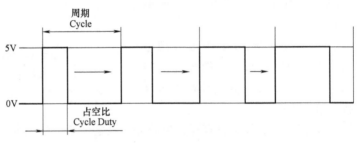

图7-42 拨叉位置传感器占空比信号

(8) 电磁阀 电磁阀可以按其操作分为两类:比例电磁阀和开关电磁阀。

每个电磁阀都包括一个内部线圈和一个针阀。经过电磁线圈的电压激活针阀,针阀打开或关闭液压回路。电磁阀通过电流大小线性控制液压压力,即液压随电流增大而增大,反之随电流减小而减小。电磁阀均为两个引脚,通过线束连接到HCU。其中一个为电源供给,另一个为信号控制。HCU根据车辆行驶状态以及采集到的传感器信号,对电磁阀输出控制信号。

① 安全阀SV1。安全阀SV1是一个比例压力阀,安全阀SV1用于向电磁阀C1、电磁阀C2、电磁阀G1和电磁阀SV2输出稳定油压,保证良好的换档品质与离合器操作稳定。

② 离合器操作阀C1。离合器操作阀C1与安全阀SV1一样是一个比例压力阀,工作特性与安全阀SV1一致,用于控制离合器1的工作状态。当离合器操作阀C1输入最大电流时,离合器1接合。当离合器操作阀C1输入0电流时,离合器1分离。

③ 离合器操作阀C2。离合器操作阀C2与安全阀SV1一样是一个比例压力阀,工作特性与安全阀SV1一致,用于控制离合器2的工作状态。当离合器操作阀C2输入最大电流时,离合器2分离。当离合器操作阀C2输入0电流时,离合器2接合。

④ 换档压力阀SV2。换档压力阀SV2与安全阀SV1一样是一个比例压力阀,工作特性与安全阀SV1一致,用于与档位方向阀协同工作控制档位状态。

⑤ 换档方向阀G1。换档方向阀用于控制当前档位的目标状态,当输入最大电流时,电

驱动变速器工作于 2 档，当输入 0 电流时，电驱动变速器工作于 1 档。

四 EDU 工作模式

EDU 的动力系统构架如图 7-43 所示，该方案包括下述混合动力特征：

(1) 驱动模式选择　EDU 可以实现如下的驱动模式：

① E：电驱动模式（Traction Motor only）。

② HEV：串联或并联（Series and parallel）。

(2) 纯电动驱动　EDU 可以通过电池带动 TM，实现纯电机驱动的前进档和倒档。

(3) 串联混合动力驱动（智能充电）

① 起动发动机，ISG 发电并把电提供给 TM，TM 通过所选挡位（一挡或二挡）驱动车辆，不足或者多余电量将由电池平衡。

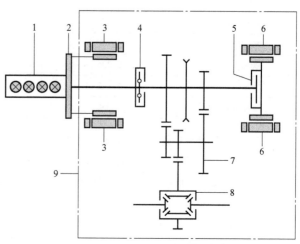

图 7-43　EDU 的动力系统构架

1—发动机　2—柔性连接盘　3—ISG　4—C1 离合器　5—C2 离合器　6—TM　7—齿轴机构　8—差速器　9—EDU 总成

② 智能充电，发动机打开，带动 ISG 发电，给电池充电。

(4) 全混驱动（并联混驱）　当 TM 起动并使得车辆达到一定速度后，根据驾驶员意愿和混动系统状态，HCU 决定何时由 ISG 起动发动机。当曲轴和主轴都达到同步速度后，离合器 C1 闭合。之后 HCU 根据驾驶员意愿及电池状态，以及最佳的燃油经济性来决定发动机、ISG 和 TM 的输出，相应的驱动车辆或者刹车。

(5) 纯电动爬行（TM 单独完成）　在变速杆处于 D 位并且没有踩加速踏板的情况下，如果电池荷电量不太低，车辆可以进行纯电动爬行，像传统车那样缓慢向前移动。

(6) 驻坡功能　在变速杆处于 D 位并且没有踩加速踏板的情况下，为了防止车辆在坡道上溜车，混合动力系统具备与传统车相当的驻坡功能。车辆可以在坡道上缓慢爬行。

(7) 发动机自动起停　当系统要求纯电动行驶时，发动机将保持停机状态或自动平稳停机。当系统要求发动机工作时（纯电动模式切换到串联工作模式或并联工作模式），发动机可以通过 ISG 实现自动平稳起动并工作。

(8) 制动能量回收和滑行能量回收　系统能量回收是指利用车轮转动反向驱动电动机对电池进行充电。

五 元件针脚详细信息

1) EDU 线束端插接器 ED076 端子及针脚信息如图 7-44 所示。

2) EDU 线束端插接器 ED077 端子及针脚信息如图 7-45 所示。

第七章 上汽荣威ei6/e950 PHEV混合动力汽车

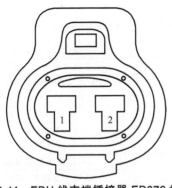

图 7-44　EDU 线束端插接器 ED076 端子

1—TM 高压互锁输入　2—TM 高压互锁输出

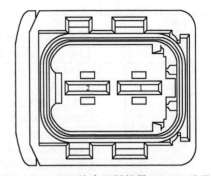

图 7-45　EDU 线束端插接器 ED077 端子

1—油泵电机供电　2—油泵电机接地

3）EDU 线束端插接器 ED079 端子及针脚信息如图 7-46 所示。

4）EDU 线束端插接器 ED081 端子及针脚信息如图 7-47 所示。

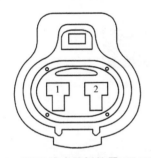

图 7-46　EDU 线束端插接器 ED079 端子

1—ISG 高压互锁输入　2—ISG 高压互锁输出

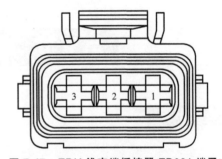

图 7-47　EDU 线束端插接器 ED081 端子

1—输出速度传感器供电　2—输出速度传感器信号　3—空脚

5）EDU 线束端插接器 ED082 端子如图 7-48 所示，针脚信息见表 7-15。

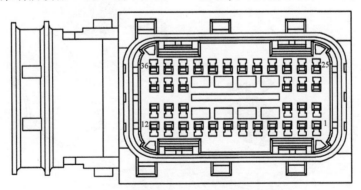

图 7-48　EDU 线束端插接器 ED082 端子

表 7-15　EDU 线束端插接器 ED082 端子信息

针脚号	描述	针脚号	描述
1	TM 旋变余弦差分信号低	5	TM 温度传感器信号
2	TM 旋变余弦差分信号高	6	TM 温度传感器接地
3	TM 旋变激励信号高	7	油温传感器信号
4	TM 旋变屏蔽	8	油温传感器接地

（续）

针脚号	描述	针脚号	描述
9	C2 离合器电磁阀供电	23	C1 离合器电磁阀供电
10	C2 离合器电磁阀控制	24	C1 离合器电磁阀控制
11	安全阀 SV1 供电	25	ISG 旋变正弦差分信号高
12	安全阀 SV1 控制	26	ISG 旋变正弦差分信号低
13	TM 正弦差分信号低	27	ISG 旋变激励信号高
14	TM 正弦差分信号高	28	ISG 旋变屏蔽
15	TM 激励信号低	29	ISG 温度传感器信号
16	档位位置传感器信号	30	ISG 温度传感器接地
17	换档方向电磁阀 G1 供电	31	油压传感器 5V 供电
18	换档方向电磁阀 G1 控制	32	油压传感器输出
19	ISG 旋变余弦差分信号高	33	油压传感器接地
20	ISG 旋变余弦差分信号低	34	档位位置传感器信号
21	ISG 激励信号低	35	换档压力电磁阀 SV2 供电
22	档位位置传感器 5V 供电	36	换档压力电磁阀 SV2 控制

第五节　高压配电系统

一、系统布置

高压配电系统配置如图 7-49 所示。

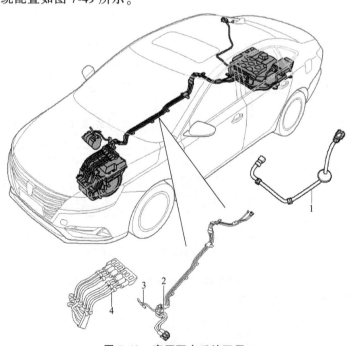

图 7-49　高压配电系统配置

1—充电高压线束　2—主高压线束　3—电空调压缩机线束　4—驱动电机线束

一、系统作用

系统控制如图 7-50 所示。

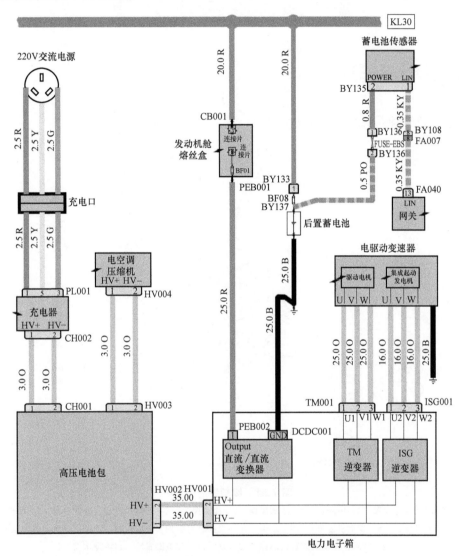

图 7-50 高压配电系统控制图

(1) 电空调压缩机线束 电空调压缩机线束，位于车身底板，连接在高压电池包和电空调压缩机之间，主要作用为将高压电池包上的高压直流电传输给电空调压缩机。

(2) 充电高压线束 充电高压线束，位于车身底板到行李箱，连接车载充电器和高压电池包之间，主要作用将车载充电器的直流电传输给高压电池组，实现充电。

(3) 主高压线束 主高压线束，位于车身底板到发动机舱，连接在 PEB 和高压电池之间，主要功能为将高压电池上的高压直流电传输到 PEB 上，实现电流的转换，输出到驱动电机。

(4) 驱动电机线束 驱动电机线束，位于发动机舱，连接在 PEB 和驱动电机之间，主要功能为将 PEB 上的三相交流电提供给驱动电机。

第六节 冷却系统

一 冷却系统布置

1) 发动机冷却系统布置如图 7-51 所示。

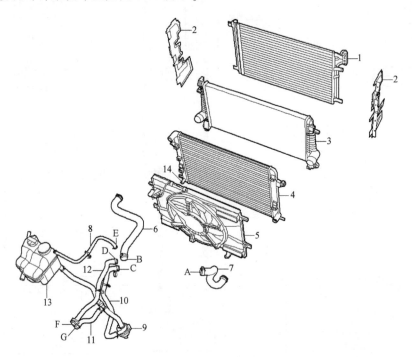

图 7-51 冷却系统布置
1—冷凝 2—导风罩 3—中冷器 4—冷却风扇 5—冷却风扇 6—管路，发动机到散热器 7—管路，散热器到发动机 8—发动机溢流管 9—水泵 10—管路，水泵到发动机 11—管路，暖风芯体到水泵 12—管路，发动机到暖风芯体 13—发动机冷却液膨胀箱 14—排水阀
A、C—发动机进水口 B、D—发动机出水口 E—发动机溢流口 F—暖风芯体进水口 G—暖风芯体出水口

2) 电力电子箱 PEB 冷却系统如图 7-52 所示。
3) 高压电池包 ESS 冷却系统如图 7-53 所示。

二 系统控制

1) 冷却风扇控制如图 7-54 所示。
2) 发动机冷却控制如图 7-55 所示。

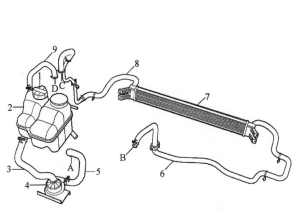

图 7-52 电力电子箱 PEB 冷却系统

1—冷却液膨胀箱盖 2—冷却液膨胀箱 3—管路（冷却液膨胀箱到电子水泵） 4—电子水泵 EDU 5—管路（EDU 到低温散热器） 6—管路（EDU 到低温散热器） 7—低温散热器 8—管路（低温散热器到 PEB） 9—管路（PEB 到冷却液膨胀箱）

A—EDU 进水口　B—EDU 出水口
C—PEB 进水口　D—PEB 出水口

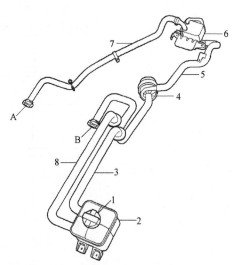

图 7-53 高压电池包 ESS 冷却系统

1—冷却液膨胀箱盖 2—冷却液膨胀箱 3—管路（冷却液膨胀箱到电子水泵） 4—电子水泵（电池） 5—管路（电子水泵到电池冷却器） 6—电池冷却器 7—管路（电池冷却器到电池） 8—管路（电池到冷却液膨胀箱）

A—电池进水口　B—电池出水口

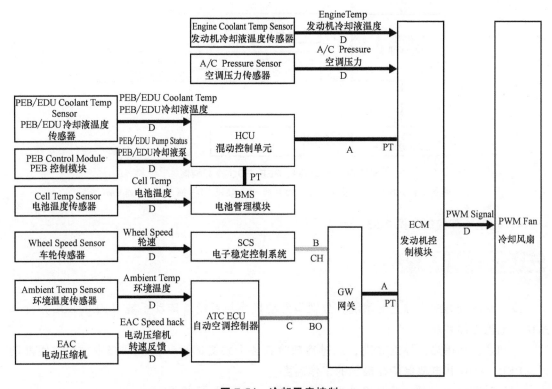

图 7-54 冷却风扇控制

A—动力高速 CAN 线　B—底盘高速 CAN 线　C—车身高速 CAN 线　D—硬线

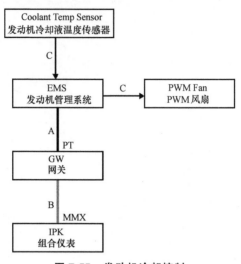

图 7-55 发动机冷却控制

A—动力高速 CAN 线　B—多媒体高速 CAN 线　C—硬线

3）传动系统 PEB/EDU 冷却控制如图 7-56 所示。

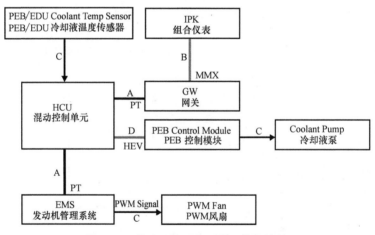

图 7-56 传动系统 PEB/EDU 冷却控制

A—动力高速 CAN 线　B—多媒体高速 CAN 线　C—硬线　D—混合动力高速 CAN 线

4）电池冷却控制如图 7-57 所示。

三　冷却系统概述

冷却系统分为三个独立的系统，分别是发动机冷却系统、传动系统（PEB/EDU）冷却系统、电池冷却系统。

冷却系统利用热传导的原理，通过冷却液在各个独立的冷却系统回路中循环，使发动机、PEB、EDU 和电池保持在最佳的工作温度。

（1）冷却液泵　整个冷却系统有一个机械泵、三个电子水泵。

机械泵，是通过曲轴带轮来驱动。

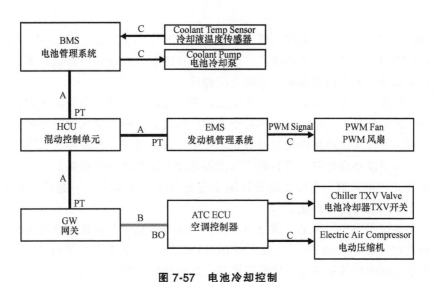

图7-57 电池冷却控制
A—动力总成高速CAN线 B—车身高速CAN线 C—硬线

三个电子水泵作用如下：

① 传动系统（PEB/EDU）冷却泵：利用安装支架通过两个螺栓固定在车身左前纵梁上，驱动传动系统（PEB/EDU）冷却液循环。

② 电池冷却泵：利用安装支架通过两个螺栓固定在车身底盘上，驱动电池冷却系统冷却液循环。

③ 暖风芯体进液冷却泵：利用安装支架通过两个卡簧固定在发动机上。空调有特定的采暖需求时，增大冷却液流经暖风芯体的流量，由鼓风机吹风形成热交换，将热量传递给驾驶室内。

（2）冷却液软管 橡胶冷却液软管在各组件间传送冷却液。弹簧卡箍将软管固定到各组件上。

发动机冷却系统软管和传动系统（PEB/EDU）冷却软管布置在发动机舱内，电池冷却系统冷却软管布置在后地板总成下。

（3）膨胀水箱 发动机冷却系统膨胀水箱和传动系统（PEB/EDU）冷却系统膨胀水箱注塑成型在一起，但中间腔体隔开，两边冷却液不互通。膨胀水箱通过一个螺栓安装在PEB上。膨胀水箱外部带有MAX和MIN刻度标示，便于用户观察冷却液液位。

电池冷却系统膨胀水箱布置在行李舱内右侧。电池膨胀水箱外部带有MAX和MIN刻度标示，便于用户观察冷却液液位。内部同样有液位标示，方便用户加注冷却液。

（4）散热器和冷却风扇 有两个散热器，分别是发动机冷却散热器和传动系统（PEB/EDU）低温散热器。

散热器都是一个两端带有注塑水箱的铝制横流式散热器。发动机冷却散热器的下部位于紧固在前纵梁的支架所支承的橡胶衬套内，顶部位于水箱上横梁支架所支承的橡胶衬套内。传动系统低温散热器位于冷凝器的下部，与其相连为一体。

冷却风扇安装于散热器后方，使用四个卡扣将冷却风扇固定到散热器上。

（5）节温器 节温器是一个带有卸压特性的蜡式元件，位于发动机出液口的密封壳体中。

当发动机冷起动时冷却液温度较低,节温器的蜡式元件呈固态,节温器阀在弹簧的作用下关闭。此时冷却系统处于小循环状态,即冷却液不能进入发动机冷却散热器进行循环。然而,冷却液却能够在旁通回路和暖风芯体之间循环。

当冷却液温度上升后,蜡式元件开始熔化逐渐变成液态,体积也随之增大,节温器阀在推杆的作用下逐渐打开,此时冷却系统处于大循环状态。冷却液将从散热器的底部软管进入气缸体,允许热的冷却液经顶部管流经散热器平衡热流,并将冷却液温度保持在发动机工作的最佳温度。当节温器全开时,所有的冷却液都流经发动机冷却散热器。

(6) 电池充电器风道 电池充电器风道于左后行李舱地板上,一边通过两个螺栓与电池充电器相连,一边与风口连接。

车辆在充电过程中产生热量,通过抽风机,经由电池充电器风道口将热气吹出。

(7) 电池冷却器(Chiller) 电池冷却器(Chiller)是电池冷却系统的一个关键部件,它负责将冷却电池的冷却液降温。电池冷却器分别包括以下组件:电池冷却器芯体、电池冷却器膨胀阀、电池冷却器支架、制冷剂进排气管、冷却液进出硬管、冷却器支架防振垫、O形圈和安装螺栓。

(8) 冷却液温度传感器 冷却液温度传感器有发动机冷却液温度传感器、PEB/EDU冷却液温度传感器、电池冷却液温度传感器。冷却液温度传感器是负温度系数NTC热敏电阻,该电阻与冷却液相接触,是分压器电路的一部分。

四 冷却系统运行原理

(1) 冷却原理 冷却系统利用传导原理,将热量从发动机组件、PEB组件和ESS组件传递到冷却液中。

(2) 发动机冷却液流 当发动机刚起动处于较低温度时,冷却液从机械冷却泵在发动机缸体、缸盖、暖风芯体、暖风芯体进液冷却泵之间循环。节温器保持关闭以防冷却液流经高温散热器,然而可使少量冷却液旁通经过以防蓄积的压力过大。当发动机达到正常运行温度时,节温器开启,使热的冷却液经过顶部软管流入高温散热器内,并将冷的冷却液从高温散热器底部软管进入缸体中,平衡冷的和热的冷却液使发动机保持在最佳的温度。当节温器全开时,冷却液大量流经高温散热器。

由热膨胀所产生的多余冷却液通过溢流管返回到膨胀水箱中。

额定压力为140kPa的膨胀水箱盖将冷却系统与外界大气隔开,因而随着温度的升高冷却液膨胀,使冷却系统的压力随之升高。压力的升高增加了冷却液的沸点,可使发动机在更高、更有效的工作温度下运转,而没有冷却液沸腾的风险。冷却系统的增压有极限,因此加注口压力密封盖上安装了卸压阀。这样在达到最大工作压力时,可释放冷却系统中过度的压力。

(3) PEB冷却液流 当车辆上高压电后,PEB和EDU冷却泵运转,冷却液在PEB、PEB膨胀水箱、PEB冷却泵、EDU和低温散热器之间循环。

由热膨胀产生的压力变化通过PEB膨胀水箱平衡。

(4) 电池冷却液流 当电池温度较低时,电池冷却系统冷却泵没有运转,冷却液没有循环起来。当电池温度升高，电池冷却泵运转，冷却液在电池、电池膨胀水箱、电池冷却泵和电池冷却器之间循环。

电池冷却系统同样有膨胀水箱来存储系统膨胀时的冷却液和系统冷却时补给的冷却液。

(5) PWM 风扇控制　主要影响 PWM 风扇的运转有发动机冷却液温度、传动系统 (PEB/EDU) 冷却液温度、电池温度传感器最高温度、空调压力、车速和环境温度。

1) 车辆运行：满足以下条件之一，则 PWM 风扇开启：①发动机冷却液温度≥92℃；②PEB 冷却泵开启，并且 PEB 冷却液温度≥56℃；③压缩机开启，并且空调压力≥0.2MPa。

若上述条件均未满足，则 PWM 风扇关闭。

2) 车辆停止：满足以下条件之一，则 PWM 风扇开启：①发动机冷却液温度≥108℃；②PEB 冷却液温度≥63℃。

开启时间：当环境温度≥4℃，PWM 风扇开启 60s；当环境温度<4℃，PWM 风扇开启 30s。

(6) 发动机冷却控制

1) 发动机冷却温度控制。发动机冷却液温度传感器监测发动机冷却液温度，并将信号传给 ECM，ECM 控制冷却风扇，从而控制发动机冷却液温度。

2) 发动机冷却液温度警告。发动机冷却液温度传感器将信号传给 ECM，ECM 经过 PT CAN 传给 Gateway，Gateway 通过 Info CAN 将信号传给 IPK，用于发动机冷却液的温度报警。

(7) PEB 冷却控制

1) PEB 冷却泵控制。

开启条件：当车辆上高压电后，PEB 开启 PEB 冷却泵。

运作中：该水泵为 PWM 占空比水泵，占空比决定了水泵的流量。最小流量的占空比为 20%，最大流量的占空比为 95%，与冷却液温度、电机温度、IGBT 温度有关系。温度越高，流量越大。

关闭条件：当车辆上高压断电后，且相关温度低于阀值。

2) PEB 冷却温度控制。PEB 冷却液温度传感器监测 PEB 冷却液温度，并经由 HCU 通过 PT CAN 将信号发动给 ECM，ECM 控制冷却风扇，从而来控制 PEB 和 EDU 部件的温度。

3) PEB 冷却液温度警告。PEB 冷却液温度传感器将信号传给 HCU，HCU 将信号传递给 Gateway，Gateway 通过 Info CAN 将信号传给 IPK。

(8) 电池冷却控制　电池冷却包括了两部分：冷却液循环和制冷剂循环。

1) 电池冷却泵控制。高压电池包中包含了多个电池温度传感器，电池温度传感器将信号传感 BMS，BMS 控制电池冷却泵的开启与关闭。

2) 电池冷却温度控制。当最高电池温度不低于特定值并且电池冷却泵开启时，自动空调控制器会开启电池冷却，即打开电池冷却器膨胀阀。当最高电池温度低于特定值或者电池冷却泵关闭，或者电池冷却液温度低于特定值时，自动空调控制器会关闭电池冷却。

电池冷却器膨胀阀电磁阀开启 5s 后开启压缩机；压缩机关闭 5s 后电池冷却器膨胀阀电磁阀关闭。

如果乘客舱和电池冷却不能同时满足，系统会优先满足电池冷却，牺牲乘客舱制冷的需求。

第七节 故障诊断与排除

一 高压电池包及其充电系统故障检查与确认

1）与客户沟通确认故障现象及故障现象出现时确切的运行条件，并做相应的检查。

2）检查易于接近或能够看到的系统部件是否存在可能导致该症状的明显损坏或故障，包括但不限于目视检查表中所列项目。

目视检查发动机舱熔丝 EF36 和 EF48、乘客舱熔丝 CF24。

3）如果目视检查发现明显损坏或故障的部位，应先对其进行维修/更换，再确认故障现象是否消失。如果故障现象依然存在，则依据故障症状表做进一步检查。

4）如果目视检查完未发现明显损坏或故障的部位，再依据故障症状表做进一步检查。

二 常见故障诊断

1. 故障症状

如果故障发生但相关控制模块未存储故障码（DTC），并且无法在目视检查中确认故障原因的，则应根据表 7-16 列出的可能原因进行故障诊断及排除。

表 7-16 故障症状

故障症状	可能的故障零件	故障症状	可能的故障零件
无法慢充	市电网	充电枪无法插到位	充电枪锁电机相关线路或插接器
	充电插板		充电枪锁继电器
	充电桩		车身控制模块相关线束
	充电连接线	充电枪无法拔出	充电枪
	车载充电器		检查充电枪锁电机
	电池包和车载充电器之间的高压线		充电口小门相关线路或插接器
慢充口小门无法打开	充电口小门开闭电机		检查充电枪锁继电器
	充电口小门相关线路或插接器		检查车身控制模块相关线束
	充电口小门	车载充电器风扇噪声大	风扇灰尘过多
充电枪无法插到位	充电枪		风扇变形
	充电口	前部充电呼吸灯不亮	呼吸灯相关线路或插接器
	充电枪锁电机		呼吸灯

2. 无法慢充

无法慢充故障见表 7-17。

第七章 上汽荣威ei6/e950 PHEV混合动力汽车

表 7-17 无法慢充

测试条件	细节/结果/措施
1. 检查市电网	查看家中是否有电 若充电座没电:查看别家是否有电,或家中总开关和分开关是否跳闸,线路是否断路 充电座正常:检查其他可能原因
2. 检查充电插板	检查充电插板是否有电 若充电插板没电:维修/更换充电插板,确认充电插板正常工作。若能正常工作,则诊断结束;若仍不能正常工作,则检查其他可能原因 充电插板正常:检查其他可能原因
3. 检查充电桩	可能为充电桩故障,寻找另一个充电桩是否能充电。若能充电,告知相关负责人修理充电桩;若不能充电,则检查其他可能原因
3. 检查充电连接线	可能为充电连接线断路故障,更换一根新的充电连接线,是否能充电。若能充电,则故障排除;若不能充电,则检查其他可能原因
4. 检查车载充电器	可能为车载充电器故障,更换一个新的车载充电器,是否能充电。若能充电,则故障排除;若不能充电,则检查其他可能原因
5. 检查电池包和车载充电器的高压线 线束插接器 CH001 线束插接器 CH002	A. 断开蓄电池负极,拆卸手动电维修开关 B. 断开高压线线束插接器 CH001 和 CH002 C. 用万用表测量以下车载充电器到高压电池包之间的电阻是否在规定范围内: 端子 CH001-1、CH001-2 电阻,均应<5Ω 电阻值不正常:更换/维修高压线束后,确认充电正常。如能正常充电,则诊断结束;若仍不能正常工作,则检查其他可能原因

3. 慢充口小门无法打开

慢充口小门无法打开故障见表 7-18 所示。

4. 充电枪无法插到位

充电枪无法插到位故障见表 7-19。

5. 充电枪无法拔出

充电枪无法拔出故障见表 7-20。

6. 车载充电器风扇噪声大

车载充电器风扇噪声大故障见表 7-21。

7. 前部充电呼吸灯不亮

前部充电呼吸灯不亮故障见表 7-22。

8. 车辆无法上下电

车辆无法上下电故障见表 7-23。

表 7-18　慢充口小门无法打开故障

测试条件	细节/结果/措施
1. 检查充电口小门开闭电机	检查充电口小门开闭电机正常供电下能否正常释放。若不能正常释放,则更换充电口小门开闭电机;若仍能正常释放,则检查其他可能原因
2. 检查充电口小门相关线路或插接器	A. 将点火开关置于 OFF 位置,断开蓄电池负极电缆 B. 断开充电口小门开闭电机线束插接器 BY131 C. 连接蓄电池负极电缆 D. 按下中控开关锁止、解锁,用万用表测量充电口小门开闭电机线束插接器端子之间的电压是否在规定范围内 | 状态	端子	电压/V	电阻/Ω | |---|---|---|---| | 锁止 | BY131-1 | 接地 | 11~14 | — | | 锁止 | BY131-2 | 接地 | — | <5 | | 解锁 | BY131-1 | 接地 | — | <5 | | 解锁 | BY131-2 | 接地 | 11~14 | — | 电压值不正常:维修/更换充电口小门相关线路。维修/更换完成后,再次检测充电口小门释放能否正常工作。若恢复正常,则诊断结束;若仍不能工作,则可能为车身控制模块故障导致。更换车身控制模块后,确认系统正常工作 电压值正常:则更换车身控制模块
3. 检查充电口小门	检查充电口小门是否有变形、卡滞等迹象 　若有此迹象:维修/更换充电口小门后,确认充电口小门能否正常释放,若能正常释放,则诊断结束;若仍不能正常释放,则检查其他可能原因 　若没有此迹象:则检查其他可能原因

注意：上表中的端子/电压/电阻数据应按如下整理：

状态	端子	电压/V	电阻/Ω
锁止	BY131-1 接地	11~14	—
	BY131-2 接地	—	<5
解锁	BY131-1 接地	—	<5
	BY131-2 接地	11~14	—

表 7-19　充电枪无法插到位故障

测试条件	细节/结果/措施
1. 检查充电枪	检查充电枪是否有变形、卡滞,充电接口是否堵塞损坏等迹象 　若有此迹象:维修/更换充电枪后,确认充电枪能否插到位。若能插到位,则诊断结束;若仍不能插到位,则检查其他可能原因 　若没有此迹象:则检查其他可能原因
2. 充电口变形	检查充电口是否有变形、卡滞,充电口密封圈是否有问题,充电接口是否堵塞损坏等迹象 　若有此迹象:维修/更换充电口后,确认充电枪能否插到位。若能插到位,则诊断结束;若仍不能插到位,则检查其他可能原因 　若没有此迹象:则检查其他可能原因
3. 检查充电枪锁电机	检查充电枪锁机构是否弹出,若弹出,检查充电枪锁电机正常供电下能否正常释放 　若能正常释放:进行插枪、锁止、解锁、拔枪操作。若能正常使用,则可能是人为旋动了充电枪应急锁机构,诊断结束 　若不能正常释放:则更换充电口,进行插枪、锁止、解锁、拔枪操作。若能正常使用,则诊断结束;若不能正常使用,则检查其他可能原因

(续)

测试条件	细节/结果/措施
4. 检查充电枪锁电机相关线路或插接器 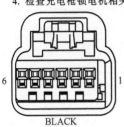BLACK	A. 将点火开关置于OFF位置,断开蓄电池负极电缆 B. 断开充电锁电机线束插接器BY121 C. 连接蓄电池负极电缆 D. 按下中控开关锁止、解锁,用万用表测量充电枪锁电机线束插接器端子之间的电压是否在规定范围内 <table><tr><td>状态</td><td>端子</td><td></td><td>电压/V</td><td>电阻/Ω</td></tr><tr><td rowspan="2">解锁</td><td>BY121-1</td><td>接地</td><td>—</td><td><5</td></tr><tr><td>BY121-2</td><td>接地</td><td>11~14</td><td>—</td></tr><tr><td rowspan="2">锁止</td><td>BY121-1</td><td>接地</td><td>11~14</td><td>—</td></tr><tr><td>BY121-2</td><td>接地</td><td>—</td><td><5</td></tr></table>电压值正常:维修/更换充电锁电机相关线路。维修/更换完成后,再次检测充电锁电机释放能否正常工作。若恢复正常,则诊断结束;若仍不能工作,则检查其他可能原因 电压值不正常:则检查其他可能原因
5. 检查充电枪锁继电器	A. 将点火开关置于OFF位置,断开蓄电池负极电缆,拆卸乘客舱熔丝盒内的继电器CR9、CR6。 B. 测试以下继电器端子之间的电阻是否在规定范围内: <table><tr><td>继电器</td><td colspan="2">端子</td><td>电阻/Ω</td></tr><tr><td rowspan="7">CR9</td><td>85</td><td>86</td><td>80±10</td></tr><tr><td>30</td><td>87a</td><td><5</td></tr><tr><td>30</td><td>87</td><td>∞</td></tr><tr><td>30</td><td>85</td><td>∞</td></tr><tr><td>85</td><td>87a</td><td>∞</td></tr><tr><td>87</td><td>87a</td><td>∞</td></tr><tr><td>86</td><td>87a</td><td>∞</td></tr><tr><td rowspan="7">CR6</td><td>85</td><td>86</td><td>80±10</td></tr><tr><td>30</td><td>87a</td><td><5</td></tr><tr><td>30</td><td>87</td><td>∞</td></tr><tr><td>30</td><td>85</td><td>∞</td></tr><tr><td>85</td><td>87a</td><td>∞</td></tr><tr><td>87</td><td>87a</td><td>∞</td></tr><tr><td>86</td><td>87a</td><td>∞</td></tr></table>C. 将继电器85和86端子外接12V电源,测试以下继电器端子之间的电阻是否在规定范围内: <table><tr><td>继电器</td><td colspan="2">端子</td><td>电阻/Ω</td></tr><tr><td>CR9</td><td>30</td><td>87</td><td><5</td></tr><tr><td>CR6</td><td>30</td><td>87</td><td><5</td></tr></table>电阻值不正常:更换继电器。更换完成后,再次充电枪锁继电机能否正常释放。若能正常释放,诊断结束;若能不正常释放,则继续检查其他可能原因 电阻值正常:检查其他可能原因

(续)

测试条件	细节/结果/措施
6. 检查车身控制模块相关线束 BLUE	A. 将点火开关置于OFF位置,断开蓄电池负极电缆 B. 断开相应侧车身控制模块线束插接器FA047、乘客舱熔丝盒充电枪锁继电器CR9、CR6。 C. 用万用表测量以下车身控制模块线束插接器与充电枪锁电机线束插接器端子与接地的电阻是否在规定范围内: <table><tr><th colspan="2">端子</th><th>电阻/Ω</th></tr><tr><td>CR9-85</td><td>FA047-15</td><td rowspan="2"><5</td></tr><tr><td>CR6-85</td><td>FA047-2</td></tr><tr><td>CR9-85</td><td rowspan="4">接地</td><td rowspan="8">∞</td></tr><tr><td>CR6-85</td></tr><tr><td>FA047-15</td></tr><tr><td>FA047-2</td></tr><tr><td>CR9-85</td><td rowspan="4">电源</td></tr><tr><td>CR6-85</td></tr><tr><td>FA047-15</td></tr><tr><td>FA047-2</td></tr></table>电阻值不正常:维修/更换相关线路。维修/更换完成后,再次检测充电枪能否插到位。若恢复正常,则诊断结束;若仍不能插到位,则更换车身控制模块 电阻值正常:则更换车身控制模块

表7-20 充电枪无法拔出故障

测试条件	细节/结果/措施
1. 检查充电枪	检查充电枪是否有烧蚀、异味等迹象 若有此迹象:维修/更换充电枪后,确认充电枪能否拔出。若能拔出,则诊断结束;若仍不能拔出位,则检查其他可能原因 若没有此迹象:则检查其他可能原因
2. 检查充电口应急旋钮	打开行李舱右侧饰板,转动充电口应急旋钮,再尝试拔枪 如果可以拔出:则电子锁有故障,进一步检查充电枪锁电机 如果不可以拔出:则检查其他可能原因
3. 检查充电枪锁电机	检查充电枪锁机构是否弹出,若弹出,检查充电枪锁电机正常供电下能否正常释放 若能正常释放:进行插枪、锁止、解锁、拔枪操作,若正常使用,则可能是人为旋动了充电枪应急锁机构,诊断结束 若不能正常释放:则更换充电口,进行插枪、锁止、解锁、拔枪操作,若正常使用,则诊断结束,若不能正常使用,则检查其他可能原因
4. 检查充电口小门相关线路或插接器	A. 将点火开关置于OFF位置,断开蓄电池负极电缆 B. 断开充电锁电机线束插接器BY121 C. 连接蓄电池负极电缆 D. 按下中控开关锁止、解锁,用万用表测量充电枪锁电机线束插接器端子之间的电压是否在规定范围内

(续)

测试条件	细节/结果/措施				
4. 检查充电口小门相关线路或插接器	状态	端子		电压/V	电阻/Ω
^^	解锁	BY121-1	接地	—	<5
^^	^^	BY121-2	接地	11~14	—
^^	锁止	BY121-1	接地	11~14	—
^^	^^	BY121-2	接地	—	<5
^^	电压值正常:维修/更换充电锁电机相关线路。维修/更换完成后,再次检测充电锁电机释放能否正常工作。若恢复正常,则诊断结束;若仍不能工作,则检查其他可能原因 电压值不正常:则检查其他可能原因				
5. 检查充电枪锁继电器	A. 将点火开关置于OFF位置,断开蓄电池负极电缆,拆卸乘客舱熔丝盒内的继电器CR9、CR6 B. 测试以下继电器端子之间的电阻是否在规定范围内:				
^^	继电器	端子		电阻/Ω	
^^	CR9	85	86	80±10	
^^	^^	30	87a	<5	
^^	^^	30	87	∞	
^^	^^	30	85	∞	
^^	^^	85	87a	∞	
^^	^^	87	87a	∞	
^^	^^	86	87a	∞	
^^	CR6	85	86	80±10	
^^	^^	30	87a	<5	
^^	^^	30	87	∞	
^^	^^	30	85	∞	
^^	^^	85	87a	∞	
^^	^^	87	87a	∞	
^^	^^	86	87a	∞	
^^	C. 将继电器85和86端子外接12V电源,测试以下继电器端子之间的电阻是否在规定范围内:				
^^	继电器	端子		电阻/Ω	
^^	CR9	30	87	<5	
^^	CR6	30	87	<5	
^^	电阻值不正常:更换继电器。更换完成后,再次充电枪锁电机能否正常释放。若能正常释放,诊断结束;若不能正常释放,则继续检查其他可能原因 电阻值正常:检查其他可能原因				
6. 检查车身控制模块相关线束	A. 将点火开关置于OFF位置,断开蓄电池负极电缆 B. 断开相应侧车身控制模块线束插接器FA047、乘客舱熔丝盒充电枪锁继电器CR9、CR6 C. 用万用表测量以下车身控制模块线束插接器与车门侧门锁电机线束插接器端子与接地的电阻是否在规定范围内:				

(续)

测试条件	细节/结果/措施		
6. 检查车身控制模块相关线束	端子		电阻/Ω
	CR9-85	FA047-15	<5
	CR6-85	FA047-2	
	CR9-85	接地	∞
	CR6-85		
	FA047-15		
	FA047-2		
	CR9-85	电源	
	CR6-85		
	FA047-15		
	FA047-2		
	电阻值不正常:维修/更换相关线路。维修/更换完成后,再次检测车门能否正常工作。若恢复正常,则诊断结束;若仍不能工作,则更换车身控制模块 电阻值正常:则更换车身控制模块		

表 7-21 车载充电器风扇噪声大故障

测试条件	细节/结果/措施
1. 风扇灰尘过多	检查风扇上灰尘、异物是否很多 若有此迹象:吹掉风扇灰尘、异物后,确认车载充电器风扇噪声是否还大。若车载充电器风扇噪声变小或者消失,则诊断结束;若车载充电器风扇噪声还是大,则检查其他可能原因 若没有此迹象:则检查其他可能原因
2. 检查风扇	检查风扇是否有变形、卡滞等迹象 若有此迹象:维修/更换车载充电器后,确认车载充电器风扇噪声是否还大。若车载充电器风扇噪声变小或者消失,则诊断结束;若车载充电器风扇噪声还是大,则检查其他可能原因 若没有此迹象:则检查其他可能原因

表 7-22 前部充电呼吸灯不亮故障

测试条件	细节/结果/措施				
1. 检查前部呼吸灯相关线路或插接器 BLACK	A. 将点火开关置于 OFF 位置,断开蓄电池负极电缆 B. 断开前部呼吸灯线束插接器 EB106 C. 连上蓄电池负极,插上充电枪,给高压电池包充电,用万用表测量前部呼吸灯线束插接器与接地之间的电压或电阻是否在规定范围内				
	端子	电压/V		端子	电阻/Ω
	1	接地	11~14	4	接地	<5
	电压值、电阻值不正常:维修/更换相关线路。维修/更换完成后,检查前部呼吸灯能否点亮。若能点亮,则诊断结束;若仍不能点亮,则继续检查其他可能原因 电压值、电阻值正常:则检查其他可能原因				
2. 检查呼吸灯	检查呼吸灯正常供电下能否亮,若不亮,则更换呼吸灯;若亮,则检查其他可能原因				

第七章　上汽荣威ei6/e950 PHEV混合动力汽车

表7-23　车辆无法上下电故障

测试条件	细节/结果/措施
1. 检查手动维修开关	检查手动维修开关是否损坏、连接不良，必要时，维修/更换手动维修开关 维修/更换后，确认故障症状是否消失 是，则诊断结束；否，则检查其他原因
2. 检查电子电力箱相关线路	检查高压电池包到电子电力箱的高压线束是否老化、破损、连接不良，必要时，维修/更换高压线束 维修/更换后，确认故障症状是否消失 是，则诊断结束；否，则检查其他原因

9. 车辆无法起动、行驶、混动系统故障警告灯点亮

车辆无法起动、行驶、混动系统故障警告灯点亮故障见表7-24。

表7-24　车辆无法起动故障

测试条件	细节/结果/措施
1. 检查手动维修开关	检查手动维修开关是否损坏、连接不良，必要时，维修/更换手动维修开关 维修/更换后，确认故障症状是否消失 是，则诊断结束；否，则检查其他原因
2. 检查电子电力箱相关线路	检查电子电力箱到EDU的高压线束是否老化、破损、连接不良，必要时，维修/更换高压线束 维修/更换后，确认故障症状是否消失 是，则诊断结束；否，则检查其他原因
3. 检查电子电力箱	检查电子电力箱损坏，必要时，维修/更换电子电力箱 维修/更换后，确认故障症状是否消失 是，则诊断结束；否，则检查其他原因
4. 检查蓄电池	检查PEB与蓄电池之间的接触是否良好、蓄电池是否亏电、破损，必要时，维修/更换蓄电池 维修/更换后，确认故障症状是否消失 是，则诊断结束；否，则检查其他原因

10. 故障码：P0AA6

（1）故障诊断码说明　P0AA6　高压系统绝缘故障。

（2）子系统原理　高压电池包的高压电管理模块（HVM）会对高压电的电流以及绝缘型进行检测，如绝缘低会上报绝缘故障至整车，同时它会检查绝缘电阻检测回路是否存在故障及检测合理性检查。

（3）故障诊断运行条件　点火开关置于ON位置。

（4）故障发生后电控单元采取的操作　关闭巡航，在车速小于50km/h时断电；HCU故障警告灯点亮。

（5）可能的原因　相关线路故障、插接器故障或配合不良、混动控制单元故障、高压电池模块故障、电空调压缩机故障、电力电子箱故障、车载充电器故障。

（6）诊断测试步骤

1）使用诊断仪读取相关参数或者强制输出，确认故障状态。

连接诊断仪，将点火开关置于 ON 位置。

2）读取"高压绝缘电阻值"是否在合理值范围内。

是，则检测/更换混动控制单元；否，则转至步骤3）。

3）检验接插件的连接性

① 检查车载充电器线束插接器 CH001、电力电子箱线束插接器 HV002、电空调压缩机线束插接器 HV003 是否存在松动、接触不良、扭曲、腐蚀、污染、变形等现象。

② 对于目视有问题的部件进行清洁、维修或更换。

③ 检测/维修相关故障后关闭并重新打开点火开关，再次读取故障码，确认故障码是否继续存在。

是，则转到步骤4）；否，则诊断结束。

4）检测相关线路

① 将点火开关置于 OFF 位置，车辆静置 5min 以上，操作手动维修开关断开高压电池电源，断开蓄电池负极接线。

② 测量高压电池上高压插接器各端子间、端子与地之间，以及高压线束端高压插接器内的端子之间，确保没有高压电。

③ 断开车载充电器线束插接器 CH001、电力电子箱线束插接器 HV002、电空调压缩机线束插接器 HV003。

5）检测/维修相关故障后关闭并重新打开点火开关，再次读取故障码，确认故障代码是否继续存在。

① 测试车载充电器线束插接器 CH001 端子1和端子2与接地之间的电阻应该为兆欧级。

② 测试电力电子箱线束插接器 HV002 端子1和端子2与接地之间的电阻应该为兆欧级。

③ 测试电空调压缩机线束插接器 HV003 端子1和端子2与接地之间的电阻应该为兆欧级。

6）检测/维修相关故障后关闭并重新打开点火开关，再次读取故障码，确认故障码是否继续存在。

是，则转到步骤（4）；否，则诊断结束。

（7）检测/更换高压电池包　如果经过以上检测和维修后故障代码依然存在，则尝试检测/更换高压电池包。

11. 故障码：P0AA7、P1E03、P1E04、P1E05、P1E06、P1EB2

（1）故障诊断码说明

P0AA7：检测到绝缘监测电路硬件故障。

P1E03：系统判定绝缘检测结果不合理。

P1E04：系统检测到电池组外部高压回路绝缘故障。

P1E05：系统检测到电池内部绝缘故障。

P1E06：系统绝缘检测失败。

P1EB2：充电过程中绝缘值过低。

（2）故障发生后电控单元采取的操作

P0AA7、P1E05：高压电池故障警告灯点亮。

P1E03、P1E04、P1E06：无。

P1EB2：慢充充电停止。

(3) 可能的原因：相关线路故障、插接器故障或配合不良、高压电池包故障。

(4) 诊断测试步骤

1) 使用诊断仪读取相关参数或者强制输出，确认故障状态：

① 连接诊断仪，将点火开关置于 ON 位置。

② 读取"高压系统绝缘电阻"是否在合理值范围内。

否，则检测/更换高压电池包；是，则转至步骤2)。

2) 检验接插件的连接性

① 检查车载充电器线束插接器 CH002，电力电子箱线束插接器 HV001，电空调压缩机线束插接器 HV004 是否存在松动、接触不良、扭曲、腐蚀、污染、变形等现象。

② 对于目视有问题的部件进行清洁、维修或更换。

③ 检测/维修相关故障后关闭并重新打开点火开关，再次读取故障码，确认故障码是否继续存在。

是，则转到步骤4)；否，则诊断结束。

3) 检测相关线路

① 将点火开关置于 OFF 位置，车辆静置 5min 以上，操作手动维修开关断开高压电池电源，断开蓄电池负极接线。

② 测量高压电池上高压插接器各端子间、端子与地之间，以及高压线束端高压插接器内的端子之间，确保没有高压电。

③ 使用绝缘检测仪器，检测高压电池系统的绝缘值是否在规定的范围内，绝缘检测仪器的测试电压值应高于高压电池包的电压值。

④ 断开车载充电器线束插接器 CH002，电力电子箱线束插接器 HV001，电空调压缩机线束插接器 HV004。

⑤ 测试车载充电器线束插接器 CH002 端子1和端子2与接地之间的电阻应该为兆欧级。

⑥ 测试电空调压缩机线束插接器 HV004 端子1和端子2与接地之间的电阻应该为兆欧级。

⑦ 检测/维修相关故障后关闭并重新打开点火开关，再次读取故障码，确认故障码是否继续存在。

4) 检测/更换高压电池包　如果经过以上检测和维修后故障代码依然存在，则尝试检测/更换高压电池包。

12. 故障码：P1FAE、P1FAF、P1FB0、P1FB1

(1) 故障诊断码说明

P1FAE：低压输出电流过高。

P1FAF：低压输出硬件过电压保护。

P1FB0：低压输出硬件过电流保护。

P1FB1：低压输出电路开路或者正负极短路。

(2) 可能的原因　充电器故障。

(3) 诊断测试步骤

1) 将点火开关置于 ON 位置。

2) 用诊断仪确认未设置 DTC P1FAE、P1FAF、P1FB0、P1FB1 以外的故障码。如果设置了相关故障码，先诊断这些故障码。

3) 清楚故障码后，确认未设置 DTC P1FAE、P1FAF、P1FB0、P1FB1 故障码。

4) 如果再次设置了故障码，则更换充电器。

13. 荣威混合动力汽车加速时下电故障

（1）故障现象　一辆荣威插电式混合动力车，搭载 1.5T 发动机和电驱动变速器 EDU，累计行驶里程约为 3000km。车主反映，车辆上电后，低速缓加速行驶正常，急加速时车身严重抖动工下，等待几秒后高压下电，车辆无法行驶；断开点火开关后重新接通，高压上电正常，车辆又可正常行驶。

（2）故障诊断　接车后试车，确认故障现象与车主所述一致，且故障发生时组合仪表上并没相关故障灯点亮，也没有文字信息提示。与车主进一步沟通得知，这个故障现象 1 个月可能就出现一两次，下电后重新上电就能正常行驶。由于对新能源车不太了解，起初以为是操作不当导致了这种情况，但最近这种现象比较频繁，车辆几乎无法急加速行驶。

用故障检测仪读取整车故障码，发现故障发生时并无故障码存储；利用实时显示功能读取 TM（Traction Motor，牵引电机）模块内的相关数据，发现急踩加速踏板，故障出现时，TM 的三相（U、V、W）电流减小如图 7-58a 所示，正常情况下此时 TM 的三相电流应逐渐增大如图 7-58b 所示，松开加速踏板时才会减小。

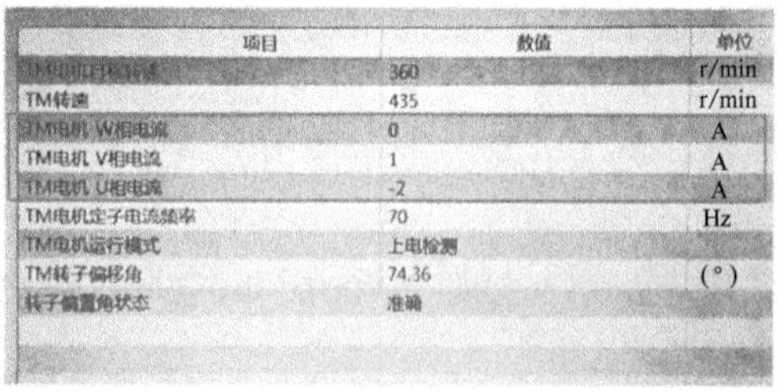

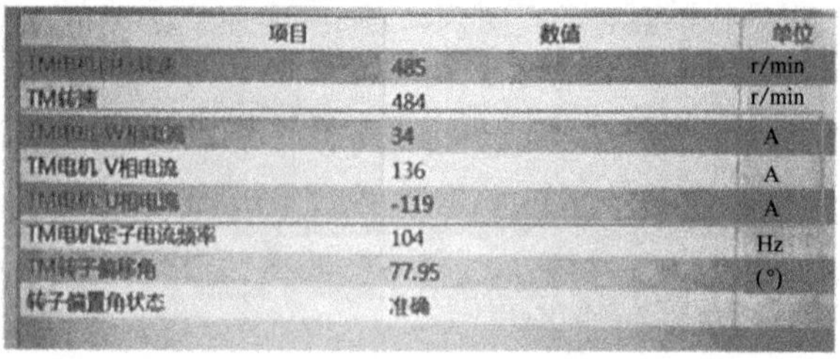

a) 故障时　　　　　b) 正常时

图 7-58　TM 模块内的相关数据

如图 7-59 所示，直流高压电由高压电池包（ESS）提供给电力电子箱（PEB），然后 PEB 根据混合动力控制模块（HCU）的转矩指令控制 ISG（Integrated Starter Generator，集成起动发电机）和 TM 工作。故障时读取 ESS 内的电压，正常，排除 ESS 存在故障的可能。考虑到急加速时 TM 的三相电流逐渐减小，类似车辆急减速工作状态，推断可能的故障原因有 TM 旋转变压器线圈异常或信号靶轮松脱；HCU 故障；PEB 供电、接地及通信线路故障或本体故障。

首先使用示波器测量 TM 旋转变

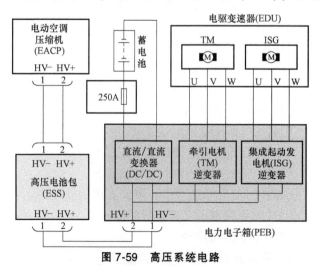

图 7-59　高压系统电路

压器正弦绕组信号波形如图 7-60 所示，发现故障出现时信号异常，有中断现象。TM 旋转变压器由一次绕组（激励绕组）和两个二次绕组（正弦线圈和余弦线圈）、转子（信号靶轮）组成，工作时 PEB 提供给一次绕组持续的交流电，从而产生交变磁场，二次绕组感应这个交变磁场，用于检测 TM 的转速和位置。测量一次绕组信号，正常；检查信号靶轮，无松脱现象；静态测量 PEB 的供电、接地及通信线路，均正常。使用示波器跟踪测量 PEB 唤醒线上的电压波形（图 7-60，红色、绿色和黄色波形均为 PEB 唤醒线上的电压波形，只是选取的测量点不一样），发现故障时 PEB 唤醒线上的电压会突然从 12V 降到 0V，持续时间约 12ms（由于故障持续时间很短，系统没有存储相关故障码），推断唤醒线路偶尔对接地短路，可能的故障原因为相关线束损坏或唤醒线路上的模块损坏。

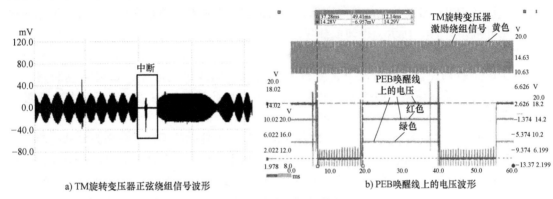

图 7-60 用示波器测量电压波形

查看维修资料得知，PEB 由网关（GW）唤醒，且从接点 BYS46 处还分别唤醒其他八个模块如图 7-61 所示。从接点 BYS46（图 7-62）处逐个断开各模块，并单独给断开的模块供电，当断开电子油泵控制模块 EOPC 时，故障消失，且唤醒线上的电压不再有拉低现象，车辆加速恢复正常，但 EOPC 供电线路上的电流较大，存在对接地短路的现象。由于故障持续

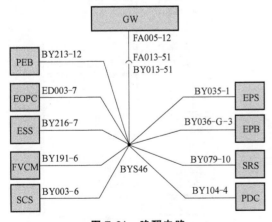

图 7-61 唤醒电路

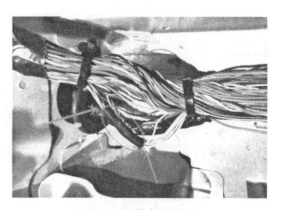

图 7-62 接点 BYS46

EOPC—电子油泵控制模块　EPB—电子驻车制动模块
EPS—电动助力转向控制模块　ESS—高压电池包
FVCM—前视摄像头模块　GW—网关　PDC—泊车
辅助控制模块　PEB—电子电力箱　SCS—动态
稳定控制模块　SRS—安全气囊控制模块

时间很短，无法通过测电阻的方法判断是否是线路对接地短路，决定用跨线的方法进行判断。断开接点 BYS46 至 EOPC 导线插接器 ED003 端子 7 间的导线，重新跨接一根导线后试车，故障现象未再出现，说明车身线束存在故障，EOPC 本体正常。考虑到该车行驶里程较短，决定更换车身线束。

（3）故障排除　更换车身线束后试车，急加速时故障不再出现，故障排除。

14. 荣威混合动力汽车散热风扇常转故障

（1）故障现象　一辆款荣威插电式混合动力车，搭载 1.5T 发动机和电驱动变速器（EDU），累计行驶里程约为 5 万 km。车主反映，该车高压上电后散热风扇常转。

（2）故障诊断　试车，确认车主反映的故障现象属实，且发动机转速比正常车高。用故障检测仪（VDS）检测，无故障码存储，推断散热风扇控制线路存在异常。查看该车散热风扇控制电路如图 7-63 所示，得知散热风扇总成上共三根导线，分别为电源线、接地线和占空比（PWM）信号控制线，发动机控制模块（ECM）通过占空比信号控制散热风扇工作，可实现无级调速。一般情况下，若占空比信号控制线出现故障，如短路或断路，则 ECM 中会存储相关故障码，而该车并无故障码存储，由此怀疑 ECM 接收到了满足启用散热风扇的条件，以致主动控制散热风扇运转。

查看该车冷却系统资料得知，该车冷却系统分为三个独立的系统，分别为发动机冷却系统、传动系统冷却系统和电池冷却系统。冷却系统利用热传导的原理，通过冷却液在各个独立的冷却系统回路中循环，使发动机、电力电子箱（PEB）、电驱动变速器（EDU）和电池保持在最佳的工作温度。图 7-64 所示为该车散热风扇的控制原理图，车辆运行时，满足以下任一条件，ECM 启用散热风扇。

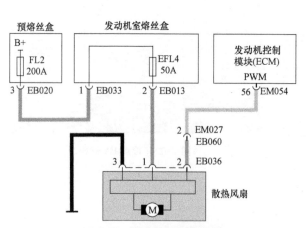

图 7-63　散热风扇控制电路

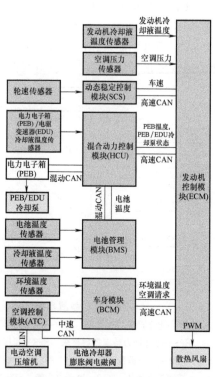

图 7-64　散热风扇的控制原理

第七章 上汽荣威ei6/e950 PHEV混合动力汽车

1) 发动机冷却液温度≥95℃。
2) 传动系统PEB/EDU冷却泵开启,并且传动系统冷却液温度≥50℃。
3) 电动空调压缩机开启,并且空调压力≥0.2MPa。

使车辆高压上电,读取发动机控制模块(ECM)内的数据流如图7-65所示,发现发动机冷却液温度为33℃,正常;"空调压缩机请求"信号为"打开"(正常情况下,ECM接收到该信号后会默认空调系统开始工作,从而会控制散热风扇运转,为空调系统的冷凝器散热),而此时并没有接通空调开关,且电动空调压缩机并没有工作,难道这项数据与"空调离合器继电器状态"(该车为电动空调压缩机,无空调压缩机电磁离合器继电器)一样均是无效的?与正常车对比,确认正常车在未接通空调开关时,"空调压缩机请求"信号为"关闭";在接通空调开关时,"空调压缩机请求"信号为"打开",且散热风扇开始运转。由此可知,该车散热风扇常转就是因为ECM接收到了"空调压缩机请求"信号,可此时并没有接通空调开关,而就算空调开关发出了错误的信号,那电动空调压缩机应该工作才对,但实际上电动空调压缩机并不工作。

发动机冷却液温度	33	摄氏度
发动机冷却液温度原始值	2.074	摄氏度
发动机油温	34	摄氏度
空调离合器继电器状态	关闭	
空调打开	关闭	
空调压缩机请求	打开	

图7-65 ECM内的数据流

进一步查看维修资料得知,该车电池冷却系统由冷却液循环系统和制冷剂循环系统组成,如图7-66所示,当最高电池温度大于等于33℃时,电池管理模块(BMS)控制电池冷却泵开启;当最高电池温度大于等于36℃时,自动空调控制模块(ATC)控制电池冷却器膨胀阀电磁阀工作,5s后电动空调压缩机工作;当最高电池温度小于等于30℃时,ATC控制电动空调压缩机停止工作,5s后电池冷却器膨胀阀电磁阀也停止工作。由此可知,若电池温度过高,也会请求电动空调压缩机工作。

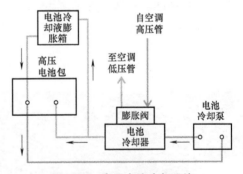

图7-66 高压电池冷却系统

读取混合动力控制模块(HCU)中的数据流,发现"实际高压电池的温度"为37℃;再读取BMS中的数据流,发现"BMS冷却液温度"为37.5℃。由此可知,该车最高电池温度高于36℃,此时BMS控制电池冷却泵开启,ATC控制电动压缩机工作。故障时检查电池冷却泵,一直运转,且冷却液循环正常,而电动空调压缩机始终不工作(检查电池冷却器膨胀阀及压缩机进出口空调管的温度,均与环境温度一致)。接通空调开关,电动空调压缩机仍不工作,由此推断电动空调压缩机及其相关线路存在故障。

查看电动空调压缩机控制电路(图7-67)脱开电动空调压缩机低压插接器EB042,测量端子1上的电压,为0V,异常,说明电动空调压缩机的低压供电电路存在故障。仔细检查发现,晃动辅助熔丝盒中的熔丝F6时,低压供电恢复正常,说明熔丝F6插座松动。

(3)故障排除 修复熔丝F6的插座后试车,电动空调压缩机工作正常,约30min后电池温度降至29.5℃,散热风扇常转的故障现象消失,故障排除。

15. 荣威混合动力汽车无法上高压电故障

（1）故障现象　一辆荣威混合动力车累计行驶里程约为 6 万 km。该车停放时间较长，用车时发现车辆无法上高压电。

（2）故障排除　接车后，按下电源开关，组合仪表指示灯不亮，初步判定低压蓄电池亏电严重。维修人员首先拆下低压蓄电池并对其进行充电，待低压蓄电池充电完毕，重新装复低压蓄电池，踩下制动踏板，按下电源开关，组合仪表信息显示中心提示"混动系统故障"（图 7-68），车辆无法进入 READY 模式。连接故障检测仪对整车进行扫描，发现多个控制模块内均存储有历史故障码，多数是由低压蓄电池亏电所导致的，对控制模块内的故障码进行多次清除，在系统自检正常后，按下电源开关，信息显示中心的故障提示再次出现。用故障检测仪进行检测，在混合动力控制模块（HCU）内存储有故障码"P0AA6 高压绝缘电阻故障"，如图 7-69 所示。记录并尝试清除故障码，故障码可以清除。再次按下电源开关，车辆依旧无法进入 READY 模式，且故障码 P0AA6 再次存储。

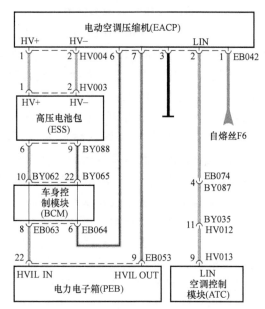

图 7-67　电动空调控制电路

图 7-68　故障车的组合仪表提示

图 7-69　读得的故障码

查阅故障码 P0AA6 的相关说明，得知高压电池管理模块（BMS）对高压系统与车身之间的绝缘电阻进行持续监测，当检测到两者之间的绝缘电阻低于 200kΩ 时，即设置该故障码，同时混合动力控制模块对高压系统进行紧急断电，故障范围涉及整个高压系统部件及其连接线束。

用故障检测仪清除故障码，读取高压电池管理模块的数据流（图 7-70），发现高压系统的绝缘电阻为 8190.5kΩ；按下电源开关，高压系统的绝缘电阻降为 22.5kΩ（严重低于系统要求的 200kΩ），由此判断高压系统与车身之间的绝缘电阻出现异常。断开手动高压开关，等待 15min，确认高压系统彻底断电后，逐一断开高压系统部件之间的连接线束并测量其绝缘电阻。当断开高压蓄电池导线插接器 HY005（该导线插接器的连接线束通往车载充电器）时，发现导线插接器 HY005 内部有水迹，如图 7-71 所示。分析认为，该连接线束固定在高压蓄电池的正后方，导线插接器自身具有防水特性，而线束周边也无冷却液软管，排除外部密封不良导致进水的可能。

名称	值	单位
高压电池包总线电压	3	伏
高压电池电压	301	伏
高压电池包电池组电流-ASIC	0	安培
高压电池包电池组电流-LEM	-0.85	安培
高压系统绝缘电阻	8190.5	千欧
高压电池SOC	16.7	%
高压电池管理系统(BMS)故障状态	EPO	
BMS运行状态	故障	
	高压互锁开关已合	

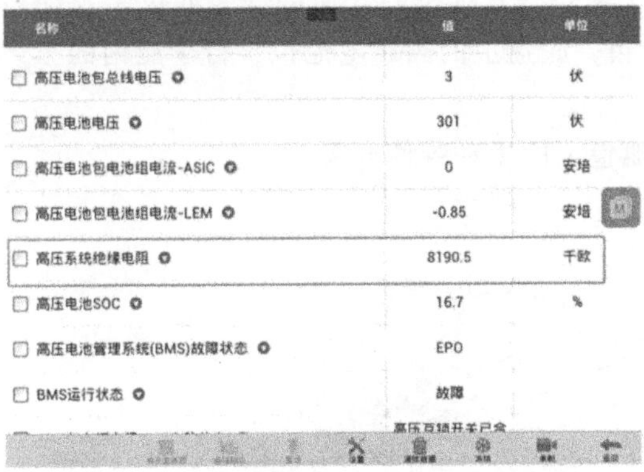

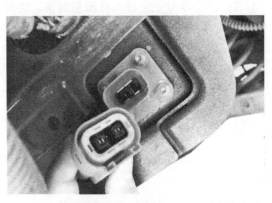

图 7-70 读取的高压电池管理模块数据流

图 7-71 高压蓄电池导线插接器 HY005 内部有水迹

查阅相关资料，得知高压蓄电池内部有一套冷却系统，其作用是给高压蓄电池散热，而冷却系统的膨胀罐则位于行李舱左侧。打开行李舱盖，发现膨胀罐内已经没有冷却液。拆卸高压蓄电池侧导线插接器 HY005 上的固定螺栓，发现导线插接器 HY005 后端也有冷却液，如图 7-72 所示，怀疑是由高压蓄电池内部冷却系统泄漏导致的。分解高压蓄电池，发现内部的橡胶连接软管有漏液现象。

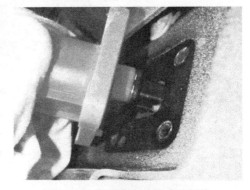

图 7-72 高压蓄电池侧导线插接器 HY005 后端也有冷却液

（3）故障排除　清洁高压蓄电池，并更换内部的橡胶连接软管，重新装复高压蓄电池，试车，故障现象不再出现，故障排除。

高压连接线一般都带有屏蔽线，屏蔽线通过导线插接器与车身连接，该车的故障是导线插接器内部的冷却液使得高压连接线和屏蔽线短接，进而出现上述故障现象。同理，高压连接线过度弯折和挤压也可能会导致混合动力系统故障。

第八节 高压蓄电池拆卸

一 动力电池安全信息

车上高压系统中有交流和直流两种高压电（CSA7104SDPHEV1 系列车型最高电压可高

达398.4V左右，CSA7104SDPHEV2系列车型最高电压可高达402V左右），这些高压电非常危险可能造成烧伤、触电甚至死亡等严重伤害。

1）为了避免人身伤害禁止触碰高压线束（橙色）及其连接接头。

2）带有橙色标签的部件都是高压系统部件，这些部件上贴有高压系统警示标签，务必遵守高压系统警示标签上的内容要求。

3）禁止非专业维修人员随意触摸、拆解或安装高压系统中的任何部件，如位于发动机舱中的电驱动变速器、电空调压缩机、电力电子箱，底盘上的高压电池包、行李舱内的车载充电器，如图7-73所示。

4）禁止未经培训的人员接触或操作高压电池包上的手动维修开关。

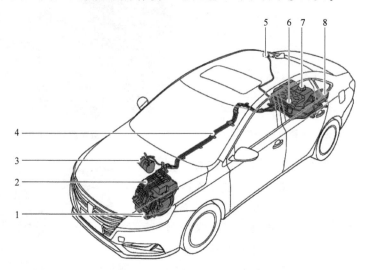

图7-73　高压部件安装位置

1—电驱动变速器　2—电力电子箱　3—电空调压缩机　4—高压线束　5—充电口
6—高压电池包　7—手动维修开关　8—车载充电器

二　动力电池拆解信息

动力电池拆解信息见表7-25。

三　动力电池拆卸

1）关闭点火钥匙，车辆静置5min以上，才可进行拆卸作业。

2）断开蓄电池负极。

3）拆下行李舱地毯下方的手动维修开关防护盖（位于行李舱中间部位），如图7-74所示。

4）按图7-75所示步骤拆下手动维修开关，存放于安全位置。

① 按下手动维修开关的锁紧扣，向上旋转止动杆进行一级解锁。

② 止动杆旋转到二级锁时（大约45°），再次按下手动维修开关锁紧扣进行二级解锁。

表 7-25 动力电池拆解信息

位置	后排地板下方
材料	三元锂离子电池/锂离子聚合物电池
数量	1
重量/g	108000
紧固件	螺栓
紧固件数量	9
拆解工具	套筒扳手
拆解方法	松开紧固件拆卸
回收利用方法	需有资质的新能源电池回收企业进行回收
拆解注意事项	车辆静置 5min 以上,才可进行拆卸作业。操作人员需通过专门高压培训,以防触电。操作人员需要穿戴绝缘装备
存储要求	拆下来的高压电池包存放在常温、干燥的环境下,远离易燃物品、热源、水源等危险

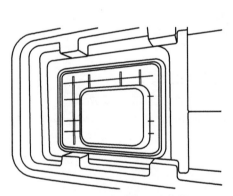

图 7-74 手动维修开关位置

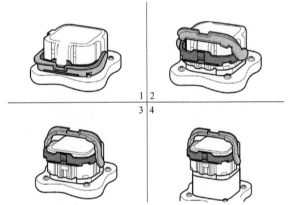

图 7-75 拆下手动维修开关

③ 继续旋转止动杆到直立(大约 90°)。

④ 向上拉出手动维修开关。

5)将手动开关保护盖安装到手动维修开关底座上,如图 7-76 所示。

6)在举升机上举升车辆。

警告:不能在只有千斤顶支撑的车辆下工作。必须把车辆支撑在安全的支撑物上。

7)排空高压电池包冷却液。

8)断开高压电池包冷却水管。

9)拆下将高压电池屏蔽罩固定到高压电池包托盘上的两个螺栓。

10)拆下将高压电池屏蔽罩固定到高压电池包上盖上的一个螺栓。

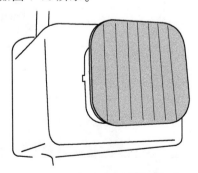

图 7-76 将开关保护盖安装到手动维修开关底座上

11）拆下将高压电池屏蔽罩固定到车身底板上的一个螺栓，并取下高压电池包屏蔽罩。

12）拆下将后排气管隔热罩固定到高压电池包和车身上的两个螺栓和两个卡扣，并取下后排气管隔热罩如图7-77所示。

13）断开高压电池包上的五个插接器如图7-78所示。

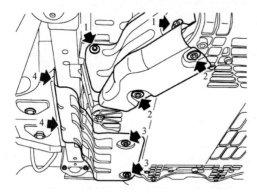

图7-77 拆下将高压电池屏蔽罩固定螺栓

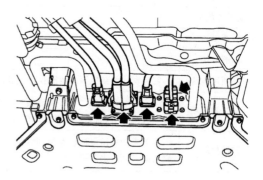

图7-78 断开高压电池包上的插接器

14）拆下将高压电池包接地线固定到车身上的一个螺栓。

15）用高压电池包托架缓慢升起支撑平台，使高压电池包托架工具放置于高压电池包下方举升工位。

16）继续抬升高压电池包托架工具直至与高压电池包底部接触。

17）拆下将高压电池包固定到车身及安装支架上的九个螺栓，如图7-79所示。

18）利用高压电池包托架工具缓慢降下放置高压电池包支撑平台，并从举升工位移走。

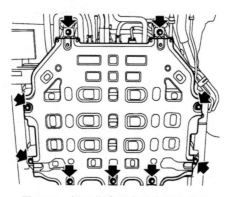

图7-79 拆下将高压电池包固定螺栓

第九节　荣威混合动力电路原理图

荣威混合动力部分电路控制原理图如图7-80~图7-85所示。

第七章 上汽荣威ei6/e950 PHEV混合动力汽车

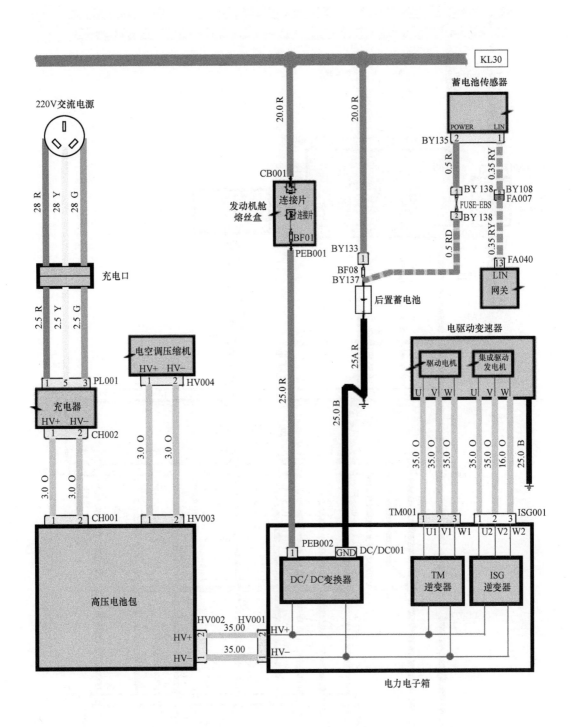

图 7-80 高压配电系统

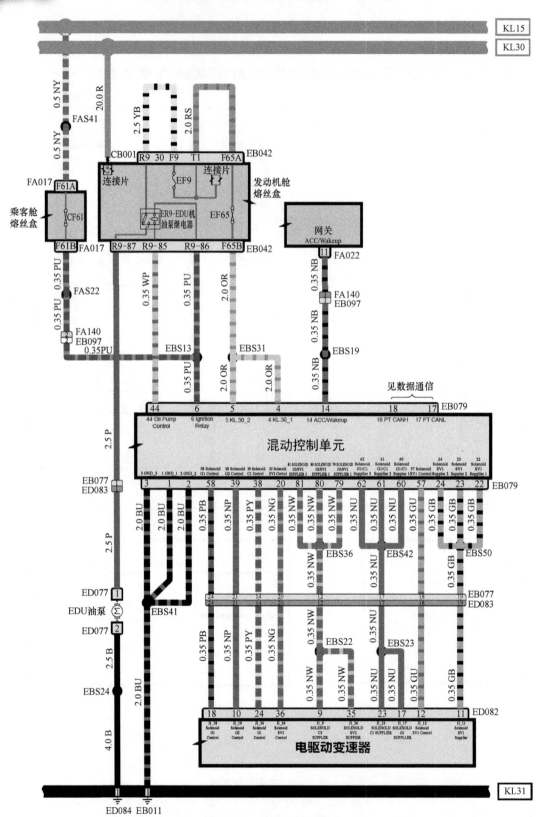

图 7-81　电驱动变速器

第七章 上汽荣威ei6/e950 PHEV混合动力汽车

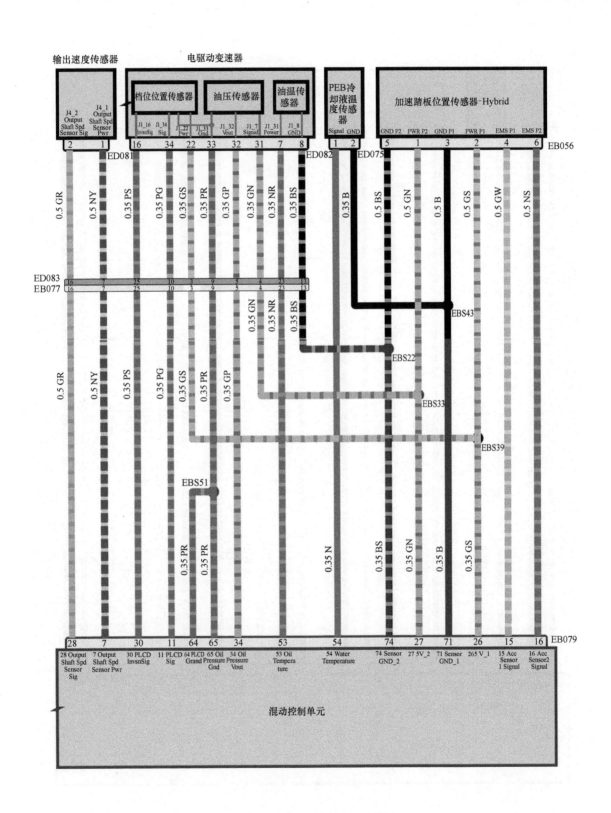

图 7-82 混合动力控制系统原理图

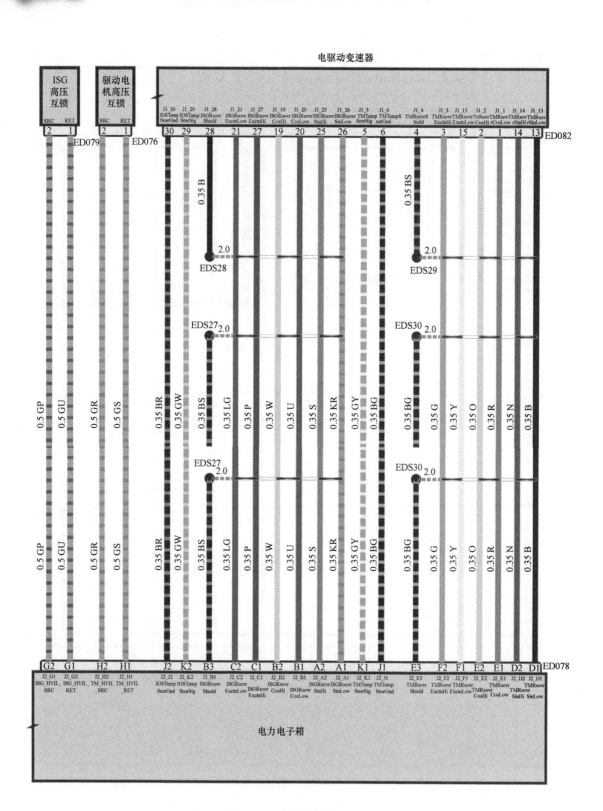

图 7-83　电力电子箱（一）

第七章 上汽荣威ei6/e950 PHEV混合动力汽车

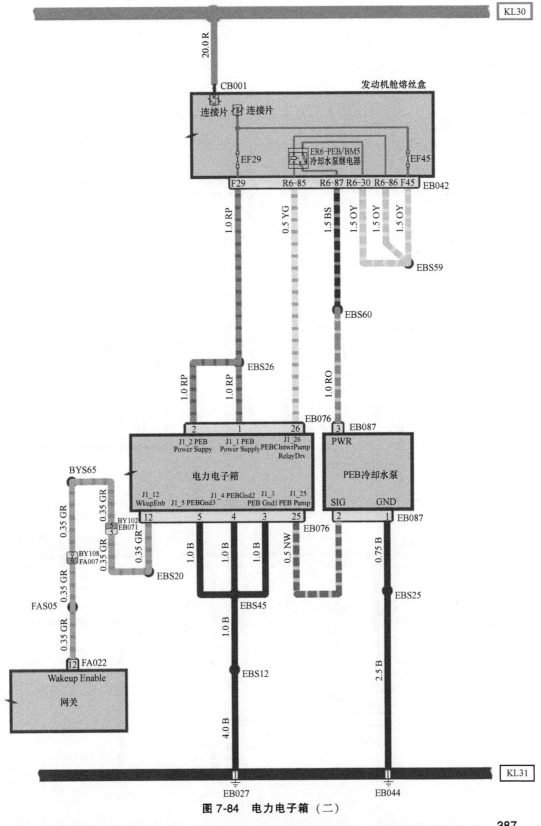

图7-84 电力电子箱（二）

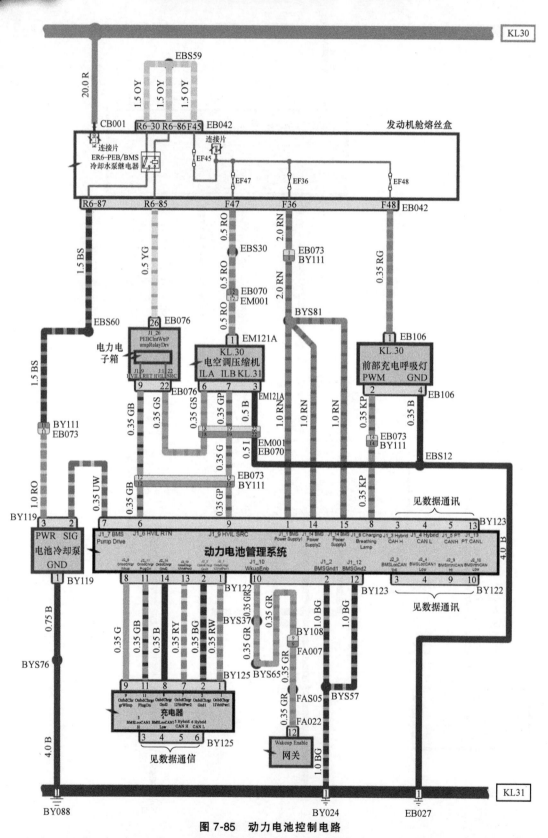

图 7-85 动力电池控制电路